17세기 조선,
마음의 철학

17세기 조선,
마음의 철학

송시열 학단의 마음에 관한 탐구

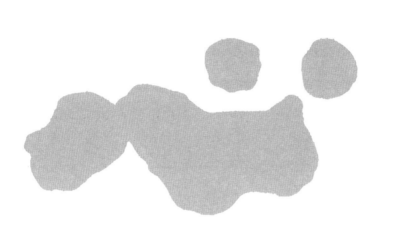

이선열

글항아리

이 책은 17세기 기호학파畿湖學派의 대표적인 사상가였던 우암 송시열과 그 주변 인물 사이에 전개된 마음에 관한 담론, 이른바 심론心論을 사상사적으로 조명한 것이다. 송시열은 17세기 이후 조선의 지식인 사회에서 숭배와 비난을 아울러 가장 큰 영향을 끼친 인물이다. 그에 대한 역사적 평가는 분분하지만, 긍정적이든 부정적이든 송시열이 조선 중후기에 드리운 거대한 영향력을 부인할 수는 없다. 사상사적인 측면에서 송시열은 16세기 이후 전승되어온 율곡 이이의 학문을 주류의 반석에 올려놓은 인물로 평가된다. 또한 훗날 18세기 노론 사상계를 특징지었던 호학湖學과 낙학洛學 역시 그의 학맥에서 분립해 나온 것이었다. 그런 면에서 볼 때 송시열의 사유는 16세기와 18세기의 기호학파를 잇는 가교로서 중요한 사상사적 위치를 점한다고 할 수 있다.

이 책에서는 송시열뿐만 아니라 그와 지적 교류를 나눈 제자들을 함께 다루었고, 그들을 통칭해 '우암학단'이라 불렀다. '학단'이란 '학파'에 비해 직접적인 인적 네트워크로 결속된 학연 집단을 가리키는 용어다. 일반적으로 학파school라고 하면 특정한 학문적 견해가 일군의 학자 집단에 의해 지속적으로 전승되는 것을 일컫는다. 학파의 형성은 그러한 전승 과정이 사상사적으로 의미를 지닐 수 있을 만큼 연속적·장기적으로 지속됨을 전제한다. 그에 비해 학단circle은 특정한 견해와 입장이 서로 공유된 동시대 학문 공동체의 성격을 강조하는 말이며, 여기에는 학파만큼 장기적 지속성의 의미가 포함되지 않는다.

이처럼 학파가 아닌 학단을 대상으로 삼았다는 점에서, 이 책은 사상사를 거시적으로 조망하기보다 어느 특정 국면을 미시적으로 들여다본 작업에 가깝다. 말하자면 조선 사상사의 한 단층을 잘라내 가능한 한 정밀하게 복원해내는, 일종의 '사유의 고고학'이라 부를 만한 성격의 기획이다. 그것은 일반적인 고고학자가 땅속에 감춰진 유물을 발굴하고 먼지를 털어내는 일과 크게 다르지 않다. 사유의 고고학자는 땅속이 아닌 정신세계 속에 묻혀 있는 무형의 유물을 찾아내고 먼지를 터는 작업을 수행한다. 그리고 이 책에서 찾아내고자 했던 유물은 17세기 우암학단의 학자들이 그 당시 사용했던 '사유의 지도'다.

어느 고고학자가 300여 년 전에 만들어진 한양의 지도를 새로 발굴해 복원했다고 치자. 그것은 분명 의미 있는 작업일 테지만, 우리가 17세기에 만들어진 한양의 지도를 손에 들고 오늘날 서울에서 길을 찾고자 한다면 어리석은 짓이 될 것이다. 그렇다면 17세기에 통용되었던 '사유의 지도'를 이용해 오늘날 우리가 나아가야 할 사유의 길을 찾는 것은 가능한 일일까? 유교적 세계관과 성리학의 문법으로 기록된 17세기 사유의 지도를 가지고 21세기의 길을 찾겠다는 발상은 분명 시대착오적이다. 지난 수 세기 동안 서울의 모습이 변했듯이 우리를 둘러싸고 있는 지적 환경 역시 완전히 달라졌기 때문이다. 하지만 지금 서울의 모습을 재현하지 못한다는 이유로 옛 한양의 지도가 무의미한 것으로 치부되지 않듯이, 사유의 지도에 대해서도 똑같이 말할 수 있을 것이다. 문제는 우리가 그로부터 어떤 의미를 발견할 것인지 혹은 그에 대해 어떤 의미를 부여할 것인지에 달려 있다.

필자와 같은 전통 사상 연구자는 구시대의 전통이 오늘날 어떤 가치와 의미를 지닐 수 있느냐는 물음에 종종 직면하곤 한다. 그런데 전통 사상을 무작정 폄하하거나 반대로 전통에 과도한 의미를 부여하는 양극단의 태도를 대할 때마다 어느 쪽에도 수긍할 수 없어 마음이 불편해진다. 지난 100여 년간 뒤틀린 근대화 과정을 거치는 동안 우리는 온당하고 공정하게 과거를 돌아볼 균형 잡힌 안목을 잃어버렸다. 이제는 철 지난 생각이라는 소리를 들을 법도 하건만, 과거를 깨끗이 청산해야 할 잔재로만 여기는 서구식 근대주의의 부박한 시선은 여전히 강고하다. 하지만 역시 서구로부터 불어온 반反근대주의의 바람에 편승해 전통이 현대의 병폐를 치유할 묘약이라도 되는 양 과장하는 태도 역시 미심쩍기는 마찬가지다. 결국 과거와 전통을 대하는 태도 및 관점이 항상 문제시된다.

당연한 이야기이지만 전통에 대한 맹목적인 비난과 찬양 어느 쪽도 과거와 현재를 잇는 바람직한 방법이 될 수 없다. 현대성과 동시대성의 요구 앞에 전통 사상 연구자들은 대체로 수세적인 처지에 놓이곤 하지만, 오히려 우리에게는 현대라는 맥락을 괄호 속에 넣고 과거를 그저 과거로만 바라보는 건조한 시선이 필요하기도 하다. 물론 하나의 '텍스트'가 되어버린 과거를 '있는 그대로' 바라본다는 것이 과연 가능한 일이겠는가마는, 그럼에도 현대적 관점에 의한 착색을 되도록 배제하고 과거를 읽으려는 노력이 우선시되어야 한다. 혹자는 현대적인 의미로 해석되지 않는다면 과거가 무슨 의미를 가지겠느냐고 반문할지 모른다. 이는 타당한 지적이다. 그렇지만 섣불리 현대적인 의미를 부여하거나 박탈하기에 앞서 우리가 그 대상을 공정한 태도로 대하고 있는지를 먼저 살펴야 한다는 것이 필자의 생각이다.

그에 따라 이 책은 17세기 당시 율곡학파에 속한 일군의 학자 사이에 오갔던 담론의 실제를 가능한 한 있는 그대로 드러내는 데 주안점을 두었고 그에 대한 평가적인 판단은 유보했다. 결론 부분에 책에서 다룬 논변의 의의를 피력하긴 했지만 결국 이 책이 지향하는 바는 과거에 대한 새로운 해석보다는 정확한 복원에 있다. 그러니 필자로서는 그저 이 책이 복원해낸 지도에 오류가 적기를 바랄 뿐이다. 17세기에 통용되었던 사유의 지도는 쓸모없는 과거의 유물에 불과할 수도 있고 그렇지 않을 수도 있다. 긍정적이든 부정적이든 그 의미를 발견하는 일은 독자의 몫이다. 이 책이 하려 한 역할은 다만 숨어 있는 것을 찾아내는 것, 두껍게 끼어 있는 먼지를 털어내는 것, 그리하여 될 수 있는 한 그 본래의 모습을 온전히 드러내는 것이었다. 그렇기 때문에 앞서 '사유의 고고학'이라는 표현을 썼지만, 그와 동시에 제목이 말하듯 이 책이 '마음의 철학'에 관한 책으로 읽혔으면 한다. 17세기에 제작된 한양의 지도가 오늘날 서울의 모습을 그대로 재현하지는 못하더라도, 그 안에서 우리가 지금의 서울을 전혀 발견할 수 없는 것은 아니다. 마찬가지로 17세기 조선의 마음과 21세기 한국의 마음 역시 똑같지는 않을지언정 전혀 다르기만 한 것도 아닐 터이다. 시대를 가로지르는 그러한 연속성 혹은 보편성이 행간을 넘어 누군가의 눈에 띄면 좋겠다는 바람을 가져본다.

이 책의 바탕이 된 것은 필자의 박사학위 논문이다. 원고는 처음에 여러 편의 논문 형태였다가 하나의 학위 논문으로 종합되는 과정을 거쳐 이제 단행본의 꼴을 갖추게 되었다. 2005년 본격적인 연구에 착수해 2010년 학위를 받았고 2015년에 이르러 정식으로 출간하게 되었으니, 길게 잡으면 10여 년간 원고를 붙들고 있었던 셈이다.

짧지 않은 세월이 흐르는 동안 원고에도 크고 작은 변화가 가해졌다. 수정을 거듭하며 내용과 문장의 군더더기를 덜어내다보니 세월이 더해질수록 분량은 점점 줄어들었다. 원고를 들여다볼수록 보태야 할 내용보다 빼야 할 내용이 눈에 띄었던 탓이다. 글을 쓰다보면 새 글을 쓰기보다 이미 쓴 글을 고치는 일이 어려울 때가 있는데, 이 책의 출간을 준비하면서 그 점을 많이 느꼈다. 독자의 외연이 조금이라도 넓어질 수 있다는 생각에 원고 전체를 가다듬기는 했지만 기본적으로 학술서의 성격이 강해 연구자가 아닌 이들에게는 쉽게 다가가지 못하는 부분이 있으리라 여겨진다. 다소나마 이해에 도움을 주고자 책에서 중요하게 다루어진 주요 개념에 대한 간략한 설명을 부록으로 첨부했다.

기존의 학위 논문과 비교할 때 이 책에서 비교적 큰 수정이 이루어진 부분은 제2장이다. 2010년 필자의 논문이 발표된 후 학계에서는 다소간의 피드백이 있었다. 제2장의 내용 일부에 대한 반론이 제기되었는데, 그 점에 대해 숙고해본 결과 이견을 받아들이는 것이 옳다고 판단되었다. 그렇게 필자가 미처 생각하지 못했거나 잘못 생각한 부분을 지적해주신 분들 덕분에 이 책에서는 원래의 논문이 안고 있던 한계와 오류를 수정하거나 삭제할 수 있었다. 그러다보니 책의 전반적인 내용은 크게 달라지지 않았으나 제2장에서 취한 입장과 논지는 학위 논문과 차이가 있다. 미욱한 필자이기에 책 어딘가에는 여전히 크고 작은 문제점이 있을 수 있겠지만, 그럼에도 이 책을 통해 기존의 오류만큼은 고칠 수 있어서 다행스럽게 생각한다. 그렇게 할 수 있도록 건설적인 비판과 깨우침을 주신 선생님들께 지면을 빌려 감사의 말씀을 드린다.

10년씩이나 공을 들여 겨우 이런 소박한 성취를 이뤄냈다는 것이 부끄럽지만, 그나마 이 정도라도 해낼 수 있었던 것조차 혼자만의 힘으로는 불가능했다. 늘 든든한 버팀목이 되어주신 부모님, 학부에서 대학원까지 격려하고 이끌어주신 여러 선생님, 가장 어려울 때 의지할 곳이 되어준 가족 및 동료의 사랑과 우정이 없었다면 이 책은 세상에 나오지 못했을지도 모른다. 일일이 감사드리지 못하지만 그저 열심히 살아가겠노라는 것, 당신들로부터 받은 것을 나 또한 당신들에게 혹은 다른 누군가에게 베풀면서 살겠다는 다짐으로 감사 인사를 대신하고자 한다. 아울러 대학도서관의 논문보관실에 묻혀 있을 뻔했던 이 원고를 한 권의 멋진 책으로 만들어준 글항아리 출판사 여러분께도 감사의 말을 전한다.

2015년 6월
이선열

차례

들어가는 말

연구서들이 대체로 그러하듯이 이 책에서 다루고자 하는 논의의 범위는 한정되어 있다. 이 책은 17세기 조선에서 활동했던 우암 송시열宋時烈(1607~1689)과 그의 주변 인물들 간에 토론되었던 마음에 관한 담론을 다룬다. 말하자면 17세기 조선이라는 특정한 시공간 내에서 활동한 특정한 인물군 사이에 논의된 특정한 담론을 주제로 삼고 있다. 그렇다면 본격적인 논의를 풀어가기에 앞서 그처럼 한정된 범위를 다룬 이유가 무엇인지 답해야 할 듯하다. 세 가지 질문을 던져보자. 첫째, 어째서 다른 시대가 아닌 17세기의 조선을 주목하는가? 둘째, 왜 송시열 개인이 아니라 그의 주변 인물들이 연구 대상에 포함되어야 하는가? 셋째, 성리학을 구성하는 여러 범주 가운데서 굳이 마음에 관한 담론, 이른바 심론心論이 문제시되는 이유는 무엇인가? 이 세 물음은 각각 독립적인 의의를 지님과 동시에 유기적으로 연계되어 있으며, 이 책 전체를 관통하는 문제의식의 출발점이다.

첫 번째 물음은 17세기의 조선 사상사를 어떻게 이해할 것인가라는 문제와 관련된다. 현재 한국철학계가 안고 있는 주요 과제 가운데 하나는 16세기와 18세기에 비해 상대적으로 조명받지 못한 17세기 조선을 철학사적인 견지에서 해명하는 작업일 것이다. 이 책의 연구는 그러한 요구에 따라 17세기 사상사의 큰 그림을 그려가는 기초 작업의 하나로 기획된 것이다. 두 번째 물음은 송시열 개인을 비롯하여 이른바 '우암학단'이 지니는 사상사적 위상에 대한 평가와 관련된다. 이는 사상사의 맥락에서 17세기 조선에 접근할 때 송시열 개인 혹은 그를 둘러싼 일군의 학자 집단 가운데 어느 쪽을 연구 대상으로 삼는 것이 유효한 해명 전략이 될지 가늠하는 문제라 할 수 있다. 세 번째 물음은 조선 전기 성리학과 구분되는 17세기 기호학파畿湖學派 성리학의 특징적 면모가 드러나는 학문 범주가 무엇인지를 밝히는 문제다. 만약 17세기의 철학적 사유가 이전 시대에 비해 미묘하게 차별화되는 지점이 있다면 그 특색은 어디에 있는지를 규명해야 할 터인데, 이 책에서는 그것을 당시 마음에 관한 철학적 담론의 심화에서 찾는다. 이제 본격적인 논의에 들어가기에 앞서 이 세 물음에 좀 더 구체적으로 답함으로써 이 책의 집필 의도와 연구 방향을 제시해보고자 한다.

먼저 송시열과 그 학단이 한국사상사에서 차지하는 좌표를 온당하게 가늠하기 위해서는 그들이 활동했던 17세기 조선의 상황을 지성사의 맥락에서 검토할 필요가 있다. 잘 알려진 바와 같이, 17세기에 들어선 이후 조선은 임진왜란의 전화戰禍에서 회복되기도 전에 병자호란이라는 또 한 차례의 위기를 겪으며 개국 이래 최악의 난국을 경험하게 된다. 당시 명청明清 교체로 인한 동아시아 질서의 재편과 전쟁으로 피폐해진 사회질서라는 이중적 곤경은 17세기 조선의 지식인들에게 크나큰 도전으로 인식되었다. 이처럼 대내외적으로 혼돈의 시기에 직면하여 조선의 사대부들은 국난 극복과 사회질서 재건이라는 시대적 과제를 수행하고자 분투하였고, 이 같은 학문 외적인 조건은 당대의 사상적 경향에도 일정한 영향을 끼쳤다. 특히 인조반정 이후 정권을 장악한 서인계 지식인들은 무엇보다 주자학의 공고화를 통해 혼란의 시대를 극복하는 이념적 원동력을 확보하고자 하였다. 이때 주자학의 여러 성분 가운데 존주화이론尊華攘夷論이 주요 화두로 급부상한 것은 병자호란 이후 이른바 '삼전도의 치욕'이 생생한 기억으로 남아 있는 당시의 분위기에서 지극히 당연한 현상이었다. 송시열이 일선에서 활약할 당시 조선의 학계는 그 이전과 달리 '오랑캐'로부터의 굴욕이라는 트라우마와 연동하여 전개되는 양상을 보이는데, 그런 면에서 17세기의 사상사적인 지형은 이미 이황, 이이 등과 같은 선유先儒들이 활동하던 시대와 같은 것일 수 없었다.

이처럼 변화된 사상적 환경 속에서 주자학이 어떻게 해석되고 이데올로기로서 정립되어갔는가라는 변수는 17세기 이후 조선 성리학의 굴절을 규정짓는 중요한 요소가 된다. 특히 17세기 조선 성리학의 주요한 특징은 체제 교학으로 고착화된 주자학이 당대의 시대정신이라 할 수 있는 화이론과 결합하여 극명한 이념적 색채를 띠게 되었다는 점이다. 이른바 존주론尊周論과 대명의리론對明義理論에서 발원한 중화中華와 이적夷狄의 구분은 사상적으로 정학正學과 이단異端을 엄격히 변별하는 방식으로 표출되었다. 여기에는 중원의 학문이 이단적 학설인 육왕학陸王學에 의해 점령되었다는 경계심과 정주학程朱學의 도맥이 조선으로 전승되었다는 도통관이 결합되어 있었다.[1] 이러한 사상적 분위기 속에서 송시열은 주자학의 해석 차이에서 비롯된 학설의 분화를 차단하고 이단을 배척하여 이른바 '정학'을 구축하는 데 주력하였던 인물이다.

즉 오랑캐와 이단에 의해 위협받는 중화와 사문斯文을 수호하고, 아울러 진리의 담지자인 노론의 정치적 입지를 강화해야 한다는 정치적·사회적 요구가 그의 사상 형성에 주요한 배경으로 자리잡고 있었던 것이다.

그와 같은 상황에서 17세기 조선 사상계에 두드러진 또 하나의 특징은 학파의 분기가 본격화되었다는 점이다. 임병양란 이후 사상계의 향방은 퇴계학파와 율곡학파라는 양대 학맥으로 분기하여 전승되는 양상을 보인다. 주지하는 바와 같이 17세기를 거치며 첨예화된 두 학파의 대립은 순수한 학문적 견해차에 그치는 것이 아니라 남인과 서인의 정치적 대결과 맞물려 전개되었다. 이후 율곡학파와 퇴계학파는 자기 학통의 정체성을 주자학의 정통으로 위치짓기 위한 사상투쟁으로부터 자유로울 수 없었고, 이러한 분위기는 조선 말에 이르도록 지속되었다. 이처럼 조선 사상계에서 학문과 정치가 불가분의 관계를 맺으며 학파가 곧 당파와 동일시되는 전통이 확립된 것은 17세기의 산물이라 할 수 있다. 즉 17세기 이후 조선 성리학에서는 학파 간 학문적 헤게모니를 장악하려는 움직임이 정학의 구축이라는 목적의식과 연동하게 되는데, 이러한 양상은 특히 송시열에 의해 주도된 노론 학계에서 두드러지게 나타났다. 그렇게 볼 때 정치·사회사적으로뿐만 아니라 사상사적으로도 17세기는 조선의 전기와 후기를 가르는 변곡점에 해당된다. 17세기는 이황과 이이라는 두 거인의 유산을 승계하였다는 점에서 16세기 조선 성리학의 연속선상에 있지만, 동시에 학파적 인식이 짙게 드리워지면서 퇴계학파는 퇴계학파대로, 율곡학파는 율곡학파대로 그 이전과 다소 다른 각도의 문제의식과 논의 범주가 구성된 시기이기 때문이다.

그렇다면 17세기 당시의 조선 성리학이 그 이전과 차별화되는 사상적 특색은 무엇인가? 오늘날 한국철학계에서는 조선시대의 양대 학술 논쟁으로 16세기의 사단칠정논쟁四端七情論爭과 18세기의 호락논쟁湖洛論爭을 들곤 한다. 그에 비해 17세기는 학술사적으로 16세기의 주요 담론이었던 사단칠정론과 18세기의 호락논쟁 사이에서 그 독자적인 시대성을 제대로 평가받지 못하는 경향이 있다. 17세기 조선 학계를 바라보는 시각은 주로 예학禮學과 경학經學 등에 치우쳐 있으며, 이론철학적인 맥락에서 당대 성리학설의 특징적 면모를 규명하는 작업은 상대적으로 부족한 편이다. 그에 따라 16세기에 발단한 사단칠정 담론이 어떠한 철학적 전변을 거쳐 18세기 호락논쟁으로 이어지게 되었는지를 해명하는 작업이 충분히 이루어지지 않고 있다.

그런데 이와 관련해 사칠논쟁과 호락논쟁을 균등한 비중의 양대 논쟁으로 간주하기에는 다소 무리가 있음을 지적할 필요가 있다. 잘 알려진 바와 같이 이기사칠론理氣四七論은 이황과 기대승, 이이와 성혼의 논변 이후 조선 말에 이르기까지 학자라면 누구나 자신의 입장을 갖지 않을 수 없는 조선시대의 대표적인 학술 논제였다. 그에 비하면, 호락논쟁은 퇴계학파와 무관하게 율곡학파 내부에서 전개된 논쟁이었다는 점에서 조선 성리학 전체를 특징지을 만큼 대표성을 띤 학술 논쟁으로 보기는 어렵다. 그런데 이처럼 호락논쟁의 주요 논의 범주가 특정학파에 의해 설정되고 다른 학파에서 그다지 문제시되지 않았다는 사실은, 곧 그 담론의 저변에 17세기 이후 강화되기 시작한 학파적 특색이 자리하고 있음을 시사한다.[2] 물론 16세기의 주류 담론이었던 사단칠정론은 18세기에도 여전히 논급되고 있지만, 이미 율곡학파라는 한 울타리 안에서 사칠론에 대한 견해는 학파적 동질성 안에 용해되어 있었기에 내부적으로는 그다지 논란의 대상이 되지 않았다. 즉 16세기의 문제의식은 18세기 노론 학계에서 더 이상 주요 쟁점으로 부각되지 않았던 것이다.■■3 그에 따라 율곡학파 내부에서 새로운 쟁점으로 부상한 것은 16세기 당시 상대적으로 주목받지 못했던 미발未發이나 지각知覺 등과 같은 '마음心'의 구조와 역할에 관한 논의였다. 이러한 심론의 주제들은 18세기에 이르러 호락논쟁의 핵심 쟁점으로 치열하게 논의되지만 이미 17세기부터 학파 내부에서 그 문제의식의 단초가 발견된다.

이와 같이 볼 때, 16세기와 18세기 사이에는 그 시간적 격차만큼 시대 간 철학적 관심사의 간극이 존재한다. 따라서 17세기 기호학계의 담론을 분석하는 작업은 16세기부터 18세기까지 율곡학파의 철학적 관심사가 어떻게 전이되어갔는지를 해명하는 중요한 열쇠가 된다. 17세기 율곡학파의 성리학은 16세기적 문제의식의 연장선상에 놓여 있는 동시에 18세기 호락논쟁의 쟁점을 선구적으로 제시하는 가교로서의 면모를 동시에 품고 있기 때문이다. 그럼에도 현재 학계에서는 17세기를 사상사적으로 경학과 예학만이 번성하고 성리학 이론의 측면에서는 특색이 결여된 시대, 사상적인 침체기로 간주하는 듯한 인상이 있다. 하지만 17세기를 그와 같이 읽는다면 후대에 송시열의 직전제자와

■ 호락논쟁의 논제 중 일부는 퇴계학파에서도 간헐적으로 문제시된 적이 있다. 이를테면 이현일李玄逸과 그 형제들 간에 인물성동이人物性同異의 문제가 논의된 바 있고, 정시한丁時翰과 그의 문인 이식李栻 사이에서도 그와 유사한 논변이 전개된 바 있다. 하지만 퇴계학파에서는 이런 논의가 학파 내부의 분기를 초래할 만큼 치열했던 것으로 보이지는 않는다. 금장태는 인물성동이의 쟁점이 영남학파에서 먼저 발생하였음에도 제한된 범위의 토론에 그치고 말았던 반면, 기호학파에서는 호락의 분열로 이어지며 당대 성리학의 가장 큰 이론적 특징을 형성했다고 지적한다.

■■ 물론 퇴계학파와 율곡학파 안에서도 학자 개인에 따라 사단칠정론을 해석하는 견해차가 없었던 것은 아니다. 그러나 학파 간의 대결의식이 첨예해져감에 따라 내부적으로는 대체로 자기 학맥의 종사宗師를 추종하는 분위기가 더 지배적이었다고 해야 할 것이다.

재전제자군#을 중심으로 깊이를 더해간 호락논쟁은 무엇을 토대로 가능했던 것인지 설명하기 어려워진다. 호락논쟁을 단지 특출한 몇몇 개인의 창의적 사고에서 비롯된 것이 아니라 특정한 사유 노선의 연속 선상에서 만개한 사상사적 성과로 본다면, 그러한 성과를 가능케 한 토양으로서 17세기 율곡학파의 성리학을 조명하는 작업은 반드시 필요할 것이다.

17세기 이후 조선의 지식인 사회에서 차지하는 위상을 고려할 때 송시열은 가장 비중 있게 다루어야 할 인물 가운데 한 명이다. 그럼에도 불구하고 그 이름이 지니는 존재감에 비하여 송시열을 둘러싼 학계의 논의는 일정한 한계를 노정해왔다. 이를테면 현대의 연구자들에게 송시열은 특정 학파의 창도자로 각인되지 않으며 그에 대한 연구 성과 역시 상대적으로 저조한 편에 속한다.■4 거기에는 여러 이유가 있겠지만, 무엇보다 그간 송시열에 대한 인식이 존숭 또는 비난의 양극단에 치우쳐 그 역사적 위상에 대한 공정한 평가가 유예되어왔다는 점을 지적할 수 있을 것이다.5 송시열에 대한 포폄褒貶은 주로 그의 정치적 처신

■ 현재 학계에서는 조선의 학파를 논할 때 그 종조가 되는 인물을 중심으로 명명하는 것이 일반화되어 있다. 흔히 '퇴계학파', '율곡학파'라는 용어가 익숙하게 쓰이며, '화담학파', '성호학파' 역시 어색하지 않게 사용되곤 한다. 그에 비해 '우암학파'라는 용어는 생소하게 들린다. 몇몇 학자는 송시열 이후의 학맥을 통틀어 지칭하며 '우암학파'라는 용어를 사용한 바 있다(미주 참조). 하지만 이들이 쓴 용어는 단지 사승관계의 계보에 근거한 표현이며 송시열 고유의 철학적 특색을 염두에 둔 것이 아닌 만큼, '퇴계학파'나 '율곡학파'처럼 뚜렷한 이론적 특징에 의해 명명된 개념은 아니다. 철학사 서술의 맥락에서 '학파'라는 용어를 사용할 때는 '정파' 또는 '계파'와 구분되는 좀 더 엄밀한 잣대가 필요할 것이다. '우암학파'라고 명명할 만큼 송시열 후학 세대의 철학적 특징을 본격적으로 규명한 연구는 아직까지 찾아보기 어렵다.

과 행적에 관한 후대인들의 이해 방식에 의해 좌우되어왔고, 그에 따라 학술적 평가 역시 주로 그의 정치사상을 중심으로 이루어져왔다. 최근 들어 송시열의 사상을 다각적으로 조명하려는 시도가 비교적 활발해지고 있지만, 철학적 측면에서 그의 학설을 재조명하는 작업은 여전히 더딘 편이다. 연구사를 검토하다 보면 정치사상이나 경세론 등 구체적인 행적을 다루는 분야에서 연구 성과가 축적되고 있는 것과 달리, 성리설에 초점을 두어 송시열의 철학을 전면적으로 천착한 연구는 양적인 면에서 충분치 않다는 사실을 발견하게 된다.[6]

이처럼 송시열 철학에 대한 연구가 다소 부진을 면치 못했던 데는 몇 가지 이유가 있다. 거기에는 일단 일차 자료의 방대함이라는 무시할 수 없는 난제가 있다. 널리 알려져 있듯 송시열은 조선조 전체를 통틀어 가장 거질巨帙의 문집을 남겼을 뿐만 아니라 적지 않은 편찬 사업에 관여하였다. 정조대에 간행되어 현전하는 『송자대전宋子大全』 기영본箕營本은 목록 2권, 원집 215권, 부록 19권으로 총 236권 102책에 달하며, 이후 증보된 『송서습유宋書拾遺』 9권, 『송서속습유宋書續拾遺』 3권, 『송자대전수차宋子大全隨箚』 13권 등을 합치면 그의 문집만 해도 총 261권 130책에 이르는 어마어마한 분량이 된다.[7] 더욱이 문집에 포함되지 않은 단행본을 포함한다면 송시열과 연관된 저술은 사실상 개인 연구자가 단독으로 검토할 수 있는 한계를 넘어선다. 이러한 문헌의 방대함은 송시열이라는 인물을 종합적으로 고찰하는 데 장애 요소로 작용하며, 연구자로 하여금 그의 사상을 파편화하여 인식할 수밖에 없게 만드는 요인이 되고 있다.

그런데 역설적이게도 막대한 저술 양에 비해 성리학 이론에 관한 그의 언급이 의외로 적은 편이라는 사실 또한 송시열의 철학사상 연구가 부진한 또 하나의 이유로 지목될 수 있다. 잘 알려진 바와 같이 송시열은 주희의 사상 체계를 최대한 정밀하고 체계적으로 이해할 수 있도록 문헌을 정리하는 작업에 혼신의 힘을 쏟았다. 그가 편찬 및 간행을 주도했던 『주자대전차의朱子大全箚疑』, 『정서분류程書分類』, 『논맹혹문정의통고論孟或問精義通攷』, 『심경석의心經釋疑』, 『주문초선朱文抄選』 등에서 볼 수 있듯이 송시열의 저술활동은 철저하게 정주학의 정확한 이해와 복원을 목표로 하는 것이었다. 투철한 주희의 조술자를 자임한 그는 독창적 저술활동을 자제하였고 오히려 창발적인 주자학 해석을 경계하는 태도를 취한 것으로 유명하다. 일례로 송시열은 '변辨' 또는 '기記'와 같이 완정한 형식의 논설로 자신의 성리학 이론을 정리한 글을 거의 남기지 않았으며, 그의 성리설은 제자들의 질문에 응하거나 문헌 편찬 과정상 해석의 일환으로 짧게 언급될 때가 많았다. 요컨대 성리학에 관한 그의 논설은 방대한 저술 곳곳에 산발적이고 단편적인 방식으로 피력되고 있기 때문에 요연하게 접근하기가 쉽지 않다.

하지만 이와 같은 문헌상의 제약에 앞서 송시열의 사유에 접근하는 그간의 연구 시각이 다소 협소하였다는 점을 아울러 지적하지 않을 수 없다. 송시열의 성리설을 해명하려는 기존의 여러 시도는 이기론, 사칠론, 예론禮論 등 몇 가지로 제한된 설명 틀을 크게 벗어나지 않고 있다. 이는 16세기 조선 성리학의 주요 화두였던 이기사칠론의 문제의식을 17세기 사상계에 그대로 적용시키거나, 당대 지식인 사회의 중심 담론을 예론으로 간주하는 논점이 그동안 주를 이루었기 때문으로 보인다. 물론 그러한 부분은 송시열 사유의 특징을 구성하는 중추적인 요소들임에 틀림없다. 하지만 그처럼 특정한 몇 가지 논의 범주에 한정하여 송시열의 사유를 정형화한다면, 기존의 담론 체계에 포착되지 않는 또 다른 사유의 맥락을 읽어내지 못한 채 이미 익숙한 평가와 논리가 반복적으로 재생산될 가능성이 높다. 따라서 송시열 철학의 연구에 있어 기존의 분석 틀을 보완할 수 있는 새로운 연구 시각과 다변화된 접근 경로가 필요하다.

이에 이 책에서 기존 연구와 차별화되는 전략으로 취한 논점 가운데 하나는 송시열 개인에 시야를 한정하지 않고 이른바 우암학단으로 통칭할 수 있는 학자 집단의 담론을 통해 17세기 기호학파를 고찰하는 사상사적인 접근이다. 물론 가장 비중 있게 다룰 중심인물은 송시열이지만, 송시열 개인의 사상적 편력보다는 그와 큰 틀에서 문제의식을 공유했던 17세기 기호학계의 철학적 관심사를 복원하는 데 일차적인 중점을 두는 것이다. 이와 관련해 앞서 언급한 것처럼 송시열을 비롯한 당시 노론학계의 학문적 동향이 대체로 주자서의 편찬 및 간행과 긴밀히 연관되어 있었다는 점을 주지할 필요가 있다. 이를테면 주자학의 완벽한 구현이라는 기치 아래 각종 성리서를 정리하고 간행하는 데 몰두했던 송시열의 학술활동은 그 자신뿐만 아니라 그 제자군이 수행했던 연구활동의 성격에도 적잖은 영향을 미쳤다. 당시 상당수의 제자가 그가 추진한 주자서 출간사업에 동참한 것으로 추정되는데, 그에 따라 그 문인 집단의 학술활동 또한 성리서의 편찬과 교정, 그리고 그 과정에서 벌어지는 의견 교환이 주를 이루는 양상을 띠게 된 것이다. 이 같은 사정에 따라 우암학단 내부에서 성리학 이론에 대한 논의는 종종 문헌학적 연구의 형식으로 이루어지곤 했다. 마찬가지로 송시열의 성리학에 대한 논설 또한 대부분 일방적으로 훈시되기보다는 제자들과의 의견 교환 및 상호 작용을 통해 피력되고 있다.

그와 같은 텍스트상의 특징을 감안할 때 송시열의 문제의식을 온당하게 파악하려면 그의 언사가 이루어진 대화의 전체 맥락을 복기해가며 그 사유의 흐름을 따라가는 방법이 적절할 것으로 보인다. 또한 우리가 그로부터 읽을 수 있는 것은 송시열 개인의 사유뿐만 아니라 당대 노론계 학자들 사이에서 논의된 공동의 문제의식이라고 보는 편이 합당할 것이다. 실제로 송시열과 그 문인들 사이에서 오고 간 언사들은 종종 대화의 문맥이나 문헌상의 구절 등을 전체적으로 고려하지 않고서는 독해가 불가능한 것이 적지 않기에, 그 맥락을 놓친다면 자칫 논점에서 이탈하거나 발언의 취지를 곡해하는 우를 범하기 쉽다. 따라서 그 같은 맥락적 이해를 위해서는 '송시열 개인이 무엇을 말하였는가'에 초점을 두기보다 '송시열이 누구와 어떤 대화를 나누었는가'라는 문제에 초점을 두는 것이 좀 더 효과적인 접근법이 될 것이다.

이에 더하여 개인보다는 학단이라는 단위로 17세기 기호학파의 사유에 접근하는 것이 타당한 또 다른 이유가 있다. 송시열은 주자학의 화신을 자처했던 인물이지만, 당시 주희의 진정한 계승자를 자임했던 이는 송시열 한 사람만이 아니었다. 물론 윤휴와 박세당, 조익 등과 같이 경학 이해에서 이견을 드러냈던 일부가 있었으나, 당시 학파를 막론하고 대다수 학자가 지향했던 공통의 목표는 주자학에 대한 바른 해석이었다. 또 송시열과 그의 동료 제자들이 문헌학적인 작업에 정력을 쏟았다고 하여 그들의 연구가 해석학적 관점을 배제한 것은 아니었다. 오히려 그들에게는 주자학의 도통이 율곡학으로 계승되었다는 확고한 전제가 있었다. 물론 당시 퇴계 이황은 학파를 초월한 사표로서 숭앙받는 분위기가 조성되어 있었고, 그에 따라 송시열 일파 역시 이황의 학문적 성과를 부분적으로 수용했던 것이 사실이다.[8] 그럼에도 불구하고 송시열과 그 학단의 철학적 문제의식에는 '주자학을 율곡의 관점에

서 계승하여 기호 학통의 프레임 완성하기'라는 과제가 명확하게 각인
되어 있었다. 이는 앞서 언급한 것처럼 학파와 당파가 연동하기 시작한
17세기의 상황에서 불가피한 일이었다. 그렇게 볼 때 주자학의 도통 승
계권을 놓고 벌어진 학문적 헤게모니 경쟁은 그와 관련된 학파 공동의
문제로 이해되는 것이 마땅하며, 어느 한 개인의 유별난 신념이나 성향
문제로 환원될 성질의 것이 아니었다. 송시열은 물론 이이의 학설을
모태로 주자학을 재현코자 한 선봉이었으며 그 과정에서 가장 거대
한 영향력을 발휘한 인물이었지만, 이는 그와 정치적·학문적 성향을
공유했던 일군의 정파 또는 학자 집단의 지향성과 본래 일치하는 것이
었다.

　그렇게 볼 때 17세기 율곡학파의 성리학 담론을 고찰함에 있어 특
정 개인의 학설보다 당시 서인계(좁게는 노론계) 학자 집단 공동의 문제
의식이라는 차원에서 접근하는 것이 사상사적으로는 좀 더 적절한 설
명 방식일 것이다. 이 시기에 송시열과 그의 문인 집단은 주희에서 이
이로 이어지는 도통의 공고화를 통해 노론 학맥의 정체성을 구축하는
공동의 과업을 수행하고 있었다. 이는 달리 말해서 주자학의 율곡학적
정당화라 할 수 있을 것이다. 그것은 송시열이 주도했지만, 그가 처음
으로 제안한 것은 아니며 일종의 시대적 과제에 가까웠으리라 여겨진
다.[*] 그렇기에 17세기 율곡학파의 사상적 흐름을 조망함에 있어 송시
열 개인의 사유에 국한하기보다는 그 학단 내부에서 전개된 성리학적
담론을 포괄하여 논의 대상에 포함하는 것이 타당할 것이다.[**] 이 책
의 주제와 관련하여 17세기 율곡학파의 심론을 학단 공동의 문제의식
이 발로한 것으로 간주할 때, 당시의 사상적 지형을 좀 더 폭넓게 조망
할 수 있을 뿐 아니라 다소 불명료해 보이는 송시열의 일부 발언을 맥

락에 맞게 복원하는 데도 도움이 된다.

　그렇다면 17세기 우암학단의 성리학을 검토함에 있어 심론이라는 논의 범주는 어떤 의미를 갖는가? 조선 유학사를 통사적으로 개관할 때 17세기 율곡학파라는 텍스트를 읽는 독법에는 여러 가지가 있을 수 있다. 일찍이 다카하시 도루高橋 亨가 '퇴계-영남학파-주리론主理論'과 '율곡-기호학파-주기론主氣論'이라는 철학사 도식을 제시한 이래, 한국 철학계에서는 1980년대에 이르기까지 이기론의 학설 차이에 기초하여 학파를 분류하는 서술 방식이 주를 이루었다. 그에 따라 다카하시의 견해를 무비판적으로 적용하여 17세기 이후의 기호학풍을 '주기론'이라는 용어로 뭉뚱그려 이해하는 관점이 한동안 성행하였다. 여기에 근대주의적 관점이 착색되어 기를 중시하는 기호학파의 경향이 물질주의적이고 인간의 욕망에 대한 긍정과 연관된다고 보는 논리가 한때

■ 엄밀하게 따져볼 때 17세기 기호학파 내부에서 전개된 성리학 담론의 주요 화두와 쟁점은 애초에 송시열에 의해 제기된 것이 아니었다. 물론 그가 주도한 각종 주자서 편찬사업이 해당 문헌의 구절을 율곡학의 관점으로 재해석하게끔 하는 학적 토론의 장場을 제공한 것은 분명하지만, 거기에 송시열 자신의 독자적인 성리설이 불씨가 되어 문인들 사이의 논쟁으로 점화되는 일은 거의 일어나지 않았다. 그들의 주요 관심사는 '주자학'과 '율곡학'을 일치시키는 작업이었지, '송자학'을 새로이 정립하고 정당화하는 성격을 띠고 있지는 않았다. 즉 송시열은 당대 '율곡학파의 대표자'였을 뿐 '우암학파의 창시자'가 아니었던 것이다.
■■ 짧지 않은 생존 기간 동안 매우 왕성하게 활동했던 송시열이었기에 '우암학단'이라는 범주 안에서 그와 직접 교류한 인물의 수는 결코 적지 않았다. 『송자대전수차』 권13의 「목록目錄」에는 『송자대전』에 등장하는 인물들의 간단한 신상 정보가 기재되어 있는데, 이 인명록에는 송시열과 교류했던 200여 명의 인사가 수록되어 있다. 이 목록에는 송시열의 동년배 또는 선배 격인 인물도 일부 포함되어 있지만 대다수는 그의 제자군에 속한다고 할 수 있다. 물론 넓게 보면 그들을 모두 우암학단의 범주 안에 편입시킬 수 있겠으나, 그들 각각이 송시열과 교류한 양상은 내용과 시기에 따라 개인차가 크다. 그 가운데 송시열과 더불어 분석할 가치가 있는 철학적 논변을 주고받았던 인물은 한정되어 있으며, 따라서 필자의 분석 대상이 되는 학단 내의 인물군 역시 제한적일 수밖에 없다.

율곡학파 성리학을 읽는 코드로 주목받기도 하였다. 하지만 이와 같이 단순한 도식이나 근거 없는 추론으로 조선 유학사를 개괄하는 관점은 그 실효성에 의문이 제기된 지 오래다. 이에 기존 도식의 반성에 기초한 대안적 독법이 필요한 시점이지만, 아직까지 주리·주기의 개념 틀을 확실하게 대체할 만한 조선 유학사 서술의 패러다임은 모색 단계에 머물러 있는 듯하다.[9]

리에 절대적 도덕 가치를 부여하고 이를 현실 속에 구현하려는 성리학적 이상은 조선조 지식인들의 통념에 속하는 것으로 율곡학파도 예외가 아니었다. 그렇지만 철학 이론의 견지에서 율곡학파와 퇴계학파의 분기점이 이기론과 심성론에서의 이견에 놓여 있다는 사실만큼은 틀림이 없다. 율곡학파가 리에 대한 기의 우위를 주장했다거나 딱히 근대지향적 성향을 지녔다고 말할 근거는 취약하지만, 그럼에도 불구하고 리의 무위성과 기의 현실적 주도권을 강조했던 점은 그들의 학파적 특색으로서 여전히 유효한 의미를 지닌다. 즉 율곡학파의 학문적 정체성은 이이의 성리설이 이황의 그것과 분명하게 선을 긋는 지점에 놓여 있었다. 결국 학파적 인식이 강화되고 이단 시비가 본격화된 17세기적 상황에서, 율곡학파의 정체성 확립이란 곧 퇴계학파와 차별화되는 이이의 철학적 슬로건을 정당화하는 작업이었다고 할 수 있다. 그에 따라 "리는 무위하고 기는 유위하다理無爲 氣有爲"거나, "리는 통하고 기는 국한된다理通氣局"거나, "기가 발하고 리가 올라타는 하나의 길이 있을 따름이다氣發理乘一途", 그리고 "마음은 기이다心是氣" 등과 같은 이이의 특징적 명제들은 곧 우암학단의 철학적 입장을 대변하는 핵심 명제로 자리매김하게 된다.

그런데 이이의 사유 노선을 주자학 이해의 전범典範으로 취함에 따라 송시열 일파는 이이의 철학에 함축된 딜레마를 동시에 승계할 수밖에 없었다. 이이의 도식에 의하면 리는 무형무위無形無爲한 것이기에 독립적으로 자기 존재를 실현해낼 동력을 내재하고 있지 않다. 따라서 리가 현실세계에 현현하기 위해서는 반드시 기라는 매개자에 의탁하지 않을 수 없고, 그에 따라 청탁수박淸濁粹駁한 기의 조건에 영향받지 않을 수 없다는 것이 율곡 노선의 기본 관념이다. 이 같은 기본 전제는 이이의 학설이 반대 진영으로부터 리를 사물화死物化했다고 비판받는 빌미가 되었고, 학파 내부적으로도 일정 부분 논란을 야기했다. 만약 리의 실현이 기의 조건 여하에 의해 결정된다면 결국 이상적 도덕의 실현은 리에 의한 것인가, 기에 의한 것인가? 리의 현실태를 규정하는 기의 제한에도 불구하고 본연의 리를 온전히 구현하는 일이 가능한가? 이러한 물음들은 이이의 계승자들이 스스로 해명해야 할 새로운 쟁점으로 부각되었고 17세기 이후 기호학계의 주요 화두로 부상했다.

그렇게 볼 때 우암학단의 딜레마는 '리를 현상세계에 실현시켜야 한다'는 이념적 당위와 '현상세계에서 리는 기에 의해 좌우된다'는 현실 인식 사이의 길항에서 비롯된 것이라 할 수 있다. 송시열 일파에게 주어진 화두는 스스로 자기를 실현할 능력이 없는 도덕적 이념理을 어떻게 하면 현실세계에서 온전히 재현할 수 있는가였다. 이이를 계승한 그들의 견지에서 볼 때 본연의 리를 현실세계에 구현하는 것은 기이며, 그 실현을 저해하는 것 역시 기다. 만약 기가 맑고 깨끗하면 리가 온전하게 발현될 수 있지만 거꾸로 기가 탁박하다면 리가 왜곡된 형태로 드러날 수밖에 없게 된다. 이처럼 현실세계에서 리의 실상을 규정하는 것은 기이기 때문에, 결국 기의 역할과 위상을 어떻게 이해하며 그 기를 어떻게 다루어야 하는지의 문제가 우암학단의 주요 관건으로 떠오른 것이다.

그런데 이러한 이기 관계의 문제를 심성론의 범주로 환언할 때 심心 개념의 중요성이 부각된다. 심 개념과 관련하여 우암학단이 이이로부터 승계한 주요 명제는 무엇보다 "마음은 기이다心是氣"라는 구절이다. '심시기'는 마음을 '리와 기의 합理氣之合'으로 규정한 퇴계학파와 대립각을 형성하게 되며, 이후 율곡학파의 이론적 정체성을 대표하는 주요 명제 중 하나로 자리매김한다. 그런데 이처럼 성과 심의 관계가 '성즉리性卽理'와 '심시기心是氣' 두 명제에 의해 일종의 대칭 구도를 이루게 됨에 따라, 리와 기의 관계는 성과 심의 관계에도 동일하게 적용될 여지를 갖게 된다. 즉 '리무위 기유위理無爲 氣有爲'라는 이기론의 명제가 심성론 차원에서 '성무위 심유위性無爲 心有爲'라는 명제로 환언되는 것이다. 그에 따라 율곡학파의 관점에서 본성과 마음의 관계는 형이상자形而上者와 형이하자形而下者 또는 도道와 기器의 관계로 규정되며, 도덕본성을 왜곡 없이 온전하게 발현시킴에 있어 실질적인 역할을 수행하는 것은 본성 자체가 아니라 그것을 담지하고 있는 마음이라는 논리가 성립하게 된다. 말하자면 본성은 순선하지만 그 스스로 자신의 본질을 구현하지 못하며, 오로지 심의 상태가 맑은가 탁한가에 의해 그 실현 여부가 결정되는 것이다. 결국 율곡학파의 견지에서 볼 때 도덕을 실현하는 실질적인 관건은 본성이 아니라 마음에 달려 있는 셈이 된다.

이처럼 17세기 이후 기호학파 내부에서 마음의 책임과 역할, 그리고 한계에 대한 논의가 전면적으로 부상하게 된 데는 율곡학의 승계라는 학파적 특색이 일정 부분 영향을 미치고 있다. 앞서 언급하였듯이 17세기를 거치는 동안 율곡학파 내부에서 리와 기, 사단과 칠정의 관계에 대한 논점은 퇴계 노선에 대응하는 학파적 결속의 계기로 작용하며 대체로 합의되는 경향을 보였기 때문에 더 이상 주요 쟁점이 되지 않았다. 이처럼 사단칠정론이 쟁점으로서의 효력을 상실함에 따라 학파 내부에서 새로이 쟁점화되기 시작한 것은 심에 관한 담론이다. 이처럼 담론의 무게중심이 이동하는 양상은 시기에 따라 가장 활발하게 논의된 성리학적 주제가 무엇인지를 살펴보면 쉽게 확인된다. 이를테면 심론이 사단칠정론을 대체하는 새로운 담론 영역을 구축하게 되면서 노론학계에서는 리기, 사단칠정, 인심도심 등의 개념보다 허령虛靈, 미발未發, 지각知覺, 명덕明德 등과 같은 용어들이 주요 화두로 부상한다. 주로 마음의 구조와 역량을 기술하기 위해 사용되는 이러한 개념들은 16세기 조선에서는 그다지 큰 주목을 끌지 못했지만 17세기를 거쳐 18세기 호락논쟁 시기에 이르러서는 가장 첨예한 화두로 치열하게 논의된다. 그렇게 볼 때 사단칠정론에서 심론으로 기호학맥의 중심 담론이 전이되는 사상사적인 흐름은 율곡학파 특유의 논점이 여러 세대에 걸쳐 심화되는 전개 과정과 맞물려 있다고 해도 과언이 아니다.■

　율곡학파의 심론을 다룬 기존 연구들은 대체로 호락논쟁이 본격화되었던 18세기 이후의 시기에 관심을 집중해온 경향이 있다.■■10 하지만 허령, 미발, 지각, 명덕 등의 개념을 분석하고 해명함으로써 '마음'의 철학적 의미를 밝히려는 학문적 노력은 이미 송시열 당대에 그와 그의 학단 내부에서부터 뚜렷한 맥락을 형성하고 있다. 17세기에 활동했던 우암학단의 성리학에는 '16세기 담론의 후계자'와 '18세기 담론의 선구자'라는 두 가지 면모가 혼재하는데, 이 가운데 후자의 면모는 특히 마음에 관한 논의를 통해 두드러지게 드러났다. 호락논쟁의 심도 있는 논의들은 18세기의 개막과 함께 갑작스럽게 쏟아져 나온 것이 아니라 그전 세대 학자들이 다져놓은 지적 토양 위에서 자라난 결실이었던 것이다. 이것이 사상사적으로 타당한 관점이라면, 심론이라는 문제틀은 그동안 단절적으로 인식되어왔던 17세기와 18세기 기호학파의 사상적 연속성을 규명하는 데 유효한 논의 범주라 할 수 있다. 아울러 심론을 통해 17세기에 접근하는 것은 이기사칠론이나 예론 등으로 정형화된 기존 논점을 탈피하여 새로운 독법을 시도하는 것이기도 하다.

■ 엄밀하게 말하면 '사단칠정론에서 심론으로 철학적 중심 담론이 옮겨갔다'는 표현에는 어폐가 있을 수 있다. 왜냐하면 사단과 칠정 모두 심의 한 양태인 정情에 속하는 것이므로, 사단칠정론 역시 큰 틀에서 보면 심론의 일부라고 할 수 있기 때문이다. 즉 '사단칠정론'과 '심론'을 이처럼 별개의 용어로 쓰는 것이 타당한가라는 반문이 제기될 수 있다. 물론 심론이라는 용어를 광범위하게 사용한다면 사단칠정론 역시 그 안에 포함된다고 할 수 있다. 하지만 이 책에서는 심론의 의미를 약간 좁혀서 사단칠정론과 구분되는 의미로 쓰고자 한다. 사칠론의 쟁점은 『맹자』가 말한 사단과 『예기』에서 말한 칠정 간의 논리적 연관성, 그리고 양자의 소종래所從來가 리와 기의 관계 속에서 어떻게 이해될 수 있는가라는 데 중점을 두고 있다. 즉 범주상 사단과 칠정이 모두 심에 속하기는 하나, 사칠론의 문제의식은 본디 성과 대비되는 '심 주체'의 위상 및 역할, 그 책임과 한계 등에 관심을 둔 것이 아니었다. 사칠론은 '심 주체' 혹은 '심 일반'에 관한 논의라기보다는 말 그대로 '사단'과 '칠정'이라는 특정 개념에 관한 논의다. 그에 비해 17세기 이후 율곡학파 내부에서 활발히 논의된 심에 관한 담론은—물론 이기사칠론에 대한 이이의 관점을 그 저변에 전제한 것이지만—중핵이 되는 문제의식에서 사칠론과 분명 차이가 있었다. 이 시기에 부각된 철학적 관심사는 마음의 본질을 지칭하는 허령, 마음의 본체라 할 수 있는 미발, 그리고 마음의 기능이라 할 수 있는 지각 등을 모두 아우르는 것이었다. 이들 각각의 담론을 구분한다면 허령론, 미발론, 지각론으로 별칭할 수 있겠으나, 이들 개별 담론을 모두 통칭하기에는 역시 심론이라는 용어가 가장 적당한 듯하다. 이에 여기서는 이러한 허령론, 미발론, 지각론 등의 범주를 통틀어 사칠론과 구분되는 의미에서 심론이라 칭하고자 한다.

■■ 그나마 과거에 호락논쟁을 '인물성동이논쟁'과 동일시하는 논점이 성행했던 데 비해, 1990년대 중반 이후 미발론과 지각론의 관점에서 호락논쟁을 독해하는 시도가 활발해진 것은 고무적인 일이다. 한때 인물성동이론人物性同異論과 미발심체선악론未發心體善惡論을 호락논쟁의 양대 쟁점으로 간주하는 논점이 주를 이루었고 여전히 그와 같이 철학사에 기술하는 경우가 있다. 그러나 이는 호락논쟁의 주체를 한원진과 이간으로 설정하고 두 사람의 논변 과정에서 크게 문제시된 사안을 호락 전체의 쟁점으로 확대해석한 결과다. 물론 인물성동이와 미발심체선악이 한원진과 이간의 토론 이후 호락의 학자들에 의해 활발하게 논의된 주제임은 틀림없지만, 그 두 쟁점에만 매몰된다면 자칫 호락논쟁의 논의 범주를 축소하고 그 안에 함축된 복잡다기한 이론적 맥락을 단순화할 위험이 있다. 그러한 기존의 논의 구도를 탈피하여 미발론, 지각론의 문제틀로 쟁점을 다룬 시도가 등장한 것은 호락논쟁을 새로운 시각에서 읽는 연구들이 발표된 이후의 일이다(미주 참조).

이제 본론에서 다루게 될 허령, 미발, 지각, 명덕 등은 심의 성격과 구조, 그리고 기능과 역할을 설명하는 개념들로서 내용상 유기적으로 연결되어 있다. 이 용어들은 심론이라는 범주를 구성하는 각각의 요소로 기능하며 어느 하나의 개념만 파편적으로 이해될 성질의 것은 아니다. 그렇지만 편의상 범주를 구분하고 각론에 들어간다면 주안점의 차이가 없지 않다. 이에 본론은 크게 다섯 갈래로 나누어 기술할 것이며, 각 장에서 다루고자 하는 내용은 다음과 같다.

제1장에서는 심의 고유한 특성을 지칭하는 '허령' 개념과 관련하여 우암학단 내부에서 전개되었던 논변을 검토할 것이다. 마음의 본질을 허령으로 규정하고 그 의미와 중요성을 강조한 언사는 이미 주희에게서도 발견되지만, 조선 성리학에 이르러 특유의 이기론적 관점이 착색되면서 허령론은 복잡한 양상을 띠게 된다. 우암학단의 허령론은 율곡 이이가 제시한 허령에 관한 언사를 정당화하는 작업의 일환으로 출발한 것이었다. 그런데 이 문제는 후대 호락논쟁에서 허령한 마음의 능력으로서 지각이 특정한 리理로부터 연유한 것인지 아니면 심기心氣 자체의 고유 역량인지를 따지는 문제의 연원을 이루게 된다. 그 점을 감안할 때 17세기 우암학단 내에서 허령론이 어떤 방식으로 문제시되었는지 살피는 것은 16세기와 18세기의 문제의식을 연결하는 의미를 지닌다. 나아가 송시열과 그의 문인들은 허령을 마음의 미발·이발已發 개념과 연계시키면서 '허'와 '령'의 의미를 구분하는 논점이 타당한지 검토한다. 이 장에서는 이처럼 허령 개념을 둘러싸고 전개되었던 논변의 맥락을 복원할 것이며 율곡 이이가 선도한 철학적 문제의식이 어떤 방식으로 후대에 전승되고 있는지 밝힐 것이다.

제2장에서는 '미발'과 '지각' 두 개념의 관계 설정과 관련된 논의를

다룰 것이다. 주희는 중화신설中和新說 이후 미발 개념을 새로이 정의하면서 "지각이 어둡지 않다知覺不昧"라는 명제를 제출한다. 이 명제는 곧 '미발시에 지각이 활동한다'는 의미를 함축하는데, 그에 따라 '미발시 지각'의 의미를 어떻게 해석해야 하는지가 새로운 철학적 문제로 대두되었다. 조선 성리학에서 미발지각의 문제를 철학적으로 쟁점화하고 담론의 발판을 마련한 인물은 송시열과 그의 동료들이다. 여기서는 미발지각에 관한 우암학단의 논의와 더불어 송시열에게 직접적인 영향을 끼친 김장생金長生(1548~1631)의 미발지각론을 아울러 검토한다. 그리하여 17세기 기호학파 심론의 한 줄기를 차지하는 미발지각의 문제를 통사적으로 조망하면서, 미발에서의 지각활동을 적극적으로 긍정하는 김장생과 송시열의 논점이 이른바 '주재主宰'를 미발 상태의 특징으로 규정하려는 목적의식과 연계되어 있음을 밝힐 것이다.

제3장에서는 '미발'과 '기질'이라는 두 개념 간의 관계 설정과 관련된 논의를 검토한다. 이러한 논의는 근원적으로 중화론中和論과 이기론理氣論이라는 주자 학설의 두 범주가 중첩되면서 발생하는 논리적 문제라 할 수 있다. 그런데 그러한 근본적 딜레마가 율곡학파 특유의 논점과 결합하여 더욱 증폭되는 양상을 보이게 된다. 이 장에서는 이러한 쟁점을 담론화했던 송시열과 박상현朴尙玄(1629~1693)의 논변을 상세하게 다룰 것이다. 이들 간의 논변은 18세기 한원진韓元震(1682~1751)과 이간李柬(1677~1727)의 대립 이전에도 미발과 기질의 상관성이 율곡학파의 해석틀 속에서 지속적으로 문제시되었음을 보여준다. 나아가 미발과 기질의 관계를 파악하는 그들의 이해 관점은 곧 미발 체험에 있어 성인과 보통 사람의 동이同異를 판별하는 문제와도 연결된다.

이어지는 제4장에서는 제3장에서 다룬 송시열-박상현 간 논쟁의 연장선상에서 송시열의 미발설을 좀 더 심층적으로 해명하고자 한다. 이 장에서 다룰 논의는 주로 미발을 고요함靜과 움직임動의 관계 속에서 어떻게 이해할지에 관한 것이다. 흔히 미발과 이발은 각기 마음의 정靜과 동動에 해당되는 개념으로 분속하지만, 송시열은 미발을 움직임 또는 고요함의 상태로 달리 규정하기도 하고, 심지어 미발과 고요함을 별개의 개념으로 구분하기도 한다. 그처럼 일관되지 않은 화법은 각각의 발언이 이루어진 문맥을 살피지 않는 한 해독 불가능할 정도로 모호하고 모순적이다. 이 장에서는 미발과 동정 개념을 연결하여 설명하는 그의 모순적 발언 이면에 담긴 취지가 무엇인지를 정밀하게 탐색한다. 그리하여 송시열이 '주재'라는 심적 역량이 발휘되고 있는 상태로 미발을 규정하고 있으며, 또한 이를 유지하기 위한 부단한 공부를 역설하고 있음을 밝힐 것이다.

제5장의 주제는 우암학단 내에서 문제시된 지각론과 명덕론에 관한 것이다. 이 장에서는 지각론의 중심 주제 가운데 하나인 '지智와 지각知覺의 관계'를 둘러싼 대립의 초기 양상을 다룬다. 이는 일차적으로 '지각의 연원을 지智로 볼 것인가 심心으로 볼 것인가'의 문제이지만, 궁극적으로는 성과 심의 관계를 재설정할 수도 있는 민감한 논점을 함축한다. 기호학계 내부에서 지와 지각의 관계를 쟁점화한 중심인물은 단연 김창협金昌協(1651~1708)이라 할 수 있다. 이와 관련해 18세기 초반 격렬해지는 일련의 쟁론은 김창협과 민이승閔以升(1649~1698)의 논쟁을 시발점으로 확산된 것으로 알려져 있다.■ 그런데 김창협과 민이승의 논변 이전에도 송시열의 직전제자군 사이에서 이미 지와 지각 논쟁의 핵심 쟁점은 심도 있게 문제시되고 있었다. 그 가운데 김창협의 지각론에 체계적인 반론을 제기한 선구적인 인물은 김간金幹

(1646~1732)이다. 이에 이 장에서는 김창협과 김간의 견해를 대비시키면서 본격적인 호락논쟁에 앞서 전개된 17세기 기호학파 지각론의 문제의식을 복원해보고자 한다. 나아가 지각론의 연장선상에서 펼쳐지는 김창협의 명덕론을 소개하고, 그에 대해 비판적 의견을 피력한 송시열과 김간의 견해를 기술할 것이다.

■ 김창협과 민이승 사이의 논변은 시기상 1697년경에 이루어졌고, 민이승이 사망한 후 1705~1706년 즈음 김창협은 이희조李喜朝(1655~1724)와 더불어 지각 논변을 이어간다. 이들 사이의 논변으로 낙학 내부에서 지각론에 대한 관심이 뜨거워지고 연이어 호학 계열 인사들의 김창협 비판이 이어지자 지와 지각의 관계는 초기 호락논쟁의 중심 화두 가운데 하나로 급부상한다. 그 논변의 내용과 전개 과정에 대해서는 문석윤(2006)에 상세히 기술되어 있다.

제1장

허령虛靈,
텅 비어 영활한 마음

조선의 17세기는 흔히 예학禮學의 시대로 일컬어지곤 하지만, 또한 경학經學이 본격적으로 심화된 시점이기도 하다. 당시 학계에서 차기箚記, 기의記疑 등의 형식으로 경전에 대한 해석학적 작업이 활발히 진행되었던 것은 그러한 경학적 관심의 증대를 반영한다. 이는 주자학이 착근 단계에 들어서면서 경설에 대한 정밀한 탐색과 비평이 가능해진 당대 학술계의 사상사적 진전과도 관련이 깊다.[1] 이에 사서삼경에 대한 주석을 전면적으로 검토한 김장생의 『경서변의經書辨疑』를 필두로, 주자학과 일정한 거리두기를 시도한 조익의 『중용사람中庸私覽』과 『대학사람大學私覽』, 윤휴의 『독서기讀書記』, 박세당의 『사변록思辨錄』 등에 이르기까지 17세기에는 크고 작은 경학 저술이 본격적으로 등장한다. 특히 김장생은 『경서변의』를 통해 주희의 학설뿐만 아니라 사서집주에 기재된 소주小註까지 검토하는 상세한 분석을 시도하는데, 이러한 형식은 이후 경서 해석의 한 전형으로 자리매김하기에 이른다.[2]

이처럼 경학에 대한 관심이 고조되어가는 가운데 주희의 경전 해석에 등장하는 허령虛靈 개념은 우암학단의 학자들에 의해 새롭게 주목받았던 논제 가운데 하나였다. 주자학에서 허령이란 본래 사람의 마음心이 지닌 독자적인 특징을 형용하는 개념으로, 주희는 특히 『대학장구大學章句』와 『중용장구中庸章句』 두 문헌을 통해 허령을 언급한 바 있다. 그는 『대학장구』 첫 장에서 "명덕明德이란 사람이 하늘로부터 얻은 것으로 허령하여 어둡지 않으니 이로써 여러 이치를 갖추고 만사에 대응한다"[3]고 하여 명덕을 설명하는 개념으로 허령을 제시하였고, 또 『중용장구』 서序에서는 "마음의 허령지각虛靈知覺은 하나다"[4]라는 발언으로 허령과 지각의 개념적인 연관을 명시한 바 있다. 하지만 17세기에 이르기까지 허령 개념에 대한 조선 학자들의 관심은 상대적으로 적었다고 할 수 있다. 그런데 이 개념에 대한 송·원대 주자학자들의 해석이 경학적인 분석 대상이 되고, 거기에 율곡 이이가 선도한 이기심성론의 관점이 투영되기 시작하자 기호학파 내부에서 허령에 대한 해석과 논의가 본격화되었다.

이전까지 소략하게 다뤄졌던 허령 개념이 우암학단 내부에서 표면화된 이유는, 무엇보다 『대학장구』 소주에 기록된 중국 학자들의 견해와 그에 대한 이이의 비판적 발언 때문이었다. 특히 문제가 되었던 것은 『대학장구』에서 주희가 '허령불매虛靈不昧'라고 말한 것에 대한 진순陳淳(1159~1223)과 노효손盧孝孫(생몰미상)의 주석이다.■ 자세한 내용은 뒤에서 짚어보겠지만, 두 사람의 진술에 대해 이이가 「기대학소주의의

■ 진순은 남송 때의 유학자로 자는 안경安卿, 호는 북계北溪다. 1190년경 주희가 장주에 있을 때 그에게 학문을 들었고 1199년 다시 주희를 만나 제자가 되었다. 주희의 학설을 추숭하고 육구연의 심학을 배격하였으며, 주희의 문도 가운데서 차지하는 위상이 높았다. 『북계자의北溪字義』, 『사서구의四書口義』 등을 저술하였다. 노효손은 송의 강좌리江左里 사람이다. 이락伊洛의 학문을 깊이 연구했고 저서로는 『성리대전발몽性理大全發蒙』 10권이 있다. 사서집주의 소주에는 '옥계노씨玉溪盧氏'라는 호칭으로 인용되고 있다.

記大學小註疑義」를 통해 옳지 않다고 비판하였던 것이다. 이러한 이이의 평가는 그의 제자였던 김장생에게 이어졌고, 다시 그 제자인 송시열에게 전해지며 학파 내에서 산발적인 토론을 불러일으켰다. 일단 진순과 노효손에 대한 이이의 비판이 매우 짧고 논평의 근거 또한 충분치 않았던 탓에, 이들 간의 일차적인 쟁점은 이이의 비판이 과연 타당한지, 타당하다면 어떤 근거에서 그러한지를 해명하는 것이었다. 이는 선학의 사상적 유산을 후학이 정리해가는 작업의 일환이었다는 점에서 자연스런 현상이었고, 그런 면에서 조선 성리학의 이론적 진전을 보여주는 한 단면이다.

그렇지만 이이의 후예들이 그 유산 가운데서도 어째서 허령이라는 부분에 주의를 기울이게 되었는지는 해명되어야 할 문제다. 허령 개념에 대한 관심의 증대는 학파 내부에서 주희 심성론에 대한 이해가 심화되어가던 양상과도 맞물린다. 즉 심성에 관한 이론적 논의가 정밀해짐에 따라 이른바 심의 본모습體段을 설명하는 술어인 허령이 명덕론과 지각론, 나아가 미발론으로 이어지는 연결 고리를 함축하고 있다는 점에서 주목받게 되고, 그 철학적 의미를 해명하려는 시도로 이어졌던 것이다. 그렇게 볼 때 우암학단의 허령에 관한 논의는 이이와 김장생으로부터 이월된 철학적 문제의식이 18세기 기호학파의 정교한 심성론으로 이어지는 전개 과정상에 놓여 있다. 이에 허령을 둘러싼 논의를 독해하면서 이 논제가 미발과 지각 등 차후 호락논쟁의 핵심 쟁점과 연결되는 지점에 유념할 필요가 있다.

주희가 말하는 마음의 허령함과
그에 함축된 쟁점

—

쟁점의 소재를 연원적으로 이해하기 위해 먼저 주자학에서 말하는 허령이라는 용어의 의미부터 살펴보도록 하자. 일차적으로 허虛란 마음의 원상태가 텅 비어 있어 아무런 장애도 받지 않음을 뜻하며, 령靈이란 마음이 자극에 반응하여 운동하는 신묘한 능력을 표현하는 단어다.[■] 주희에 따르면 허령은 마음이 그 자체로서 지닌 본래적인 특성이기에 인위적으로 허령하게 만들 수 있는 것이 아니다. 또한 다른 신체

■ 『순자荀子』나 『장자莊子』에 '허일이정虛一而靜'이란 언급이 나타나는 데서 볼 수 있듯이, 마음의 원상태를 '비어 있음'으로 보는 것은 주희뿐만 아니라 중국 사상사에서 오랜 전통을 지니고 있다. 번역이 까다로운 '령靈'은 현대어에서 영명함, 영묘함, 신령함 등 여러 번역어가 쓰이고 있는데 학계의 일반적인 합의는 없는 듯하다. 이봉규는 령이란 '인식 능력이 언제든지 작용 가능한 상태에 있음'을 의미한다고 해석하고, 이에 합당한 번역어로 '영활靈活함'을 제시한 바 있다(이봉규[1996]). 필자는 '영활함'이 (율곡학파의 견지에서 강조되는바) 무위자無爲者인 성과 대비되는 심의 활동성activity 및 기능성functionality의 의미를 담아낼 수 있는 번역어라고 생각한다. 령에 대한 무난한 번역어로 '영명함'을 채택할 수도 있겠지만, 그러면 '영활함'에 비해 심의 활동성 및 기능성이라는 측면이 잘 드러나지 않는 감이 있다. 물론 '영활함' 역시 현대 한국어 화용론상 낯선 어휘라는 점에서 흡족한 번역어는 아니다. 다만 이봉규의 연구에서 이 용어가 사용된 적이 있음을 전례로 삼아 이 책에서는 일단 '영활함'이라는 번역어를 채택할 것이며, 문맥상의 의미에 따라 '영명함'을 병용하고자 한다.

기관의 활동처럼 가시적으로 확인할 수 있는 것은 아니되, 그러한 지각 활동을 주관하는 마음의 능력을 나타낸다.[5] 주희는 이처럼 허령을 주체로서의 마음心이 지닌 특징으로 규정하는데, 주목할 점은 이러한 영활한 작용을 리인 본성性의 역할이 아니라고 하여 '심'과 '성'의 범주를 명확히 구분한다는 점이다.

> 물었다. "영활한 것은 마음입니까, 아니면 본성입니까?" 답하였다. "영활한 것은 단지 마음이지 본성이 아니다. 본성은 다만 리일 따름이다."[6]

그렇게 볼 때 허령이라는 술어가 적용될 수 있는 영역은 어디까지나 '마음'이지 '본성'이 아니다. 주희는 마음이 형이상과 형이하 가운데 어느 쪽에 속하는지를 논하면서, '마음이란 무형무위한 본성에 비해 다소간의 흔적을 가지고 있지만 일반적인 기에 비하면 영활함을 가진 것'이라고 말한다.[7] 즉 마음을 형이상자인 본성과 차원을 달리하는 형이하자의 범주에 귀속시키면서도, 일반적인 기와는 구분되는 영활함을 마음의 특징으로 규정하고 있는 것이다. 이렇게 볼 때 허령은 마음과 본성을 구별시켜주는 개념인 동시에 마음을 일반적인 기와도 차별화시켜주는 개념이라고 할 수 있다. 주희의 "마음은 기의 정상精爽"[8]이라는 유명한 명제는 이처럼 리인 본성과 동일시될 수 없고 기 일반과도 똑같이 취급될 수 없는 마음의 특수성을 고려하여 제출된 것이며, 그러한 특수성을 한마디로 집약해 보여주는 것이 바로 허령 개념이다.

주희에 따르면 허령이란 세상의 모든 이치를 구비하여 만사에 대응할 수 있게 하는 마음의 조건이며, 그리하여 내재적인 도덕 가치를 모든 상황에서 실현할 수 있는 현실적 근거가 된다.[9] 이처럼 리를 온전히 갖추어 온전하게 현실화시키는 도덕적 능력과 관련된다는 점에서 마음의 허령은 만물 가운데 오직 인간에게만 부여된 특징이다. 주희는 인간과 동물의 차이점을 설명하면서 '리는 같으나 기가 다르다'는 논법을 취하는데, 이때 '기의 다름'과 관련하여 부각되는 것이 바로 마음의 허령임을 주목하자.[10] 그는 사람과 사물이 동일한 리를 갖추고 있다 하더라도 그 마음의 허령 여부에 따라 그것을 실현할 수 있는지 없는지가 나뉜다고 말한다.[11] 예컨대 주희가 맹자의 "사람과 금수의 차이는 매우 적다"는 발언을 해석하며 "사람이라도 사욕이 마음의 허령함을 가려버리면 짐승과 똑같다"고 말할 때, 허령은 인간과 동물의 차별성을 설명해주는 주요한 개념으로 채택되고 있다.[12] 즉 사람과 동물은 허령한 마음을 가지고 있느냐라는 간발의 차이를 다툴 뿐이라는 것이다. 이때 허령은 인의예지仁義禮智 가운데 일부만 실현시킬 수 있는 동물의 제한된 능력과 달리 본성을 완전히 현실화시킬 수 있는 인간의 역량을 보증해주는 개념이 된다. 그리고 그것은 동물과 공유하고 있는 본성이 아닌 마음에 기반을 둔 역량인 것이다. 주희에 따르면 이러한 '허령한 마음'의 능력이 곧 지각이다.[13] 인간의 마음을 설명할 때 허령이 조건(상태)을 기술하는 용어라면, 지각은 그 기능(작용)을 지칭하는 용어다.

그런데 이렇게 허령지각의 의미에 초점을 두어 주자학을 해석할 때 논란의 여지가 배태된다. 인간이 도덕적 존재가 될 수 있는 가능 근거는 본성에 있는가, 아니면 본성을 실현시킬 수 있는 마음의 허령지각에 있는가? 분명 도덕 행위의 원천적 근거는 일차적으로 본성에 있다. 하지만 그러한 본성은 도덕적 행위자가 될 수 없는 동물도 가지고 있는 것이다. 그렇게 본다면 그것을 제대로 실현해내는 역량은 마음의 허령이라는 조건에 달려 있는 셈이다. 본성이 아무리 완전하고 순선한 것이라 하더라도 허령지각하는 마음 없이는 온전하게 현실화될 수 없기 때문이다. 바로 이 지점에서 '순선한 본성'과 '허령한 마음' 사이의 딜레마가 발생한다. 즉, 도덕적 존재의 완성에 있어 허령한 지각의 활동이 지니는 역할에 중점을 둔다면, 도덕의 근본이 되는 본성의 위상이 상대적으로 위축될 가능성이 있다. 만약 본성이 행위 주체인 마음의 역량을 빌려 비로소 실현될 수 있는 것이라면, 본성 그 자체로는 아무런 현실적 영향력을 발휘하지 못하는 무력한 존재에 그칠 수 있기 때문이다. 거꾸로 도덕 행위의 가능 근거로서 본성의 순선함을 강조하고 허령지각의 의미를 축소시킨다면, 자칫 심·성의 역할 구분이 모호해지고 사람과 만물의 존재론적 차별성이 약화될 수 있다. 허령은 여느 사물과 달리 도덕적 존재로서 인간의 영명함을 보증해주는 개념인 동시에 인간의 도덕 행위를 가능케 하는 실질적이고도 불가결한 요소이기 때문이다.

주희 자신은 순선한 본성과 허령한 마음의 관계가 이와 같은 방식으로 문제시되리라고 생각지 않았겠지만, 이 미묘한 문제는 17~18세기 조선의 기호학파 내부에서 주요한 쟁점으로 불거져나왔다. 특히 이이의 사상적 계승을 표방한 기호학파의 특성상 이 문제의 해명에는 율곡학맥 특유의 관점이 착색되었다. 이이는 리와 기의 관계를 도기론道器論의 관점에서 '리무위 기유위理無爲 氣有爲'로 규정한 바 있는데, 마음을 기로 본 그의 규정에 따라 심성론의 범주로 환언하면 이 명제는 곧 '성무위 심유위性無爲 心有爲'에 다름 아니게 된다. 그렇게 볼 때 도덕 행위를 실질적으로 수행하는 주체인 심과 그 내용인 성 사이에는 일정한 거리와 격차가 생긴다. 무엇보다 전자는 유위인 데 반해 후자는 무위

인 까닭에, 결국 도덕의 현실적인 구현 여부는 행위 주체인 심의 청명 여하에 달려 있다는 논리가 성립하게 되는 것이다. 그렇게 볼 때 도덕 행위의 가능 근거는 성뿐만 아니라 심에도 있게 된다. 다시 말해 본성의 순선함만으로는 도덕 실천의 조건이 충족되지 못하는 것이다. 그렇기 때문에 본성의 순선 외에도 선의 실현을 가능케 하는 도덕 주체로서 심의 조건이 확보되어야 하는데, 그러한 마음의 조건으로서 부각되는 것이 허령이다. 이처럼 허령은 도덕의 실질적 주체로서 심의 역할이 강조되는 율곡학의 특성상 자연스럽게 대두될 수밖에 없는 개념이다. 문제는 그처럼 허령한 마음의 역할과 위상을 어느 정도까지 인정할 것이며 또 한정지을 것인가에 놓여 있었다.

하나의 쟁점은 또 다른 쟁점을 낳는다. 허령은 지각 개념과 불가분의 관계에 있고, 마음의 상태를 기술한다는 점에서 미발·이발 어느 쪽에 대응하는지의 문제로도 이어진다. 18세기에 이르러 이른바 호학과 낙학으로 나뉜 두 진영은 이 문제의 논점을 확장하여 '허령한 마음'의 범주를 미발·이발 가운데 어디까지 인정할 것인지, 지각의 역량이 미치는 범위는 어느 선까지 인정할 것인지, 그 허령지각의 가능 근거는 어디에 있는 것인지, '순선한 본성'의 범위를 어느 층차까지 설정할 것인지 등을 놓고 복잡다기한 설전을 벌이게 된다. 그렇게 본다면 호락논쟁의 연원을 추적해 들어갈 때 허령이라는 주자학의 고유 개념은 의미 있는 철학사적 위상을 획득하게 된다. 허령에 대한 이해가 일대 학술 논쟁의 결정적인 시발점이라고까지는 할 수 없더라도, 그 안에 함축된 철학적인 가능성은 호락의 이론적 분기와 연계되어 설명될 소지를 충분히 안고 있었던 셈이다. 그리고 그러한 쟁점화의 뇌관은 17세기 중반 우암학단의 논의를 통해 이미 단초를 드러내고 있었다.

—

마음의 허령함은 어떻게 가능한가

—

—

진순의 견해와 초기 논의들

앞서 언급하였듯이 주희는 『대학장구』의 '명명덕明明德'에 주석을 붙이면서 '허령불매'라는 명제를 제시한 바 있다. 같은 조목의 소주에는 이 구절에 대한 여러 유학자의 해석이 기록되어 있는데, 이 가운데 본 논제와 관련하여 문제시되었던 것이 진순과 노효손의 발언이다. 그런데 두 사람의 진술은 허령에 관해 서로 다른 맥락을 논하고 있기 때문에 나누어 분석해볼 필요가 있다. 이 절에서는 먼저 진순의 주석과 관련된 논변을 검토해보도록 하자.

진순의 주석에서 일차적으로 문제시되는 것은 허령이라는 마음의 특징이 어떻게 생겨난 것인지에 대한 의문이다. 이에 진순은 주희의 허령 개념을 해석하며 "사람이 태어남에 천지의 리를 얻고 또 천지의 기를 얻으니, 리와 기가 합하여져서 허령하다"[14]라는 주석을 달았다. 이러한 진순의 발언은 허령이라는 특성이 어디에서 비롯되는가에 관한 답변의 성격을 띠고 있다. 전술한 바와 같이 허령은 그 자체로 리 또는 기 일반 어느 쪽으로도 그대로 동일시될 수 없는 마음의 특수성을 나타낸다. 그렇다면 이러한 마음의 특수성은 리와 기의 결합으로 인해 생겨나는 것인가, 아니면 기 자체에 내재한 고유한 성격인가? 이 물음은 곧 허령한 마음의 활동인 지각이 리기가 결합한 결과合理氣인지 아니면 기 자체의 본유적 능력인지를 묻는 물음과도 연관된다. 이에 대하여 진순은 허령이란 리와 기가 결합하여 이루어진 결과理與氣合, 所以虛靈라는 입장을 취하고 있으며, 이는 곧 지각 또한 리와 기가 결합한 결과라는 입장을 수반하는 것이다. 이처럼 허령지각을 기 자체의 내재성이 아닌 '합리기'의 결과로 보는 진순의 견해는, 그 자신이 스승 주희와 나누었던 아래의 대화로부터 연유한 것으로 보인다.

> 물음: "지각이란 마음의 영활함이 본디 그러한 것입니까? 기가 그렇게 하는 것입니까?" 대답: "오로지 기라고만 할 수 없고 그보다 먼저 지각의 리가 있다. 리만으로는 아직 지각이 없으니 기가 모여 형체를 이루면 리와 기가 합해져 곧 지각할 수 있다. 비유하자면 이 등잔불과 같으니, 기름을 얻음으로 인해서 환한 불빛이 생기는 것이다." 물음: "마음이 발하는 것은 기가 아닌지요?" 대답: "또한 지각일 따름이다."[15]

『주자어류朱子語類』에 나오는 이 문답은 조선의 성리학자들에 의해 반복적으로 인용되며 적잖은 논란을 불러일으켰던 대목이다. 여기서 주희는 지각을 가능케 하는 마음의 허령함이 기 자체에 내재된 본질이 아니며, 허령지각을 가능케 하는 리가 선재한다고 말하고 있다. 이는 달리 말해서 지각에는 지각의 리가 있다는 것이다.■ 아울러 지각의 조건이랄 수 있는 마음의 허령함은 그러한 지각의 리가 기와 결합하여 생겨난 특성이 되는 것이다. 위 인용문에서 주희 자신이 직접 "리와 기의 합理與氣合"이라는 표현을 쓰고 있음을 볼 때, 진순의 "리와 기가 합하여져서 허령하다理與氣合, 所以虛靈"라는 명제는 바로 이러한 주희의 발언에 근거를 둔 것이라 할 수 있다.[16] 그런데 이 같은 주희의 발언은 그 자신이 허령을 본성理과 범주를 달리하는 심의 독자적 특성으로 한정했던 것과 대조할 때 다소간 혼란을 야기하기도 한다.[17] 즉 허령을 성과 분명히 구분되는 심만의 특징으로 보면서 동시에 허령을 리기가 결합한 결과라고 한다면, 다시금 그 구분이 흐릿해지고 마는 것이다. 후에 송시열 문하의 학자들 사이에서 논란이 된 것이 바로 이러한 문제다.

그런데 애초에 우암학단에 앞서 논란의 불씨를 지핀 것은 「기대학소주의의」에 기재된 이이의 논평이었다. 그 글에서 이이는 진순의 발언에 대해 "리와 기는 원래 떨어질 수 없으니 '합해진다'는 일은 있을 수 없다"[18]라는 짧은 비판을 남겼다. 이러한 단평 외에 다른 설명이 없어 발언의 취지가 모호하긴 하지만, 분명한 것은 이이가 진순을 비판하면서 허령의 문제를 전혀 언급하지 않고 있다는 점이다. 여기서 그가 문제삼는 것은 무엇보다 '리와 기가 합해진다'라는 서술의 적절성 여부다. 즉 "천지의 리를 얻고 또 천지의 기를 얻어서 리와 기가 합해진다"는 진술은 마치 '리와 기가 시간차를 두고 결합한다'는 인상을 주며 논리상 '리와 기가 합해지지 않은 때'를 전제하므로, 이는 곧 리기불상리

■ '지각에는 지각의 리가 있다'는 취지를 담고 있는 주희의 위 발언은 훗날 지智와 지각知覺을 분리시키는 김창협의 주장을 비판하는 논객들에게 재인용되기도 한다. 김창협 비판자들은 여기서 주희가 말한 '지각의 리'가 곧 지智를 지칭한 것이라고 해석한다. 하지만 위의 언급에서 주희가 지각의 리를 곧바로 지智로 명시한 것은 아니다.

理氣不相離의 전제에 어긋난다는 것이다. 그렇게 볼 때 이이의 의도는 진순의 명제에서 '합合'이라는 어휘가 부적절함을 지적하여 리와 기의 불가분리성을 강조하는 데 있었다 하겠다. 이러한 그의 발언은 기본적으로 이황 계열의 학풍이 리와 기를 지나치게 분리함을 경계하는 입장에서 도출된 것이다. 즉, 진순에 대한 비판의 형식을 띠지만 우회적으로는 퇴계학의 기본 구도를 견제하는 의도를 함축하고 있었던 것이다. 그렇게 볼 때 이이의 비평은 허령의 근거를 밝히려는 진순의 본래 맥락에서 이탈하여 오히려 16세기 조선 성리학의 주요 쟁점을 투영하고 있는 것으로 보인다.

이러한 이이의 태도는 그의 직전제자였던 김장생에게 그대로 이어지는데, 그 비판이 타당한지를 놓고 김장생과 최명룡崔命龍(1567~1621), 정경세鄭經世(1563~1633) 사이에 논변이 벌어지게 된다. 김장생은 그 논변을 자신의 저술인 『경서변의』에 정리해놓았는데, 이를 계기로 그들 간의 논변이 송시열 문하의 학자들에게 재인용되면서 이 문제를 둘러싼 토론의 바탕이 마련된다. 그런 점에서 우암학단의 논의를 살피기에 앞서 김장생과 최명룡, 정경세 사이에 토론된 개략을 검토해볼 필요가 있다.

이들 간의 대립 구도를 일별하면, 크게 김장생이 진순의 발언을 비판하는 입장, 최명룡·정경세가 진순을 옹호하는 입장으로 나뉜다. 먼저 최명룡은 리와 기가 비록 떨어질 수 없다 하더라도 일물一物로 동일시할 수 있는 것 또한 아니라는 점을 강조하면서, 이처럼 양자가 본래 별개의 것인만큼 '합해진다'는 표현에도 어폐가 없다는 입장을 취한다.[19] 즉 리와 기가 혼연일체인 것 같아도 결국엔 엄격히 구분되는 두 존재인 바에야 '합'이라는 용어 사용도 무방하다는 것이다.[20] 이처럼 최명룡의 기본 입장은 리기의 불상잡不相雜 측면을 강조하는 데 있으며, 진순에 대한 옹호 또한 그러한 입장의 반영 차원에서 이루어지고 있다. 이에 대하여 김장생은 '리와 기는 떨어질 수 없다理氣不相離'는 명제와 '리와 기가 합해진다理與氣合'는 명제는 양립 불가능한 모순이라고 본다. 애초에 서로 떨어질 수 없는 것인데 어떻게 다시 합해진다고 말할 수 있는가? 그는 진순의 주장대로라면 사람과 사물이 태어나기 전에는 리와 기가 분리되어 있다가 태어나는 시점에서야 비로소 합해진다는 말이 되니, 이것은 본디 혼연히 뒤섞여 아무런 틈이 없는 리기불상리의 전제와 어긋난다고 주장한다.[21] 김장생에 따르면 진순이 '리와 기의 합理與氣合'이라 말한 것은 「태극도설太極圖說」의 '신묘하게 합하여 엉겨 있음妙合而凝'이라는 구절을 오해한 결과다. 주희가 이에 대해 '본래부터 혼연히 섞여 틈이 없다'고 말했음에도 불구하고 이를 마치 '리를 먼저 얻고 기를 나중에 얻는다'는 식으로 해석하였으니 어불성설이라는 것이다.[22]

정경세 또한 최명룡과 같은 입장에서 김장생의 견해에 반박하며 진순의 발언에 동조한다. 그는 리와 기는 본래 하나가 아니며 다만 둘이 떨어지지 않는 관계에 있을 뿐이라고 말하는데, 그 역시 강조점은 '리기는 본디 두 가지二物로서 구분된다'는 데 둔다. 또한 리와 기를 합하여 성이라는 개념이 성립된다는 것이 주희의 학설이라고 볼 때, '리기의 결합' 운운한 진순의 발언에는 아무 문제가 없다는 것이다.[23] 정경세는 진순의 말 가운데 "천지의 리를 얻고 또 천지의 기를 얻는다得天地之理, 又得天地之氣"에서 '우又'라는 단어가 '리가 앞서고 기가 뒤따른다'는 식의 시간적 선후관계를 지시하는 것이 아니라, 다만 성격이 서로 다른 리와 기 양자의 결합이라는 점을 명료하게 드러내기 위한 장치로 사용되었다고 본다.[24] 이에 대하여 김장생은 진순이 리와 기를 선후관계로 규정하는 오류를 저지르고 있음이 명백하다는 입장을 견지하면서 진순의 학설을 주희의 정론으로 보는 정경세를 비판한다.[25]

이상의 내용이 김장생과 최명룡, 정경세 간에 오갔던 논변의 개략적인 전말이다. 보는 바와 같이 그들의 토론에서 주로 문제시된 점은, 진순의 발언이 마치 리와 기의 선후관계를 인정하는 것처럼 들리기 때문에 리기불상리의 전제에 어긋나지 않느냐는 것이다. 즉, '합해진다'라는 어휘 사용의 적절성 여부가 오로지 리기의 불상리·불상잡이라는 전제에 따라 논의되고 있다. 이러한 쟁점은 퇴계학파와 율곡학파가 분기되는 과정에서 부각된 것으로, 이들 간의 토론 내용은 그들 세대가 속했던 16세기 말에서 17세기 초 사상계의 국면을 드러내는 것이기도 하다.

그렇지만 이처럼 당대의 문제의식이 틈입함에 따라 이들의 대화에서 진순의 주석에 함축된 본래의 쟁점, 즉 '허령의 근거'에 대한 논의는 중심에서 벗어나고 만다. 다시 말해 마음의 특징인 허령이 리와 기의 결합으로 인해 생겨난다는 것이 진순의 핵심 주장인데, 이들의 대화는 허령의 근거에 대한 논의는 도외시한 채 '리기가 결합한다는 것이 말이 되느냐 안 되느냐'라는 논제에 치중해 있었던 것이다. 이처럼 토론이 지엽적인 논의에 머물고 만 것은 이이의 진순 비판이 애초에 허령에 대한 언급 없이 리기불상리만 문제시했던 데서도 기인한다. 그들은 이이의 언급을 넘어 좀 더 심화된 문제의식을 보이지 못했던 셈이다. 진순의 주석에서 허령의 문제를 누락시키고 오히려 리기의 관계를 쟁점화한 이이와 김장생 등의 논의는 이른바 16세기적 문제의식에 머물렀던 그들의 철학적 관심이 어디에 쏠려 있었는지 보여주는 것이라 하겠다.

가장 정밀하고 빼어난 기이기에 허령하다

진순의 명제로부터 허령의 근거라는 철학적 맥락을 간취하고 이를 본격적으로 문제삼기 시작한 이들은 송시열과 그의 문인 집단이었다. 특히 송시열의 제자 가운데 김간과 정찬휘鄭纘輝(1652~1723)가 이 문제에 관심을 보였는데, 그들의 문제 제기를 보면 앞서 김장생 등이 벌였던 논변과 달리 허령이라는 마음의 특성을 해명하는 데 집중하고 있음을 알 수 있다. 그들의 직접적인 발언을 들어보자. 김간은 1676년경 송시열에게 보낸 편지에서 다음과 같이 말하고 있다.

> 생각건대 '리와 기가 합해져서 허령하다'는 말에 또한 병통이 있는 것 같습니다. 심은 기의 정상精爽인 곳입니다. 그러므로 그 성격이 자연히 허령하고, 허령한 까닭에 지각합니다. 허령지각하는 까닭에 심중에 갖추어진 리가 가려지는 바가 없는 것이지, 리와 기가 합한 연후에야 비로소 허령해질 수 있는 것이 아닙니다. 무릇 리는 기의 근저이고 기는 리의 그릇이니, 기가 있게 되면 곧 리는 그 기 속에 깃들어 양자는 본디 서로 떨어질 수 없습니다. 이제 이 점에 대해 논하면서 그저 '리와 기가 합해진 것이 심'이라고 한다면 괜찮겠지만, '리와 기가 합해져 허령하다'고 말하면 옳지 않습니다.■ 그 까닭은 무엇이겠습니까? 무릇 천지 사이에서 사람과 사물이 태어남에 천지의 기를 받아 형체를 이루고 천지의 리를 품부하여 성이 되지 않는 것이 없으니, 이는 사람과 사물이 똑같습니다. 다만 사람은 받은 기가 맑은 까닭에 그 심이 허령하고, 이에 리가 가려지지 않습니다. 사물은 받은

기가 탁하여 그 심이 가려지고 막혀서, 이에 리가 통하지 못합니다. 〈이는 사람과 사물의 크게 나뉘는 점을 말한 것입니다.〉 그런 까닭에 사람의 심이 허령한 까닭은 다른 것이 아니라 그 받은 기가 청명하기 때문입니다. 만약 진순의 설과 같다면 초목금수의 태어남 또한 모두 리와 기가 합해진 것이니 그 심의 허령함이 마땅히 사람과 차이가 없어야 하거늘, 금수는 어찌하여 부분적으로 막혀 있고 초목은 어찌하여 완전히 막혀 있단 말입니까. 〈금수는 탁한 기를 받았고 초목은 탁한 것 중에서도 탁한 것을 받았기 때문입니다.〉[26]

여기서 김간은 이이와 김장생 등이 놓쳤던 철학적 쟁점을 복원해낸다. 즉, 허령은 기인 마음 자체의 고유한 본질인가, 아니면 리와 기의 결합으로 인해 이루어진 속성인가? 앞서 진순은 리기의 결합체이기 때문에 마음이 허령이라는 특성을 갖게 된다고 보았다. 이에 대하여 김간은 마음이 허령함을 갖게 된 근거를 '기의 정상'이라는 마음 자체의 특별함에서 찾는다. 즉 마음의 허령은 리와의 결합이라는 계기가 아닌 심기心氣 자체의 내재적 성격에 근거하고 있다는 것이다. 그는 사람의 마음이 허령한 까닭은 다른 것이 아니라 그 받은 기가 청명하기 때

■ 여기서 김간은 '리와 기가 합해진 것이 심理與氣合者是心'이라는 표현을 허용하는데, 그렇다고 해서 그가 심을 기로 규정하지 않고 '합리기合理氣'로 본 퇴계학파의 사유를 따르는 것은 아니다. 김간의 이 같은 언명은 다만 '심통성정心統性情'이라는 주자학 명제에 근거할 때 마음 안에 본성과 정감의 두 측면이 포함되어 있다는 뜻이다. 즉 구조상으로 볼 때 마음 안에는 리와 기의 두 요소가 결합되어 있다는 정도의 의미일 뿐이다. 이는 곧 본성이 마음 바깥에 별도로 존재하는 것은 아님을 강조하는 차원의 언명으로 이해해야 한다. 율곡학파의 일원으로서 김간은 심을 기로 보는 입장에 충실하다.

문이라고 단언한다. 즉, 마음의 허령은 기의 청탁 여부에 의해 결정되지 리의 개입으로 인해 비로소 형성되는 특성이 아니라는 것이다. 만약 리기의 합으로 인해 허령이 생겨난다면 사람뿐만 아니라 동식물도 모두 리기의 합으로 이루어져 있으므로 유독 사람만이 허령한 마음을 가진다고 말할 수 없을 것이다. 따라서 영활함이 사람의 마음이 지닌 본질이라고 할 때, 그것은 리라는 계기를 통해 비로소 주어지는 것이 아니라 청명한 기 자체의 고유한 내재 능력이라고 해야 한다.

그렇게 본다면 리와 허령 사이에는 어떠한 인과적 연관관계도 성립하지 않으며, 마음의 허령을 규정함에 있어 리의 역할은 없다. 마음은 리로 인해 허령한 것이 아니라 거꾸로 허령함으로 인해 리를 드러낼 수 있게 된다.[27] 이 점이 시사하는 바를 잘 음미해보자. 만약 진순의 설처럼 마음이 '합리기'라는 계기를 통해 비로소 허령함을 얻게 된다면, 이때 마음의 영활한 능력은 리라는 조건을 필요로 하게 된다. 다시 말해서 마음의 허령은 리에 의존적인 것이 된다. 반면 김간의 주장에 따르면 리와 허령의 관계는 역전된다. 마음이 리에 의존하여 영활한 능력을 얻게 되는 것이 아니라, 마음의 영활한 능력에 의해 리가 비로소 실현될 수 있는 것이다. 그렇게 본다면 오히려 리의 실현이 마음의 허령이라는 조건에 의존적이라 할 수 있다. 이는 다시 말해 리의 실현이 기의 청명에 달려 있음을 의미하는 것이다. 김간의 이러한 논지에는 이이로부터 계승된 '기발리승氣發理乘'과 '리무위 기유위理無爲 氣有爲'의 논리가 강하게 투영되어 있다.

무릇 리는 무위하고 기는 유위하니, 기가 이러하면 리 또한 이러합니다. 이런 까닭에 기가 청명하고 순수한데 성이 어둡고 어지러우며 탁한 경우는 없습니다. 기가 혼란스럽고 굶주렸는데 성이 환하게 빛나는 경우 또한 없습니다. 그러므로 마음에 병이 있는 사람이 혼미하고 잘못되어 이러한 허령통철함이 없는 까닭은, 바로 기가 혼미하고 잘못되어 이 허령통철한 본체를 잃어버렸기 때문입니다. 이는 모두 기가 한 것이요 리가 한 것이 아닙니다. (…) 이제 스스로 자신의 마음을 가지고 체험해보면, 한순간 몸의 기운身氣이 맑고 시원해지면 마음이 곧 환히 깨어 있게 되고 한순간 나태해지면 곧 어두워지니, 이를 통해서도 마음의 허령통철함이 기이고 저 혼미하고 잘못됨 또한 기임을 알 수 있습니다. 주자는 일찍이 말하기를 '허령한 것은 심이지 성이 아니다'라고 하였고 또 "지각하는 내용所覺者은 마음의 리요 지각할 수 있는 것能覺者은 기의 영활함 때문이다"라고 하였습니다. 이로써 보건대 진순의 설은 정당성을 더욱 결여하고 있습니다.[28]

여기서 김간은 주희의 언급을 빌려 지각 대상所覺者인 리와 지각 주체能覺者인 심의 역할을 구분하면서 마음이 지각 주체가 되는 주요 근거를 '기의 영활함'에서 찾고 있다. 리는 물론 도덕의 준거가 되지만 어디까지나 지각되는 내용의 차원에 놓일 뿐 주체의 역량에 직접 간여하지 않는다. 그의 표현을 빌리자면, 허령통철한 주체의 역량을 발휘하는 것은 '기가 하는 것이지 리가 하는 것이 아니다.' 우리는 앞서 인간의 도덕 행위를 가능케 하는 조건 가운데 본성의 순선과 마음의 허령지각 가운데 어느 쪽의 역할에 비중을 둘 것인지 물은 바 있다. 여기서 보듯이 김간의 주장은 상대적으로 후자의 역할을 강조하는 뉘앙스를 품고 있다. 즉, 허령의 근거를 '리기의 합'이 아닌 '기의 정상'에서 찾는 그의 견해는 그만큼 도덕 행위에서 심체心體의 위상을 확대하는 방향으로 발전될 소지를 함축하고 있다.

물론 김간이 제시하는 논점이 그에 이르러 처음 표면화된 것은 아니다. 진순의 주석을 비판할 때는 허령의 맥락을 거론하지 않았지만, 이이 또한 제자 김진강金振綱과의 대화에서 마음의 허령이 리가 아닌 기에서 비롯된 특성임을 명시한 바 있다.

> 물음: "마음이 보존하고 있는 것이 본성이니, 그런 까닭에 허령하게 됩니다. 만약 본성이 없다면 마음은 빈 그릇에 불과하게 되니 생생한 리와 무관해질 것입니다." 대답: "마음의 허령함은 딱히 본성이 있음으로 인해 그러한 것이 아니다. 지극히 통하고 바른 기가 엉겨서 마음이 되는 까닭에 허령한 것이다."[29]

이이의 대답은 리인 본성과 무관하게 정통正通한 기로부터 허령한 마음의 근거를 구한다는 점에서 김간의 견해와 일치한다. 즉 김간의 주장은 이이가 이미 견지하고 있던 입장의 연장선상에 놓이는 것이다. 김간은 이러한 입장을 확장하여 리를 현실화시키는 관건이자 심체의 역량을 보장하는 개념으로서 허령의 의미를 부각시키고 있다.

이처럼 진순 비판을 통해 허령을 심체의 독자적 특성으로 확보하려는 김간의 시도는 여러 차례 거듭된다.[30] 그 자신이 이 문제에 대해 적잖이 천착하고 있었음을 추론케 하는 대목이다. 이에 대해 송시열은

■ 김간은 송시열에게 질의한 위의 인용문과 같은 내용의 편지를 박세채에게도 보낸 바 있다. 또 김간은 그 자신이 1680년 35세 때 저술한 『대학차기大學箚記』에서도 동일한 논리로 진순에 대한 비판을 정리했다.

허령이 '합리기'가 아닌 기 자체의 속성에서 비롯된 것이라는 김간의 주장을 전적으로 승인한다.[31] 이를 통해 볼 때 송시열은 김간과 동일한 입장을 공유했다고 할 수 있다. 다만 송시열은 진순에 대해 비판적 태도를 취한 점에서는 일치하면서도 김간의 표현 일부에 대해 문제를 제기하기도 한다.

> 만약 그대의 말과 같다면 충분치 못한 점이 있는 듯하다. 대개 사람은 바르고 통한 기를 얻어 사람이 되기 때문에 그 형체는 음을 등지고 양을 향하며 단직端直하고 평정平正하다. 그 심이란 것은 한 몸뚱이의 가장 가운데 부분, 중간이 텅 비고 통하는 곳에 위치해 있다. 그 중간이 비어 통하므로 온갖 이치를 갖출 수 있는 것이다. 그대가 보내온 편지에서 이른바 '기가 맑은 까닭에 허령할 수 있고 허령한 까닭에 리를 밝힐 수 있다'고 한 것은 너무 차서가 없고 곡진하지 않다. 그러므로 진순이 허령을 리로 여긴 것은 리의 영역을 침범한 것이지만, 그대가 '기가 맑아서 허령할 수 있다'고 말한 대목은 오히려 (사람의) 형체形라는 한 측면을 간과한 것이다. 한 사람은 (리와 기의 영역을 제대로 나누지 못하고) 지나치게 뻗어나가 이어버린 잘못이 있고 한 사람은 경솔하게 한 병통이 있으니, 이 점을 알지 않으면 안 된다. 〈텅 비어 있기 때문에 이 리를 갖추는 것인데, 곧바로 텅 비어 있음을 리로 여긴 것이 진순의 병통이다.〉[32]

송시열은 진순이 기의 속성인 허령을 리의 속성으로 여겼다는 점에서 범주 착오를 일으켰다고 비판한다. 이는 진순이 허령을 '합리기'로 규정한 것에 대한 반론으로 율곡학파의 입장에서 합당한 논리를 지닌다. 한편 송시열은 김간의 표현을 그대로 승인하지도 않는다. 그는 '기의 청명이 허령의 근거이고 허령이 리를 밝게 실현시키는 조건'이라는 김간의 발언에 대해 '차서가 없고 곡진하지 않다'고 평한다. 물론 이러한 평가는 전면적인 부정이 아니라 논리적 절차와 과정이 생략되어 지나치게 성급하고 단정적이지 않느냐는 지적에 가깝다.

그렇다면 송시열은 김간이 무엇을 간과하였다고 판단한 것일까? 그는 사람의 신체적 형상形을 고려해야 한다고 말한다. 즉 가운데가 텅 비어 막히지 않고 통하게끔 되어 있는 심장의 형상이, 곧 모든 리를 담아낼 수 있는 '허虛'라는 마음의 속성과 연관된다는 것이다. 이를테면 진순은 리가 지닌 무위無爲의 속성이 곧 '허'의 의미라고 착각했지만, 실상 마음의 속성 중 하나인 '비어 있음'이란 리 때문이 아니라 텅 비어 있는 심장의 형상에서 비롯된다는 주장이다. 이처럼 굳이 심의 형상을 염두에 두어야 한다고 한 송시열의 생각은 이채롭게 들린다. 송시열에게 있어 형形은 리와 기의 불상리 관계를 매개하는 독특한 의미를 가진 개념이다. 대체로 형은 기氣의 범주에 속하는 하위 개념으로 간주되는 것이 일반적인데, 그의 용법에서 형이란 기氣 또는 기器의 차원과 동일시되는 것이 아니라 리와 기 또는 도道와 기器를 결합하는 매개자로서의 의미를 지닌다.[33] 김간에게 형의 측면을 간과했다고 비판한 데서 미루어볼 때, 송시열은 김간이 리와 기를 지나치게 분절적으로 파악하고 있지는 않은지 경계한 듯하다. 하지만 위와 같은 답변에는 그 자신의 독특한 형 개념에 대한 인식이 불명료하게 피력되고 있어 아쉬움을 남긴다. 다만 송시열의 논평은 지엽적인 부분에 대한 지적일 따름이며 허령에 대한 그의 생각은 큰 틀에서 김간의 견해와 다르지 않다.

리와 기가 결합하여 허령하다

김간이 자신의 견해를 질의한 것과 비슷한 시기에 송시열의 다른 제자인 정찬휘 또한 진순의 주석에 관해 질정을 구했다. 흥미롭게도 정찬휘는 김간과 달리 진순에게 동조하는 입장을 취하고 있는데, 그는 1677년경 송시열에게 보낸 편지에서 다음과 같이 묻는다.

진순이 말한 단락은 율곡과 사계 두 선생 모두 심히 배척하였던 것으로 그 설은 『경서변의』에 상세히 나와 있습니다. 그러나 『주자어류』를 고찰해보니, "지각은 마음의 영활함이니 기가 그렇게 하는 것입니까?"라는 물음에 주자는 "오로지 기라고만 할 수 없고 먼저 지각의 리가 있다. 리는 지각이 없으니 기가 모여 형체를 이루어 리와 기가 합해져야 지각할 수 있다"고 말하였습니다. 지각은 허령에 대하여 본체와 작용이라는 차이가 있습니다만 그 리는 결코 다르지 않습니다. 정경세가 "진순의 설이 곧 주자의 설"이라고 한 것은 참으로 그 종지를 얻었거늘, 사계 선생은 어째서 깊이 고찰하지 않은 것이라 했을까요?[34]

정찬휘는 주희의 발언이라는 확실한 전거가 진순의 주장을 뒷받침하고 있음을 들면서 이이와 김장생의 비판적 입장에 의혹을 던진다. 실제로 『주자어류』에서 주희의 발언은 진순이 허령의 근거를 '합리기'로 규정한 것과 직접적으로 관련된다. 따라서 이 문답을 전거로 삼을 때 진순이 주희의 뜻을 계승했다는 주장은 분명히 성립 가능하며, 이황 또한 그러한 논지를 펼친 바 있다.[35] 다만 문제는 주희와 진순이 같은가 다른가에 있는 것이 아니라, 이처럼 허령을 '합리기'의 결과로 상정하는 철학적 전제가 어떤 의미를 지니는가라는 것이다. 정찬휘가 인용한 『주자어류』의 문답을 앞서 언급했지만 다시 인용해본다.

> 물음: "지각이란 마음의 영활함이 본디 그러한 것입니까? 기가 그렇게 하는 것입니까?" 대답: "오로지 기라고만 할 수 없고 그보다 먼저 지각의 리가 있다. 리만으로는 아직 지각이 없으니 기가 모여 형체를 이루면 리와 기가 합해져 곧 지각할 수 있다. 비유하자면 이 등잔불과 같으니, 기름을 얻음으로 인해서 환한 불빛이 생기는 것이다."[36]

여기서 주희의 발언을 분석해보면 다음의 논리 구조를 갖는다.

(1) 허령지각에는 그것을 가능케 하는 리가 있다.
(2) 그러나 리는 그 자체로는 허령지각하는 활동을 하지 못한다.
(3) 따라서 리와 기가 결합해 있음으로써 허령지각하는 활동이 드러나게 된다.

그런데 이러한 논리 구조에서는 성과 구분되는 심의 독자적 특성으로서 허령의 의미가 다소 축소될 수밖에 없다. 여기서 허령은 심기가 본래 가지고 있는 성질이 아니라 '그것을 가능케 하는 리가 현상화된 결과'라는 의미가 부각되기 때문이다. 즉 마음의 허령에서 리는 기와 동등하게 중요한 조건이 된다. 이에 정찬휘는 다시금 주희의 비유를 빌려 다음과 같이 말한다.

거듭 생각해보건대 리는 등잔불에 비유할 수 있고 기는 기름에 비유할 수 있습니다. 등잔불이 반드시 기름과 서로 합해진 후에야 불빛을 발하듯이, 반드시 리가 기와 합해진 후에야 허령함이 생기는 것입니다.[37]

정찬휘는 등잔불이 기름과 합해져야 비로소 빛을 발하듯이 반드시 리와 기가 결합해야만 허령함이 생겨난다는 『주자어류』의 전거를 재확인한다. 즉 어느 한쪽이라도 결여된다면 허령한 마음이 가능하지 않다는 것이다. 앞서 김간이 허령의 근거를 전적으로 심기의 빼어남에서 찾으면서 리의 역할을 인정하지 않은 것과 대비할 때, 정찬휘는 리가 허령의 원천임을 주장하면서 상대적으로 리의 역할을 강조하는 인상을 준다. 그에 따르면 허령지각은 본성으로부터 절연된 심기만의 독점적인 고유성이 될 수 없다. 허령지각에는 허령지각의 리가 있기 때문이다. 다만 금수처럼 좋지 않은 기를 타고난 존재는 그러한 리를 구현하는 데 장애가 발생해 허령한 마음이 생기지 않을 따름이다.[38] 이는 역으로 인간의 경우 청명한 기를 타고나서 허령지각의 리를 제대로 구현할 수 있음을 의미한다. 그렇게 볼 때 김간에게는 기의 청명함이 곧 그 자체로 '허령지각을 이미 갖추었음'을 뜻하는 데 반해, 정찬휘에게 기의 청명이란 '아직 허령하지 않지만 리에 의하여 허령지각을 갖출 수 있음'을 의미하게 된다. 즉 리라는 조건 없이 단지 기의 청명만으로 심의 허령이 생겨날 수는 없다는 것이다.

이에 대한 송시열의 입장은 앞서 확인한 바와 같이 심의 허령을 오로지 기로 본다는 점에서 김간의 견해와 같다. 그는 정찬휘에게 다음과 같이 답한다.

그대가 '이 리가 반드시 이 기와 서로 합한 후에야 허령함이 생겨난다'고 한 말은 매우 잘못된 것이다. 만약 '리와 기가 합해짐에 그 허령한 것은 마음이요, 그 허령한 가운데 갖추어진 것은 본성이다'라고 고친다면 아마도 근사할 듯하다. 이제 그대가 '리와 기가 합해진 후에야 허령함이 생긴다'고 하니, 허령함을 성으로 여기는 것이 된다. 그렇다면 석씨釋氏가 '작용을 성으로 여기는 것'과 무슨 차이가 있겠는가?[39]

송시열은 기의 속성인 허령을 리와 연계시킨다면 곧 기를 리로 여기는 셈이 되어 불교에서 '마음의 작용을 본성으로 여기는 것'과 똑같은 오류를 범하는 것이라고 본다. 그는 앞서 김간에게 보낸 답서에서도 진순을 비판하며 유사한 언급을 한 적이 있다. 그의 취지는 무엇보다 기를 리로 오인할 경우認氣爲理 자칫 리와 기의 역할 구분이 모호해짐을 경계하는 데 있다. 다만 더 이상 진전된 인식을 제시하지 않는 점으로 미루어볼 때, 송시열은 진순의 주석으로부터 허령에 관한 문제의식을 읽어내는 일에 그다지 강한 관심을 보이지 않은 듯하다. 그렇지만 그는 마음이 구조상 리와 기의 양 측면을 포괄한다는 점을 인정하면서도 허령이란 단지 마음의 단독적 특징을 지칭하는 것으로 보며, 이처럼 허령한 마음이 담지하고 있는 것이 본성이라는 점을 명확하게 구분한다. 이는 적어도 율곡학파의 입장에서 송시열이 허령지각을 '합리기'의 결과로 보는 이황의 주장과 분명히 선을 긋고 있음을 보여준다.

이상의 논의를 통해 볼 때, 허령의 가능 근거 문제에 관한 한 송시열 개인의 견해에 천착하기보다 김간과 정찬휘의 주장에서 드러난 대립적 측면에 주목하는 것이 사상사적인 측면에서 더 중요해 보인다. 비록 두 사람이 이 문제를 놓고 직접 토의한 것이 아니라 각각의 견해를 스승에게 단편적으로 피력하는 데 그쳤지만, 우리는 양자의 견해로부터 주희철학의 이론적 간극이 이후 호락논쟁의 쟁점으로 확대되는 일단을 엿볼 수 있기 때문이다. 김간과 정찬휘 사이의 쟁점은 종국적으로 '마음의 영활함이 심기 자체의 고유 속성인가 아니면 리로부터 유래한 작용인가'라는 물음에 대한 입장 차로 귀결될 수 있다. 물론 우암학단에서 표면화된 이러한 논점의 분화는 아직 정교한 분석과 논리 전개를 보여주지 못하고 있다. 그럼에도 불구하고 이러한 논의는 허령을 둘러싼 담론이 차츰 기호학파의 심론 안에서 진전되는 과정으로 이해할 수 있다.

이를테면 김간의 논리와 유사한 주장은 후에 낙학의 종장으로 평가되는 김창협에 의해 재론된다. 그는 진순이 말한 '리와 기의 합'이라는 표현 자체를 융통성 있게 해석한다면 별 문제가 없겠지만, 그렇다고 해서 리와 기의 결합을 곧 허령함의 근거로 보아서는 안 된다는 입장을 분명히 피력한다.[40] 그러면서 김창협은 허령을 리기 양자의 문제로 보는 논점이 주희의 본의에 어긋난다고 주장하며 지각이란 오로지 기의 허령함에서 비롯된다는 논지를 확고히 한다.[41] 이를 뒷받침하는 논거로 그는 지각이 발단하는 유래를 묻는 임덕구林德久의 질문에 주희자신이 "지각이란 바로 기의 허령함"이라고 답했던 것을 예로 든다.[42] 김창협은 주희의 이 발언을 매우 중시하면서 그 자신의 지각론을 뒷받침하는 『주자대전』의 핵심적인 전거로 채택하기도 한다.[43] 이는 앞서 진순의 견해를 옹호하는 진영에서 『주자어류』의 주희 발언을 강력한 논거로 삼았던 것에 대한 대응이라 할 수 있다. 아울러 김창협은 이러한 논리를 통해 지각의 연원을 마음 본연의 허령함이 아닌 지智와 연계시키는 논점을 논파하고자 한다.[44] 즉 허령지각을 리와 무관한 기의 본유성으로 보는 입장이 김창협에게서 지智와 지각을 구분하는 논리로 확대되는 것이다.▪

김창협이 김간과 같은 논리를 확장시켜 심체를 지각의 연원으로 보는 입장을 다져나간 반면, '지각에는 지각의 리가 있다'는 명제를 지지하는 정찬휘식의 견해는 후에 한원진을 비롯한 호학 계열 인사들에 의해 지智와 지각의 연계성을 강화하는 논리로 전개된다. 호학의 입장에서 보자면 김창협의 주장은 본성과 무관하게 마음을 대본大本으로 삼는 오류를 범하고 있다. 한원진에 따르면 지각은 하나뿐인 본체, 즉 성으로부터 유래한 작용일 뿐 심의 고유 작용이 아니다. 만약 지각이 심의 고유한 작용이라고 하면 지각을 가능케 하는 심의 체體가 별도로 있어야 하는데, 이는 성과는 다른 본체를 상정하는 셈이 되어 사람의 내면에 성 본체와 심 본체라는 두 개의 본체가 있게 된다. 그렇게 되면 대본이 둘로 나뉘게 될 뿐만 아니라 리가 아닌 기를 대본으로 삼는 이단사설의 오류에 빠지게 된다.[45] 따라서 지각을 가능케 하는 본체는 성, 그 가운데서도 지智이며, 그 밖의 심의 본체는 따로 존재하지 않는다는 것이 한원진의 입장이다.

이러한 호학의 기본 논조는 진순의 명제를 해석하는 방식에도 적용될 수 있다. 애초에 진순이 '리와 기가 합해져서 허령이 생겨난다'고 말

▪ 이러한 김창협의 주장은 큰 틀에서 김간과 같은 노선에 서 있는 것이다. 하지만 각론에 있어서는 김간에 의해 신랄하게 비판받기도 한다. 김간은 허령이 심기의 본유성이라 주장했지만, 그렇다고 해서 지智와 지각이 무관하다고 주장하는 데까지 나아가지는 않는다. 김간의 사유는 심체의 위상을 확대하는 기조를 유지하면서도 지와 지각의 연계성을 포기하지 않는다는 점에서 김창협과 다르다. 이에 대해서는 제5장에서 상술할 것이다.

했을 때, 그 발언의 본래 취지는 '지각의 근거가 반드시 지警여야 한다'고 주장하려는 뜻이 아니었을 것이다. 하지만 지각을 심기의 본유 능력으로 본 김창협의 논리를 부정하고 그 본성적 근원을 확보하고자 했던 호학의 입장에서는, 진순과 정찬휘의 견해가 지각의 근거로서 지警의 위상을 확보해주는 명제로 수용될 여지가 있다.

이와 같이 볼 때 김간과 정찬휘의 대립되는 논점은 이후 낙학과 호학에 의해 좀 더 날카로운 방식으로 재연되는 문제의식의 패턴을 미리 보여주고 있는 셈이다. 두 사람의 견해차는 심의 독립적인 위상과 역할을 어느 선까지 용인할 것인가라는 물음에 대한 입장차로 이어질 소지를 함축하고 있다. 비록 거친 수준에서 논리적 대립 구도를 드러내는 데 그친 감이 있지만, 이후 심체의 위상을 놓고 호락의 허령론으로 이어진 문제의식의 싹은 우암학단 내부에서 움트고 있었던 것이다.

—

허령함은 마음의 어느 국면에 속하는가

—

—

허령을 허와 령으로 나누어 본다면

—

진순의 경우 이외에 허령과 관련하여 『대학장구』에서 쟁점이 된 것은 노효손의 주석이었다. 이에 대하여 정찬휘와 김간, 이세필李世弼(1642~1718) 등의 제자가 송시열에게 질문했고 송시열 역시 짤막한 논평을 남긴 바 있다. 여기서 주목할 것은 앞서 진순에 대한 논평에 비해 허령 문제를 인식하는 송시열의 태도가 비교적 선명하게 드러나고 있다는 점이다. 더욱이 이와 관련된 송시열의 입론은 '허령과 미발·이발의 관계'라는 새로운 문제 상황에 대한 인식 확대의 계기를 제공한다. 먼저 『대학장구』에 실린 노효손의 주석을 살펴보고 이들 간의 토의 내용을 정리해보자.

> 명덕은 단지 본심이다. '비어 있음虛'이란 마음이 적막한 상태이고 '영활함靈'이란 마음이 감응하는 것이다. 마음은 마치 거울과 같으니, '비어 있음'은 거울이 (아무것도 비추지 않고) 비어 있는

것과 같고, '밝음明'은 거울이 (대상을) 비추는 것과 같다. 비어 있어서 밝음이 그 가운데 보존되고, 영활하여 밝음이 외부 대상에 감응한다. 비어 있는 까닭에 중리衆理를 갖추고, 영활한 까닭에 만사萬事에 대응한다.[46]

노효손은 "허란 마음이 적막한 상태이고 령이란 마음이 감응하는 것虛者心之寂, 靈者心之感"이라 하여 허령에 대한 새로운 정의를 제시한다. 그는 허령을 '허'와 '령'이라는 별개의 개념으로 나누어 양자를 '마음의 적막한 상태寂'와 '움직여 감응한 상태感'에 각각 분속시켰다. 그의 주장에서 특징적인 면은 이처럼 허와 령을 구분하고 양자를 정靜과 동動의 관계로 이해한다는 점이다. 노효손은 마음이 비어 있으므로 그 본래적인 밝음이 내면에 보존될 수 있고虛則明存於中, 영활하기 때문에 그 밝음이 외물에 대응하게 된다靈則明應於外고 말한다. 그에 따라 '비어 있음'은 아직 대상과 접촉하지 않은 마음의 미발 상태에 조응하고, '영활함'이란 대상과 만나 감응하는 이발시의 작용을 형용하는 개념으로 이해될 여지를 갖게 된다. 허와 령을 고요함·움직임 또는 체·용의 맥락으로 대비시키는 노효손의 시각은, 조선의 유학자들에게 양자를 미발과 이발의 관계로 환치하는 관점으로 받아들여졌다. 그에 따라 노효손의 주석은 허령과 미발·이발의 관계라는 새로운 논제가 수면으로 떠오르는 계기가 되었던 것이다.

그런데 얼핏 그럴듯하면서도 간명해 보이는 이러한 양분법은 오히려 논점을 복잡하게 분화시키는 발단이 되었다. 만약 노효손의 해석에 의거하여 허와 령을 미발과 이발로 나눈다면, 미발에 대해서는 령을 말할 수 없고 이발에 대해서는 허를 말할 수 없게 된다는 점이 의문시된 것이다. 그렇다면 미발 상태에서는 영활함이라는 마음 본연의 특징이 발휘되지 않는가라는 물음이 대두된다. 영활한 마음의 특성은 지각 대상과 만나기 전 미발시에도 이미 잠재되어 있는 것 아닌가? 허와 령이 미발·이발로 나뉜다면 두 개념의 관계는 어떻게 되는가? 양자가 서로 본체와 작용의 관계라면, 허의 작용이 령이고 령의 본체가 허인가? 이처럼 허령을 허와 령이라는 두 개념으로 나누는 것이 타당한가라는 근본적인 물음이 제기된다.

그렇게 볼 때 문제는 노효손이 허와 령을 나누고 양자를 각기 마음의 고요함과 움직임이라는 두 국면에 배치한 데서 발단한다. 이에 대해 이이는 다음과 같이 비판하며 논변의 일차적 계기를 제공한다.

> 영활함이란 마음이 지각하는 것이다. 아직 사물에 감응하지 않
> 았을 때라도 영활함은 본디 그대로 존재하고 있으니 마음의 감
> 응이라고 해서는 안 된다.[47]

노효손의 주장대로라면 영활함은 미발시에 존재하지 않다가 이발시에만 존재하는 셈인데, 영활함이란 마음의 고유성이므로 아직 대상 사물에 감응하지 않았을 때에도 이미 그대로 내재하고 있다는 것이 이이의 주장이다. 그에 따르면 영활함은 미발과 이발 어느 국면에 대해서든 마음의 본질로서 지속되고 있는 속성이다. 또한 이이는 영활함을 곧 마음의 지각 능력靈者心之知處으로 파악하고 있는데, 그렇다면 지각 또한 미발과 이발 양쪽에서 모두 가능한 것이라는 논리적 결론이 뒤따르게 된다. 여기서 이이는 마음의 지각心之知과 마음의 감응心之感을 별개의 개념으로 구분하는 논점을 드러낸다. 적어도 이 구절에 근거할

때 '마음의 영활한 능력'으로서 지각은 '대상과의 감응'이라는 사태와 동일시되지 않는다. 그는 외물과 감응하지 않았을 때조차 마음의 영활한 지각은 본디 그대로 있다自若고 말한다. 그렇게 볼 때 이이의 짧막한 노효손 비판으로부터 다음의 세 가지 명제가 산출될 수 있다.

(1) 허령 개념을 허와 령으로 분리해 미발과 이발로 분속하는 것은 타당하지 않다.
(2) 령은 미발과 이발을 모두 관통하는 마음의 특징이다.
(3) 령이란 곧 마음의 지각 능력이므로 지각 또한 미발과 이발에서 모두 가능하며, 지각을 감응과 동일시해서는 안 된다.

김장생 역시 이러한 이이의 입장을 받아들여 독자적인 견해를 피력하지 않은 채 『경서변의』에 그대로 기록해놓고 있다. 앞서 진순의 주석에 대해 김장생 주변 학자들 사이에서 찬반 논란이 벌어졌던 것과 달리, 노효손의 주장에 대해서는 별다른 설왕설래가 없었던 것으로 보인다. 노효손의 주석과 이이의 비판이 본격적으로 논의되기 시작한 것은 역시 송시열 문하에서의 일이다.

학단 내부의 비판과 송시열의 대응

송시열의 제자 가운데 정찬휘는 1677년부터 1680년에 이르기까지 노효손의 주석을 놓고 지속적인 토론을 벌인다. 그는 먼저 다음과 같이 말한다.

'비어 있음虛'이란 환하게 텅 비어 밝음을 말하고 '적막함寂'이란 고요하여 움직임이 없음을 말합니다. 허虛는 고요함과 움직임에 모두 통하지만 적寂은 다만 고요한 때의 기상에만 관련됩니다. 그러므로 ('허'와 '적'이) 문자상 서로 비슷한 듯해도 그 의미와 기상은 크게 다르니, 억지로 합해서는 안 될 듯합니다.[48]

정찬휘의 견해는 '허'가 마음의 적막한 상태를 일컫는다는 노효손의 주장에 대하여 '허'와 '적'을 동일시할 수 없다는 것이다. '적'이란 액면 그대로 마음의 정적 상태만을 기술하는 반면, '허'란 마음이 언제든 영활하게 작용할 수 있도록 환히 비어 있음瑩然虛明을 지칭하는 개념이라는 것이다. 따라서 '허'는 딱히 고요한 마음 상태에 국한되지 않는다. '적막함'이란 단지 마음이 사물과 접촉하지 않은 시점인 반면, '비어 있음'은 사물의 접촉 유무와 상관없이 언제나 마음의 고유한 본질로서 유지되는 특성이라는 점에서 동정을 관통하는 의미를 가진 것, 즉 미발과 이발을 통틀어 마음 전체의 성격을 규정하는 술어라는 것이다.

이러한 그의 분석은 단지 '허'와 '적'의 개념 구분에 그치지 않으며 노효손의 기본 입장을 거부하는 것이다. 즉 정찬휘는 '허'가 동정을 관통하는 마음의 특징이라고 주장함으로써 '허'와 '령'을 정과 동으로 분속하는 관점을 비판한다. 그렇게 볼 때 그의 관점은 좀 더 자세히 부연된 것일 뿐 기본적으로 이이의 견해와 일치한다. 이이가 '령' 개념에 중심을 두어 설명한 데 비하여 '허'의 의미를 해명하는 방식을 취한다는 차이가 있을 뿐, 허령을 분리시키지 않고 동정과 무관한 마음의 본질로 본다는 점에서 두 사람의 기본 입장은 다르지 않다.

그런데 송시열은 이러한 정찬휘의 견해에 다음과 같이 답변한다.

마음이 어지러이 물결치듯 움직인다면 어떻게 비어 있는 상태
가 될 수 있겠는가? 『역易』에서 '생각함이 없고 행함이 없는 것
이 고요하여 움직임이 없는 상태'라 하였고, 정자께서는 '마음
의 본체를 가리켜 말한다면 고요하여 움직임이 없는 상태가 이
것이다'라고 하셨다. 마음의 본체에 대해 '적'이란 글자를 말한
이는 단지 노효손뿐만이 아니다.[49]

여기서 송시열은 '허'라는 특성이 마음의 고요한 상태와 무관하지
않다는 견해를 피력하고 있다. 즉, 마음이 대상에 감응하여 지각이 활
성화되었다면 이미 비어 있는 상태로 볼 수 없다는 것이다. 그의 논리
에 따르면 마음이 고요한 상태에 있지 않고서는 '허'라는 마음의 특징
이 있을 수 없다. 다시 말해 이발시에는 '허'가 성립할 수 없다. 그렇게
볼 때 '허는 마음의 적막함'이라는 노효손의 진술은 표현상 '허'와 '적'
을 액면 그대로 동일시한 어폐가 있을지언정 송시열에게는 대체로 수
용할 여지가 있는 논리가 된다. 그는 『주역』과 정자의 말을 인용하면서
마음의 본체에 '적막함'이라는 용어를 사용한 노효손을 인정하는 듯한
태도를 취한다. 위와 같은 답변에 만족하지 못한 정찬휘가 다시금 같
은 문제를 제기하자, 그는 노효손이 허와 령을 체용으로 분속한 것에
나름의 정당성이 있다고 말한다.

정찬휘의 질문: 이 단락에 대하여 이전에 가르침을 얻었습니다.
그러나 제 생각에는 여전히 마음의 본체에 대해서 '적막하다'고

말할 수 없습니다. '적막함'과 '감응함感'은 마음의 본체와 작용이지만 허령이란 마음 전체에 해당되니, 그 주로 의미하는 바가 같지 않습니다. 노효손은 반드시 허와 령을 적막함과 감응함으로 분속시키려 하니 어찌 잘못이 아니겠습니까?

송시열의 대답: 『대학』 본주에서는 오로지 허령만을 말하였기 때문에 노효손이 허와 령을 본체와 작용으로 분속한 것이다. 『중용』 서에서는 허령을 지각과 상대하여 말하였기 때문에 정물재程勿齋가 허령을 본체로 보고 지각을 작용으로 본 것이다. 두 진술이 각기 합당한 바가 있다.[50]

여기서 송시열은 노효손의 논법이 나름의 타당성을 지닌다고 분명하게 말하고 있다. 즉 허령을 지각 개념과 대비시킬 때는 허령과 지각을 체용으로 볼 수 있지만, 허령만 가지고 말할 때는 허와 령을 체용으로 말할 수도 있다는 것이다. 그렇게 볼 때 송시열은 허령 개념을 경우에 따라 허와 령으로 나누어 볼 수 있다는 입장을 견지하며 노효손의 견해에 비교적 우호적인 태도를 취한 것처럼 보인다. 그렇다면 송시열은 허와 령을 미발과 이발로 귀속시키는 견해에 동조하는 것일까? 결론부터 말하자면, 그렇지는 않다. 이 점에 대해서는 좀 더 세밀한 분석이 요구된다. 그가 노효손의 진술을 전적으로 수용하지 않는다는 사실은 위의 문답과 비슷한 시기에 이루어진 김간과의 문답에서 확인할 수 있다. 1676년 김간과 송시열은 다음과 같은 견해를 주고받았다.

김간의 질문: 허령이란 마음의 본체입니다.■ 미발시에도 다만 그 자체로 허령하고 이발시에도 그 자체로 허령합니다. 이제 허

와 령 두 글자를 적막함과 감응함으로 분속시킨다면 지나치게
잘게 쪼개는 것입니다.

송시열의 대답: 『중용장구』 서에 의하면 허령은 마음의 체이고
지각은 마음의 용이다. 노효손이 허와 령을 적막함과 감응함으
로 분속시킨 것은 참으로 잘못이다. 그런데 그대가 허령을 이발
에도 속한다고 말한 것은 더욱 잘못이다.[51]

이 문답을 통해 볼 때, 노효손의 주석에 관한 한 김간 역시 정찬휘
와 견해를 같이하고 있음을 알 수 있다. 김간은 분명한 어조로 허와 령
은 둘로 나뉠 수 있는 개념이 아니며, 허령 자체로서 미발·이발을 관통
하는 마음의 본질이 된다고 주장한다. 송시열은 이에 답하면서 노효손
이 허와 령을 각각 적막함과 감응함으로 동일시한 것은 잘못이라고 언
급하고 있다. 즉, 노효손이 허와 령을 구분한 것에 수긍하면서도 노효
손의 주장을 완전히 받아들이지는 않는다. 이처럼 정찬휘와 김간에게
답한 내용을 종합할 때, 송시열의 입장은 허령을 허와 령으로 나누어
말할 수는 있으나 그 성격을 '적寂'과 '감感'으로 설명할 수는 없다는 것
이 된다. 허령을 두 개념으로 분리하는 것 자체를 오류라고 인식한 정
찬휘 및 김간과 달리, 송시열에게는 허와 령의 분리가 아니라 그 각각
의 분리된 개념에 대한 규정이 문제시되고 있는 것이다.

■ 여기서 김간이 사용한 '본체本體'라는 개념은 아마도 '작용用'과 대비되는 의미에서의 '본
체體'가 아니라 '본래적인 체단體段', 즉 마음의 본래적인 실상을 뜻하는 개념에 가까운 듯
하다.

허령에 관한 송시열의 재해석

그렇다면 송시열이 노효손의 진술에 대해 비판하는 점은 무엇인가? 앞서 그는 허가 고요함이라는 마음의 상태와 밀접하다는 입장을 피력한 바 있다. 그런 점에서 '허는 마음의 적막함虛者心之寂'이라는 발언은 송시열에게 그다지 심각한 오류로 인식되지 않는다. 따라서 노효손을 비판하는 송시열은 핵심 논점은 '령은 마음의 감응함'이라는 구절에 놓여 있다. 그는 마음의 영활함 또한 이미 대상과 감응한 시점이 아닌, 아직 사태에 직면하지 않은 미발의 시점에서만 말할 수 있다고 본다. 즉, 령은 '감'의 영역에 속하는 것이 아니라 허와 마찬가지로 '적'의 영역에 속한다는 것이다. 이러한 그의 견해는 앞서 김간에게 "허령을 이발에 속한다고 말한 것은 더욱 잘못"이라고 비판하는 데서 확인된다. 즉, 하나로 통합된 '허령'이든 둘로 나뉜 '허'와 '령'이든, 허령은 미발에 속하지 이발의 범주에 들지 않는다는 주장이다. 이러한 관점은 허령을 미발·이발 양쪽 모두에 관철되는 마음 일반의 본래성으로 보려는 김간에게 "허령은 마음의 본체이고 지각은 마음의 작용"이라고 말한 데서도 드러나고 있다. 허령은—혹은 허와 령은—모두 마음이 대상과 감촉하여 움직이기 이전의 상태에서 기술될 수 있는 개념이며, 따라서 미발의 본체를 형용하는 술어로서 의미를 지닌다. 그런 면에서 송시열은 노효손이 미발의 본체에 적용되어야 할 령 개념을 이발의 작용으로 간주하는 오류를 범했다고 본다. 이러한 그의 견해는 1680년 정찬휘에게 보낸 편지에서 다음과 같이 정리되고 있다.

주자는 "허령함이란 그 자체로 마음의 본체다"라고 분명히 말하였다. 그런데 노효손은 '령은 마음의 감응함'이라고 하였으니, 이미 '감응함'이라고 하면 곧 이발이고 작용이다. '비어 있음'이란 (사물을) 받아들일 수 있는 능력이고 '영활함'이란 (사물에) 감응할 수 있는 능력이다. 노효손은 '영활함'을 곧바로 '감응함'이라고 보았기 때문에 율곡이 비판한 것이다.[52]

여기에는 허령과 감응을 본체와 작용으로 구분하면서 허령을 미발의 차원에 배치하는 송시열의 주장이 명료하게 서술되어 있다. 앞서 그는 노효손이 허와 령을 둘로 나누어 본 것에 대해서는 인정하면서도 양자를 '적'과 '감'으로 규정한 점을 반대했는데, 이 인용문에서 마침내 그 자신의 새로운 설명을 제시하고 있다. 송시열의 정의에 따르면, 허란 마음이 대상 사물을 받아들일 수 있는 능력能受底이며 령이란 대상 사물에 감촉하여 반응할 수 있는 능력能感底이다. 그러나 허와 령은 모두 대상을 받아들이고 감응하는 마음의 잠재적 역량을 지시하는 술어이지, 실제로 그러한 작용이 일어난 사태를 지시하지는 않는다. 즉 허와 령은 마음의 본체에 해당되는 것으로, 외물과의 감응으로 현상화된 이발시에 대한 기술이 아니다.

송시열의 이 같은 견해는 마음의 고유성인 허령에 대해 일종의 능력能…底으로서의 의미를 부각시키고, 이를 미발의 마음 상태로 규정함으로써 심체의 입지를 강화하려는 의도와 무관치 않아 보인다.[53] 그에 따르면 미발심체의 허령은 외부 대상의 자극에 그저 주어진 대로 반응하는 단순 매개적인 기능이 아니라, 대상과 접촉하기 전부터 언제든 활성화될 수 있도록 잠재되어 있는 능력을 의미한다. 다시 말해서 미발시에 잠재된 허령을 통해 마음은 대상 사물과 접촉할 때 수동적 감응이 아닌 능동적 지각 작용으로 표출될 수 있는 것이다. 그런 의미에서 허와 령은 대상 사물을 받아들이고 감응하게 하는 '근거'로까지 이해된다. 1681년에서 1686년 사이에 이루어진 것으로 추정되는 이세필과의 문답에서 송시열은 다음과 같이 말하고 있다.

감응하게 하는 근거가 '령'이다. 만약 령을 곧바로 '감응함'이라고 한다면 그 설명에 실로 곡진함이 적어진다. 『심경석의』 초본初本에서는 퇴계의 설을 전적으로 채용하였지만, 그 뒤에 그 설이 다소 미흡함을 깨달아 이미 개정하여 옥당玉堂의 제현諸賢에게 회람케 하였다. 〈아래와 같이 개정하였다: 허령은 마음의 본체이고 지각은 마음의 작용이다. 허는 대상을 받아들일 수 있는 근거이고 령은 사물에 감응할 수 있는 근거다. 받아들일 수 있고 감응할 수 있으므로 지각하는 이치가 있는 것이다.〉[54]

이 글은 송시열이 교정했던 『심경석의』 교본校本에 노효손의 명제가 그대로 게재되어 있음을 지적한 이세필의 질의[55]에 답한 내용이다. 여기서 송시열은 노효손의 발언에 문제가 있어 해당 구절을 개정했다고 밝히면서 자신의 견해를 정식화하고 있다. 시기적으로 볼 때 여기서 송시열이 개정한 『심경석의』의 진술은 허령에 관한 그의 최종 논점을 정리한 것으로 간주할 수 있을 듯하다. 이 글에서 주목할 점은, 그가 서두에서 '감응하게 하는 근거'로서 령을 명시하고 있다는 것과, 이어서 좀 더 분명하게 "허는 대상을 받아들일 수 있는 근거이고 령은 사물에 감응할 수 있는 근거虛者所以能受, 靈者所以能應"라고 말하고 있다는 점이다.

이처럼 허와 령을 '근거'의 차원에서 이해하는 관점을 그가 선언적으로 적시한 "허령은 심의 본체이고 지각은 심의 작용虛靈心之體, 知覺心之用"이라는 명제와 연관지어보자. 일단 그는 대체로 동일시되곤 하는 허령과 지각의 의미를 구분하고 논리상 '지각의 근거는 허령'이라는 결론을 내리고 있다. 그리고 이는 곧 '지각은 허령의 작용'이라는 말과도 같다. 그렇게 볼 때 송시열은 허와 령을 구분한 노효손의 생각을 수용하였지만, 이는 단지 '받아들이는 능력'과 '감응하는 능력'이라는 의미 차를 세밀하게 정의하기 위함이었다. 나아가 허령은 단순히 심체의 상태에 대한 기술을 넘어 이발시의 지각을 가능케 하는 근거로 좀 더 큰 위상을 갖게 된다. 즉 미발시에 잠재된 허령한 마음의 능력이 사태에 응접하여 지각 작용으로 드러난다는 것이다.

그런데 송시열이 이처럼 허령을 지각의 근거로 규정한 것은 후대 지각론의 쟁점으로 비화될 소지를 안고 있었다. 지각의 근거가 허령이라는 말은 곧 지각의 근거가 성이 아니라 심에 있다는 말과 같기 때문이다. 이는 지각의 연원 문제와 관련하여 지각론의 핵심적인 물음과 맞닿는 지점이다. 실제로 송시열은 지각의 근거가 심에 있는가 아니면 지智에 있는가라는 지각론의 쟁점을 어느 정도 인지하고 있었다.[56] 하지만 그는 이 문제에 관해 심에서 유래한 지각과 지에서 유래한 지각을 모두 인정하는 양가적인 입장을 취하여 논란의 여지를 남겼다.[57] 심에서 유래한 지각과 지에서 유래한 지각을 둘 다 인정하는 차원에서 보자면, 위에서 허령을 지각의 근거로 본 것은 그가 자신의 입장 가운데 어느 한 측면만을 들어 말한 것에 불과할 수도 있다. 그러나 송시열의 이러한 견해는 당대에는 물론 후대에까지 논란거리가 되었다.

1686년에 윤증尹拯(1629~1714)은 송시열의 "받아들일 수 있고 감응할 수 있으므로 지각하는 이치가 있는 것"이라는 발언을 문제삼으며 주객이 전도된 논리라고 비판한 바 있다.[58] 만약 허령이 능히 받아들이고 감응할 수 있기 때문에 지각의 리가 있게 된다고 말하면, 이는 곧 허령이 리의 근거가 되는 셈 아니냐는 취지의 비판이다. 이처럼 주객이 전도되었다는 비판은 곧 비판자의 입장이 역으로 '리가 허령의 근거'라는 관점을 지지하고 있음을 함축하는 것이다. 또한 유사한 맥락에서 송시열의 고제이자 호학의 태두가 되었던 권상하權尙夏(1641~1721)조차도 허령을 지각의 근거로 보는 것에 대해서는 견해를 달리했다. 그는 허령을 지각의 근거라고 본 송시열과 달리 허령과 지각이 모두 지智에 근거한 것이라는 입장을 취한다.[59] 이러한 입장에 선다면 허령은 본성과 구별되는 마음의 본유 능력 혹은 지각의 가능 근거가 아니라, 그에 앞서 존재하는 근거인 지로부터 발현된 작용 양상의 차원으로 이해된다. 즉 송시열의 견해에서 간취되는 '심체의 능동적 역량'이라는 뉘앙스는 상당 부분 퇴색하고 '지가 발현된 결과적 양태'라는 의미에 더 가까워지는 것이다.

송시열의 또 다른 제자인 김창협도 허령에 관해서는 송시열과 다른 논지를 주장하는 것처럼 보인다. 그는 허령과 지각을 동정 혹은 체용 관계로 나누어 보는 것을 반대하며, 마음의 '허령지각'은 그 자체로 동정과 체용에 모두 걸쳐 있다고 본다.[60] 김창협은 미발시에는 미발의 허령지각이 있고 이발시에는 이발의 허령지각이 있는 것이지, 미발시에는 지각이 없고 이발시에는 허령이 없다고 말해서는 안 된다고 주장한다.[61] 즉 그 역시 허령과 지각을 체용으로 나눈 송시열의 언사에는 동의하지 않는다. 하지만 '허령지각'을 하나의 개념으로 다루면서 미발·이발이라는 국면에 구애됨 없이 마음의 전체 영역을 통괄하는 능력으로 확대하고 있다는 점에서 그의 철학 노선에서는 심의 능동성 확장이라는 지향성이 감지된다. 그런 점에서 본다면 언설의 동이同異를 차치할 때 김창협의 사상적 지향은 심체의 위상을 확대하는 송시열 허령론의 의도와 상통하는 면이 없지 않다.

송시열 자신도 허령과 대비하는 문맥에서는 지각을 작용用의 차원에 속하는 것으로 진술하지만, 미발과 지각의 관계를 논할 때는 미발시에도 지각이 존재한다는 입장을 선명하게 견지한다. 즉 송시열이 지각을 이발의 영역에 속한다고 본 것은 허령과 지각의 의미 차를 세분하는 견지에서만 유효할 뿐이다. 이때 그가 말하는 지각은 '외물에 대한 감응'이라는 의미로 제한적으로 쓰이고 있다. 하지만 허령과 지각을 아울러 마음의 고유 능력을 통칭하는 의미로 '지각'을 말할 경우, 송시열 또한 미발에서 지각의 역할을 중요하게 인식하고 있음을 간과해서는 안 된다. 이 문제에 대해서는 다음 장에서 다룰 것이다.

지금까지 살펴본 바와 같이, 허령 개념은 송시열과 그의 제자들 사이에서 토론되며 기호학파 내부에서 주요 관심 주제로 부각되었다. 물론 그들 이전의 조선 학계에서도 허령에 대한 언급이 없었던 것은 아니지만, 우암학단의 허령 논의는 율곡학의 계승 방식에 대한 고민을 안고 있다는 점에서 특징적인 면이 있다. 문제의 핵심은 허령한 마음의 역할과 위상을 어느 정도까지 인정할 것이며 또 한정지을 것인가에 놓여 있다. 율곡학파의 일반적인 인식에서 볼 때 허령한 심은 운동성을 지닌 기이기 때문에 무위자인 본성과 구분하지 않을 수 없다. 즉 성과 구분되는 도덕 실천의 주체로서 심의 역할을 확보하는 것은 율곡학파의 근본 전제 가운데 하나다. 허령을 리기의 결합이 아닌 심기 자체의 특수성에서 구하려는 시도 또한 그러한 노력의 일환일 것이다. 하지만 허령한 마음이 지나치게 강조된다면, 자칫 본성과 무관한 것이 되어버리거나 논리상 심체를 대본으로 상정하는 결과로 귀착될 수도 있다. 이처럼 무위자인 본성에 대하여 마음의 능동적인 주체성을 확보하는 것과, 동시에 마음氣을 근본으로 삼는 이단에 빠지지 않도록 도덕 근거로서 본성理의 위상을 확고히 하는 것 사이의 논리적 긴장은, 이후 우암 문파에서 분기되어 전개된 호락논쟁의 핵심을 이루게 된다. 그렇게 볼 때 이이의 '심시기心是氣'에 함축된 쟁점은 송시열과 그 제자들 사이의 논의를 거쳐 마침내 호학과 낙학의 분기에 이르러 명료하게 표면화된 것이라 할 수 있다. 이 장에서 다룬 논변 또한 우암학단이 이이로부터 이월된 문제의식을 호락논쟁의 쟁점으로 형성해가는 과정의 일단을 보여주고 있다.

제2장

아직 드러나지 않은 마음에서 지각이 가능한가

이 장에서는 미발未發과 지각知覺 두 개념의 관계 설정과 관련하여 개진된 논의의 전개 과정을 검토해보고자 한다. 미발과 지각의 관계는 조선조에서 16세기 말에 이르기까지 간헐적으로 논의된 바 있으나, 앞서 허령의 경우와 마찬가지로 사단칠정론 및 인심도심론 등과 같은 논의 범주에 비해서는 학자들의 관심에서 다소 비껴나 있는 주제였다.[1] 그러던 중 이 논제 또한 17세기에 이르러 송시열과 그 주변 학자들의 토론을 통해 본격적으로 논의되고 18세기 이후 호락논쟁의 쟁점 가운데 하나로 이어지게 된다. 여기서 핵심적인 쟁점은 '미발이라는 고요한 상태에서 과연 지각의 활동이 가능한가'라는 물음으로 집약된다. 이는 기본적으로 고요함과 움직임이라는 상호 대립적인 두 개념의 양립 가능성에 관한 문제이기도 하다. 즉, 마음의 고요한 상태靜를 지칭하는 '미발'과 마음의 고유한 활동動에 속하는 '지각' 두 개념이 서로 모순 없이 양립할 수 있는가에 답하는 것이 이 논제의 중심 화두인 것이다. 이는 중화신설 이후 주희의 심론을 이해하는 중요한 관건이며, 『역』의 곤괘坤卦·복괘復卦를 미발과 연관짓는 논의는 그러한 물음을 해명하는 성리학적 논법 가운데 하나라고 할 수 있다.

그 사안이 함축하고 있는 철학적 무게에 비해 상대적으로 주목받지 못했던 이 논제가 17세기에 비로소 표면화된 데는, 주자서의 편찬 사업이 활발히 진행되었던 당시 기호학계의 학술적 분위기가 일정 부분 영향을 끼친 것으로 보인다. 이는 앞 장에서 언급한 경학적 관심의 증대와도 궤를 같이하는 것으로, 특히 주희의 모든 저작을 망라하여 주자학의 진의를 복원하겠다는 송시열과 그 학단의 학문적 집념은 주희의 언사에 대한 고증과 정론 확립에 각별한 관심을 촉발시켰다. 송시열이 주도한 수많은 주자서 편찬 사업은 주희의 정론이 무엇인지 철저히 궁구하는 것을 목적으로 삼았다. 잘 알려진 대로 송시열에 의해 발원하여 그의 재전제자 한원진이 완성한『주자언론동이고朱子言論同異攷』와 같은 저술은 그러한 우암학단의 지향성을 극명하게 보여준 한 예라 하겠다. 이처럼 주자서에 대한 분석이 심화됨에 따라 주희 초년설과 만년설의 동이同異를 판별하는 작업이 학계의 주요 관심사로 떠오르는데, 그에 따라 정이와 주희 사이에서 보이는 언설의 차이, 미발과 곤·복괘의 배치에 관한 주희의 발언 등이 논란의 대상이 되었다. 의문을 제기한 이들의 눈에는 미발과 지각의 관계에 대한 주희의 초년설과 만년설이 일치하지 않는 것으로 비추어졌다는 것이 문제의 발단이다. 그렇게 볼 때 주자학의 정론을 구축하려는 그들의 목표가 학단 내부적으로 미발지각의 문제를 표면화한 일차적인 계기였고 이후 복잡하게 이어진 논쟁의 단초가 되었다고 할 수 있다.

17세기 율곡학파 내부에서 미발지각의 문제가 쟁점화되어간 과정을 검토할 때 물론 그 중심 역할을 했던 송시열을 거론하지 않을 수 없다. 그와 더불어 이 장에서는 송시열의 견해에 직접적인 영향을 끼친 김장생의 미발지각설을 주목할 것이다. 미발지각 문제에 대한 본격적인 관심이 17세기 우암학단의 특징을 드러내는 하나의 지표라고 한다면, 송시열과 직접적인 사승관계에 있던 김장생의 영향을 간과할 수 없다. 특히 송시열의 미발지각설에 대한 선행 연구가 몇 차례 이루어졌던 것에 비하면 동일한 문제를 송시열에 앞서 주제화했던 인물이 스승 김장생이었다는 사실은 그간 크게 주목받지 못했다.[2] 이에 이 장에서는 주희 미발지각설에 함축된 철학적 문제가 무엇인지를 먼저 검토하고, 그러한 주희의 문제의식이 김장생에 의해 어떤 방식으로 논의되고 있는지 분석할 것이다. 그리고 김장생의 주희 이해가 송시열에게 계승되어 미발시 곤·복괘를 배치하는 문제에 대한 논의로 재연되고 있음을 확인할 것이다.

미발에서의 지각 문제와 그 연원

—

미발과 지각의 관계는 신유학사에서 오랜 연원을 지닌 문제로 이미 북송대北宋代의 정이程頤(1033~1107)에게서부터 그와 관련된 논의의 맥락이 등장한다. 미발은 본디 희로애락喜怒哀樂이 발현하기 이전의 마음 상태를 뜻하는 용어로『중용中庸』의 "희로애락이 아직 발현하지 않음을 중이라 하고 발현한 후에 중절함을 화라 한다喜怒哀樂之未發謂之中, 發而皆中節謂之和"라는 구절에서 비롯되었다. 그러한『중용』의 취지를 계승하여 성리학은 미발에서의 중과 이발에서의 화를 견지하는 것을 수양의 요체로 삼는데, 이때 마음의 근본 상태인 미발이 과연 어떤 상태인지를 이론적으로 해명하기 위해 수많은 시도가 이뤄졌다. 그 가운데 미발에 관한 신유학적 담론을 처음으로 주제화한 인물은 정이와 그의 제자들이라 할 수 있다. 본래 장재張載(1020~1077)의 제자였던 여대림呂大臨과 소병蘇昞 등이 장재 사후 정이의 문하에 들어오면서, 미발의 성격과 미발 공부의 방법 등에 대한 논의가 이루어진 것이다.[3] 이들 사이에 오고 간 대화는 이후 성리학사에서 지속적으로 재론되며 미발론의 중심 화두 중 하나로 자리매김하게 된다.

그런데 이들의 토론 과정에서 언급된 정이의 견해는 이후 신유학의 미발 이해에 커다란 전기를 마련한다. 정이는 희로애락과 같은 정감을 사려思慮와 동일시하면서, 어떤 식으로든 사려가 일어났다면 이는 곧 이발已發로 보아야 하므로 미발 상태에서 의식적으로 중中을 구하는 것은 불가하다고 말한 바 있다.[4] 그는 중을 구하고자 하는 의도가 발생했다면 이발에 속하지 미발로 간주될 수 없다는 뜻을 밝힌다. 후대에 이르러 문제시된 것은 '사려가 생기자마자 마음은 곧 이발既思卽是已發'이라고 한 정이의 발언이었다. 이를 통해 정이는 은연중에 '감정이 드러나기 이전'이라는 『중용』의 미발 개념을 '사려가 발생하기 이전'이라는 의미로 재규정하게 된 것이다. 훗날 주희는 이를 '사려미맹思慮未萌'이라는 용어로 정리하였고, 이 말은 이후 성리학에서 미발의 일차적인 의미를 규정하는 주요 명제가 되었다. 이 명제에 따르면 미발과 이발을 구분하는 기준은 무엇보다 '사려의 발생 유무'가 된다.

그렇다면 이때 '사려'란 구체적으로 무엇을 지칭하는가? 사려는 과거부터 현재에 이르기까지 그 해석이 분분하며, 특히 근래에 연구자 사이에서 적잖은 논란을 야기하고 있는 개념이다. 그 논란의 핵심은 사려를 '감각에서 비롯된 의식을 포함한 모든 의식 작용에 대한 총칭'으로 간주할지 아니면 '모종의 의도성과 지향성을 지닌 의식'으로 한정할 것인지에 있다. 전자의 관점을 취한다면, '사려미맹'이란 일체의 의식과 생각이 배제된 상태로 미발을 이해하는 것이 된다. 반면 후자의 입장에 선다면 '사려미맹'은 의식 일반으로부터 초월해 있는 것이 아니라 다만 대상을 향한 지향적 의식이 부재한 상태만을 가리키게 될 것이다. 문제는 사려 개념의 함의가 때로는 전자의 의미로, 때로는 후자의 의미로 달리 해석된다는 데 있다. 그리고 사려를 어떻게 보느냐에 따라 사려의 부재를 의미하는 미발에 대한 이해 또한 확연히 달라질 수밖에 없다.

그렇다면 애초에 정이가 '사려가 발동하면 곧 이발'이라고 말했던 당시의 정황을 되짚어보자. 정이의 발언은 희로애락이 발동하기 전에 중을 구하는 것이 가능한지 묻는 것에 대한 대답이었다.[5] 여기서 정이의 주안점은 공부의 방법을 어떻게 설정할 것인가에 놓여 있다. 그는 미발에서 의식적으로 중을 구하고자 하는 공부법을 비판하고, 중이란 인간에게 내재된 도덕본성의 본모습을 지칭하는 개념이므로 억지로 구할 것이 아니라 잘 함양하고 보존해야 한다는 입장을 피력한다. 정이의 답변 취지는 중이란 의식적으로 구하는 것이 아니라 다만 보존하고 기르는 것임을 강조하는 데 있었다. 그렇게 볼 때 그가 말한 사려 개념은 '무언가를 대상으로서 의식하는 것'의 의미에 가까웠을 듯하다. 정이는 희로애락 발생 이전의 본모습을 애써 구하려 하지 말고 다만 평상시에 함양하기를 오래 하면 이발시 자연히 중절할 수 있게 된다고 말한다.[6] 즉 그의 태도는 '굳이 찾으려 애쓰지 말고, 이미 있음을 전제하고 그저 잘 배양하라'는 것에 가깝다. 그렇게 볼 때 미발이란 대상적 인식을 통해 포착될 수 있는 상태는 아니지만 항상 경건한 태도를 지닌다면 잃어버리지 않는敬而無失 마음의 본체를 의미한다.[7]

이와 같이 본다면, 정이가 '사려미맹'으로 이해한 미발은 대상적 의식이 개입한 사유활동을 통해서는 결코 파악되지 않는 어떤 것이다. 만약 조금이라도 대상적 의식이 개입하기 시작하면 그것은 곧바로 이발의 상태로 여겨야 하기 때문이다. 그런 점에서 정이가 상정한 '사려미맹'이란 일체의 의식이 두절되어 있는 상태가 아니라, '대상적 인식과 반성적 사고활동을 통해서는 접근할 수 없는 영역에 속함'을 의미한다고 할 수 있다.

그런데 후대의 일부 신유학자가 그의 언명을 해석하는 과정에서 정이의 미발론은 사뭇 다른 의미로 받아들여졌다. 이는 부분적으로 사려 개념에 대한 정이의 설명이 일관적이지 않다는 사실에서 비롯되기도 했다. 앞서 확인한 것처럼 중을 구하는 공부와 관련하여 정이는 의도가 개입한 대상적 의식이라는 의미로 사려를 말하였다. 그러나 정이는 다른 맥락에서 사려와 지각을 동일시한다거나, 미발시에는 보이고 들리는 감각적 지각조차 일어나지 않는다고 말하는 것처럼 보이기도 한다.[8] 즉 '사려미맹'으로서의 미발에 대한 그의 발언이 일관되지 않아 혼란을 야기하는 면이 있는데, 그에 따라 사려에 대한 또 다른 해석의 여지가 생겨난 것이다.[■] 문제는 '사려미맹'으로서의 미발을 일체의 의식과 생각이 배제된 상태로 해석할 때 발생한다. 만약 미발을 어떠한 의식이나 생각도 없는 시점으로 간주한다면, 그러한 미발을 과연 마음의 한 부분으로 볼 수 있는가 하는 의문이 제기된다. 대개 인간의 마음은 끊임없이 생겨나는 의식의 흐름 또는 생각의 연속체이지 않은가? 다시 말해 마음속에 사려가 싹트지 않는 때는 단 한순간도 없는 것이 아닐까? 그렇다면 '사려미맹'의 시점이란 일상적인 현상세계가 아닌 현실과 차원을 달리하는 초월적 본체를 지칭하는 것이 아닌가? 이러한 논점에 의거하여 호굉胡宏(1106~1161), 장식張栻(1133~1180)을 비롯한 호상학파湖湘學派 계열에서는 미발이란 초월적 본체로서 성性을 지칭하

■ 정이의 체계 속에서는 아직 사려와 지각의 개념 구분이 뚜렷하지 않고 미발을 심心의 일부로 볼 것인지 성性으로 볼 것인지에 대한 구분도 주희에게서처럼 선명하지 않다. 정이 사후 미발의 '사려미맹'을 '일체의 의식과 생각이 배제된 것'으로 간주한 호상학적 해석이 등장한 것은 일정 부분 정이 자신의 모호한 언급이 그 단서를 제공했기 때문이기도 하다.

는 것이며 마음은 오로지 이발의 영역에만 속한다고 보았다. 또한 주희도 초년기에는 호남湖南의 학자들과 교유하며 미발과 이발을 성과 심으로 분속하는 '성체심용性體心用'의 관점을 취한 바 있다. 흔히 중화구설中和舊說이라 부르는 학설을 주장하던 시기가 이때다.

하지만 주희는 40세를 전후하여 미발과 이발은 각각 본성과 마음으로 나뉘는 것이 아니라 모두 마음의 두 양태라고 주장하며, 이를 통해 마음은 미발과 이발에서 성과 정을 통섭心統性情한다는 새로운 관점을 정립한다. 이른바 중화신설中和新說이 그것이다. 흔히 '기축년의 깨달음己丑之悟'이라고도 불리는 당시 주희 중화론의 변천 과정은 이미 수많은 연구를 통해 잘 알려져 있다. 주희에게 있어 중화구설에서 신설로의 전환이 갖는 철학적 의미를 한마디로 요약하자면 '미발의 재인식'이라고 할 수 있을 것이다. 신설을 통해 주희는 닿을 수 없는 형이상의 범주로 여기던 미발을 현상세계 속에서 체험되는 마음의 한 국면으로 재규정하게 된다. 이러한 그의 입장 변화는 호상학파의 수양법이 이발시의 찰식察識에 치우쳤음을 비판하고, 존양存養을 본령으로 내세워 미발의 차원에서 공부가 가능함을 적극 표명하면서 이루어진 것이었다.[9] 이처럼 미발을 체험과 수양의 영역으로 끌어들였다는 점은 주희 중화신설이 지니는 중요한 의의라고 할 수 있다.

주희는 중화신설을 정립할 무렵 '지각불매知覺不昧'라는 새로운 명제를 제시하여 '미발에서의 지각'이라는 쟁점을 표면화하게 된다. 그는 미발에 대해 "사려가 일어나지 않으나 지각이 어둡지 않은 상태"라는 설명을 제시하며, 그것은 곧 '고요함 가운데의 움직임靜中之動'이라고 말한다.[10] 이는 미발을 '사려미맹'의 상태로 규정하면서 동시에 미발에서 존양하는 공부가 가능하다고 보았던 정이의 견해를 보완하는 주희식의 해결책이었다. 정이는 미발을 오로지 '사려미맹'으로만 설명했는데, 앞서 언급한 것처럼 그의 사려 개념은 중의적으로 해석될 여지가있기에 자칫 아무런 의식이나 생각도 없는 상태로 미발을 오인하게 만들 소지를 안고 있었다. 하지만 미발이 인간의 인식 작용을 통해 포착되지 않는다면, 미발에서의 존양 공부는 어떻게 가능하며 어떤 의미가 있겠는가? 이러한 불명료함을 해소하고자 주희는 사려와 지각의 개념을 분리하고, 미발이란 의식적 활동인 사려가 작동하지 않으나 존양공부의 근거로서 지각이 활성화되어 있는 상태라고 규정한다.

> '존양을 말하면 이미 움직인 것'이라는 말은 옳지 않은 듯합니다. 사람의 마음은 본시 환하게 밝아 죽어 있는 것이 아닙니다. 이른바 존양이란 의식적으로 안배하거나 조작하지 않고 그 마음을 움직이지 않는 것이니, 곧 지각이 환히 밝아 어둡지 않은 것입니다. 그러나 아직 희로애락의 정감이 치우치지 않고 사려와 말과 행동이 어지럽지 않으니, 이 같은 때를 어찌 고요하다 하지 않겠습니까? 굳이 깜깜하여 아무런 지각도 없는 상태만을 기다린 후에야 고요하다고 해서는 안 됩니다.[11]

이는 존양 역시 일종의 공부인 이상 어떤 식으로든 의식적인 사고활동을 필요로 하지 않느냐는 물음에 대한 주희의 대답이다. 여기서'존양을 말하면 이미 움직인 것'이라는 질문자의 발언은 미발의 고요함을 일체의 의식이 배제된 상태로 간주하는 시각을 전제하고 있다. 그에 대해 주희는 존양 공부란 어떠한 의식적 활동安排造作의 개입 없이그저 지각이 어둡지 않은 상태, 즉 마음의 광명光明을 지속하는 것이라고 밝히고 있다. 그는 안배 조작이 없고 희로애락이 발하지 않았다는 점에서 존양은 미발의 공부라고 말한다. 이는 곧 '사려미맹'을 의식의 단절이 아닌 의도적인 안배와 조작이 없는 상태로 보는 것이다. 그렇다면 존양의 핵심이라 할 수 있는 '지각불매'는 무엇을 의미하는가? 주희는 미발에서 지각이 어둡지 않음이란 곧 마음이 본성을 주재主宰함을 의미한다고 말한다.

> 마음은 본성과 정감을 주재하니, 그 이치가 또한 환히 분명합니다. 굳이 따로 증거를 내세울 것 없이 그저 내 마음을 보면 (알수 있습니다.) 미발에서 지각이 어둡지 않음은 마음이 본성을 주재하는 것이 아니겠습니까? 이발에서 절도에 어긋나지 않음은 마음이 정감을 주재하는 것이 아니겠습니까?[12]

이 문장은 '지각불매'를 미발시 마음의 주재라는 관념과 연관짓는 주희의 의도를 드러내고 있다. 주희는 이러한 주재가 없다면 외물과 접촉하지 않을 때에도 마음이 어지러울 수밖에 없으므로, 항상 삼가고 두려워하는戒慎恐懼 공부를 통해 안정적인 미발 상태를 보존해야 한다고 주장한다.[13] 그에게 있어 미발에서 지각이 어둡지 않음은 주체가 현실 안에서 근원적인 도덕성을 확보하고 그것을 일상세계에서 실현해 가도록 하기 위한 이론적인 전제이자 바탕이다.[14] 그에 따라 주희에게 '지각불매'는 미발시 마음의 주재와 공부를 가능케 하는 주요 근거로 자리매김하게 된다. 즉 중화신설 이후 미발과 지각은 '주재'라는 특징을 매개로 하여 긴밀한 상관성을 갖는 개념으로 이해되기 시작한 것이다.▪[15] 그리하여 '사려가 일어나지 않으나 지각이 어둡지 않은 상태'

로서의 미발은 의도적인 안배와 조작이 없지만 환히 밝은 지각에 의해 마음의 주재가 이루어지고 있는 상태를 의미하게 된다.

그런데 '사려미맹이면서 지각불매'라는 주희의 명제는 당대의 제자들뿐만 아니라 후대 조선의 유학자들에게도 적잖은 논란을 불러일으켰다. 과연 '사려미맹'과 '지각불매'가 양립할 수 있는지에 대한 의문이 반복해서 제기되었던 것이다. 그 같은 의문이 계속된 것은 무엇보다 사려에 대한 개념적 이해가 서로 일치하지 않았던 탓이 크다. 여기서도 역시 문제가 되었던 것은 사려를 모종의 의도성과 지향성을 지닌 의식으로 보느냐, 내면에서 발생하는 모든 생각과 의식 작용으로 보느냐라는 관점의 차이였다. 사려에 대한 견해차는 미발의 성격에 대한 상이한 이해를 낳고, 그에 따라 미발시 지각의 가능 여부에 대해 정반대의 결론으로 귀결된다.

사려의 의미를 모종의 의도성과 지향성을 지닌 의식으로 한정한다면, 미발이란 아직 주체가 사물을 향한 대상 지향적 사고를 발동하지 않았을 뿐 여전히 의식이 존재하는 상태로 이해된다. 따라서 사려가 일어나지 않더라도 주체 스스로 의식적으로 계신공구戒愼恐懼의 태도를 유지하고 존양 공부를 해나가는 데 아무런 모순이 없다. 여기서는 사려의 부재가 곧 의식의 부재를 의미하는 것은 아니기 때문이다. 따

■ 손영식(1999)은 중화신설을 통해 주희가 주재를 마음의 기능으로 강조하게 된다고 말하면서, '주主'의 의미를 '주체성'으로, '재宰'의 의미를 '결정권'이라는 용어로 풀이했다. 그는 주희 중화신설의 결론을 "미발의 리에 근거하여 이발의 의식과 행위를 이끌어나가는 것"이라고 요약한다. 마음은 미발·이발, 동·정, 어語·묵黙의 양쪽 모두에 근거하기 때문에 주재자가 될 수 있다는 것이다. 김수길(1999)은 주재가 도덕 실천의 외적 계기뿐 아니라 그 근거 지점으로서 내적 계기를 아우르는 개념이라고 말하고, 이를 "마음이 한 개체의 도덕 실천을 일관되게 이끌어나가는 것"이라고 정의한다.

라서 미발 상태에서 지각의 작용은 사려의 유무와 상관없이 가능하다. 반면 사려를 일체의 의식 작용에 대한 총칭으로 본다면 미발은 그야말로 아무런 사고 및 인식 작용이 없는 지극히 고요한 상태를 의미하게 되는데, 그러면 의식을 수반하는 지각의 활동 또는 존양 공부가 어떻게 가능하겠느냐라는 물음을 피할 수 없게 된다. 이런 관점에 서게 되면 미발과 이발을 나누는 사려의 유무는 곧 '의식의 유무'에 관한 논의로 치환되며, 결국 일종의 의식인 지각 역시 사려의 한 부분으로 간주될 수밖에 없기에 '사려미맹'과 '지각불매'는 충돌을 피할 수 없는 모순 관계에 놓인다.

근래 우리 학계에 제출된 일련의 연구 성과는 주희의 사려 개념을 '의도성과 지향성을 지닌 의식'으로 명확히 규정함으로써 주희의 체계 내에서 '사려미맹'과 '지각불매'가 전혀 모순되지 않음을 설명해낸 바 있다.[16] 그에 따르면 주희의 미발지각설은 그 체계 내적으로 정합적인 논리를 구축하고 있으며, 주희는 '사려미맹'뿐만 아니라 '지각불매'를 덧붙임으로써 오히려 미발에 대한 이해를 한층 더 명확히 했다고 할 수 있다. 그렇지만 그러한 주희 자신의 본의와 무관하게 17세기 조선의 기호학파에서는 '사려미맹'과 '지각불매'가 논리상 혼란을 야기하는 두 명제로 간주되어 논쟁의 실마리가 되었다. 이 문제가 그처럼 끈질기게 논란이 되었던 것은 사려를 '의식 일반'으로 보는 관념이 여전히 지속되었기 때문으로 보인다. 즉 사려를 일체의 의식 작용으로 간주할 경우, '사려는 없되 지각이 있다'는 말이 성립하려면 미발시 지각이란 의식적인 활동이 아닌 어떤 것이어야 한다. 그렇다면 일체의 의식활동과 무관하게 작용하는 지각이란 도대체 어떤 성격의 것인가? 지각과 사려를 뚜렷이 구분짓는 납득할 만한 기준이 있는가? 이처럼 두 개념의 외연이 선명히 분리되지 않는 한 '사려미맹'과 '지각불매'는 무리 없이 양립하기 어려운데, 이는 사려를 의식 일반과 동일시하는 한 해결이 불가능한 문제였다.▪

이러한 모순을 해소하지 못한 상황에서 당시 학자들의 딜레마는 『역』의 곤괘와 복괘의 괘상을 미발과 이발에 배속하는 문제로 표면화되었다. 그리고 이 논쟁은 '사려미맹'과 '지각불매' 사이에 놓인 불일치를 주희의 초년설과 만년설의 차이로 유비하면서 구체화된다. 이러한 대립 구도의 형성은 '사려미맹'과 '지각불매' 두 명제가 주자학 체계 내에서 양립할 수 있음을 충분히 간파하지 못한 데서 기인했지만, 달리 말하면 미발에 대한 상이한 접근을 통해 성리학적 사유를 새로운 국면으로 전개시키는 당대 지성계의 한 풍경을 보여주는 것이기도 하다. 이처럼 미발과 지각의 관계를 해명하는 담론은 정주程朱의 논의로부터 발원하여 17세기 조선에 이르러 일종의 전변을 거치게 된다. 그와 같은

▪ 미발론에서 '사려미맹'과 '지각불매'가 양립할 수 있는가라는 문제는 현대 한국철학계의 연구자 사이에서도 논란이 된 적이 있다. 이봉규와 문석윤은 두 명제가 양립하기 어려운 성리학의 딜레마라고 보는 입장이며, 이승환, 전병욱, 주광호는 두 명제가 모순되지 않는다는 입장에 선다. 이 문제와 관련하여 필자는 박사학위 논문에서 전자의 견해를 취하였으나, 이 책에서 그 입장을 철회하고 후자의 견해가 주희의 미발설을 이해함에 있어 좀 더 합리적이라는 입장을 택한다. 그 이유는 후자의 논리가 주자학의 체계 내에서 주희의 미발설을 정합적으로 설명하는 길을 제시한다고 보기 때문이다. 주광호가 지적한 것처럼, 이봉규와 문석윤의 관점은 17세기 기호학파의 논의에서 설정된 '사려미맹'과 '지각불매'의 대립 구도가 그들의 연구 관점에 투영된 면이 없지 않다. 이것은 그들의 연구가 주희 철학 자체보다는 조선의 사상사를 고찰하는 데서 출발하였다는 입각점과 무관치 않을 것이다. 이는 박사논문을 집필하던 시기의 필자에게도 마찬가지로 적용된 문제였다. 실제로 우암학단에게 '사려미맹'과 '지각불매'의 문제는 쉽사리 해결을 볼 수 없는 난제였기에 17세기 기호학파의 전개상 두 명제가 대립적으로 문제시되었다는 진술은 사상사적인 타당성을 갖는다. 그러나 조선 유학사에서 미발 논의가 전개된 양상을 기술할 때 적절한 설명 틀이 곧바로 주희 자신의 미발설을 해석하는 데에도 유효한 것은 아니다. 그런 면에서 후대의 이해 방식을 소급하여 전대를 규정하는 것이 오류라는 지적은 타당하며(주광호[2011], 5쪽), 주희의 미발설과 조선 성리학의 주희 미발설 해석은 구분해서 보아야 옳다.

미발지각의 문제를 쟁점화하고 담론의 발판을 마련한 인물은 김장생과 송시열이다. 그러한 통사적인 연속성을 염두에 두면서 17세기 기호학맥에서 전개된 미발지각론을 검토해보자.

—

김장생은 미발지각을 어떻게 이해했는가

—

—

미발시에도 지각은 활동한다

—

주지하듯이 송시열의 학문 경향은 흔히 주자절대주의로 평가되곤 한
다. 경전에 대한 바른 이해가 모두 주희의 해석에서 비롯된다는 학문
적 태도는 그가 평생에 걸쳐 견지한 투철한 신념이었다. 이처럼 그가
주자학을 절대화한 데에는 당시의 정치적, 사회적 요인이 개재되어 있
었지만, 사상적으로는 그가 직접 가르침을 받은 사계 김장생의 영향 또
한 깊이 각인되어 있었다. 김장생은 송시열에게 '이정二程의 경전 해석
은 의심스럽거나 실천하기 어려운 곳이 많으니 주자가 없었다면 요순
堯舜 주공周公의 도가 어두워졌을 것'이라고 하면서 주희의 경전 해석을
우선시할 것을 가르쳤다.[17] 송시열의 회고에 따르면, 김장생은 경전에
대한 역대 유학자들의 학설에 오류가 많아 신뢰할 수 없으므로 주희의
주석이 아니면 굳이 힘들여 공부할 필요가 없다고까지 단언한 바 있
다.[18] 그렇게 볼 때 주희를 독존한 송시열의 기본 입장은 김장생의 사상
적 유산과 유학 특유의 도통론, 그리고 17세기 조선의 시대정신이었던

화이론·벽이단론이 결합함으로써 한층 더 강화된 것이라 할 수 있다.

주희를 절대시한 김장생의 학문 성향은 미발지각론을 이해하는 데서도 드러나는데, 이는 그가 찬술한 「근사록석의近思錄釋疑」의 '구중求中'에 관한 항목에서 두드러진다. 김장생은 이 저술에서 정이와 여대림, 소병 등의 미발에 관한 논의 일부를 소개하고, 이에 대한 주희의 견해와 그 자신의 견해를 덧붙이고 있다.[19] 여기서 그는 미발에 관한 정이와 주희의 논점을 의도적으로 대조시키며, 종국적으로 주희의 논점을 정론으로 취해야 한다고 주장한다. 그가 쟁점화하는 논제는 미발시 지각의 성격을 규정하는 문제로, 앞서 언급한 주희 미발설의 핵심 명제인 '지각불매'를 어떻게 이해할 것인가의 문제라 할 수 있다. 찬술纂述의 성격이 강한 「근사록석의」의 성격상 김장생은 자신의 창견을 내세우기보다 주로 주희의 언급을 빌려 논의를 전개한다. 하지만 그는 『주자대전』과 『주자어류』의 어구를 취사하고 구성하는 방식을 통해 그 자신이 주희의 미발지각론을 어떻게 이해하고 있는지 분명하게 보여준다.

김장생이 문제삼고 있는 구절을 이해하기 위해 먼저 그 문장이 애초에 속했던 본래의 맥락을 살펴보자. 김장생에 의해 문제시된 구절로 먼저 아래와 같은 정이의 두 발언을 들 수 있다. 이는 정이의 미발설과 관련하여 신유학사에서 꾸준히 논란이 되었던 대목이기도 하다.

(1) 물었다. "중의 상태에 있을 때는 귀에 들리는 것도 없고 눈에 보이는 것도 없습니까?" 답했다. "비록 귀에 들리거나 눈에 보이는 것이 없지만, 보고 듣는 이치는 있다고 해야 한다."[20]

(2) 물었다. "고요한 상태로 앉아 있을 때에 사물이 앞을 지나가

면 보입니까, 보이지 않습니까?" 답했다. "어떤 일인지 보아야 한다. 만약 제사와 같이 큰일을 치를 경우에는 면류관의 주렴으로 눈을 가리고 주광으로 귀를 가리니, 사물이 지나가도 보이지 않고 들리지 않는다. 만약 일삼음이 없을 때는 반드시 보이고 반드시 들린다."[21]

인용된 두 문답에서 질문자의 취지는 모두 '미발의 상태에 있을 때 과연 감각적인 지각 작용이 가능한가'를 묻는 것이다. 이에 대한 정이의 대답은 미발에 대한 그의 규정인 '사려가 싹트지 않은 시점'이라는 명제와 밀접하게 관련된다. (1)의 발언에서 정이는 중에 해당되는 미발 상태에서는 보고 듣는 감각적 지각조차도 작용하지 않는다고 말하고 있다. 이에 따르면 미발의 때는 지각 작용이 일어나지 않고 오로지 지각할 수 있는 이치만이 존재하는 상태다. 물론 이는 지각이 활성화되지 않았음을 뜻하는 것일 뿐, 감각기관의 지각 능력 자체가 전무한 상태를 의미하지는 않는다. 이는 마치 거울이 사물이 다가오지 않았더라도 언제나 비추는 기능을 유지하고 있는 것에 비유할 수 있다. 그렇게 볼 때 (1)에서 정이가 말하는 중(미발)의 심적 상태는 지각이 대상과 접하지 않은事物未至 상태의 고요함을 기술하는 것처럼 보인다. 즉 감각할 수 있는 지각 능력은 있지만 아직 외물과 만나지 않아 아무런 지각 작용도 일어나지 않고 사려도 싹트지 않은 상태로 미발을 말하고 있는 것이다.

동일한 논리가 (2)에도 적용된다. (2)에서 질문자는 그처럼 고요한 미발의 상태에 있다가 만약 외물과의 접촉이라는 사태가 발생한다면 어떻게 되는지를 묻는다. 다시 말해 고요한 심적 상태를 유지하고 있는 동안 불현듯 외물이 도래한다면, 마음은 여전히 미발 상태를 유지하면서 그 외적 대상을 지각하는가, 아니면 자연스럽게 이발의 시점으로 전이되는가? 그런데 이 물음에 대한 정이의 대답은 모호한 면이 있다. 한 연구자는 정이의 대답을 분석하면서, 만약 제사와 같이 경건하게 집중하고 있을 때는 자아 스스로 외물에 이끌리는 지각 작용을 제한하여 미발 상태를 유지하지만, 그런 집중 상태가 아니라면 무조건적 반응에 의해 지각 작용이 일어나고 이발로 전이된다고 해명한 바 있다.[22] 이러한 해석에 의거한다면 (2)의 마지막 문장에서 "만약 일삼음이 없을 때는 반드시 보이고 반드시 들린다"는 언명이 순조롭게 해석되는 이점이 있다. 즉 '경건하게 집중함'이라는 일삼음이 없어지면 눈과 귀의 감각기관이 즉자적으로 외물에 반응하게 된다는 것이다. 이것은 일견 타당해 보이는 해석이지만, 그와 같이 이해한다면 미발과 이발의 경계는 '외물과의 접촉 여부'가 아니라 '의식의 집중 여부'에 달린 것이 된다. 그러나 정이가 과연 미발을 의식의 집중 상태로 이해했는지는 확실치 않다. 위의 문맥에 따른다면 경건하게 집중함은 곧 '일삼음이 없는 때無事時'와 대조되는 '일삼음이 있는 때有事時'에 해당될 터인데, 일삼음이 있는 것은 그가 생각한 고요함으로서의 미발과 어울리지 않는다는 문제가 있다.▪

▪ 사실 (2)에서 이루어지고 있는 대화는 그 본지가 미발시 지각 여부에 관한 것인지 아니면 경敬 공부의 특징에 관한 것인지 논점이 모호하여 해석하기 쉽지 않다. 질문자는 정좌수행을 예로 들어 미발시에도 지각이 작동하는가를 물었는데, 정이는 미발이 아니라 제사라는 '경건한 일삼음'을 가지고 대답하고 있다. 하지만 주일무적主一無適의 정신 집중을 견지하는 '제사'와 내면의 고요함을 지속시키는 '정좌수행'의 심적 상태를 애초에 동일한 것으로 간주할 수는 없다. 그렇게 볼 때 이 문답 자체에 처음부터 범주 착오의 측면이 있음을 감안해야 한다.

(2)의 인용문에 대해서는 그와 다른 방식의 해석도 가능하다. 위의 예시에 따르면, 제사를 지낼 때 감각적 지각이 작동하지 않는 것은 바로 면류관의 주렴과 주광이 눈과 귀를 가리고 있기 때문이지 경건한 마음가짐이나 집중 때문이 아닐 수도 있다. 즉 (2)의 첫 구절만 놓고 보면, 정이는 제사 지낼 때 지각이 발동하지 않는 이유를 경건한 집중 상태가 아닌 감각을 차단시키는 보조장치에 의한 것으로 설명하는 듯이 보이기도 한다. 그렇다면 (2)에서도 지각이 일어나지 않는 이유는 결국 외물과의 접촉이 없기 때문이라는 (1)과 동일한 논리가 적용될 수 있다. 이것 역시 흡족한 해석은 아니지만 하나의 가능한 해석이기는 하다.

(2)에서 정이의 발언이 애초부터 미발의 성격을 설명하는 것이었는지는 분명치 않다. 그러나 이 모호한 언명은 미발과 지각의 상관성 문제와 관련하여 종종 인용되어왔고,[23] 김장생 또한 (1)과 (2)를 엮어 정이의 미발지각론을 문제삼고 있다. 그 점을 감안하여 (1)과 (2)를 모두 미발에 대한 언급으로 간주한다면, 두 인용문에서 공통적으로 간취되는 미발에 대한 견해는 '사물이 도래하지 않았기에 감각적 지각조차 발동하지 않은 상태'라 할 수 있다. 여기에는 역으로 '지각이 작동했다면 곧 사물과 접촉한 때를 의미하고, 이는 곧 이발의 시점'이라는 전제가 함축되어 있다. 이렇게 본다면 정이는 감각적 지각이 일어날 때 자연히 사려 또한 연쇄적으로 일어남을 전제하고 있는 듯이 보인다. 즉 미발에서 이발로 마음의 양태가 전이되는 계기에는 사려뿐만 아니라 감각적 지각이 포함되는 것이다.

이 같은 정이의 논조는 미발의 성격을 규명함에 있어 혼란을 야기한다. 만약 감각적 지각과 사려의 발생을 동일한 사태로 간주한다면,

사실상 인간의 오감五感이 정지해 있는 순간은 거의 없기 때문에 미발이란 현실적으로 체험 불가능한 어떤 것이 되어버리고 말 것이다. 그렇다면 미발이란 일체의 지각활동이 정지된 고목사회枯木死灰와 같은 상태를 의미하는가? 이는 도덕의 본체로서 미발을 보존하고 함양하라고 주장한 정이 자신의 기본 입장과 정면으로 배치되는 이야기다. 정이는 여대림과 소병의 '구중' 공부가 그처럼 허정虛靜과 적멸寂滅의 상태를 지향한다고 보아 이를 적극 비판했던 인물이다.[24] 그렇게 볼 때 '미발시에 존양해야 한다'는 그의 입장과 '미발은 사려뿐만 아니라 감각적 지각조차 발동하기 이전의 상태'라는 그의 언설은 모순적인 면을 지니고 있다.

김장생은 정이의 학설에 내포된 이 같은 모순을 포착한다. 과연 미발이란 보고 듣는 감각적 지각조차 일어나지 않는 상황을 지칭하는가? 김장생은 그러한 문제의식이 주희에 의해 제기되었다고 보고 다음과 같은 주희의 발언을 「근사록석의」에 기재한다.

주자가 말하였다. "미발의 때는 다만 기쁨과 노여움에 치우치지 않았을 따름이니, 눈으로 보고 귀로 듣는 것이 마땅히 더욱 정밀하고 분명하여 어지럽힐 수 없다. 어찌 마음이 거기 있지 않다고 해서 끝내 귀와 눈의 작용조차 없앨 수 있겠는가." 생각 건대, 이는 정자의 설과 같지 않으나 마땅히 주자의 설을 따라야 한다.[25]

주희는 여기서 미발이란 단지 희로애락이 발하지 않은 것일 뿐 감각적 지각조차 완전히 정지해 있는 상태를 의미하지는 않는다고 말한다.

즉 미발의 때라 하더라도 감각적 지각의 작용이 없을 수는 없다는 것이다. 정이의 미발설 역시 그 본령을 따져 묻는다면 이 같은 입장과 다르지 않을 터이지만, 문제는 앞서 (1)에서 표명된 정이의 발언이 그러한 논점과 합치하지 않는다는 데 있다. 이에 김장생은 정이의 발언을 주희의 논점과 대비시키면서 주희의 설을 따라야 한다고 말한다. 그러한 대비를 통해 '미발이든 이발이든 감각적 지각이 없는 때는 없다'라는 메시지를 선명히 부각시키려 한 것이다. 그는 주희의 의도를 부연하면서 다음과 같이 말한다.

> 정자가 '제사와 같은 경우' 운운하였는데, 이에 대하여 주자는 면류관 앞에 구슬을 드리워 눈을 가리는 것은 허튼 것을 보지 않으려는 것이며, 주광으로 귀를 막는 것은 허튼소리를 듣지 않으려는 것이라고 보았다. (만약 정자의 말처럼) 제사를 지낼 때에 들리지도 않고 보이지도 않는다고 말한다면, 홀기笏記를 부르고 절하는 즈음에 들리지도 보이지도 않으니 어떻게 그 절도에 맞출 수 있겠는가. 이것은 바로 정자의 문하에서 묻고 기록한 자의 잘못이다.[26]

김장생은 사물이 도래하지 않아 의식은 물론 감각적 지각조차 정지해 있는 순간만을 미발로 간주한다면 정작 외물과 접촉하였을 때 절도에 맞게 대응할 수 없게 된다고 말한다. 주희의 언급을 빌려 그가 주장하는 바에 따르면, 제사를 지낼 때 눈과 귀를 가리는 것은 지각을 차단하기 위해서가 아니라 제사 행위에 집중하고 경건한 자세를 유지하기 위한 것이다. 즉 제사를 지내는 엄숙한 고요함의 순간순간에도 지각은 여전히 작용하고 있다. 만약 미발이 일체의 지각 작용이 정지한 시점이라면, 비록 '고요한 때'라고 할 수 있겠지만 이는 그저 무감각하고 혼미한 상태에 불과할 것이다. 과연 미발이란 이처럼 목석같이 무감각한 상태를 지칭할 따름인가? 김장생은 '들리고 보이는 것이 없는 상태'를 미발로 규정한 여조검呂祖儉에 대해 주희가 다음과 같이 비판했던 것을 주목한다.[27]

자사子思는 단지 희로애락만 말했을 뿐인데 오늘날 도리어 보고 듣는 것에 나아가니, 이 때문에 말이 많을수록 더욱 지리支離하고 어지러워서 전혀 관련이 없게 된 것이다. 이는 바로 정자의 문하에서 묻고 기록한 사람의 잘못이며, 후세 사람들 역시 이 글을 잘못 읽은 것이다. 만약 반드시 보이거나 들리는 것이 없음을 미발이라 한다면, 이는 그저 정신이 혼미한 사람이 잠이 부족한데 누군가 갑자기 깨우면 순간적으로 사방을 분간하지 못하는 때에 이러한 기상이 있을 것이다. 성현의 마음은 담담하여 연못처럼 고요하고 총명하여 막힘이 없으니, 결코 이와 같지 않을 것이다. 만일 반드시 이와 같다면 「홍범洪範」의 오사五事에서 마땅히 '용모는 뻣뻣하고, 말은 벙어리이며, 보는 것은 봉사이고, 듣는 것은 귀머거리이고, 생각은 막혀 있다'고 해야 그 성품을 얻은 셈이 될 것이며, 치지致知와 거경居敬으로 공부를 다하는 것이 오히려 하나의 명청하고 어리석은 사람을 만들 뿐이다.[28]

'정자의 문하에서 묻고 기록한 사람의 잘못'이라고 말한 것에서 알 수 있듯이, 주희 또한 앞서 (1), (2)에 담긴 정이의 말에 문제의 소지가 있음을 인정한다. 주희는 미발이란 희로애락 발현 여부의 문제이지 감각적 지각의 유무에 관한 문제가 아님을 명시한다. 이 같은 주장에는 미발시에 희로애락과 같은 의식이 싹트지 않더라도 지각조차 활동하지 않는 것은 아니라는 함의가 들어 있다. 결국 여기서 핵심이 되는 것은 미발시에도 지각이 가능하다는 주장이다. 주희는 만약 미발을 아무런 지각도 없는 둔감한 상태로 규정한다면, 미발을 보존하는 거경수양이 결국 둔감한 인간형을 길러내는 공부가 되고 말 것이라고 말한다. 즉 미발의 마음이란 잠에서 막 깨어난 사람의 흐릿한 정신 상태와는 근본적으로 다른, 지극히 총명하고 명민한 상태를 지칭한다는 것이 주희의 전언이다. 이러한 인용을 통해 김장생이 부각시키려는 논점 또한 미발이란 단지 지각 작용이 발휘되지 않거나 사태를 분간하지 못하는 흐리멍덩한 상태가 아니라 '성현의 마음처럼 고요하면서도 명민함을 잃지 않는 때'를 지칭한다는 것이다.

주목할 것은 위의 문장에서 주희가 '미발에서도 감각적 지각이 가능한가'라는 애초의 물음을 넘어 미발의 의미를 확장하고 있다는 점이다. 문제의 소재가 미발시의 감각 여부에 그치는 한, 주희는 그저 미발이 목석처럼 무감각하거나 의식이 두절된 상태가 아니라는 점을 밝히는 것만으로도 충분했을 것이다. 그런데 그는 미발에서도 감각적 지각이 작동하고 있다는 수준의 응답을 넘어 미발을 '성현의 마음처럼 담담하여 고요하고 총명하여 막힘이 없는 상태'로 규정하고 있다. 다시 말해 '미발시 지각'의 함의가 단순한 감각적 지각력을 넘어 그 이상의 능력을 함축하는 방향으로 도약하고 있는 것이다. 즉 미발은 그저 감각지가 가능한 심적 상태에 그치는 것이 아니라 일종의 도덕적 명민함이 내재해 있는 상태를 의미한다. 그리고 이러한 취지가 드러나는 구절을 「근사록석의」에 채택한 김장생 역시 미발의 도덕적 의미를 확대하는 주희의 의도를 읽었던 것이다.

고요한 가운데 무언가가 있다

같은 논의의 연장선상에서 또 하나의 논점은 미발의 성격을 『역』곤·복괘의 괘상에 비유하는 논법과 관련된다. 이 논의의 핵심은 순음純陰을 상징하는 곤괘(☷)와 일양一陽이 움직인 복괘(☳)를 각각 미발과 이발에 대한 상징으로 나누어 볼 것인지, 아니면 곤괘와 복괘 양자를 모두 미발에 대한 상징으로 간주할 것인지에 달려 있다. 전자의 견지에서 보면, 미발이란 아무 움직임이 없는 고요한 상태를 의미하며 조금이라도 움직임이 가시화된다면 곧 이발에 해당된다. 따라서 미발을 상징하는 괘상은 곤괘이며 하나의 양이 움직이기 시작한 복괘는 이발에 대한 상징으로 보는 것이 마땅하다. 반면 후자의 견지에서 보면, 비록 미발이라 하더라도 지각이 작용하고 있다는 점에서 전혀 움직임이 없는 상태는 아니다. 때문에 하나의 양이 움직인 복괘 역시 미발을 상징하는 괘상으로 보는 것이 타당할 수 있다.

곤괘와 복괘를 어떻게 배치하느냐의 문제는 이처럼 미발시 지각의 역할을 어떻게 규정하느냐라는 물음과 직결되기에 주희와 그 제자들뿐만 아니라 송시열과 우암학단 사이에서도 논란의 대상이 되었다. 그런데 우암학단의 본격적인 논의에 앞서 김장생 또한 곤·복괘의 배치 문제에 관한 미발지각론의 쟁점을 언급한 바 있다. 그는 「근사록석의」

에서 이 문제를 쟁점화하여 복괘를 미발의 괘상으로 인정한 것이 주희의 정론이라고 파악하는데, 송시열과 우암학단 이전에 김장생에게서 이 논제가 어떻게 다루어졌는지 검토해보자.

김장생이 곤·복괘의 배속 문제를 의식적으로 쟁점화하고 있다는 사실은 정이와 주희의 발언을 대조시키는 그의 구성 방식에서 드러난다. 김장생은 먼저 정이의 다음과 같은 언급을 문제삼는다.

> 이미 지각이 있다면 그것은 움직인 것動이다. 어찌 고요하다靜
> 고 말하겠는가? 사람들은 '복괘에서 천지의 마음을 본다'고 한
> 다. 지극히 고요한 상태至靜에서 천지의 마음을 볼 수 있다고 생
> 각한다면 잘못이다. 복괘의 아래 일획은 곧 움직인 것이니 어찌
> 고요하다고 할 수 있겠는가?[29]

이 문장에서 정이는 지각이 작용한다면 더 이상 고요한 미발에 속한다고 할 수 없다는 견해를 피력하고 있다. 이는 앞서 미발을 감각적 지각이 일어나지 않은 상태로 말했던 구절과도 일맥상통한다. 그렇게 보자면 미발이란 지극히 고요한 때至靜之時만을 지칭하며 여기에는 조금의 움직임도 허용되지 않는다. 이 경우 미발의 특징을 가장 잘 형상화할 수 있는 괘상은 오로지 음효로만 구성된 곤괘가 될 것이다. 정이는 지각의 발동을 일양이 움직인 복괘에 비유하면서, 이것은 움직임이 발생한 시점이기 때문에 고요한 상태로 간주될 수 없다고 말한다. 이렇게 볼 때 미발을 순음인 곤에 비유하고 일양이 움직인 복을 이발에 배속시키는 입장은 이미 정이로부터 발원한다고 할 수 있을 것이다. 그런데 김장생은 주희의 견해가 이와 같은 정이의 발언과 일치하지 않음을

지적하며 다음과 같이 말한다.

주자가 말하였다. "(정자께서) '고요한 때에 이미 지각이 있다면 어떻게 고요하다고 말할 수 있겠는가?'라고 말씀하고서 '복괘에서 천지의 마음을 본다'는 말을 인용하였는데, 이 또한 이해할수 없다. 지극히 고요한 때에는 지각할 수 있는 능력만 있지 지각한 바는 없다. 그러므로 '고요한 가운데 무언가가 있다'고 말하는 것은 옳지만, 이를 '생각하자마자 곧 이발'이라는 말로 견주어서는 옳지 않다. '곤괘는 순음이나 양이 없을 수 없다'는 말은 옳지만, '복괘의 일양이 이미 움직인 것'으로 견주어서는 안 된다." 생각건대 이는 정자의 설과 같지 않으니, 마땅히 이 설을 따라야 할 것이다.[30]

김장생은 정이가 미발시 지각의 작용을 부정했다고 보고, 그와 달리 주희는 미발에서 지각의 가능성을 인정하고 있음을 대조시킨다. 여기서 주희는 미발시에 지각이 있음을 '고요한 가운데 무언가가 있다靜中有物'는 의미로 해석해야 '생각하자마자 곧 이발'이라는 의미로 이해해서는 안 된다고 말하고 있다.[31] 즉, 미발시에 지각이 있음을 사려가 싹튼 것과 동일시하여 이발로 간주해서는 안 되며, 이는 다만 고요한 가운데서의 움직임靜中之動으로 이해해야 한다는 것이다. 바로 이 점에 착안하여 김장생은 '고요한 가운데 무언가가 있다'는 명제를 미발 가운데 지각의 활동이 존재함을 나타내는 핵심 어구로 이해하고 있다.

여기서 김장생이 인용한 주희의 문장은 『중용혹문中庸或問』에서 가져온 것이다. 흥미로운 것은, 김장생이 인용한 위의 구절이 바로 미발시 지각에 관한 주희 만년설의 근거로 제시되곤 하는 대목이라는 점이다. 17~18세기 기호학파 일각에서는 위 인용문 가운데 "지극히 고요한 때에는 지각할 수 있는 능력만 있지 지각한 바는 없다"라는 구절에 중점을 두어, 이 글을 저술할 당시(1189) 만년의 주희가 미발시의 지각활동을 강하게 주장하던 초기 견해로부터 이탈한 게 아닌지 의문을 제기한 바 있다. 즉 만년기에 주희는 미발에 대해 실질적인 지각 작용이 아니라 다만 지각의 잠재성만을 인정했을 뿐이라는 것이다. 그런데 여기서 김장생은 『중용혹문』의 동일한 구절을 예시하면서도 그와 정반대되는 논지를 끌어내고 있다. 김장생이 이처럼 주장할 수 있는 논거는 어디에 있는 것일까?

그는 『중용혹문』의 진술 가운데 "지극히 고요한 때에는 지각할 수 있는 능력만 있지 지각한 바는 없다"는 구절보다 "고요한 가운데 무언가가 있다"는 구절에 주희의 본의가 있다고 보고, 이를 '미발 가운데 지각의 실제 활동이 존재한다'는 의미로 해석하여 정이의 언급과 상반된 논점으로 부각시킨다. 그는 주희가 미발시 지각을 언급하며 '정중유물靜中有物' 명제에 중점을 두고 있음에 주목한다. 그리고 그는 고요한 가운데 무언가가 있다는 진술이 곧 중화신설 정립 당시 주희의 핵심 명제인 '지각불매'와 직결됨을 간파한다. 이는 그가 주희의 발언을 빌려 "고요한 가운데 무언가가 있는 것은 다만 지각이 어둡지 않은 것이다"[32]라고 단언한 데서도 분명히 확인된다. 결국 김장생이 정이와 주희의 지각에 대한 이견을 대비시키면서 주희의 논점을 따라야 한다고 주장한 데는 미발시 '지각불매'의 의미를 드러내려는 취지가 깔려 있다. 그렇게 함으로써 그는 주희의 초년설과 만년설을 대립되는 논점이 아닌 동일한 논조의 연장선상에서 파악하는 발판을 마련한 것이다.

나아가 김장생은 정이의 주장처럼 '지각이 있으면 곧 움직인 것'이 아니며, 지각함이 있더라도 그 자체로 미발의 고요한 상태에 지장이 되는 것은 아니라고 말한다.

어떤 사람이 정자의 '지각이 있으면 곧 움직인 것'이라는 말로 인하여 묻자, (주자는 다음과 같이) 답하였다. "이는 이천의 말이 너무 지나친 것 같다. 예컨대 추위를 알고 따뜻함을 느끼는 경우 지각이 이미 움직인 것이다. 지금 사태로 드러나지 않았으나 단지 지각이 있다면 그것이 고요한 상태에 무슨 방해가 되겠는가. 정좌하고 있는 것이 곧 잠자고 있는 것일 수는 없다."[33]

김장생은 (미발의 때로 상정되는) 정좌의 상태와 (아예 외물과 접촉하지 않고 의식이 없는) 수면 상태는 다르다는 주희의 말에 주목한다. 정좌하고 있을 때와 잠들어 있을 때는 모두 고요한 상태라는 점에서 표면상 유사해 보일 수 있다. 그렇다면 두 상태는 무엇이 다른 것인가? 정좌시에는 지각이 어둡지 않다는 점에서 다르다. 즉, 이때는 지각이 어둡지 않기 때문에 비록 고요하더라도 둔감하거나 적멸한 상태에 빠지지 않고 명민함을 잃지 않을 수 있는 것이다. 김장생은 이러한 '지각불매'의 함의를 곧 주재主宰의 개념으로 연결시킨다. 다시 말해 미발시에 수면 상태와 달리 명민한 능력을 발휘할 수 있는 것은 이때 마음의 주재성이 확고히 견지되고 있기 때문이라는 것이다. 그가 『주자어류』가운데 아래의 구절을 취하여 「근사록석의」에 게재하였다는 사실은 의미심장하다.

비록 귀에 들리는 것이 없고 눈에 보이는 것이 없더라도 반드시 항상 주재가 있어 안에서 잡고 있다고 해야 한다. 마음을 한결같이 방치해버리는 것도 아니고, 또한 마음이 한결같이 공적空寂한 데 빠져 있는 것도 아니다. 아래에서 복괘를 말한 것은 곧 '고요한 가운데 움직임이 있다'는 말이니, 이는 잠자고 있는 것처럼 고요한 것이 아니라 가운데에 항상 스스로 주재하여 잡고 있는 것이다.[34]

주희는 외물과 접하지 않았을 때에도 내면에서 지각이 어둡지 않은 것은 곧 마음속에 주재활동이 이루어지는 것이라고 말한다. 미발이란 그처럼 주재하는 마음이기 때문에 잠자고 있는 상태와는 완전히 다른 심적 상태가 된다. 즉 '지각불매'는 주재의 의미와 결부됨으로써 미발을 '단지 사물이 도래하지 않은 시점'이나 '사려가 일어나지 않은 적막한 상태의 고요함' 등과 차별화되게끔 하는 핵심 명제가 되는 것이다. 다시 말해서 지각이 어둡지 않고 밝게 깨어 있는 상태이기 때문에 미발은 일반적인 의미에서의 고요함과 다른 '명민하고 특별한 고요함'이 된다. 또한 이 구절에서는 '지각불매'라는 미발시 주재활동이 복괘의 '고요함 안의 움직임靜中有動'이라는 의미에 상응한다고 보아 복괘의 괘상을 미발에 배속시키는 논점을 보여주고 있다. 그렇게 볼 때 위의 구절을 취하여 「근사록석의」에 포함시킨 김장생의 견해 또한 복괘를 미발에 대한 상징으로 보는 입장을 주희의 정론으로 채택하고 있음을 알 수 있다.

지금까지 살펴본 바와 같이, 김장생은 정이와 주희의 미발지각에 관한 논점을 대립적으로 구성하면서 주희의 입장을 정론화할 것을 주장하고 있다.■ 주로 선유先儒의 어록을 편집하는 형식으로 기술된 「근사록석의」의 성격상 그 자신의 직접적인 목소리는 두드러지지 않으나, 김장생은 정이와 주희를 대조하고 정론이라 여겨지는 구절을 취사하는 방식을 통해 미발지각에 관한 자신의 견해를 피력한다. 그는 주희가 '정중유물'을 미발시 지각의 의미로 강조하고 있음을 간파하여 이를 '지각불매'의 의미로, 나아가 미발시의 주재활동을 나타내는 술어로 이해한다. 또 미발에서의 주재가 곧 복괘의 '정중유동'에 부합한다고 보아 미발과 이발을 곤괘와 복괘로 양분하지 않고 복괘 또한 미발의 시점으로 보는 관점을 지지한다. 그리고 김장생이 견지한 입장은 이후 그 학맥을 계승한 송시열에게로 이어진다.

■ 김장생은 정이와 주희의 차이를 뚜렷이 대비하고자 정이의 미발에 대한 논점을 한 방향으로만 일반화시킨 감이 있다. 하지만 앞서 언급한 것처럼 정이의 사유에서는 미발시의 존양공부 역시 수양론적으로 중요한 의미를 지닌다. 다만 김장생이 간파한 것처럼 정이의 발언 가운데 일부가 논리상 양립하기 어렵다는 데 문제가 있었다.

—

송시열은 미발지각을 어떻게 이해했는가

—

—

미발에는 두 층차가 있다
—

「근사록석의」에서 미발지각에 관한 쟁점이 언급됨을 살펴보았으나, 그럼에도 불구하고 김장생 자신이 이를 당시 학계의 제1화두였던 사칠이기론의 문제만큼 중요하게 다룬 것은 아니었다는 점을 아울러 지적해야겠다. 대체로 17세기 초반에 이르기까지 조선의 학술계에 미발시 지각에 관한 본격적인 담론의 장은 마련되지 않았다는 점에서, 김장생의 문제 제기는 선구적이기는 하나 일정한 한계를 지니고 있었다. 그런 면에서 볼 때 미발지각의 문제가 곤·복괘의 배치 문제와 연동하여 본격적으로 논의되기 시작한 것은 실로 송시열과 그 주변 학자들 사이의 토론에서부터라고 보아야 할 것이다.

   논의의 쟁점은 일차적으로 미발지각에 대한 주희의 초년설과 만년설이 일치하는지의 여부에 모아졌다. 즉 주희가 중화구설에서 신설로 철학적 입장을 전환하던 무렵에 쓴 「미발이발설未發已發說」(1169), 「정자양관설程子養觀說」(1169), 「답임택지答林擇之」(1170), 「기론성답고후記

論性答稾後」(1172) 등에 보이는 미발지각에 관한 논점이, 만년기에 저술한 『중용혹문』(1189)의 기술과 일치하지 않는 듯 보인다는 점이 문제가 되었던 것이다.[35] 이는 주희의 정론을 확정코자 했던 송시열과 우암학단의 학자들에게 하나의 해결해야 할 문제로 인식되었다. 미발과 곤·복괘의 연관관계에 관하여 송시열은 1639년경에 김극형金克亨(1605~1663), 권시權諰(1604~1672) 등과 더불어 토론하였으며, 이후한참 시간이 흐른 뒤 1678년 윤증尹拯(1629~1714)의 질문에 답하면서다시금 이 문제를 언급한다.[36] 여전히 당대에 문제시되었던 성리학의다른 쟁점에 비한다면 그리 자주 논의된 편은 아니지만, 이 논제는 김장생에게서 송시열로 이어지는 17세기 기호학파 주류의 사상적 흐름을 파악함에 있어 중요한 맥락을 담지하고 있다. 여기서 송시열은 스승김장생이 취하였던 입장의 연장선상에서 미발시 지각의 활동을 인정해야 한다는 일관된 논점을 견지한다.

앞서 살펴본 바와 같이 김장생은 정이와 주희 두 인물의 언명을 대조하는 방식으로 미발시 지각의 문제를 드러내는 전략을 취하였다. 그에 비해 송시열과 그 주변 학자들 사이의 쟁점은 주희 자신의 서로 다른 발언 가운데 무엇이 진의인지를 판별하는 것이었다. 주희가 초년설에서는 미발에서 곤과 복의 양 측면을 모두 인정하였는데, 만년에 입장을 바꾸어 오로지 곤괘로만 미발의 의미를 한정한 듯이 보인다는게 문제였던 것이다.[37] 그러한 차이를 의문시한 김극형은 『중용혹문』이 주희의 사상이 정련된 만년기 저작이라는 사실에 주안점을 두면서, 『중용혹문』에 의거할 때 미발이란 곤괘의 상처럼 지극히 고요한 때至靜를 의미한다고 보았다.[38] 이에 따라 그는 미발과 이발을 각기 곤과 복으로 나누어 배속한 것이야말로 주희의 정론이라고 단언하였다.[39] 이 같은 김극형의 주장을 접한 권시는 『중용혹문』의 어의가 모순적인 면이 있어 주희의 정확한 취지를 파악하기 어려운 사정을 토로하면서 송시열에게 질정을 구한다.[40] 앞서 김장생이 김극형과 반대로 『중용혹문』의 똑같은 구절을 초년설의 맥락에서 읽어낸 바 있음을 감안한다면, 권시가 그 내용이 모순적인 메시지를 함축하고 있다고 곤혹스러워한 것 또한 납득이 가는 일이라 하겠다. 이에 대해 송시열은 김극형의 해석대로라면 주희의 견해가 결국 복괘를 미발로 인정하지 않은 정이의 견해와 똑같아지는데, 그렇다면 주희가 정이의 발언에 비판적인 태도를 취했던 취지가 무색해짐을 지적하며 다음과 같이 반박한다.

> 그러나 (주자의 설명은) 정자가 말한 "이미 지각이 있다면 이발이다"라거나 "복괘의 아래 일획은 곧 움직인 것이니 어찌 고요하다고 할 수 있겠는가?"라는 설과 다릅니다. 그러므로 주자는 또한 "이천의 설이 지나친 것 같다"고 했던 것입니다. (…) 주자의 뜻은 본디 미발에 대하여 이미 움직임已動을 포함하여 말하고자 한 것입니다. 그러나 이미 움직이기를 반드시 기다린 후에야

■ 이 문제에 관한 우암학단의 논변을 처음으로 우리 학계에 소개한 이봉규는 주자학의 미발설에 '사려미맹'과 '지각불매'가 상충하는 면이 있기 때문에 17세기 조선 성리학에서 이 같은 대립각이 형성될 수밖에 없었다고 보았다. 그는 초년설과 만년설 논쟁이 주희 미발설에 내재해 있는 딜레마에서 기인한다고 보았다. 이에 대하여 주광호는 곤괘와 복괘를 모두 미발의 괘상으로 보는 주희의 입장이 시종일관 변한 적이 없으며, 주희의 미발설이 내적으로 완결되어 있음에도 불구하고 우암학단에서 곤·복괘 논쟁이 벌어진 것은 주희설에 대한 오해에서 비롯되었다고 주장하였다. 이 책은 주광호의 해석을 받아들이며 본문의 논의 역시 그러한 기본 전제하에 서술된 것임을 밝힌다. 이 절에서 논하는 것은 주희의 미발지각설이 아니라 17세기 송시열과 우암학단에 의해 해석된 미발지각 담론의 진행 양상이다.

미발이 되는 것은 아닙니다. 비록 이미 움직였다 하더라도 미발이라고 하기에 지장이 없다는 것이지요. 이는 움직임과 고요함이 서로를 머금고 음과 양이 서로를 품고 있는 이치입니다. 아직 보고 들은 바는 없으나 볼 수 있고 들을 수 있는 능력이 있는 상태는 곧에 양이 없을 수 없는 상에 해당됩니다. 이미 보고 들은 바가 있으나 아직 기쁨과 노여움이 발출하지 않은 상태는 양기가 깊은 땅속의 샘에 드러났으나 아직은 추위가 들판을 뒤덮고 있는 상에 해당됩니다. 보고 들은 바가 있어서 기쁨과 노여움이 이미 형성된 것은 건도乾道가 변화하여 각기 성명性命을 바르게 한 상에 해당됩니다. 이와 같이 배속시킨다면 이해의 실마리가 있을 듯합니다.[41]

1639년 권시에게 보낸 이 서한에서 송시열은 미발지각에 관한 정이와 주희의 설이 다르다는 김장생의 논점을 수용한다. 즉 미발을 '지극히 고요한 때'로 규정한 정이와 달리 주희는 '어떤 움직임이 있는 상태'로 미발을 이해하고 있다는 것이다. 따라서 복괘를 미발에 배속시켜 약간의 움직임을 인정하더라도 여전히 그것을 미발이라 불러도 무방하다. 나아가 송시열은 그러한 논점을 발전시켜 명료화하는데, 미발을 두 층차로 구분하면서 곤괘와 복괘에 각각의 의미를 부여하는 점이 그것이다. 그는 미발에 '지각 작용은 일어나지 않았으나 지각의 능력이 있음'과 '지각 작용이 일어났으나 아직 정감으로 드러나지 않음'이라는 두 층차가 있다고 보고, 양자를 각각 '지극한 고요함至靜'과 '약간의 움직임已動'에 부합하는 것으로 파악한다. 말하자면 '지극한 고요함'과 '약간의 움직임'을 대립적으로 보지 않고 미발을 구성하는 단계적인 측면으로 보는 방안을 제시한 것이다. 이처럼 미발의 영역을 둘로 나눔으로써 송시열은 미발을 정靜 일면도로 규정하는 대신 정과 동動의 양면이 있는 상태로 규정한다. 즉 그의 해석에 따를 때 미발에는 '고요한 미발'과 '움직임이 있는 미발'이라는 두 국면이 있게 되는 셈이다.

송시열의 이 같은 해석은 사려와 지각을 구분하여 '사려는 없으나 지각이 있는 상태'로 미발을 규정한 주희 중화신설의 취지를 그 나름의 방식으로 옹호한 것이다. 그리하여 그는 오로지 지각의 능력만 있는 상태를 '사려미맹'의 차원으로, 지각 작용이 일어났으나 정서로 전화되지 않은 상태를 '지각불매'의 차원으로 나누고, 이를 곤괘와 복괘에 배속시켜 모두 미발의 기상으로 인정한다. 이처럼 고요함과 움직임이라는 미발의 두 층차가 각각 '사려미맹'과 '지각불매'에 대응하는 것이라면, 미발에서 이발로의 전이 과정은 크게 '움직임이 없는 미발(곤괘)-움직임이 있는 미발(복괘)-이발' 혹은 '사려미맹-지각불매-사려이맹'의 단계를 거치는 셈이 된다.■42 송시열은 같은 해 10월 다시 권시에게 서한을 보내 그런 취지를 부연하여 설명한다.

『중용혹문』에서는 지극히 고요한 가운데 아직 지각이 발생하지 않고 단지 지각할 수 있는 능력만 갖춘 상태를 순수한 곤에

■ 이 부분과 관련하여 주광호는 주희의 '사려미맹이자 지각불매'라는 명제를 송시열이 '사려미맹이다가 지각불매'라는 의미로 잘못 파악하였다고 지적한다. 즉 주희는 '사려미맹'과 '지각불매'를 동시적인 것으로 보았던 반면 송시열은 이를 순차적인 것으로 받아들였다는 것이다. 그럼으로써 송시열은 미발 가운데 곤괘에 해당되는 '사려미맹'을 지각이 미치지 못하는 단계로 설정하게 되는데, 이는 곧 미발 가운데 주체의 주재함이 미치지 못하는 단계를 용인하는 것이어서 주희의 원의에서 벗어나게 된다고 말한다. 그렇게 볼 때 송시열은 미발시 지각의 문제에 내재된 수양론적 관심을 포착하고 복괘에 해당되는 미발을 강조하고자 하였으나 논리상으로는 결함이 있는 결론에 이른 셈이다.

해당되는 것으로 보았습니다. 그러나 사려가 발생하지 않은 상태에서 지각만 일어난 경우도 복에 배속시켜 똑같이 미발의 영역으로 볼 수 있습니다. 어째서 반드시 지각이 발생하기 이전만을 미발로 간주하겠습니까? 대개 사람의 마음은 움직임과 고요함의 두 계기를 지니며, 하늘의 도리는 음과 양의 두 계기가 있을 따름입니다. 지각이 발생하든 안 하든 상관없이 사려에 이르지 않았으면 동일하게 고요하다고 말할 수 있습니다. 마찬가지로 양이 생겨났든 아직 생기지 않았든 봄과 여름이 되지 않았으면 여전히 음이라고 말합니다. 형께서는 양기가 이미 생겨나기 시작했다고 하여 겨울을 양에 해당된다고 말하시겠습니까? 이와 같이 말하자면 『중용혹문』과 앞의 편지에서 인용한 주자의 말들은 서로 논거가 되며 모순이 되지 않습니다.[43]

송시열은 미발에 지각이라는 약간의 움직임이 있더라도 고요함으로 간주할 수 있는 것은 마치 한겨울에 약간의 양기가 움트더라도 여전히 겨울일 뿐 봄이라고 말할 수 없는 것과 같다고 비유한다. 그는 『중용혹문』에서 주희가 '지각할 수 있는 능력만 있고 아직 지각이 발생하지 않은 상태'를 곤괘에 배당하고 미발로 보았음을 인정하지만, 그것만을 미발로 간주해서는 안 되고 지각이 일어난 것 역시 복괘에 해당되는 미발로 보아야 한다고 말한다.

그렇지만 '사려미맹'과 '지각불매'를 순차적인 단계로 이해한 데서 알 수 있듯이 송시열은 곤괘로서의 미발과 복괘로서의 미발이 동시적으로 존재할 수는 없다고 파악한 것으로 보인다. 그는 여전히 '사려미맹'과 '지각불매'를 논리상으로는 충돌할 수밖에 없는 명제로 여겼던 것이다. 그렇게 보는 한 곤괘로서의 미발을 말하고 있는『중용혹문』의 구절과 곤괘와 복괘를 모두 미발의 괘상으로 명시한 주희 초년의 언급[44]은 차이가 있을 수밖에 없다. 송시열은 주희 초년과 말년의 발언들이 서로 모순되지 않는다고 하면서도 초년기의 논설과『중용혹문』사이에 어구상의 불일치를 어떻게 해소할 수 있는지에 대해서는 구체적으로 언급하지 않고 있다. 그의 편지를 받은 권시 또한 송시열의 논지에 동조하면서도 여전히 주희 학설의 모호함이 해결되지 않고 있다고 술회한다.[45] 송시열 역시 주희의 전후기 학설 간에 차이로 간주될 만한 모호함이 여전히 남아 있다고 생각한 듯하며, 이를 해명하려는 그의 고심은 만년에 이르러 좀 더 구체화된다. 그는 1678년『중용혹문』과 주희 초년설의 차이를 질의한 윤증에게 답하면서 다음과 같이 말한다.

곤과 복은 비록 양기가 움직이기 전과 후라는 차이가 있지만 모두 한겨울 가운데에 있는 것이다. 마음에는 비록 지각이 발생하기 전과 후라는 구별이 있지만, 모두 기쁨과 노여움 같은 정감의 발현에 이르지 않았으므로 미발에 해당되는 것이다. 그러나 자세히 구분해 보면, 단지 지각할 수 있는 능력만 있고 지각한 바가 없는 것은 마치 곤괘에 양이 없지 않으나 일양이 처음 움직이는 시점이 이르지 않은 것과 같으니,『중용혹문』에서는 그것을 곤괘에 배속시켰다. 이미 지각이 발생한 상태에 대해서는 조금이나마 움직임의 맥락이 생겨났으므로 복괘에 배속시킨 것이다. 그러나 이 둘은 모두 정감의 발현에 이르지 않았으므로 마찬가지로 미발의 범주라고 말한다.『주자대전』과『중용혹문』에 비록 상세함과 간략함의 차이가 있지만 그 실제 내용은 같지 않음이 없다. 『중용혹문』의 학설은 임택지의 것이다. 그는 말하기를 "사려미맹은 곤괘의 상황이니 복괘에 해당시켜서는 안 된다"고 하였다. 주자는 말하기를 "사려미맹은 진실로 곤이고 지각불매는 복이다. 택지의 뜻이 비록 지나치긴 하지만 그 통찰은 또한 정밀한 면이 있다"고 하였다. 선생의 이러한 설명은 갑진년(1184)에 이루어진 것으로 임택지의 주장에 정밀한 면이 있다고 보아 『중용혹문』에서 그 뜻을 따랐던 것이다.[46]

이후로는 이와 관련된 논의가 보이지 않음을 감안할 때, 곤·복괘의 배치에 관한 송시열의 견해는 이 서신에서 최종적으로 정리된 것으로 보인다. 앞서 권시에게 보낸 편지와 40년 가까운 시차가 나지만 송시열이 기술하는 논점은 달라진 바가 없다. 다만 여기서 그는 주희 초년설과 만년설을 모순의 관점에서 보지 말고 상세함과 간략함의 차이로 이해해야 한다는 입장을 피력한다. 그에 따르면 미발에는 지각의 발생 전후에 해당되는 곤괘와 복괘의 양상이 모두 존재하지만 『중용혹문』은 그 가운데 곤괘의 측면만 기술한 것에 불과하다. 그것은 다만 미발을 곤괘라고 주장한 임택지의 견해를 주희가 부분적으로 인정하였다는 사실을 반영할 따름이다. 따라서 『중용혹문』에서의 구문은 간략하게 생략된 면이 있으며 미발에 대한 주희의 전체적인 이해를 보여주는 것은 아니다. 결국 주희 만년의 『중용혹문』과 초년설이 실려 있는 『주자대전』 사이의 불일치는 미발에 대한 간략한 서술과 상세한 설명의 차이일 뿐 주희의 관점 변화를 보여주는 것이 아니다. 즉 송시열은 초년설과 다른 『중용혹문』의 구절을 단지 불충분한 설명으로 간주하면서 주희 자신의 입장은 본래 일관적이었다고 주장하고 있다.

송시열은 같은 편지의 말미에 『주자어류』의 한 대목을 첨부하여 자신의 논거를 보완한다. 이는 진순이 경술년(1190)과 기미년(1199)에 주희와 나누었던 문답인데, 송시열은 이것이 『중용혹문』 이후의 문답 기록이므로 주희의 정론에 가깝다고 주장한다.[47] 즉 『중용혹문』 저술 후에 이루어진 이 문답의 내용은 주희 만년의 것임에도 불구하고 그의 초년설에 가까운 내용을 담고 있다는 것이다.

물었다. "미발에서는 마땅히 계신공구戒愼恐懼하여야 하는데, 경각심을 일으키는 것 또한 지각입니다. 그런데 이천은 '이미 지각이 있다면 움직인 것이다'라고 하였으니, 어째서입니까?"
대답하였다. "미발에서는 항상 반드시 그와 같이 밝게 깨어 있는 것이니, 어둑하여 살피지 않는 상태가 아니다. 만약 어둑하여 살피지 않는다면 도리가 어디에 있겠는가? 그래서야 어떻게 대본大本을 이룰 수 있겠는가?"
물었다. "항상 밝게 깨어 있는 것은 곧 지각입니까?"
대답하였다. "진실로 지각이다."
물었다. "지각은 곧 움직인 것입니까?"
대답하였다. "진실로 움직인 것이다."
물었다. "(이미 움직였는데) 어째서 미발이라고 부릅니까?"
대답하였다. "미발은 어둑하여 살피지 않는 상태가 아니거늘 어째서 고요하다고 말할 수 있겠는가? 하지만 지각은 비록 움직였더라도 아직 움직이지 않았다고 말해도 무방하다. 만약 희로애락으로 말하자면 또한 경우가 다르기 때문이다."
물었다. "여기서 지각이 비록 움직였더라도 희로애락은 발하지 않았다는 말씀입니까?"

선생께서 고개를 끄덕이며 말씀하셨다. "그렇다. 아래에서 말한
'복에서 천지의 마음을 본다'는 말이 좋다. 복은 일양이 생겨난
것이니 어찌 움직인 것이 아니겠는가?"

물었다. "일양이 움직였지만 만물이 아직 발생하지 않았다면,
그것은 곧 희로애락이 발하지 않은 것입니까?"

대답하였다. "그렇다."[48]

『주자어류』의 이 대화는 김장생 또한 「근사록석의」에서 주희와 정
이의 이견을 부각시키는 맥락에서 중요하게 인용한 적이 있다.[49] 이 문
답에서 주희는 미발에 대해 모든 심리 작용이 죽은 듯이 정지된 상태
가 아니므로 '고요하다'고만 규정할 수 없으며, 그럼에도 불구하고 희로
애락의 정감은 발현하지 않았기 때문에 '아직 움직이지 않았다'라고 해
도 무방하다고 말한다. 그는 미발시의 지각이란 항상 밝게 깨어 있는
것常醒이라고 본다. 그리고 '지각이 움직였더라도 정감이 발하지 않은
상태'로서 미발을 일양이 움직인 복괘로 해석하는 것에 찬동하는 뜻
을 보이고 있다. 『중용혹문』의 저술 시기(주희 나이 60세)보다 더 만년
에 속하는(61세 또는 70세) 이 문답의 내용은 주희가 중화신설을 정립
할 당시의 언급과 정확히 일치한다. 바로 그 점을 들어 송시열은 곤·복
을 모두 미발의 범주로 인정하는 것이 전후기를 관통하는 주희의 정설
이며『중용혹문』의 언급은 미발의 성격에 대해 단지 일부분만 밝힌 것
이라고 단언하고 있는 것이다. 이와 같이 송시열은 만년에 이르러 주희
의 전후기 논설을 일관된 논리로 정당화할 수 있는 논거들을 확보하고
이를 정론화하는 입장을 확고히 한다.

깨어 있는 마음, 주재하는 마음

이처럼 송시열은 1678년 윤증에게 보낸 서한을 통해 미발시 지각과 곤·복괘의 배치에 관한 그의 최종 입장을 정리한다. 그런데 윤증과의 문답에는 그 밖에도 미발시 지각과 주재의 관계를 연결하는 흥미로운 논점이 있어 주목을 끈다. 미발과 곤·복괘의 배치와 관련해 윤증은 송시열에게 곤괘를 배제한 채 오로지 복괘만을 미발로 보는 새로운 관점을 제안한다. 즉 송시열이 주장한 것처럼 미발이 조금의 움직임도 허용할 수 없는 '지극한 고요함至靜'의 경계가 아니라면, 굳이 지극한 고요함을 상징하는 곤괘를 미발에 배속할 필요가 있는지 의문시한 것이다. 정이의 언사와 차별화되는 주희의 논지가 미발시 지각이 작용하고 있음을 드러내는 것이었다면, 굳이 사려와 지각이 모두 정지해 있는 시점을 미발의 범주에 포함시킬 이유가 있는가? 이에 윤증은 곤괘를 아예 미발의 의미에서 제외하고 곤괘의 괘상을 모든 의식이 정지해 있는 수면 상태로 볼 것을 주장한다.

> 감히 말씀드리면, 복괘는 미발의 때에 배당할 수 있고 곤괘는 잠들어 있는 상태에 배당시키는 것이 옳을 듯합니다. 그렇게 보는 것이 어떻겠습니까? 복괘의 의미는 일양이 처음 움직였으나 만물은 아직 생겨나지 않은 것입니다. '만물이 아직 생겨나지 않았다'고 함은 이른바 지각이 없는 것이요 사려가 일어나지 않은 것입니다. '일양이 처음 움직였다'고 함은 이른바 고요한 가운데 무언가가 있는 것으로 지각이 어둡지 않다는 것입니다. 이와 같이 나누어 배속시킨다면 분명할 듯합니다.[50]

이러한 윤증의 견해는 창발적인 면이 있지만 김장생에게서 송시열로 이어져온 논점과 완전히 동떨어진 것이라고는 할 수 없다. 그는 미발이란 잠든 것처럼 둔감한 상태와는 본질적으로 다른 명민한 심적 상태라는 인식을 받아들이고 있기 때문이다. 오히려 그의 논지는 미발이란 '밝고 특별한 고요함'이기 때문에 그저 지극히 고요하기만 한 적멸 상태와는 뚜렷이 차별화되어야 한다는 생각에 가깝다. 그에 따라 윤증은 잠들어 있는 상태와 미발의 상태를 구분하는 의미에서 전자를 곤, 후자를 복으로 양분한 것이다. 곤괘의 괘상은 미발과 달리 혼매한 수면 상태를 상징하는 것에 불과하다는 그의 주장은 미발시 지각불매의 취지를 강조하는 입장에서 보자면 오히려 명료해 보이는 면도 있다. 그러나 송시열은 윤증의 견해를 부인하며 다음과 같이 말한다.

그대는 곤괘를 잠들어 있는 때에 배당하고자 하나, 이는 그렇지 않다. 주자께서는 일찍이 다음과 같이 말씀하셨다. "깨어 있는 것과 잠자고 있는 것은 마음의 움직임과 고요함이다. 사려가 있는 것과 없는 것은 또한 마음이 움직이는 가운데서의 움직임과 고요함이다. 그러나 깨어 있는 상태는 양이고 잠들어 있는 상태는 음이요, 깨어 있을 때는 주재함이 있으나 잠들어 있을 때는 주재함이 없다. 따라서 고요히 움직이지 않다가 감응하여 소통하게 되는 신묘함은 반드시 깨어 있는 상태에서 말해야 한다." 이에 근거할 때 미발과 이발은 모두 깨어 있는 때로서 말하는 것이 마땅하다.[51]

송시열은 주희의 발언을 근거로 삼아 '사려미맹'의 시점이 곧 의식이 정지해 있는 수면 상태를 의미하지 않는다고 역설한다. 그는 주희가 마음의 범주를 크게 동정으로 나누면서 미발과 이발이 모두 움직임의 영역에 속한다고 말한 것에 주목한다. 이처럼 미발이 마음의 동정 가운데 동에 속한다는 것은 얼핏 이상하게 들리지만, 여기서 동정의 구분은 다만 사람이 잠을 자고 있는지 깨어 있는지를 기준으로 말한 것이다. 즉 미발과 이발이 모두 '깨어 있다'는 의미에서는 동의 차원으로 간주되는 것이다. 그러한 기준으로 볼 때 미발과 이발 개념이 마음에서 차지하는 위상은 각각 '움직임 안에서의 고요함動中靜'과 '움직임 안에서의 움직임動中動'으로 재정위된다.

그렇다면 이 같은 방식으로 마음의 동정을 구분하여 말한 주희의 의도는 무엇일까? 그의 취지는 의식이 정지된 혼매한 수면 상태와 깨어 있는 가운데 고요함에 해당되는 미발 사이의 근본적인 차이를 강조하는 데 있다. 그처럼 깨어 있는 상태로서의 미발 개념에는 '지각불매' 뿐만 아니라 '사려미맹' 또한 포함된다. 다시 말해 사려가 일어나지 않았다고 해서 마음이 수면 상태와 동일해지는 것은 아니다. 거기에는 어떠한 실질적인 차이가 존재하는가? 이에 대한 주희의 대답은 "깨어 있을 때는 주재함이 있으나 잠들어 있을 때는 주재함이 없다"는 것이다. 말하자면 수면 상태와 '사려미맹' 상태의 차이는 바로 주재의 유무다.

여기서 다시금 미발과 이발을 관통하는 마음의 핵심 역량으로서 주재의 의미가 부각된다. 위 글에서 주희는 '적연부동寂然不動'으로부터 '감이수통感而遂通'으로 이어지는 심리 작용의 전 과정에 주재라는 마음의 역량이 관철되고 있음을 강조한다. 즉 대상 사물과 교감하기 이전의 고요한 때와 사물과 접한 이후 감응하여 드러나는 때를 막론하고 마음의 주재 능력은 모든 영역을 관장한다는 것이다. 이를 통해 그는 '사려미맹'도 동중정動中靜이라는 '깨어 있는' 범주에 속하는 이상 마음의 주재로부터 벗어나 있지 않음을 명시하고 있다. '동중정'은 곧 지각이 어둡지 않은 가운데 사려가 싹트지 않은 상태라는 주희 미발설의 핵심을 잘 보여주는 말이다. 주희는 마음 전체에 걸쳐 지각의 주재動가 이루어지고 있는 가운데서 '사려미맹動中靜'과 '사려이맹動中動'의 단계를 나눈다. 말하자면 '지각의 어둡지 않음'은 사려 없음에서 사려 있음으로 이행하는 마음의 전 과정에 관여하는 것이다. 그렇게 볼 때 주희에게 미발을 설명하는 '사려미맹이자 지각불매'는 동시적인 사태로서 모순 없이 양립하게 된다.■52

위와 같은 주희의 언급을 빌려 송시열은 곤괘가 상징하는 '사려미맹' 또한 마음의 주재하에 놓여 있는 미발의 한 국면이며, 이를 결코 수면 상태의 혼매함과 동질적으로 간주해서는 안 된다고 주장한다. 다만 '사려미맹'과 '지각불매'를 동시적인 사태로 본 주희의 논지를 송시열이 전면적으로 이해하고 있었는지는 분명치 않다. 미발을 '사려미맹至靜'의 단계와 '지각불매已動'의 단계로 순차적으로 파악했던 송시열의

■ 주광호는 '사려미맹'과 '지각불매'에 관한 주희와 송시열의 사유 모델을 다음과 같은 도표로 정식화하였다.

	미발		이발
주자	사려미맹		사려이맹
	지각불매		
우암 1	사려미맹(곤괘)	지각불매(복괘)	사려이맹
우암 2	사려미맹		사려이맹
	능지각(곤괘)	소지각(복괘)	

구도에서 보자면 위와 같은 주희의 언급은 논리상 불명료한 구석이 있을 수밖에 없다. 즉 지극한 고요함에 해당되는 '사려미맹'의 시점에도 주재하는 마음이 관여한다면, 거기에 이미 지각이 작용하는 셈이므로 더 이상 지정至靜이라고 말할 수 없는 모순이 발생하기 때문이다. 그러나 이 같은 논리의 충돌에 대해 송시열은 더 구체적인 해명을 내놓지 않았다. 다만 그가 주재라는 마음의 특징으로 인해 미발이 단순히 적막한 상태에 그치지 않는 특별한 성격을 갖출 수 있음을 강조하는 데 주안점을 둔 것은 분명해 보인다. 송시열은 김장생의 논점을 수용하여 '고요한 가운데 무언가가 있다'는 언명을 '지각불매'의 의미로 해석하고, 아울러 여기에 이단 비판의 맥락을 덧붙이기도 한다.

> 고요한 가운데 무언가가 있다는 것은 곧 적연함 속에서도 지각
> 이 어둡지 않음을 일컫는 것이다. 만약 불교의 가르침대로라면
> 마른 나무와 죽어 있는 잿더미와 같을 따름이다.[53]

송시열은 미발을 의식이 정지한 절대적 적막함으로 간주하고 이를 수양의 근본으로 삼는다면 허무적멸을 지향하는 불교의 가르침과 다를 바 없다고 주장한다. 이는 앞서 주희가 미발 수양이란 봉사나 귀머거리 같은 무감각한 인간형을 길러내는 것이 아니라고 역설했던 바와 같은 맥락의 발언이다. 주희는 미발 수양이 '성현의 마음처럼 총명하고 막힘이 없는 기상'을 견지하기 위한 공부라고 말한 바 있다.[54] 그런 면에서 송시열에게 미발시 '지각불매'의 의미는 이단과 정학을 판가름하는 기준점이 되기도 한다. 미발을 보존하는 주정主靜의 공부는 의식을 백지화시킨다거나 모든 종류의 인식으로부터 단절되어 절대 고요의 세

계에 침잠하는 것이 아니다. 고요한 상태에서의 수양법이란 잠들어버린 듯한 적막함에 빠져드는 것이 아니라, 오히려 마음의 주재성을 한시도 놓지 않는 부단한 자기 검속을 의미한다. 그것은 겉으로 보기에 고요한 듯하지만 실상은 매우 역동적이고 치열한 공부에 가까울 것이다.

결론적으로 송시열에게 미발이란 그저 고요하기만 한 '사물미지事物未至' 혹은 '사려미맹'의 시점에 그치지 않으며, 그 이상의 도덕적 함의를 내포하는 개념이다. 그는 이처럼 미발의 의미와 위상을 확대하는 것이 중화신설로 정립된 주희 사상의 종지라고 보았다. 송시열은 곤·복을 모두 미발의 괘상으로 인정하고 '사려미맹'과 '지각불매' 양 측면을 미발 개념 안에 포섭하고자 하였지만, 두 명제가 일정 정도 모순적이라는 인식을 완전히 떨쳐버리지는 못한 듯하다. 미발을 두 층차로 나누어 설명한 것은 '사려미맹'과 '지각불매'가 공존할 수 없다는 생각에서 기인하였는데, 그는 만년에 이르도록 그러한 자신의 견해를 딱히 수정한 적이 없다. 그렇게 '사려미맹'과 '지각불매'를 대립적으로 보는 관점을 벗어나지 못하였다고 할 때, 송시열이 생각한 미발의 실질적인 의미는 전자보다 후자의 측면에 놓여 있었을 것이다.

제3장

미발과 기질은
어떤 관계인가

일반적으로 알려진 바에 의하면 조선 성리학에서 미발과 기질의 관계가 본격적으로 토론된 것은 18세기 초의 일이다. 이 문제는 권상하의 문하에서 한원진과 이간이 벌인 논쟁을 통해 조선 사상사의 전면에 등장하게 된다. 학계의 통설에 따르면 당시 두 사람 사이에서 큰 쟁점이 되었던 것은 '인성人性과 물성物性의 동이同異'와 '미발심체未發心體의 순선純善' 여부였는데, 이 가운데 후자의 쟁점이 바로 미발과 기질의 상관성을 어떻게 이해할 것인가라는 문제와 직결되어 있었다.[1] 이후 미발과 기질의 관계를 해명하는 논의는 한원진과 이간 두 사람의 토론을 넘어 호락의 주요 쟁점 가운데 하나로 확대되어갔으며, 그런 면에서 이는 조선 후기 기호학파의 학술적 성격을 특징짓는 주요한 테마였다고 할 수 있다.

그런데 이러한 쟁점이 18세기 호락논쟁의 참여자들에 의해 처음으로 문제시된 것은 아니었다. 미발과 기질의 상관성 여부에 관한 쟁론의 싹은 일찍이 16세기 말 성혼과 이이의 논쟁에서도 발견된다.[2] 뿐만 아니라 이 장에서 논의할 송시열과 박상현의 논변 또한 그와 유사한 문제의식을 전면적으로 다룬 17세기 조선 성리학의 담론 상황을 보여준다. 즉 미발과 기질의 상관성에 관한 성찰이 18세기에 이르러 첨예하고 정치精緻한 방식으로 표면화된 것은 사실이지만 그 문제의식의 발아는 몇 세대를 거슬러 올라가는 연원을 지닌다. 이처럼 16세기부터 18세기에 이르기까지 여러 세대에 걸쳐 같은 맥락의 문제가 반복적으로 대물림된 이유는 이 논제가 쉽게 풀리지 않는 철학적 딜레마를 함축하고 있기 때문이 아닐까? 그것은 결국 미발이라는 개념이 담지하고 있는 고유의 난해함에서 비롯되는 문제일 것이다. 미발 개념의 해명은 주자학 내부에서 끊임없는 논란의 대상이 된 난제 중의 난제로, 이는 조선 성리학에서도 예외가 아니어서 특히 17세기 이후 본격화되는 양상을 띤다.

우암학단 내부에서도 미발의 의미를 규명하는 것은 중추적인 위치를 점하는 논제 가운데 하나였다. 이와 관련하여 송시열과 토론을 벌였던 박상현은 학단 내부의 주요 인사였던 권상하·이희조 등과 친분이 깊었을 뿐만 아니라 송시열 자신이 모년지기暮年知己라고 부를 만큼 각별한 친교를 가졌던 제자였다.▪ 그는 송시열과 더불어 1677년 6월부터 1680년 6월경에 이르기까지 만 3년에 걸쳐 미발에 관한 몇 가지 사안을 논의하였는데, 그 중심에는 무엇보다 미발과 기질의 관계를 설정하는 문제가 자리잡고 있었다. 이는 곧 미발과 중中이라는 개념을 동

▪ 박상현은 무엇보다 투철한 대명의리론자로서 송시열과 뜻을 같이한 정치적 동반자였다. 그는 아들 박광일朴光一(1655~1723)을 송시열 문하에서 수학하게 함으로써 부자가 모두 제자가 될 만큼 송시열에 대한 존숭이 깊었다. 제자군 사이에서 박상현·박광일 부자와 권상하, 이희조 등의 교류에 대해서는 그들의 문집에 잘 드러나 있다. 특히 박상현의 묘갈명, 묘지명을 권상하와 이희조가 써준 것에서 그들 사이의 각별함을 엿볼 수 있다.

일시할 것인지 구분할 것인지의 문제와 연결되고, 또한 중이 성인과 보통 사람 모두에게 동일하게 체험되는 보편성을 지니고 있는지의 물음으로 이어진다. 이는 모두 미발 개념을 둘러싼 핵심적인 논제인 동시에 18세기 호락논쟁의 선하先河를 이루는 화두들이다.

그런 면에서 볼 때 두 사람의 논변은 17세기 율곡학파 미발론의 일단을 반영하고 있는 중요한 자료로서 복원해야 할 가치가 크다. 이는 16세기에서 18세기로 이어지는 율곡학파 심론의 전개 양상을 보여주는 것이기도 하지만, 또한 미발이라는 주자학 고유의 난제를 풀어가는 조선조 지식인들의 학문적 고심을 여실하게 드러내는 것이기도 하다.▪ 이 장에서는 박상현과 송시열의 논변이 전개된 추이를 복기하면서 양자의 논리가 함축하는 문제의식과 쟁점을 선명하게 재구성하고자 한다.

▪ 학계에서 박상현과 송시열의 논변에 주목한 의미 있는 성과물로 이봉규의 연구(1999)가 있다. 그의 연구는 박상현과 송시열의 논변에 나타난 주요 논점을 처음으로 소개하고 타당성 있는 사상적 의미를 부여하였다는 점에서 선구적이다. 이봉규는 박상현과 송시열의 대립 구도를 16세기 성혼과 이이의 논쟁에 대비시키면서, 미발심체의 선악 유무에 대한 논의가 성혼과 이이의 논쟁으로부터 발원하여 박상현과 송시열에게 연장된 것이라고 분석한다. 아울러 그는 17~18세기에 이르러 표면화되는 성범동이聖凡同異·인물성동이 문제의 직접적인 기원이 성혼과 이이의 논쟁에 이미 드러나 있다고 파악한다. 이러한 분석을 통해 16세기의 율곡·우계 논쟁과 18세기의 호락논쟁을 매개하는 사상적 가교로 박상현·송시열의 논쟁을 평가하면서 기호학파의 계보를 관통하는 문제의식의 흐름을 읽어냈다. 하지만 이봉규의 연구는 이 논변의 전말을 중점적으로 천착하는 데 목적을 둔 것이 아니었기에 논변에서 중요하게 다루어지고 있는 논점을 일부 누락시키거나 특정 사안에 관한 송시열의 복잡한 견해를 단순화하여 다룬 한계가 있다. 그의 연구에서 결락되었던 문제들에 대해서는 다음 장에서 자세히 다룰 것이다.

마음의 본원인가, 기질의 국면인가—
미발의 성격을 규정하는 문제

—

미발과 기질 관계의 쟁점은 어떻게 형성되었는가

먼저 미발과 기질의 상관관계라는 논제가 율곡학파 내부에서 고유의 철학적 딜레마를 형성하게 된 이론적 배경을 고찰해보자. 우선 주자학의 논리 체계에서 미발과 기질은 본래 짝을 이룰 만한 단어가 아니라는 점을 지적해야겠다. 미발이란『중용』에 근거를 두어 일차적으로 마음이 발현하기 이전을 뜻하는 용어이며, 기질은 리와 짝을 이루어 이 세계를 구성하는 질료적 요소를 지칭하는 개념이다. 따라서 표면적으로 두 개념 사이에는 어떤 공통분모를 발견하기가 쉽지 않아 보인다. 그런데 이처럼 양자가 논의 범주를 달리하는 개념임에도 불구하고, 앞서 언급하였듯이 미발과 기질의 관계는 16세기 이후 조선의 기호학파 내부에서 지속적으로 전승된 문제였다. 이질적인 두 개념의 상관관계가 그토록 반복적으로 문제시되며 뚜렷한 맥락을 형성하게 된 이유는 무엇일까?

그것은 율곡학파의 주자학 해석에서 중화론中和論과 이기론理氣論이라는 서로 다른 문맥의 논의가 교차하면서 발생하는 구조적인 딜레마와 무관치 않다. 이른바 중화론이란 마음의 모든 영역에서 이상적인 도덕적 상태의 유지를 종지로 삼는 수양론적인 논의를 말한다. 그와 달리 이기론은 리와 기라는 두 요소를 통해 세계와 만물의 구조를 해명하는 존재론적인 담론이다. 물론 성리학 체계의 특성상 중화론과 이기론은 큰 틀에서 유기적인 면이 있지만, 각기 독립적인 담론 영역을 구성하는 별개의 논의 범주라 할 수 있다. 그런데 중화론의 논리와 이기론의 논리가 중첩되면서 하나의 체계 안에 이론적 정합성을 요구받게 될 때 미발과 기질의 관계가 일정한 논리적 긴장을 형성하는 것이다.

그렇다면 중화론과 이기론의 중첩은 어떤 방식으로 문제시되는가? 이와 관련하여 주희의 중화론 체계가 함축하는 지향점이 무엇인지 잠시 상기해보도록 하자. 앞 장에서 언급한 바와 같이, 주희의 중화신설은 미발 개념을 현상세계 너머로부터 인간의 심리적 현실로 끌어들였다는 데 주요한 의의가 있다. 중화구설을 견지할 당시 주희는 마음이란 단지 이발已發의 현장일 뿐이며 미발은 현상세계에서 확인할 수 없는 초월적 본원을 의미한다고 보았다. 이때 미발은 형이상形而上의 본체로서 군건한 위상을 부여받지만, 그 대신 인간이 체험할 수 있는 일상적 마음의 바깥에 위치하게 된다. 즉 구설의 이론에 따르면 인간 주체는 오로지 본체로부터 드러난 현상만 인식할 수 있을 따름이며, 본체의 영역은 주체에게 체험되지 않는 것이다. 이에 주희는 본체로서의 위상을 견지하면서도 미발을 체험 가능한 마음의 범주 안에서 논의해야 한다는 깨달음에 도달하여 중화신설을 제시하게 되고, 이를 통해 미발은 일상적인 마음의 한 국면으로 재정위된다. 이때 미발은 아직 구체적인 정감情으로 발현하기 전에 본성性과 일치되어 있는 상태를 의미하되, 그 개념이 속한 영역은 '본성'이 아니라 '마음'이 된다. 중화신설을 거쳐 미발 개념은 '리와 직접 소통하는 마음의 자리'라는 새로운 도덕적·존재론적 위상을 얻게 된 것이다.

이후 주희는 미발에서의 중과 이발에서의 화를 견지하는 것을 공부의 요체로 삼는 수양론 체계를 정립한다. 이처럼 주희 중화론의 문맥에서 미발이란 본디 수양론적 관심이 강하게 투영된 개념이다. 수양론의 관점으로 볼 때 미발은 리가 왜곡되지 않고 온전히 보존되어 있는 심적 상태를 의미하며, 그것을 지칭하는 개념이 곧 중이다. 따라서 주체가 미발의 때를 체험한다는 것은 곧 본성이 있는 그대로 보존되어 있는 중의 상태를 체험함을 뜻한다. 그렇게 본다면 미발과 중 두 개념을 서로 분리될 수 없는 일치된 상태로 이해하는 것이 수양 공부의 목적에 부합하는 사고방식일 것이다. 이때 리, 성, 미발 등의 개념군은 모두 중의 의미를 내함한다는 점에서 상통한다.[3] 다시 말해 중화신설의 정립 의도에 비추어볼 때 미발과 중 사이에는 아무런 균열이 존재하지 않는다.

그런데 이후 성리학에 대한 이론적 논의가 진척되고 이기론의 맥락이 중화론에 틈입함에 따라 미발에 대해 수양론과는 다른 각도의 접근이 이루어진다. 중과 화, 미발과 이발 등의 개념을 리와 기의 구조 속에서 해명하는 시도가 전개된 것이다. 그처럼 이기론의 문맥에서 주희의 중화설을 읽을 때, 신설 이후의 미발 개념은 논리상 기와 결부되지 않을 수 없는 특징을 가지게 된다. 왜냐하면 구설에서 신설로의 이행은 곧 미발이 속한 영역을 형이상에서 형이하形而下로 이전하는 것을 의미하기 때문이다. 미발이 초월적 본체가 아니라 현상세계의 심리적 현실이라면 이는 곧 형이하의 세계에 편입됨을 의미하고, 그렇다면 미발이란 기의 현실에서 벗어나지 않는 것이 된다. 즉, '현상 너머'가 아닌 '현상 안'으로 귀속될 때 미발은 리의 세계로부터 기의 세계로 넘어오는 셈이다. 그렇다면 심의 한 영역에 속하는 미발을 논하면서 기질의 개입을 고려하지 않을 수 없다는 논리가 한편에서 성립 가능해진다. 이처럼 이기론의 관점이 투영될 때, 주요 관심사는 미발 개념이 지니는 도덕론적 함의보다는 그것이 리와 기의 관계 속에서 어떻게 정위되는가라는 존재론적 물음에 가까워진다.

그렇게 볼 때 딜레마는 결국 형이상과 형이하라는 두 세계가 모두 미발 개념 안에 중첩되어 있다는 점에서 기인한다. 심리적 현실로서 불가피하게 형이하의 차원에 귀속된다는 측면에서 본다면 미발은 결코 기로부터 분리될 수 없다. 기는 순선한 리와 달리 선과 악이 섞여 있기에, 이 경우 미발은 선악이 병존하는 존재 조건 가운데의 한 국면이라고 해야 할 것이다. 반면 리인 본성과 근원적인 합일 상태라는 측면에서 본다면 미발은 인간의 본래적 순선을 확인하는 중요한 이론적 접점이며, 이때 기는 미발상에서 굳이 고려의 대상이 되지 않는다. 순선한 리와 달리 가치 상대성을 함유한 기는 오히려 미발의 순선함을 퇴색케 하는 요인이 될 수 있기 때문이다. 결국 미발은 보는 관점에 따라 선악이 공존하는 기의 세계 속 한 국면이 될 수도 있고, 기와 무관하게 순선한 리와 동등한 지평에 놓일 수도 있는 이중성을 가지게 된다. 이처럼 중화론과 이기론의 논법이 착종되면서 '청탁수박清濁粹駁한 기의 조건하에 귀속된 미발에서 과연 중이 확보될 수 있는가'라는 물음이 대두되는 것은 어찌 보면 주자학의 논리상 필연적인 귀결이라고 할 수 있다.

이러한 물음은 중화신설의 논리 구조에 이미 잠복해 있던 것이라고

도 할 수 있지만 주희 자신은 그리 심각하게 고려하지 않았던 것으로 보인다. 주희에게 중화설은 애당초 수양과 마음 공부에 관한 논설이었을 뿐 이기론적인 관심에서 비롯된 것이 아니었기 때문이다. 그런데 이처럼 미발을 기의 조건과 연관지어 파악하는 논의가 유독 조선의 율곡학파 내부에서 뚜렷한 지류를 형성한 것은 특기할 만한 일이다. 이는 무엇보다 "마음은 기이다心是氣"라는 명제가 17세기 이후 학파 내부에서 발휘한 파급력과도 무관치 않다. 애초에 이이가 '심시기' 명제를 제출하게 된 경위는 성혼과의 논변 과정에서 무위자無爲者인 성을 현실적인 정감으로 표출케 하는 유위有爲의 매개자로서 심의 역할을 설명하기 위한 것이었다.[4] 그런데 이후 조선 성리학에서 학파 간 대립이 첨예해짐에 따라 '심시기'는 기호학파의 정체성을 대변하는 핵심적인 슬로건으로 부상하였다. 그 과정에서 '마음이 기라면 마음의 일부인 미발 또한 기의 영향을 받지 않겠는가'라는 문제가 자연스럽게 제기되었고, 미발과 기질의 관계에 대한 인식이 율곡학파 내부에서 증폭되는 양상으로 나타났던 것이다.

박상현과 송시열의 논변에서 논란이 된 주제 또한 바로 이러한 문제의식의 증폭 양상과 연관되어 있다. 형이하의 세계에 귀속되면서 동시에 형이상의 세계와 합일되어 있는 것이 심의 미발이라면, 여기서 기가 간여하는 범위는 과연 어디까지인가? '마음은 기'라는 철학적 전제와 '중으로서의 미발'이 담지하고 있는 도덕론적인 메시지는 조화롭게 양립할 수 있는가? 주자학과 율곡학의 기본 전제가 매끄럽게 연결되기 위해서는 이 같은 물음에 대한 대답이 어떤 식으로든 제시되어야 할 필요가 있었다. 그러한 요청을 감안할 때 두 사람의 토론은 17세기 율곡학파가 당면했던 철학적 문제 상황의 일단을 보여준다는 점에서 홍미롭다.

미발은 기질의 맥락 속에서 파악되어야 한다
—

박상현과 송시열의 논변은 리와 기를 통해 미발·이발을 설명하는 송시열의 견해에 박상현이 이견을 보이는 것으로부터 시작된다. 1677년 6월, 박상현은 송시열에게 편지를 보내 "미발이란 오로지 리를 일컫는 것이요, 발한 후에야 기를 겸한다"는 스승의 발언에 의문을 표한다.[5] 여기서 박상현이 문제삼은 구절은 매우 짧지만 송시열의 기본 입장을 명료하게 드러내고 있다. 이 같은 발언이 도출된 자세한 경위는 송시열의 문집에서도 확인되지 않으나, 적어도 이 언급은 그가 미발을 오로지 리와의 연관성 속에서 보고專是理 이발을 리와 기가 겸한 것으로 파악하는兼理氣 관점을 지녔음을 보여준다. 즉, 송시열은 미발을 기의 조건과 무관하게 리와 합치되어 있는 상태로 인식하고 있는 것이다. 이에 대하여 박상현은 다음과 같은 견해를 피력한다.

중이란 리와 기가 순수하고 고요하여 움직임이 없음을 말하며, 화和란 그 감응할 때 지나치거나 미치지 못함이 없음을 말합니다. 그런 까닭에 미발이 순수하면 발하는 것이 화를 이루고 미발이 잡박하면 발하는 것이 화를 이루지 못하게 됩니다. 내면에서 보존하는 것이 중정한 연후에야 외물에 응하는 것이 모두 중절하여 화를 이루게 되니, 대본大本을 세우지 못하고서 달도達道를 행하는 경우란 없습니다. 이미 발현된 정을 근거로 그 미발

의 성을 알 수 있습니다.[6]

여기서 박상현은 미발의 순수함을 오로지 리 개념 한 가지에만 의탁하여 규정하는 것이 가당한지를 문제삼고 있다. 이는 미발을 '오로지 리를 일컫는 것'으로 규정한 송시열에 대한 반론으로, 그러한 관점은 그가 중 개념을 정의하는 방식에서 드러난다. 위 글에서 박상현은 중과 화를 개념적으로 정의하며 말문을 여는데, 이때 중을 규정하면서 주자학의 일반적 정의인 '치우치거나 기울지 않은 상태不偏不倚'라는 용어 대신 '리와 기가 순수한 상태理氣純粹'라는 술어를 채택하고 있다. 이는 중을 이해하는 박상현의 관점을 반영하는 특징적 표현이므로 유념하여 볼 필요가 있다. 중 개념을 서술함에 있어 '불편불의不偏不倚'와 '리기순수理氣純粹'가 서로 모순되는 명제는 아니지만, 두 진술의 주안점은 다소 다르기 때문이다. 이른바 '불편불의'라 함은 마음이 발현하기 전 어느 쪽으로도 치우치거나 기울지 않는 원형적인 중정中正함을 표현하는 술어다. 즉 '불편불의'는 액면 그대로 '중이란 어떤 상태를 지시하는가'에 대한 설명이라 할 수 있다. 그에 비하여 박상현이 말한 '리기순수'는 그러한 원형적인 중정함이 가능한 이유를 구체적으로 제시하는 성격이 강하다. 즉, 마음이 미발시에 중정함을 유지할 수 있는 것은 리와 기가 모두 순수한 상태이기 때문이라는 것이다. 그렇게 볼 때 여기서 '리기순수'라는 술어는 '중의 상태는 어떻게 가능한가'라는 물음에 대한 대답을 내포하고 있다. 말하자면 위의 진술에는 '불편불의'한 중이 가능하기 위한 조건으로서 '리와 기가 모두 순수해야 한다'는 전제를 강조하는 박상현의 의도가 깔려 있는 것이다.

이러한 그의 서술이 특징적인 면모를 지니는 것은 무슨 이유에서인가? 일반적으로 주자학에서 '불편불의'란 본래 중정하고 순선한 리의 특성을 서술하는 데서 연유한 술어다. 그에 따라 중은 성(혹은 리)의 본래 상태體段를 형용하는 개념으로 규정되곤 한다.[7] 말하자면 중이란 원래 리의 상태를 지시하는 용어이지 기에 대한 진술이 아니다. 그런데 박상현은 중을 규정할 때 리의 순수함뿐만 아니라 기의 순수함이라는 조건 또한 함께 전제되어야 한다고 본다. 즉 리의 순수성은 당연히 전제되어 있는 것이고, 아울러 기의 순수함이 전제될 때라야 비로소 미발에서의 중을 확보할 수 있다는 것이다. 그렇게 볼 때 '리기순수'라는 새로운 술어를 제시하면서 그의 방점은 실질적으로 '기의 순수함'에 놓인다고 할 수 있다. 박상현은 '불편불의'라는 술어가 오로지 리와의 연관 속에서만 중을 규정할 뿐 기의 측면을 배제하는 것에 대해 의문을 제기한다. 즉 미발에서 중을 이해함에 있어 기의 맥락을 배제해서는 안 된다는 입장을 취했던 것이다.■

　　나아가 박상현은 미발시에 '리기가 모두 순수한 상태'인 중을 이발시에 '과불급이 없는' 화의 전제 조건이라고 본다. 이러한 그의 관점은 "미발이 순수하면 발하는 것이 화를 이루고 미발이 잡박하면 발하는

■ 이러한 박상현의 논지는 서경덕徐敬德의 문인 남언경南彦經이 이황의 미발론을 비판했던 논지와 흡사한 면이 있다. 남언경은 '심의 미발은 기가 용사用事하지 않고 오직 리일 뿐이어서 악이 없다'고 말한 이황의 견해에 반대하는 입장을 피력한 바 있다. 이황의 언급은 박상현이 문제삼았던 송시열의 발언, "미발이란 오로지 리를 일컫는 것이요, 발한 후에야 기를 겸한다"는 명제와 큰 틀에서 일치한다. 이에 대해 남언경은 미발에서 기가 용사하지 않는 것이 아니라, 미발시의 기는 담일청명湛一淸明한 상태이기 때문에 리와 기가 합일되어 있는 것으로 보아야 한다고 주장한다. 즉 남언경은 미발을 리로만 파악하고 기의 맥락에서 벗어난 것으로 보는 리기 분리의 태도를 경계하며 오히려 미발의 순선을 기의 조건과 연관시켜 해명하는 논점을 제시한 것이다.(문석윤〔2003〕, 19~21쪽 참조.) 다만 남언경은 미발시의 담적한 기가 현실적으로 리의 현시를 보장한다는 데 주안점을 둔 반면, 박상현은 미발시의 기에도 청탁이 있다고 여기기 때문에 둘의 견해는 차이가 있다.

것이 화를 이루지 못한다"거나, "내면에서 보존하는 것이 중정한 연후에야 외물에 응하는 것이 모두 중절하여 화를 이루게 된다"는 발언에서 분명하게 확인된다. 그에 따르면 미발이 순수하면 이발시에 화를 이루고 미발이 잡박하면 발하여서도 화를 이루지 못한다. 여기서 그가 '순수한 미발'과 '잡박한 미발'이라는 두 가지 가능성을 언급하고 있음에 주목하자. 그의 견해대로라면 화和·불화不和의 갈림길은 이발 후에 결정되는 것이 아니라 이미 미발시의 상태 여하에 의해 결정되는 것이라 할 수 있다. 즉 이발시의 중절 여부는 미발시의 중中·부중不中 여부로부터 연쇄적으로 이어져 있다는 것이다. 그렇게 볼 때 박상현의 견해는 '리기가 순수하면 → 고요할 때 중이 되고 → 감응할 때 화가 된다'는 논리 전개를 가지게 된다. 이 견해는 역으로 '리기가 잡유雜糅하면 → 고요할 때 중이 되지 못하고 → 감응할 때 화를 이루지 못한다'는 논리를 아울러 함축하고 있다.

리와 기가 모두 순수해야만 미발에서 중을 이룰 수 있다는 그의 주장은, 달리 말해서 리와 기가 순수하지 못할 경우 미발시에도 중을 이룰 수 없다는 논리를 필연적으로 내포한다. 즉 그의 논리 구조에서 미발은 곧바로 중의 상태로 환원되지 않으며 미발과 중은 별개의 개념이 된다. 그렇게 볼 때 미발에는 기질의 순수함 또는 잡박함 여하에 따라 중과 부중의 두 가지 가능성이 병존하는 셈이다. 이에 박상현은 "이미 발현된 정을 근거로 그 미발의 성을 알 수 있다"고 말한다. 이는 곧 발현된 마음의 양상이 화인가 불화인가에 따라 역으로 소추하여 그 미발의 상태가 중인지 아닌지를 판단할 수 있음을 의미한다. 박상현에 따르면 이발시의 화·불화는 미발시의 중·부중 여하에 달려 있고, 좀 더 거슬러 올라가면 이는 곧 그 마음을 이루는 기의 순수함과 잡박함

여하에 달려 있다. 그는 이러한 자신의 견해를 다음과 같이 부연한다.

> 성의 본체를 말하면서 기의 한 측면을 배제한다면 아마도 그 가
> 르침이 제대로 갖추어지지 않은 듯합니다. (…) 본연의 리가 비
> 록 선하더라도 품수받은 기는 모두 선하다고 할 수 없습니다. 이
> 른바 '성 또한 선악이 있다'는 것은 미발이 아니겠습니까? 이제
> 미발이란 선하여 잡박함이 없다고 한다면 정情의 악함은 무엇
> 으로부터 나온 것입니까? 제 의혹은 바로 여기에 있습니다.[8]

이를 통해 박상현이 생각하고 있는 중화론의 문제의식이 그려진다.
그는 기존의 중화설이 — 아울러 송시열의 중화설이 — 이발시의 마음
에 대해서만 기질적 요소를 고려하고 있다고 판단한다. 그런데 미발 또
한 마음의 한 국면이고, 더욱이 '마음은 기'라는 율곡학파의 전제에 비
추어본다면, 미발에서 기를 고려하지 않는 것은 논리상 문제를 야기한
다. 마음이 본디 기라면 미발시의 마음 또한 기인데 어째서 미발에서
는 기의 요소가 고려되지 않는가? 미발에서도 기의 측면을 고려한다
면, 중이란 리뿐만 아니라 기의 순수함을 전제해야 비로소 가능하지
않겠는가? 그는 대본, 중, 성, 본체 등의 개념을 모두 기와 결부시켜 파
악하는 입장을 견지한다. 그리고 자신의 견해가 이이의 종지에 따라
'리기불상리理氣不相離', '리통기국理通氣局'의 논리에 충실한 것임을 피력
한다.

> 무릇 리가 기를 버리고 독립적으로 존재하는 때는 없습니다. 그
> 러므로 율곡 선생께서 '기가 치우치면 리 또한 치우치니, 치우

치는 것은 리가 아니라 기다. 기가 온전하면 리 또한 온전하니, 온전한 것은 리가 아니라 기다'라고 말씀하신 것입니다. 이는 실로 천고에 바꿀 수 없는 정론이요 리기의 묘함을 통견하신 것입니다.[9]

박상현이 보기에 리 자체는 본디 기의 조건 여하와 관계없이 불변적이라 하더라도 현상적으로 드러나는 리는 기의 상태에 따라 치우치거나 온전함의 편차가 나타난다. 그는 기질의 맥락을 배제한 채 오로지 '리를 일컫는 것'으로만 미발을 규정한다면 결국 '리가 기를 버리고 독립적으로 존재하는 때'를 상정하는 셈이 되는 것은 아닌지 의심한다. 같은 맥락에서 그는 주돈이周敦頤(1017~1073)의 말을 빌려 성에도 강유선악剛柔善惡이 있음을 강조한다.[10] 박상현이 말하는 강유선악의 성은 물론 기질지성의 측면을 지시하는 것인데, 이를 통해 그가 제기하는 문제는 미발시의 성을 말할 때도 기질지성의 차원에서 다루어야 하지 않느냐는 것이다.■ 결국 박상현의 기본 입장을 요약하면 미발과 이발 또는 중과 화가 모두 '마음氣'에서의 사태인 한, 이들 개념을 논할 때 어느 쪽에서든 기질의 맥락을 배제할 수 없다는 것이다.

■ 잘 알려진 바와 같이 이러한 문제의식은 이후 한원진에 이르러 가장 명료한 형태로 정식화된다.

미발은 기질과 무관한 중中의 상태를 의미한다

박상현의 서신을 접한 송시열은 곧바로 답장을 내어 그의 견해를 비판한다. 그는 먼저 중에 대한 박상현의 이해에 문제가 있음을 지적한다.

> 그대의 편지에서 '중이란 리와 기가 순수하고 고요하여 움직임이 없음을 말한다'고 하였는데, 내 생각에 중에 대해서는 리와 기 두 글자를 사용할 필요가 없다. 대체로 중이란 성의 덕을 형용하는 것이다. 성이란 비록 기를 버리고 독자적으로 존재하는 것이 아니지만, 성현들이 성을 말할 때는 항상 기 가운데서 리의 한 측면만을 드러내 말한다. 이제 그대가 기와 더불어 거론하는 것은 온당치 않은 듯하다.[11]

송시열은 박상현의 특징적인 명제였던 '리기순수'를 문제삼고 있다. 즉, 중이 되기 위하여 리와 기 모두 순수해야 한다는 전제가 반드시 필요하지만은 않다는 것이다. 그런데 리는 애당초 순수·순선한 것이므로, 여기서도 쟁점은 사실상 기의 순수함이다. 박상현의 주장처럼 미발시의 중을 확보하기 위해서는 반드시 기의 순수함이 전제되어야 하는 것일까? 이에 대해 송시열은 중이란 다만 성의 본질적 특성을 기술하는 개념일 뿐이며,[12] 이때 중이 기술하고 있는 성이란 기질지성이 아닌 본연지성, 즉 기를 배제하고 리의 측면만을 지시하는 것이라고 말한다.

이러한 그의 주장은 곧 중을 리와의 관련하에서 이해해야 할 뿐 기의 차원을 고려하여 중을 규정할 필요는 없다는 취지로 이해된다. 이는 앞서 박상현이 의문을 제기했던 그의 발언, 즉 "미발이란 오로지 리를 일컫는 것이요, 발한 후에야 기를 겸한다"라는 진술의 재확인이다. 말하자면 미발에서의 중은 리를 지칭할 뿐 기의 청탁수박 여하는 미발상에서 고려할 문제가 아니라는 것이다. 이에 송시열은 주희의 발언을 빌려 중이 다만 성을 기술하는 술어狀性之德임을 피력한다.[13] 즉, 중이란 심氣 안에 갖추어진 성理만을 단독적으로 지시하는 것으로, 성이 본래적으로 '치우치거나 기울지 않음'을 나타내는 형용사적 개념이라는 것이다.

그렇게 볼 때 표면상 박상현과 송시열의 견해차는 중을 규정할 때 기를 겸지兼指하여 말하는가, 리만을 단지單指하여 말하는가의 차이로 귀결된다. 박상현이 중을 규정할 때 기를 겸해서 말해야 한다는 입장을 취한 것은 이이의 '심시기' 명제를 가장 중요한 준거로 채택한 결과라 할 수 있다. 즉 마음은 기이기 때문에 미발 또한 기의 영역이고, 미발시의 중 또한 기와 결부시켜 논해야 한다는 것이 박상현의 기본 입장이다. 그와 달리 송시열은 중을 미발시의 마음 전체에 대한 상태 규정이 아닌 성의 본질적 특성만을 지시하는 것으로 한정함으로써 중을 기의 상태 여하와 무관한 개념으로 파악한다. 그는 성이 기와 분리될 수 없는 개념임을 인정하면서도, 성현들이 기를 배제하고 리의 측면만을 단독적으로 말할 때는 본체를 드러내기 위한 의도가 있는 것이라고 말한다.[14] 즉 기품氣稟을 부각시켜 성을 기질지성으로만 이해한다면 대본이 밝게 드러나지 않아 성선性善의 대전제가 흔들릴 수 있다는 것이다.

그에 따라 송시열은 박상현의 주장이 미발시의 본성에 선악이 병존하는 것으로 보는 오류를 안고 있다고 본다.[15] 그는 정이의 유명한 명제인 "성을 말하고 기를 말하지 않으면 갖추어지지 않고不備, 기를 말하고 성을 말하지 않으면 밝지 못하다不明"[16]는 구절을 빌려 박상현을 비판한다. 즉, 박상현이 성에서 기의 측면을 강조한 것은 '불비不備'의 오류를 피하고자 한 것이지만, 오히려 기가 지나치게 부각되어 본체에도 선악이 있다는 견해로까지 나아가는 바람에 대본을 제대로 드러내지 못하는 '불명不明'의 병폐에 빠지고 말았다는 것이다.[17] 그는 다음과 같이 말한다.

> '성의 본체를 말하면서 기의 한 측면을 배제한다면 아마도 제대로 갖추어지지 않은 듯하다'는 그대의 말이 내 생각에는 옳지 않다. 성의 본체는 인의예지요, 인의예지는 곧 리이니, 어찌 기와 함께 거론할 수 있는가? 이른바 성이란 다만 기질 가운데서 리의 한 측면을 드러내 말한 것이다. 기 가운데의 리라고 말하면 옳지만, 한쪽은 기이고 한쪽은 리라고 하여 서로 대응하고 있는 것으로 생각하면 절대로 안 된다.[18]

송시열의 이 같은 주장은 성을 논할 때 반드시 기의 맥락을 유념해야 한다는 강경한 입장에서 한발 떨어져 있다. 그렇게 볼 때 이이의 계승자를 자임하는 송시열의 율곡학에 대한 해석 방식은 어떤 것인지 세심히 살펴볼 필요가 있다. 앞서 박상현의 견해가 율곡학파의 견지에서 자연스럽게 전개될 수 있는 하나의 노선이라면, 마찬가지로 이이의 계승자를 표방하는 송시열의 방식 또한 율곡학파 전개의 다른 일면을 반영하는 것일 수 있기 때문이다.

율곡학의 논리에서 볼 때 기는 양날의 칼과 같다. 형이상자인 리가 반드시 형이하자인 기를 통해 드러난다는 점에서 기는 리의 실현자이지만, 동시에 현상적으로 기에 의해 리가 제약된다는 점에서 기는 리의 실현을 저해하는 장애물이기도 하다. 그런데 실현자이든 장애물이든 기는 무위자인 리를 운용하는 실질적 매개체이므로, 현상세계에서는 기의 상태 여하가 곧 리가 드러나는 방식을 규정한다는 것이 율곡학파 이기론의 핵심 주장이다.[19] '기국氣局'의 측면을 강조하는 박상현의 논지는 이러한 율곡학파의 기본 전제에 입각하고 있다. 물론 송시열 자신도 이러한 율곡학의 기본 입장을 충분히 인지하고 있었을 것이다. 그럼에도 그는 박상현의 견해가 '비備'와 '명明' 가운데 전자의 측면에 치우침으로써 균형을 상실했다고 본다. 즉 박상현은 미발과 본체에서조차 리와 기를 종합적으로 인식하는 데 치중하였지만, 오히려 유학적 이념을 선명하게 드러내는 데 실패하였다는 것이다. 송시열은 율곡노선의 일면을 극단화한 박상현의 논리가 자칫 도덕의 근본이 되는 본연지성의 의미를 약화시키고 종국적으로 성선의 전제를 해치는 방향으로 나아갈 수 있음을 의식했다. 이에 송시열은 '기국'을 강조하는 박상현과 달리 '리통理通'의 측면이 율곡학의 본령에 가깝다고 보았다. 말하자면 기의 조건 여하와 무관하게 본체로서의 리는 항상 그 본연성을 잃지 않는다는 것이 '기국'과 대비되는 '리통'의 의미다.[20] 그러한 취지에서 송시열은 '기질 속의 리'를 단지單指하는 화법을 통해 기질지성에 함몰되지 않는 본연지성의 위상을 확보하고자 한 것이다.

같은 맥락에서 그는 미발이란 본연지성과 일치되어 있는 심리 상태로서 오로지 순선할 뿐 기질에 의한 오염은 있을 수 없다고 본다.

그대가 말한 '미발이 잡박하면 발하는 것이 화를 이루지 못하게 된다'는 주장은 크게 잘못된 듯하다. 미발의 때에 어찌 잡박함이 있겠는가? 그러므로 정자는 '미발의 때에 어찌 불선함이 있겠는가'라고 하였고, 또 주자는 조치도趙致道가 '(선과 악을 병립시킨다면) 천명지성 또한 오염되고 순수하지 못하게 되고 말 것'이라고 말한 것에 대하여 옳다고 한 것이다. 이러한 부분을 상세히 음미해보면 그대 주장의 옳고 그름을 분별하기 어렵지 않을 것이다.[21]

송시열은 이발시에 화를 이루지 못하는 이유가 미발시 기질이 잡박하여 중을 견지하지 못하기 때문이라고 보는 박상현의 견해를 정면으로 반박한다. 그 비판의 핵심 요지는 미발과 불선不善은 양립 불가능한 개념이라는 것, 다시 말해 '미발시의 부중不中'이란 성립할 수 없는 어불성설이라는 것이다. 박상현의 주장대로 불화不和의 원인을 미발시의 부중으로 본다면 곧 미발에서 불선의 가능성을 인정하는 셈이고, 이는 '미발에도 불선의 묘맥이 있다'고 본 성혼의 학설과 유사해진다. 송시열은 그러한 성혼의 입장을 비판하고 미발에 불선이 있을 수 없다고 주장한 것이야말로 이이의 정론이라고 단언한다.[22]

이처럼 송시열은 이이의 언급 가운데서 박상현과는 다른 강조점을 부각시키고 있다. 즉 그는 기품에 의한 리의 제약이라는 측면보다는 오히려 궁극적인 본체상에서 기품을 배제하고 리의 순수성을 강조한 것이 이이의 정론이라고 주장하는 것이다. 이 점을 강조하기 위해 그는 미발을 기의 조건에 의해 좌우되지 않는 순선의 영역으로 규정한다. 송시열의 미발 개념은 리·성·본체와 궁극적으로 합일된 상태라는 의미에 초점이 맞추어져 있다. 그에게 미발과 중은 서로 분리될 수 있는 개념이 아닌 것이다.

기품氣稟의 작용과 선악의 발생 시점
—

위와 같은 송시열의 대응을 박상현의 문제 제기에 적실하게 부응한 대
답으로 간주할 수 있을까? 박상현의 질의에 함축된 핵심은 미발 또한
마음의 영역이므로 기품氣稟이라는 조건과 무관할 수 없다는 것이었
다. 이에 대한 송시열의 답변은 미발과 중을 말할 때는 리의 한 측면만
을 단언單言해야 본체를 밝히려는 성현의 뜻에 맞게 된다는 것이다. 하
지만 아직 발현하지 않은 마음에서 리의 한 측면을 지시하여 중이라
하는 것은 인식논리상에서의 진술일 뿐, 여전히 그것이 처한 시점이 리
가 아닌 기의 세계(혹은 형이하의 세계) 속의 한 국면이라는 점이 부정되
는 것은 아니다. 송시열의 주장처럼 미발 개념이 리·성·본체와 궁극적
으로 합일된 상태라 하더라도, 그것이 여전히 기의 세계 속에 놓여 있
다는 점이 부정될 수는 없지 않은가? 송시열은 '본체를 밝히려는 성현
의 취지'를 강조할 뿐, 미발 또한 마음이기에 기의 조건 안에 있지 않느
냐는 존재론적인 물음에 대해서는 답하지 않는다. 그런 점에서 보자면
그의 답변은 성리학적 이념에 호소할 뿐 흡족할 만한 논리적 대응이라
고 보기는 어렵다.

하지만 박상현의 질의에 함축된 문제 제기는 마음을 기로 규정하
는 전제를 포기하지 않는 한 결코 외면할 수 없는 문제였다. 실제로 이
논의는 후대에 다시 등장하여 호락논쟁의 주요 쟁점 가운데 하나가 되
었다. 참치부제參差不齊한 기의 현실 안에서 마음의 미발이 리와 합치

하여 중을 유지한다고 주장하기 위해서는, 논리상 미발과 기의 관계에 관한 두 가지 가정 중 하나를 채택해야 한다. 첫째, 미발시의 기는 순수하고 맑기 때문에 리와 합치함에 있어 전혀 장애를 일으키지 않는다. 즉 미발시에 기와 리는 동질적이다. 이는 미발에서의 기를 순선한 것으로 간주하는 미발시 기순선氣純善의 입장이다. 둘째, 미발시에는 기의 탁박함이 상존하더라도 작용하지 않는다. 즉 미발시에 기와 리는 동질적이진 않지만, 기의 편차는 잠복해 있을 뿐 아무런 영향력을 발휘하지 않는다. 이를 미발시 기불용사氣不用事의 입장이라고 부를 수 있다.

알려진 바와 같이 후대에 이간과 한원진의 논쟁에서 이간은 전자의 입장을, 한원진은 후자의 입장을 취하여 미발의 순선과 기질의 편차 사이에 놓인 간극을 해소하고자 하였다.■23 이 두 가설은 모두 미발에서 기질과 중의 양 측면을 모순 없이 양립시키려는 의도로부터 도출된 것이다. 만약 송시열이 미발에서의 심기心氣는 청탁수박의 편차가 없고 순수하므로 아무 굴절 없이 리와 합치한다고 주장했더라면, 이는 미발과 중을 동일시하기에 유효한 해명 전략이 될 수도 있었을 것이다. 그러나 송시열은 이러한 '기순선'의 구도를 취하지 않았고 오히려 중의 성립 조건으로 '리기순수'를 주장한 박상현의 견해를 무의미한 언사로 치부하였다. 그는 다만 미발을 논함에 있어서는 기질을 고려할 필요가 없다는 입장만 되풀이할 따름이며 '순선한 미발'과 '청탁수박한 기품' 사

■ '기순선'이라는 표현은 보기에 따라 어폐가 있을 수 있다. 성리학적인 통념에서 엄밀하게 말하자면, 기는 선악善惡으로 말하기보다 청탁淸濁으로 말하는 것이 정확하다. 그럼에도 여기서 '기순선의 입장'이라고 정식화한 이유는, 미발에 대해 한원진이 '기불용사'를 말한 것과 대비하여 이간이 '기순선'이라는 입장을 표방했던 사실에 따른 것이다. 한원진은 이간이 '기순선'을 주장한 것에 문제가 있다고 여겨 지속적으로 비판한다.

이의 간극을 해소하는 문제에는 그다지 관심을 기울이지 않았다.

이처럼 송시열이 '미발에서의 기질'이라는 논제 자체를 도외시하였기에 이 문제에 대한 그 자신의 명쾌한 입장 표명을 발견하기는 어렵다. 다만 미발에서 선악의 공존을 인정할 수 없다는 입장만은 선명하다. 송시열은 순선한 본성이 기의 청탁에 의해 선악으로 갈라지는 시점은 모두 이발의 차원이라고 말한다.

> 성은 하나다. 맑은 기 가운데 실려 선하게 발현하면 선이라 하고
> 탁한 기 가운데 실려 중절하지 못하게 발현하면 악이라고 하니,
> 모두 이발의 차원에서 말한 것이다.[24]

이러한 발언은 기품에 의한 선악의 발생을 모두 이발 이후의 사태로 보고 미발을 기품의 맥락으로부터 배제하는 그의 견해를 보여준다. 이 역시 그가 미발을 오로지 리와의 연관성 속에서 보고 이발은 리기가 겸한 것이라고 표명한 입장의 연장선상이다. 이 논리대로라면 미발의 때에는 기의 청탁수박이 없거나, 설령 있더라도 작용하지 않는다고 해야 할 것이다. 어느 쪽이든 미발에서는 어떠한 악의 조짐이나 가능성도 존재하지 않는다는 입장에는 변함이 없다. 송시열은 이발에서의 악조차도 그 근원을 소급하면 미발의 선에서 비롯된다고 본다. 그는 '이발에서 발생하는 악의 근원에는 미발에서의 악이 자리잡고 있다'는 박상현의 견해를 비판하며 다음과 같이 말한다.

> 모든 사물은 반드시 근본을 가지고 있으니, 이른바 악이 성誠
> 에 근본하여 나온 것이 아니라면 어디서 나왔겠는가? 주염계는

"오성五性이 감응하여 움직임에 선악이 나뉜다"[25]고 하였고 정자는 "선악이 모두 천리"[26]라고 하였다. 이러한 설들은 무엇을 뜻하는가? 이른바 악이 '성의 본체가 아니고 천리의 자연스러움이 아니다'라고 말하면 옳지만, 그것을 일컬어 '성에서 근본한 것이 아니고 천리로부터 온 것이 아니다'라고 한다면, 이는 천하에 근본이 없는 사물이 존재하는 것이요 또한 리 바깥의 사물이 있는 셈이다. 악이 성에서 근본하고 천리에서 나옴을 그대가 이해하지 못하니, 청컨대 한 가지 사례로서 밝혀보자. 무릇 사랑이라는 감정은 본디 인仁에서 나오니, 사랑이 부모를 사랑하는 마음으로 발현한다면 인이 곧바로 나온 것直出이고, 이익을 사랑하는 마음으로 발현한다면 인이 옆으로 나온 것傍出이다. 비록 곧바로 나옴과 옆으로 나옴이라는 차이가 있지만 인에서 나온다는 점에서는 마찬가지다. 그러나 부모를 사랑하는 마음으로 발한 것은 인을 실행하는 일이니, 곧 불이 붙고 샘이 솟기 시작하는 것과 같다. 이익을 사랑하는 마음으로 발한 것은 인을 해치는 도적이 되니, 이른바 '구더기가 식초에서 생겨나지만 식초를 해치는 데 구더기보다 심한 것이 없다'는 것이다. 만약 이러한 것이 본디 사랑에서 나온다고 하여 성리의 당연함으로 여긴다면 이는 곧 도적을 제 자식으로 여기는 셈이다.[27]

이 글에서 송시열은 순선한 본체가 선악과 어떤 관계에 놓이는지 설명하면서 박상현의 견해를 논박한다. 그의 논지는 선뿐만 아니라 악 또한 성의 본체로부터 유래한다는 것이다. 하지만 이것은 본성의 차원에서 이미 악의 싹이 근본적으로 내재함을 의미하지 않는다. 성은 그 자체로 순선한 것이어서 악이 없다. 그렇다면 그러한 순선한 본체로부터 악이 발생한다는 것은 일견 모순이지 않은가? 이에 대해 송시열은 순선한 성이 현상으로 드러날 때, 있는 그대로 표출되느냐直出 아니면 왜곡되어 표출되느냐傍出에 따라 비로소 선과 악의 구분이 생겨난다고 말한다. 즉 선악의 분기는 발현出이라는 계기 이후에 결정되는 사태이지 본성의 차원에서 나뉘는 것은 아니라는 것이다. 송시열은 이 점을 인仁의 표출을 통해 예시하는데, 이를테면 어버이에 대한 사랑과 이익을 탐하는 애착은 모두 무언가를 사랑하는 본성인 인으로부터 발현된 양상의 차이에 불과하다. 따라서 이익에 대한 애착이 불선하다고 해서 그것이 인에서 비롯된 것이 아닌 다른 발생 근원을 가진 것이라고 보아서는 안 된다.[28] 이를 통해 그는 현상세계의 선과 불선이 모두 근원적인 선이 발현되는 시점에서야 비로소 나뉘는 것일 뿐 현상의 이면에 별도로 선과 불선의 근원이 병존하는 것이 아님을 강조하고 있다. 그렇게 보자면 기질의 왜곡에 의해 악이 발생하는 시점은 본성의 발현 이후, 즉 이발시의 사태가 된다. 이러한 논지로 송시열은 이미 본성과 미발의 차원에 선악의 가능성이 공존한다고 본 박상현의 견해를 비판한다.

> 이른바 성이 악하다는 것 또한 발현할 때에 기의 굳세고 유약함
> 등에 따라 발현함이 중절하지 못한 것이지, 미발시에 선한 본성
> 과 상대하여 존재하는 것이 아니다.[29]

결국 송시열의 논점은 미발이란 순선하므로 악에 의해 조금도 오염될 수 없다는 주장으로 귀결된다. 기품이 악의 발생 계기가 된다는 점은 박상현과 송시열 모두 동의하는 바다. 다만 그러한 기품의 영향

력이 미치는 범위를 미발을 포함한 마음 전체에 적용할 것인지, 아니면 이발의 층위에만 한정할 것인지의 여부가 두 사람의 견해를 가르는 기준점이다. 송시열은 '미발시의 기질'이라는 문제에 대해서 '기순선' 또는 '기불용사' 가운데 어느 쪽으로도 선명한 입장을 표명하지 않았다. 다만 그는 기질의 문제는 오직 이발시의 마음과 관계될 뿐이라고 보았고 미발 개념을 굳이 기질과 연관시켜 파악하고자 하지 않았다. 이는 미발에서도 기질의 편차가 작용한다고 보는 박상현의 입장과 기본 전제에서부터 합치하지 않는다. 결국 이러한 초점 불일치로 인해 두 사람의 견해는 접점을 찾지 못한 채 평행선을 그릴 수밖에 없었던 것이다.

미발을 기의 영역 안에 포괄하여 다루는 박상현의 관점은 '마음은 기'라는 명제의 논리적 요구에 충실하다. '심시기'를 핵심 전제로 간주하고 여기에 논리적 우선순위를 두는 한 그의 주장은 일정한 논리적 타당성을 지닌다. 그에 따르면 미발에서의 중을 확보하기 위해서는 리의 순선뿐만 아니라 기의 순선이 전제되어야 한다. 기가 순선하지 않다면 그 기와 밀착되어 있는 리 또한 본연의 중정함을 보장받지 못한다. 결국 박상현에게 미발의 중을 확보하는 관건은 기질의 상태 여하에 달려 있다.

박상현의 미발 개념이 심에 대한 논리적 이해에 충실하다면, 그와 달리 송시열의 미발은 다분히 이념적이다. 그에게 최우선적으로 고려되는 이론적 전제는 미발이 본체와 합일된 순선의 영역이라는 점이다. 그는 미발이 곧 중이고 천하의 대본이라는 『중용』의 취지에 입각하여, 이러한 대본이 기품에 의해 좌우될 수는 없다는 입장에 선다. 그는 기품 여하와 무관하게 본성 또는 천리와 소통하는 마음의 자리로서 미발의 이념적 위상을 확보하고자 한다. 이에 송시열은 기품의 영향이 실제화되는 시점을 이발 이후로 한정하여 미발과 기질의 상관성을 아예 차단시켰던 것이다.

성인과 보통 사람의 마음은 같은가

성인과 보통 사람의 미발은 같지 않다

박상현과 송시열의 논변에서 다루어진 또 하나의 논제는 성인聖人과 일반인의 동이同異에 관한 것이다. 이 문제는 성리학의 일반적인 물음 가운데 하나이기도 하지만 특히 17세기 조선에서는 화이론華夷論이라는 시대정신에 부응하여 한층 강렬한 관심을 끌었던 논제다. 뿐만 아니라 이는 18세기 호락논쟁의 주요 쟁점 가운데 하나인 인물성동이人物性同異 문제와도 궤를 같이한다. 주지하듯이 성리학에서 성인과 범인凡人의 같고 다름에 관해서는 어느 정도 일반화된 설명 방식이 정립되어 있다. 성리학의 '리일분수理一分殊' 논리에 비추어보면, 성인과 범인은 본래 같을 수도 있고 다를 수도 있다. 양자는 '리일'의 측면에서 같고 '분수'의 측면에서 다르기 때문이다. 그렇기에 '성인과 범인은 본디 같으면서 다르다'는 명제는 성리학자라면 누구나 인정하는 원론적인 공리에 속한다. 관건은 성인과 범인이 어디까지 같고 어디서부터 달라지는가를 확정하는 데 있을 것이다.

일반적으로 말할 때 성인과 범인은 동일한 리 혹은 본연지성을 공유하고 있으나 품부한 기의 차이에 의해 서로 달라진다. 그렇다면 성·범의 차이를 낳는 기품의 영향이 개입되는 것은 어느 시점부터인가? 이와 관련하여 박상현과 송시열의 논변에서는 미발이라는 심적 상태의 동일성 여부가 중심 화두로 부각된다. 마음의 미발시에도 기의 편차로 인해 성인과 범인의 차이가 엄존한다고 할 수 있는가? 아니면 미발에서는 기의 차이가 아무런 작용을 하지 않기에 성인과 범인 사이에도 차이가 존재하지 않는 것일까? 전술한 바와 같이 송시열과 박상현 사이의 논변은 본래 '미발심체를 규정함에 있어서 기질의 맥락을 고려할 것인가'에 대한 문제로부터 시작된 것이었다. 그런데 이처럼 기질의 편차가 미발심체에 영향을 미치는지에 대한 쟁점은 결국 '누구나 동일한 방식으로 미발을 체험할 수 있는가'라는 물음으로 자연스럽게 전이된다. 이는 미발의 보편성에 관한 것이자 성인과 일반인이 차별화되는 경계를 확정짓는 문제이기도 하다.

앞서 살펴본 미발과 기질의 관계에 대한 박상현과 송시열의 기본 입장은 성범동이 문제에 대한 그들 각자의 관점을 이미 어느 정도 함축하고 있다고 봐도 무방할 것이다. 미발에서 중을 유지하기 위해 기의 순수성이 전제되어야 한다고 보는 박상현의 논리는—역으로 기가 불순할 경우 중을 확보할 수 없다는 논리를 겸하고 있다는 점에서—기품의 선악에 따라 성인과 보통 사람의 미발에 차이가 있다는 입장을 내함하고 있다. 반면 송시열은 미발과 중 개념을 오로지 본연지성과의 일치성 속에서 파악하면서 미발과 기질의 연관성을 부정하므로 성인과 보통 사람의 미발에 차이가 없다는 입장에 가까울 것임을 유추할 수 있다. 이제 두 사람의 발언을 직접 들어보자. 박상현은 송시열에게 다음과 같이 말한다.

이른바 중이란 성인의 성性이요, 이른바 화란 성인의 정情입니
다. 보통 사람의 성은 그 본체가 이미 치우쳐 있어서 발현하는
것이 조화롭지 못하고 중절하지 못합니다. 이로써 말하자면
성인과 보통 사람 모두 미발이 있지만 중과 부중의 구별이 있으
며, 모두 발하지만 화와 불화의 나뉨이 있으니, 구별과 나뉨이
있는 까닭은 리가 달라서가 아니라 기질이 고르지 않기 때문입
니다.[30]

미발의 중이 비록 리만 오로지 말한 것이라 하더라도, 그것이
타는 기가 반드시 중정한 연후에야 미발의 중으로부터 이발의
화를 이룰 수 있게 되는 것이니, (…) 만약 중정한 기가 아니라
면 어떻게 중화의 덕을 온전히 할 수 있겠습니까?[31]

박상현은 미발을 기질의 맥락에서 파악했던 그 자신의 관점과 일관
된 논조를 유지하고 있다. 그는 미발의 중과 이발의 화란 기질이 청명
하고 중정한 성인에게만 해당되는 것이라고 분명하게 말한다. 즉 성인
은 리와 기가 모두 순수하여 미발과 중이 일치하고 장차 이발시에 자
연스럽게 화를 이루게 되는 반면, 보통 사람은 기질의 탁박함으로 인해
미발이 중정한 상태를 유지하지 못할뿐더러 이발시에도 화를 이루지
못한다는 것이다.

여기서 이발과 화가 동일한 개념일 수 없듯이 미발과 중 역시 별개
의 개념이라고 보는 박상현의 논지가 선명하게 드러난다. 즉 발현된 마

음이 그대로 화가 되지 않듯이, 발현되지 않은 마음 또한 그대로 중은 아니라는 것이다. 그렇게 볼 때 박상현에게 미발이란 말 그대로 '희로애락이 발동하지 않은 때', 즉 외물이 도래하지 않아 아무런 의식적·정서적 반응이 일어나지 않은 시점을 의미하는 것이라 할 수 있다. 이처럼 외물과 접촉하지 않은 시점은 성인과 보통 사람을 막론하고 누구에게나 있을 수 있다. 그러나 중이란 그처럼 사물이 도래하지 않은 상태에 대한 광범위한 통칭이 아니라 오로지 리와 기가 모두 순수하여 중정한 상태를 유지하는 성인의 미발만을 지칭한다. 따라서 기질의 탁박함으로 인해 미발에도 불선이 잠재해 있는 보통 사람과 달리 중화를 이루는 것致中和은 기질이 청명한 성인이 할 수 있는 일이다.[32] 그의 강조점은 타고난 기질적 바탕의 차이에 의해 성인과 범인의 미발 상태가 동일할 수 없다는 데 놓여 있다.

> 보통 사람의 성은 그 본체가 이미 치우쳐 있다偏고 한 것은 본연의 본체를 말한 것이 아니라 기질 안에 있는 본체를 가리켜 말한 것입니다. 주염계는 "성이란 강유선악剛柔善惡 가운데일 따름이다"라고 하였으니, 이는 기질지성을 말한 것입니다. 보통 사람의 성은 굳세거나 연약함이라는 본체의 치우침이 없을 수 없기에, 제가 참람되오나 주염계의 가르침에 의탁하여 그렇게 말한 것입니다.[33]

박상현에 따르면 성인과 범인의 기질 차이는 곧 그 기질 안에 있는 본체의 차이를 유발하며, 따라서 본체라 하더라도 중한 본체와 부중한 본체의 차이가 발생하게 된다. 이는 곧 성인과 범인의 기질지성의 차이를 말하는 것이다. 이처럼 기질로 인해 성·범의 본체가 다를 수밖에 없다면 당연히 그러한 본체를 담지하고 있는 미발 또한 다를 수밖에 없다. 이와 같이 박상현은 성인의 미발과 보통 사람의 미발을 구분한다. 하지만 중한 미발과 부중한 미발의 차이는 있더라도, 둘은 모두 미발이라는 범주에 속한다. 박상현은 보통 사람이 기질의 제약으로 인해 중의 상태를 유지하지 못할지언정 미발의 시점 자체가 없는 것은 아니라고 본다.[34] 그에게 있어 미발이란 기질 안의 국면이기에 그 자체로 순선을 보장하진 않지만, 적어도 의식적·정서적 반응이 일어나기 이전의 심리적 단계라는 점에서는 성인과 범인 모두에게 적용될 수 있는 개념인 것이다. 결국 박상현의 견지에서 미발이란 그 자체로 아무런 도덕적 함의를 지니는 개념이 아니다. 중이 '도덕적 선함'을 지칭하는 것과 달리 미발은 단지 '마음의 발현 이전이라는 시점'을 지시할 뿐이다. 박상현의 주장은 이처럼 미발과 중을 철저히 다른 개념으로 구분하는 논리에 기반하고 있다.

미발의 중은 누구에게나 보편적이다
—

성범동이의 문제에 있어서도 송시열과 박상현의 이견은 결국 미발에 대한 개념 규정의 차이로부터 비롯된다. 미발을 본연지성과 일치된 순선한 심리 상태로 보는 송시열은 박상현과 같은 방식으로 미발과 중을 구분하지 않는다. 엄밀하게 따지면 미발이란 마음의 한 국면을 지칭하고 중은 성의 본질을 형상한다는 점에서 지시 대상의 차이가 없지 않지만, 그러한 차이를 부각시키기보다 양자는 실질적으로 등가의 가치를 함의하고 있다는 것이 그의 강조점이다. 그는 미발과 중을 구분하는 박상현을 비판하며 다음과 같이 말한다.

무릇 반드시 고요하여 움직임이 없으며寂然不動 환히 밝아 혼란이 없어야炯然不亂 비로소 '미발'이라고 할 수 있으니, 미발은 곧 중이요, 중이면 본체가 서며, 본체가 서면 작용이 조화롭게 된다. 어찌 중과 미발을 둘로 여기겠는가? 그게 아니라면 자사子思께서 어째서 희로애락의 미발을 중이라 하였겠는가? 만약 그대의 주장대로 보통 사람에게 미발의 때가 있다면 보통 사람의 마음 또한 모두 중이 있는 것이 되니, 어찌 '미발이 있으되 중은 없다'고 말할 수 있겠는가?[35]

송시열은 '미발'과 '부중'이란 양립할 수 없는 모순이라는 종전의 입장을 재확인한다. 그에 따르면 미발이란 그 자체로 중을 지칭하는 또 다른 언술일 뿐 '중하지 않은 미발'이란 성립하지 않는다. 이는 송시열이 미발 개념을 단순히 '사물과 아직 접하지 않은' 심리적 단계의 의미로만 보지 않았음을 시사한다. 즉 미발은 단지 의식이 싹트지 않은 내면의 한 시점만을 뜻하는 것이 아니라 '중정中正한 본체'로서의 의미를 내포한다. 아마도 이와 같은 가치 부여는 송시열의 미발론에서 중핵을 이루는 부분일 것이다. 그에게 미발이란 그저 '외물과 접촉하기 이전의 고요한 때'라는 일차적 의미에 그치지 않는, 그 이상의 특별한 도덕적 가치를 함의하고 있는 개념이다. 위 인용문의 표현대로라면, 단순히 '고요하고 움직임이 없는 것'에 그치지 않고 '환히 밝아 혼란이 없는 상태'를 지칭하는 개념이 미발이다. ▪

위 글에서 그는 『중용』의 "희로애락이 아직 발하지 않은 것을 중이라 한다喜怒哀樂之未發謂之中"는 구절에서 미발과 중이 주어와 술어의 관계로 동일시됨을 예시하고 있다. 만약 '중하지 않은 미발'이 가능하다면 『중용』의 경문經文은 오류일 수밖에 없다는 것이 그 주장의 요지다. 박상현의 주장대로 중이 성인의 미발만을 지칭한다면, 『중용』에서도 "성인군자의 희로애락이 발하지 않은 것을 중이라 한다"고 말했어야 한다.[36] 그러나 『중용』에서는 특정한 '성인의 미발'이 아니라 '미발 일반'을 곧 중으로 서술하였다. 그렇다면 성인에게든 보통 사람에게든, 미발은 곧 중의 상태를 지칭한다. 이러한 논리로 송시열은 성인의 미발만이 중이라는 박상현의 주장을 반박한다.

같은 맥락에서 송시열은 "보통 사람의 성은 그 본체가 이미 치우쳐 있다"는 박상현의 주장이야말로 심각한 어폐가 있다고 지적한다. 그의 지론에 따르면 원형적인 중정함을 상실한 것은 '본체'라는 명의를 얻을 수 없다. 즉 본체體라는 용어는 본디 '치우치지 않은 것'의 의미를 내함하고 있기 때문에, 치우쳐 있다면 이미 본체라고 할 수 없다는 것이다.[37] 그렇게 본다면 박상현이 말한 '치우쳐 있는 본체'라는 발언 역시 '부중한 미발'처럼 그 자체로 성립 불가능한 형용모순에 해당된다. 이와 관련하여 송시열은 '치우침偏'이라는 어휘를 전혀 다른 의미로 해석하는 논법을 제시한다.

그대의 견해를 자세히 살펴보니 '치우침偏'이라는 글자를 '옆으

■ '환히 밝아 혼란이 없는 상태炯然不亂'라는 언명이 갖는 의미에 대해서는 다음 장에서 좀 더 구체적으로 설명할 것이다. 여기서는 일단 미발이 특정한 도덕적 가치를 내포하며 중과 분리될 수 없다는 관점이 송시열 미발론의 일차적인 기준점이라는 점만 지적하고 넘어간다.

로 치우쳐서 똑바르지 않다'는 뜻으로 여기는데, 이는 정자와 주자가 '치우침'이란 글자를 해석한 의미를 제대로 살피지 않은 것이다. 사람의 마음은 아직 발현하지 않았을 때 고요할 따름이요, 사물에 감응하면 때로는 기쁨으로 치우치고 때로는 분노로 치우치게 되니, 이른바 '치우침'이란 하나의 사태에 주로 하게 됨을 의미한다. 이는 성인의 경우에도 그러할 따름이다.[38]

앞서 박상현은 '치우침'이라는 용어가 기질의 탁박함으로 인해 본연의 중정함을 상실했음을 뜻한다고 보았다. 즉 그에게 치우침이란 이미 탈선을 의미하는 것으로서 중 개념과 가치상 대립하는 개념으로 쓰였다. 따라서 박상현의 논리에서 볼 때 '치우쳐서 중하지 않다'는 것은 곧 '불선함이 있어서 중정하지 않음'을 의미한다. 그런데 여기서 송시열은 치우침에 대해 박상현과 완전히 다른 해석을 제시한다. 그에 따르면 '치우침'이란 가치상 불선을 함의하는 것이 아니라 본체가 이발시에 드러나는 특정한 양상을 지칭하는 가치중립적인 용어다. 이를테면 아직 특정한 정감으로 드러나지 않은 미발시의 본체는 어느 쪽으로도 향하지 않는 무덤덤한 상태를 유지하고 있는데, 그것이 현상으로 발현되면서 분노, 기쁨, 슬픔 등과 같은 특정한 정감의 양태로 편향하여 표출된다는 것이다. 그렇다면 보통 사람이 아닌 성인의 마음이라도 이발시에는 치우치지 않을 수 없다. 하지만 이는 도덕적 탈선과 무관한 감정의 발현 양태, 즉 희로애락의 발출을 지칭할 뿐이다.

이와 같이 이해한다면 치우침이라는 사태는 '외물과의 접촉' 혹은 '마음의 움직임'이란 계기에 의해 비로소 발생하는 것이며, 그러한 마음의 발동 이전의 본체에서는 어떠한 치우침도 있을 수 없다. 그렇게 볼 때 송시열이 해석하는 치우침이란 그 자체로 부중절不中節하여 악을 유발하는 기질적 바탕이라는 의미와 무관하다. 그에게 중정함中과 치우침偏의 관계는 선과 악의 관계가 아니라 고요함靜과 움직임動의 관계로 파악되고 있는 것이다. 송시열에게 '치우쳐서 중하지 않다'는 명제의 의미는 곧 '마음이 특정한 형태로 발현해서 더 이상 고요한 상태에 있지 않다'에 가까워진다. 박상현의 경우와 달리 여기에는 어떤 불선의 함의도 없다.

이 같은 논리를 통해 송시열이 의도하는 바는 무엇인가? 그는 중中과 편偏을 중립적인 정·동의 관계로 환원하고 '편'에서 '기질의 편벽됨'이라는 의미를 탈각시킨다. 그럼으로써 중·편을 가치 대립적인 선악의 관계로 유비하여 '편'을 성·범의 차등 근거로 보는 박상현의 논리를 무력화시키고 있는 것이다. 그에게 있어 '중'과 '편'이라는 술어는 성인과 범인의 특성을 구분하는 표지로서의 의미를 갖지 않는다. 이는 다만 고요함과 움직임을 지시하는 것이기에 '움직이지 않는 본체'와 '드러난 마음'이라는 심리 구조를 보여줄 뿐, 본디 성인·범인의 구분과는 무관한 술어인 것이다.

이를 통해 그는 중과 화를 성인의 성과 정으로 규정한 박상현의 주장을 비판하며 중화의 덕이 오로지 성인에게만 한정되는 것은 아니라고 말한다. 성인의 수준에 미치지 못하는 현인賢人과 중인衆人도 비록 정도 차는 있을지언정 중화를 이루는 때가 없지 않다.[39] 나아가 송시열은 '중화를 이룸'이 성인의 경지라 하더라도, 학문으로써 진력하면 누구나 도달할 수 있는 경지라는 것이 주희의 본의라고 본다.[40] 이러한 취지에서 그는 다음과 같이 말한다.

만약 그대의 견해대로라면 오로지 성인만이 홀로 중화의 덕을 갖추고 있을 뿐이며 나머지 사람들은 거기에 참여할 수 없게 된다. 그렇다면 (『중용』 원문에서) 이른바 '경계하고 두려워하며 홀로 있을 때 삼가는 공부'는 모두 배우는 자를 위하여 한 말인데, 이것들이 모두 쓸모없는 헛소리에 그치고 말 것이다.[41]

송시열은 박상현의 주장에 따른다면 성인이 아닌 일반인들은 중화의 달성으로부터 소외될뿐더러, 계신공구戒愼恐懼나 신독愼獨과 같이 보통 사람을 대상으로 설정된 수양 공부론이 모두 공허한 말장난에 불과하게 된다고 비판한다. 이러한 언급에서 송시열은 박상현의 견해가 성인과 범인의 경계를 불가침적으로 확연히 구분한다고 보아 경계하고 있음을 알 수 있다. 그는 중과 화라는 이상적인 경지가 특별한 도덕 능력을 가진 성인뿐 아니라 만인에게 동등하게 주어진 보편의 영역임을 강조한다. 이처럼 성범동이의 문제에서 송시열의 주안점은 성인과 보통 사람의 도덕적 잠재성이 궁극적으로 동일함을 부각시키는 데 있다. 따라서 송시열은 성인과 범인의 미발을 별개의 것으로 구분하지 않는 입장에 선다. 미발은 곧 본체와 합일된 마음자리로서 누구에게나 동일하게 주어진다. 애초에 미발을 기질의 편차와 무관한 영역으로 보는 그의 견지에서 성인·범인 사이에 엄존하는 기질 차이는 미발의 보편성을 훼손하는 논거로 받아들여지지 않는다. 오히려 미발의 보편성이야말로 성인과 범인이 각각의 기질 차에도 불구하고 똑같이 도덕적 완성을 이룰 수 있는 근본 바탕이다.

이와 같은 송시열의 논지는 이른바 생이지지자生而知之者가 아닌 보통 사람 또한 도덕 주체가 될 수 있음을 독려하는 긍정적 메시지를 내포한다. 하지만 '마음' 안에 보편적인 순선의 근거를 확보하려 했던 송시열의 수양론적인 의도를 십분 존중한다 하더라도, 그의 견해는 논리적 측면에서 이론적 정합성이 다소 떨어지는 것이 사실이다. 이는 그가 '심시기心是氣'와 '미발지중未發之中' 두 명제 사이의 이론적 균열을 아예 도외시하는 태도를 취하였기 때문이다. 반면 심의 일부인 미발을 기질의 편차 속에서 읽어내고자 한 박상현의 견해는 율곡 노선에서 도출될 수밖에 없는 논리적 요구에 충실히 부응한 입장이었다고 할 수 있다. 이 점에 관해서는 송시열의 대응을 비논리적이라고 폄하하기보다 미발 문제를 인식하는 양자의 초점이 달랐다고 평가하는 편이 온당할 것이다.

하지만 송시열이 외면한 논리적 문제는 저절로 해소될 성질의 것이 아니었기에 보완의 여지가 있었고, 실제로 그러한 보완은 다음 세대 낙학 계열 학자들에 의해 일정 부분 이루어졌다. 이를테면 외암 이간을 비롯한 낙학 계열의 학자들은 미발과 중을 일치시키고 미발 개념에 보편적 도덕 가치를 부여하는 송시열의 관점을 승계하되 미발을 기의 영역 안에서 다루는 논점을 배제하지 않았다. 그리하여 그들은 '미발 시의 심기는 순선하다'는 주장을 통해 송시열이 방치했던 논리적 공백을 메우고자 하였다. 그에 비해 율곡학파 노선의 한 특색이랄 수 있는 '주기적主氣的' 경향■을 좀 더 명확하게 반영한 박상현의 견해 또한 일정한 보완을 이루며 그 기본 논조를 이어간다. 그의 논조는 오래지 않

■ 여기서 필자가 사용한 '주기적主氣的'이라는 표현은 다카하시 도루식의 '주리론 vs 주기론' 구도에 입각한 것이 아니다. 율곡학파의 견지에서 볼 때 리의 현상화된 양태는 필연적으로 기의 조건에 의해 좌우될 수밖에 없으므로, 다만 그러한 기의 현실적 영향력을 강조하는 의미에서 편의상 '주기적'이라는 용어를 쓴다.

아 남당 한원진에 의해 명료해지는 호학 계열의 미발 인식과도 궤를 같이한다는 점에서 후대 낙학 계열과 친연성을 보이는 송시열의 입장과 대조를 이룬다. 이처럼 양측의 입장을 대조시켜놓고 볼 때 대체로 성범동이의 문제에 관한 박상현의 견해는 이론異論, 송시열의 견해는 동론同論에 가까우며, 여기서 후대 호학과 낙학 사이에 형성된 대립 구도와 유사한 논변의 패턴을 발견할 수 있다.

그런데 위와 같이 양자를 성범부동론 또는 성범동론으로 분류하는 단선적인 평가는 ―물론 일정한 타당성과 더불어 사상사적 연속성을 담지하고 있지만― 자칫 도식화의 함정에 빠져 본 논변에 함축된 의미의 폭을 제한할 수도 있다. 엄밀하게 말하면 박상현과 송시열 모두 '성인과 범인은 한편 같으면서 한편 다르다'는 성리학의 총론 자체를 부정하는 것은 아니다. 박상현은 자신의 견해가 송시열이 비판하듯이 성인과 범인을 극단적으로 구분한 것이 아니라고 해명한 바 있다. 그는 기질 차로 인해 성인과 보통 사람의 존재론적인 기반이 다르긴 하지만, 보통 사람 또한 기질을 변화시킨다면 성인과 동등한 반열에서 중화의 덕을 이룰 수 있다고 역설한다.[42] 그의 이론적 특색과 강조점이 종국적으로 어디에 있었는지 판단하는 것은 해석자의 몫이겠으나, 이와 같은 언급을 통해 볼 때 박상현은 자신의 논리가 송시열의 비판처럼 유가적 이념을 훼손한다고 여기지 않았을 것이다.

또한 송시열 역시 성인과 범인의 미발을 맹목적으로 동일시한 것은 아니었다. 그 또한 성인과 보통 사람의 미발이 액면 그대로 동일하지는 않다는 점을 인정하는 발언을 한 적이 있다. 그런데 미발의 체험에 있어 성인과 범인의 차별성을 이야기하는 그의 논리는 혼란스럽고 모순적인 면을 지니고 있어 연구자를 곤혹스럽게 만든다. 그 부분에 대해서는 좀 더 구체적인 분석과 설명이 필요하다. 더욱이 그에 관한 논의는 성인과 범인의 같고 다름이라는 문제를 넘어 미발과 동·정의 관계, 미발과 공부의 관계 등과 같은 새로운 논제로 이어지는 연결 고리가 된다는 점에서 중요한 철학적 맥락을 담지하고 있다. 이 점을 해명하려면 다소 복잡한 분석이 필요하므로 장을 달리하여 서술할 것이다.

제4장

움직이는 마음과
고요한 마음

앞 장에서 우리는 이기론의 관점에서 미발에 접근할 때 박상현과 송시열이 취한 논점의 대립을 살펴보았다. 박상현은 미발을 심기心氣의 한 국면으로 보아 기질의 맥락을 배제하지 않고자 한 반면, 송시열은 기질과 무관하게 순선한 본체인 미발의 위상을 확고히 하는 데 일차적인 목적을 두었다. 이처럼 미발을 리기 관계와 결부시키는 논의에서 박상현과 송시열의 견해는 선명한 대조를 이룬다. 그런데 두 사람의 논변에는 앞서 다룬 미발과 기질의 관계, 성인과 보통 사람의 동이와 같은 명시적인 쟁점뿐 아니라 난해하면서도 암시적으로 언급되는 또 다른 맥락의 논의가 있다. 그것은 미발을 고요함靜과 움직임動이라는 두 개념의 관계 속에서 어떻게 이해할 것인지에 관한 것이다. 이는 여전히 미발이라는 마음의 상태를 규정하는 존재론적인 문제이며, 동시에 미발이 어떻게 체험되고 지속될 수 있는지를 묻는 공부론의 문제이기도 하다.

　미발과 이발을 구분하여 각각 정靜과 동動이라는 개념쌍에 대입하는 것은 성리학의 통론이다. 흔히 미발은 마음이 아직 현상화되어 발현하기 이전의 시점을 지칭한다는 점에서 '고요한 때'에 속하며, 이발은 현상화된 마음의 구체적 양태를 지시하므로 '움직인 때'에 속하는 것으로 간주된다. 그런데 이 장에서 검토할 논의에서 이러한 일반론은 다소 복잡하고 까다로운 방식으로 변주된다. 특히 미발 개념을 동정의 문제와 결부시키면서 논의를 복잡하게 만드는 장본인은 송시열이다. 이를테면 그는 미발을 고요한 때로 보는 성리학의 일반적 관념을 인정하는 듯하지만, 다른 곳에서는 '미발'과 '고요함靜'을 별개의 개념으로 구분해야 한다고 말하기도 한다. 그런가 하면 그는 앞서 미발시 지각의 문제를 거론하며 살펴본 바와 같이 잠들어 있는 수면 상태靜時와 구분하는 의미에서 미발을 움직임이 있는 때動時에 속하는 것으로 보기도 한다. 이와 같이 미발을 때에 따라 동 또는 정으로 다르게 규정하는 — 혹은 동정을 모두 아우르는 개념으로 규정하는 — 송시열의 화법은 일관적이지 않아 형식논리적인 기준에서 비정합적으로 보일 때가 많다. 그렇다보니 각각의 언급이 발화된 논의의 맥락을 면밀하게 고려하지 않으면 그의 미발에 대한 논설은 표면상 모순적으로 보이기 십상이다.

그처럼 모순을 야기하는 송시열의 언설을 누락시키지 않으면서 그가 생각했던 미발론의 전모를 종합적으로 그려내기란 쉽지 않다. 하지만 비정합적으로 보이는 발언일지라도 그 또한 송시열의 미발론을 구성하는 한 부분임을 부인할 수는 없다. 그렇기 때문에 각각의 발언이 발화된 맥락에 대한 이해가 반드시 요구된다. 또한 얼핏 모순적으로 보이는 그의 언사 이면에 함의된 취지와 의도에 주목할 필요가 있다. 앞서 박상현과 미발과 기질의 관계를 논할 때도 송시열은 미발 개념을 리와 기 가운데 어느 한쪽으로 명료하게 정당화하는 데 우선순위를 두지 않았다. 마찬가지로 미발과 동정의 관계를 논하는 문제에 있어서도 그의 문제의식은 미발 개념이 움직임과 고요함이라는 마음의 두 계기 가운데 어느 쪽에 속하는지를 정합적으로 규명하는 데 있지 않았던 것으로 보인다. 오히려 그러한 논의를 통해 송시열이 강조하는 바는 마음의 주재가 발휘되고 있는 상태로 미발의 성격을 규정하고 이를 유지하기 위하여 부단한 공부가 요청됨을 역설하는 데 있었다.

이 장에서는 미발과 동정의 관계를 비롯하여 미발의 성격을 규명하는 그의 논점이 궁극적으로 공부론·수양론의 바탕에서 구성되고 있음을 밝힐 것이다. 이와 관련하여 송시열과 짧지만 의미 있는 토론을 벌였던 인물은 박상현과 그의 아들 박광일이다. 박상현·박광일 부자는 지속적으로 미발에 관한 논의를 이어가며 그에 관한 송시열의 견해를 유도함으로써 우암학단의 미발론을 두텁게 하는 데 기여하였다. 이 장에서는 그들 간의 대화를 차근차근 복원하면서 수양론의 논리로 귀결되는 송시열의 사유 궤적을 추적해볼 것이다.

—

미발과 고요한 때靜時를 구분하다

—

—

성인과 보통 사람의 미발을 다시 생각하기

—

이 장의 논의와 관련하여 가장 중요한 단서를 제공하는 문헌자료는 이른바 「봉산어록蓬山語錄」이라 불리는 대화록이다. 이 대화록은 앞에서 다룬 성인과 범인의 미발 동이 문제, 그리고 여기서 다룰 미발과 동정 개념의 관계가 쟁점화되는 출발점으로, 이와 관련해서는 약간의 배경 설명이 필요하다.

앞서 다루었던 미발과 기질의 관계에 관하여 송시열과 박상현 사이에 서신 왕래가 본격적으로 시작된 것은 1677년 6월경의 일이다. 그런데 논변이 시작된 지 3개월 후인 그해 9월, 박상현의 아들 박광일이 그의 족형族兄 박광후와 함께 송시열을 방문하여 성리학의 여러 주제로 문답을 나누게 된다. 그리고 이들의 대화는 이후 「봉산어록」이라는 표제로 박광일의 문집인 『손재집遜齋集』과 『송자대전부록宋子大全附錄』의 「어록語錄」에 동일하게 수록된다. 당시 박광일이 송시열을 만나 직접 가르침을 청한 것은 아마도 부친 박상현의 권유에 따른 것으로 보인다.

그런데 이때는 마침 박상현과 송시열이 미발과 기질의 관계에 관한 토론을 한창 진행하던 무렵이었고, 박광일 또한 부친과 스승 간의 이견을 어느 정도 인지하고 있었다. 이에 박광일의 질의로 송시열과 박상현 사이에 토론되고 있던 논제가 언급되는데, 이「봉산어록」의 문답은 이후 토론의 무게중심을 성인과 범인의 동이 문제, 미발과 고요한 때靜時의 개념을 구분하는 문제로 기울게 하는 계기가 된다. 즉「봉산어록」에서 송시열이 답한 내용에 대해 박상현과 박광일이 지속적으로 의문을 제기하면서, 애초에 미발과 기질의 관계에 대한 이견으로 시작된 논변의 쟁점이 좀 더 복잡하게 확장되는 양상을 보였던 것이다.

이처럼「봉산어록」은 송시열의 미발론을 규명함에 있어 결코 지나칠 수 없는 문제적인 텍스트다. 여기에는 미발의 성격을 규정하는 송시열의 논점이 함축적으로 집약되어 있기에 면밀한 분석이 필요하다. 먼저 문제가 되는 해당 부분의 전문을 소개하면 다음과 같다.

[1] 박광일: "우계 선생께서 '미발에도 불선不善이 있다고 말할 수 있다'고 하였는데, 우계의 견해는 아마도 리와 기를 겸하여 말한 것 같습니다. 어찌 리에 악의 맹아와 조짐이 있다고 할 수 있겠습니까?"
송시열: "이는 참으로 쉽게 알 수 있는 것이 아니다. 우계의 말은 아마도 고요한 때를 이른 것 같다."
박광일: "고요한 때가 미발이 아닙니까?"
송시열: "①고요함을 미발이라고 할 수 있겠지만 약간 차이가 있다. ②보통 사람에게는 미발의 때가 없다."
박광후: "그렇다면 미발의 중이란 성인과 보통 사람을 구분하여

말하는 것입니까?"

송시열: "그렇다."

박광일: "부친(박상현)께서는 '선유先儒들이 미발에 대해 성인과 보통 사람을 뒤섞어 말한 것이 항상 의심스러웠다'고 하였는데, 이제 선생님의 가르침이 이와 같으니 제 부친의 견해와 다르지 않습니다."

송시열이 미소지으며: "이 점에서 부합한다면 장차 부합하지 않는 것이 없겠구나."

[2]박광후: "고요함과 미발은 어떤 차이가 있습니까?"

송시열: "미발은 환히 밝아 혼란스럽지 않은 때이다. 고요함이란 움직임의 잔여에 불과하므로 미발이라 부를 수 없다. 이것을 어떻게 밝힐 수 있는가? 사람이 잠을 잘 때에 무슨 감촉함이 있으랴마는, 그러나 그것은 움직임의 잔여인 까닭에 마음이 오히려 혼매하여 꿈도 꾸고 전도顚倒를 일으키기도 한다. 사물에 감응하는 바가 없으니 이때를 고요하다고 할 수는 있겠지만, 꿈꾸는 것은 전도를 일으키는 것과 같으니 미발이라고 불러서는 안 된다."

[3]박광일: "그렇다면 보통 사람은 애초에 본체의 밝음을 가지고 있음에도 불구하고 항상 움직이므로 대본이 서지 못하는 것이군요."

선생이 박광후를 돌아보며 말씀하셨다. "저 말이 가장 옳다."¹

이 문답 내용은 이후의 논의 과정에서 다시 부분적으로 인용할 것이지만, 일단 위와 같이 전문을 일람해볼 필요가 있다. 여기서

〔1〕,〔2〕,〔3〕은 구성의 편의상 필자가 셋으로 구분한 것이다. 원문에는 세 부분이 이어져 있으며 모두 같은 자리에서 연속적으로 이루어진 대화다. 이 문답 가운데 먼저 〔1〕에서 주목을 끄는 송시열의 핵심 주장은 크게 두 가지다. ① 마음의 '고요함靜'과 '미발'은 동일하지 않고 약간의 차이가 있다; ② 성인은 미발의 때를 경험하지만 보통 사람에게는 미발의 때가 없다. 뒤에서 자세히 논하겠지만 송시열의 미발론 체계에서 이 두 주장은 유기적으로 연결되어 있다. 방편상 먼저 ②에 관한 문제를 언급하고 ①에 대해서는 절을 달리하여 서술하기로 하자.

위의 문답에서 우리를 가장 당혹스럽게 만드는 것은 ② "보통 사람에게는 미발의 때가 없다衆人無未發時矣"는 송시열의 단호한 발언일 것이다. 앞 장에서 검토한 바에 따르면 송시열에게 미발이란 곧 중이며, 이는 품수받은 기의 상태 여하와 무관하게 모든 인간이 갖추고 있는 근본 조건을 의미한다. 그에 따라 송시열은 기질의 청탁에 따라 성인과 보통 사람의 미발심체에 차이가 있다고 보는 박상현의 견해를 논박하며 미발의 순수성과 보편성을 강조한 바 있다. 그런데 여기서 보통 사람에게 미발의 때가 없다고 말하는 송시열의 태도는 그와 상반된다. 보통 사람에게 미발의 때가 없다는 것은 곧 '보통 사람은 중을 체험하지 못한다'는 말과 같지 않은가? 그는 성인과 보통 사람의 미발이 그저 다르다는 정도에 그치지 않고 심지어 보통 사람의 미발 자체를 부정하는 것처럼 말하고 있다. 더욱이 대화의 맥락에서 보건대 "보통 사람에게 미발의 때가 없다"는 송시열의 진술은 우발적으로 튀어나왔다기보다는 뚜렷한 의도하에 발화된 것이 분명하다. 〔1〕에서 이 같은 단언에 대해 박광후가 성인과 보통 사람의 차이를 지칭하는 것인지 확인하자, 송시열은 이를 시인한다. 이어서 박광일이 이 문제에 관한 한 부친 박상현과 송시열의 견해가 별로 차이가 없는 것이 아닌지 묻자, 송시열은 그 점에 대해서도 부정하지 않는 태도를 취한다. 그렇다면 송시열은 미발 체험에 있어 성인과 범인이 동등하지 않음을 분명하게 인정한 셈이 된다. 이는 앞서 성인과 범인의 미발을 동질적으로 간주하며 박상현을 비판했던 그의 입장과 명백하게 상충된다.

우리를 혼란스럽게 하는 것은 성·범의 미발 동이에 관한 그의 태도가 이처럼 일관적이지 않다는 점이다. '중화中和를 이루는 데 있어 성인과 보통 사람은 차이가 없다'는 진술과 '보통 사람에게는 미발의 때가 없다'는 진술은 과연 양립할 수 있는가? 형식논리상 두 문장 사이에 놓인 간극을 해소하기란 불가능해 보인다. 두 발언 사이의 시차가 그리 크다고 할 수도 없고,∎ 더욱이 박상현·박광일 부자와 동일한 논제로 토론하는 과정에서 나온 언급이 이처럼 모순적인 점은 언뜻 이해하기 힘들다. 혹시 송시열 자신은 이러한 모순을 감지하지 못했던 것일까? 그것은 납득하기 어려운 가정일 것이다. 결국 이러한 언사가 말실수나 오기誤記에서 비롯된 것이 아니라 발화자 자신의 특정한 의도를 담고 있다면, 해석자 입장에서 우리는 그의 발언을 최대한 이해 가능한 방식으로 읽도록 시도해야 한다. 이와 관련하여 다음과 같은 송시열의 발언은 그의 미발론에서 발견되는 부정합성을 해소하는 하나의 단서가 될 수 있다.

중화의 설은 굳이 정주程朱의 말을 기다리지 않아도 (괜찮다.) 그

∎ 송시열이 '보통 사람에게는 미발의 때가 없다'고 박광일에게 말한 「봉산어록」의 진술은 1677년 9월의 발언이고, '중화를 이루는 데 있어 성인과 보통 사람은 차이가 없다'는 취지로 박상현을 비판한 것은 같은 해 12월의 일이다.

저 『중용』 본문만 보더라도 '천명지위성天命之謂性'과 '솔성지위도
率性之謂道'라는 말로 시작하고, 다음에는 존양存養과 성찰省察의
요체를 말한 후에야 미발의 학설을 말하였으니, 이른바 미발이
란 분명히 군자가 열심히 노력한 것의 측면에서 말한 것이지 사
람마다 모두 그러하다는 것은 아니다.[2]

여기서 송시열은 미발이란 모종의 수양과 공부에 의해 유지될 수
있음을 밝히고 있다. 그 논거로서 그는 『중용』 첫 장의 경문에서 미발
에 관한 논의가 존양과 성찰 공부, 즉 계신공구와 신독에 대한 언급 다
음에 등장한다는 사실을 든다. 즉 『중용』에서 계신공구와 신독을 먼저
말한 후에야 비로소 미발을 거론한 것은 미발이 곧 주체의 부단한 수
양을 통해 얻어지는 심적 상태임을 시사한다는 것이다. 이러한 논법을
타당하다고 할 수 있는지는 논외로 하더라도, 주목할 것은 송시열이
미발을 마치 일정한 공부 과정을 거쳐 도달하는 일종의 정신적 경지처
럼 말하고 있다는 점이다. 즉 미발은 도덕적 향상을 위한 진지한 공부
와 결부되어 있으며, 그러한 노력 없이 누구나 손쉽게 체험할 수 있는
경지가 아니라는 뉘앙스가 위의 발언에 깔려 있는 기조라 할 수 있다.
물론 여기서 송시열이 사용하는 미발이라는 용어는 '마음이 발현하기
이전'이라는 시간적 개념이 아니라 '중의 상태'를 의미한다. 이와 관련
하여 중과 화는 오로지 성인에게만 해당되는 덕목이라고 말한 박상현
에게 송시열이 다음과 같이 비판했던 것을 상기해보자.

만약 그대의 견해대로라면 오로지 성인만이 홀로 중화의 덕을
갖추고 있을 뿐이고 나머지 사람들은 거기에 참여할 수 없게 된

다. 그렇다면 (『중용』 원문에서) 이른바 '경계하고 두려워하며 홀로 있을 때 삼가는 공부'는 모두 배우는 자를 위하여 한 말인데, 이것들이 모두 쓸모없는 헛소리에 그치고 말 것이다.[3]

여기서 송시열은 성인뿐만 아니라 보통 사람 또한 중화의 덕을 공유할 수 있다고 주장하면서 그 조건으로 계신공구와 신독의 공부를 들고 있다. 즉 일정한 공부의 과정을 거침으로써 보통 사람 또한 성인과 마찬가지로 미발에서의 중과 이발에서의 화를 성취할 수 있다는 것이다. 결국 이 같은 발언들을 종합해볼 때 송시열이 '공부'를 미발(또는 중)을 체험하는 핵심 관건으로 여기고 있음이 분명해진다. 그에 따르면 보통 사람에 속하는 대부분의 인류에게 중으로서의 미발이란 공부 과정 없이 저절로 체험될 수 있는 것이 아니다. 하지만 일정한 공부와 수양의 노력을 전제한다면 보통 사람이라도 그러한 경계를 성인과 동일하게 체득할 수 있다.

그렇다면 이러한 전제에 입각할 때 보통 사람의 미발 체험을 부정하는 듯한 송시열의 발언은 어떻게 해석될 수 있을까? 보통 사람에게는 미발의 때가 없다는 발언은 매우 단정적으로 들리기도 하지만, 이는 사실상 '보통 사람은 태생적으로 중을 체험할 수 없게끔 되어 있다'는 강경한 선언이 아니라, 다만 '수양을 하지 않는 한 대개의 보통 사람은 중을 견지하지 못한다'는 취지를 천명한 것에 가까워 보인다. 이처럼 완화된 어조로 그의 발언을 해석한다면 역으로 '수양함으로써 보통 사람이라도 중을 견지할 수 있다'는 논리적 가능성을 열어둘 수 있게 된다. 그렇게 이해해야만 송시열의 모순적인 발언이 정합성을 가질 수 있으며, 또한 그로부터 미발과 공부의 상관성에 관한 새로운 논점이 부상할 수 있다.

이와 같이 전향적인 시각으로 이해할 때 송시열 미발설이 강조하고자 하는 중요한 특징이 드러난다. 그것은 미발과 공부가 서로 불가분의 관계로 결연되어 있다고 보는 논점이다. 이미 여러 차례 언급했듯이 송시열에게 미발이란 대본으로서의 성과 완벽하게 합일되어 있는 중의 상태를 의미한다. 그런데 보통 사람에게서는 이러한 미발의 중정中正함이 평상시 압도적으로 번성하는 물욕에 휩쓸려 종종 유실된다.[4] 따라서 보통 사람은 물욕을 제어하는 각고의 수양과 공부 없이는 중의 상태를 견지하지 못한다. 즉 보통 사람 역시 마음의 본원은 성인과 다를 바 없다고 말할 수 있겠으나, 그러한 중의 체험은 반드시 공부라는 계기와 결부되어 있다. 그것이 이른바 '치중致中'의 공부다. 한 연구자의 표현을 빌리면, "중은 조금의 치우침이나 기욺도 없이 인의예지를 적절히 펼쳐나갈 준비를 갖춘 경지"이고, 마음이 이러한 중의 경지에 도달하도록 노력해가는 과정이 '치중'이며, 그러한 치중 공부의 실제 내용은 계신공구라 할 수 있다.[5]

중은 이미 마음속에 담지된 성의 본연이므로 억지로 구해야 할 대상이 아니다. 그것은 본래 있는 것이며 다만 평상시 조심하고 삼가는 태도를 잃지 않음으로써 보존하고 지켜나가야 하는 것이다.■[6] 그런데 미발은 본성과 합일하는 자리이지만 이미 그 자체로 주어져 있어 더 이상 어떤 가공을 할 수 없는 본성과 달리 끊임없이 노력을 필요로 한

■ 전병욱은 중화신설에서 주희가 강조한 미발 공부란 평소 '장경莊敬'한 태도로 함양하는 본령 공부라고 하면서, 이는 '미발'이라는 특별히 시간대를 마련하여 공부하는 것이 아니라 평소 '장경'하게 함양하는 것 자체가 결과적으로 미발의 함양이라는 결과를 가져오는 것이라고 해석하였다.

다. 바로 여기에 마음心의 한 국면인 미발과 항구불변적인 본성性 사이에 놓인 미세하지만 엄연한 범주 차이가 있다. 즉 미발은 본성과 일치하는 상태이지만 여전히 '마음'의 한 국면일 뿐 그 자체로 '본성'은 아니다. 본성은 주체의 의지와 무관하게 증감하지 않는 본질인 반면, 마음의 영역에 속하는 미발은 노력 여하에 의해 유지될 수도 있고 유실될 수도 있는 것이다. 그렇게 본다면 송시열이 상정하고 있는 미발이란 부단한 수양 공부를 통해 마음이 본성과 일치된 중을 유지하는 상태이다.

결국 성인과 보통 사람의 동이에 관한 송시열의 모순적인 발언에는 미발 공부를 강조하는 그의 취지가 함축된 것으로 보아야 한다. 이처럼 본체로서의 중中과 공부로서의 치중致中을 구분하고 계신공구의 공부로 중을 온전히 보존해야 한다는 생각은 송시열뿐만 아니라 이미 주희가 이야기했던 것이기도 하다.[7] 중은 인간 마음의 보편적인 조건이지만 이는 본체의 차원에서 그러한 것이며, 공부의 차원에서 말하면 중은 인간의 노력에 의해서만 실질적인 의미를 갖는다.[8] 그렇게 볼 때 중정한 본체를 선험적으로 가지고 있다는 것은 보통 사람이 도덕적 존재가 되기 위한 필요조건일 뿐 충분조건이 되지 못한다. 반드시 공부를 통해 마음을 본체와 합일하는 상태로 유지하려는 노력이 더해져야 하며, 그렇게 함으로써 불편불의不偏不倚한 마음을 잘 지켜 중이 지극해질 수 있고 나날이 대본이 확립된다.[9]

주희는 이러한 '치중'의 공부가 크게 힘들지 않는 공부라고 말한 바 있다.[10] 하지만 크게 힘들지 않는다는 것은 중이 무엇인지 애써 탐구하거나 의식적으로 구하려 할 필요가 없다는 의미이지 이것이 손쉬운 공부라는 뜻으로 한 말은 아니다. '치중'의 공부란 다만 평상시에 마음가짐을 경건하게 하고 검속하는 것으로, 이는 일견 간략해 보일 수 있다.[11] 하지만 실상은 매우 치열한 공부로, 그와 같이 하지 않을 때 마음은 금세 물욕에 뒤덮여버리고 만다. '보통 사람에게는 미발의 때가 없다'는 송시열의 언사는 표현상 지나친 감이 있지만, 그 취지는 이처럼 미발을 지키고 견지하는 공부가 수월치 않음을 강조하는 데 있었을 것이다. 따라서 송시열이 미발을 공부와 결부된 상태로 묘사한다고 해서 그의 미발 개념이 본래 없었던 것을 외재적으로 구성해내거나 인위적으로 어떤 경지에 도달한 것을 뜻하지는 않는다. 여기서 강조하는 공부는 평상시 함양을 통해 중의 기상을 잃어버리지 않도록 해야 한다는 의미에 가까울 것이다.

'환히 밝아 혼란스럽지 않은' 고요함

부단한 공부와 수양을 통해 견지되는 심적 상태로 미발을 규정하는 것은 송시열이 단지 외물과 접하기 이전事物未至의 시점을 통칭하는 것으로 미발을 정의하지 않는다는 점을 시사한다. 그저 마음이 발현되지 않아 고요한 때에 불과하다면 미발이 굳이 '공부'라는 계기를 요청할 필요가 없고 보통 사람에게 그러한 시점이 체험되지 않는다고 말할 이유도 없을 것이다. 송시열에게 미발은 도덕적인 이상태로서의 의미를 함축하며, 그 부분이 미발의 문제에서 가장 중시되어야 할 점으로 간주된다. 반면 '외물과 접촉하기 이전'이라는 시간적인 의미는 미발의 성격을 밝히는 데 그다지 중요한 고려 사안이 되지 않는다.

그렇게 볼 때 박상현과 송시열 사이에 벌어진 논전은 두 사람이 상정한 미발 관념의 불일치에서 기인한 바가 크다. 송시열에게 미발이 이상적인 도덕적 가치를 그 자체로 내재하고 있는 개념인 반면 박상현의 미발은 그러한 함의를 갖지 않기 때문이다. 박상현에게 미발이란 아직 대상 사물에 감응하기 이전이라는 마음의 한 시점을 뜻한다. 즉 이는 단지 외물로 인해 감발하기 이전의 마음의 고요한 때를 지칭할 뿐 그 이상의 다른 의미를 부여받지 않는다. 그와 달리 외물과의 접촉 여부를 기준삼아 미발을 규정할 경우 그 안에 담긴 도덕적 함의가 드러나지 않는다는 것이 송시열의 생각이다. 이처럼 박상현이 '미발지전未發之前'이라는 시간적 관념에 기초하여 미발 개념을 이해하는 데 반해 송시열의 견해에는 '미발지중未發之中'이라는 도덕적 관념이 강하게 투영되어 있다.■12 그와 같이 시간성보다 도덕성의 의미에 중점을 두면서, 송시열은 단지 외물과 접하기 이전만을 지시하는 '고요한 때靜時'와 특정한 도덕적 함의를 담지하고 있는 '미발'을 별개의 개념으로 구분짓는다. 이와 관련하여 「봉산어록」 앞부분의 대화를 상기해보자.

[1] 박광일: "우계 선생께서 '미발에도 불선이 있다고 말할 수 있다'고 하였는데, 우계의 견해는 아마도 리와 기를 겸하여 말한 것 같습니다. 어찌 리에 악의 맹아와 조짐이 있다고 할 수 있겠

■ 이러한 미발 개념의 양 측면에 대해 전인식은 다음과 같이 기술한 바 있다. "미발에는 두 가지 개념 정의가 공존하고 있다. 하나는 시간적 선재先在로 이발의 바탕에 놓여 있다는 것이고, 다른 하나는 모든 (당위의 차원을 넘어선 자연의 법칙으로서의 성이 구현된 것이라는 의미로서) 선의 근원이라는 것이다. 시간상의 계열로 보자면 미발은 이발의 전前에 있다 해야할 것이다. 그러나 (⋯) 미발은 시간적 선재의 의미도 있지만 대본이요 중이라는 의미도 지니고 있다." 홍성민 또한 미발 개념 안에 '감정이 발생하지 않은 상태'라는 심리학적 의미와 '도덕 가치의 근원中, 大本'이라는 도덕철학적 의미가 공존하며, 이 두 의미가 어떻게 연결될 수 있는가 하는 것이 신유학의 난해한 문젯거리였음을 지적한다.

습니까?"

송시열: "이는 참으로 쉽게 알 수 있는 것이 아니다. 우계의 말은 아마도 고요한 때를 말한 것 같다."

박광일: "고요한 때가 미발이 아닙니까?"

송시열: "고요함을 미발이라고 할 수 있겠지만 약간 차이가 있다. 보통 사람에게는 미발의 때가 없다."[13] (…)

위에서 볼 수 있듯이 고요함과 미발을 구분하는 논의는 애초에 '미발에서도 불선이 있다'는 성혼의 진술이 문제시되면서 도출되어 나온 것이다. 이 문답에서 박광일의 최초 질문은 그의 부친 박상현의 견해를 옹호하려는 의도를 담고 있다. 그는 성혼이 미발에도 불선이 있을 수 있다고 말한 것을 빌미로 삼아 미발상에서 리와 기의 두 측면이 모두 고려되어야 하지 않겠느냐고 묻는다. 만약 미발시에도 불선이 있다는 성혼의 명제가 옳다면, 그러한 불선이 리에 의한 것일 수는 없으니 결국 기가 미발의 상태에 영향을 미친 것이 된다. 이는 박광일이 부친의 종지에 따라 미발 또한 기질의 맥락하에서 말해야 한다는 입장을 재차 피력한 것이라 할 수 있다.

그러자 이에 대하여 송시열은 선배 학자에 대한 예우의 태도를 유지하면서 성혼의 진술 가운데서 미발을 '고요한 때靜時'로 대체할 것을 제안하고 있다. 즉 성혼이 '불선이 있다'고 말한 것은 미발이 아니라 미발과 구분되는 의미에서의 '고요한 때'를 지칭한다는 것이다. 이를 통해 송시열은 불선의 여지를 남겨두는 '고요한 때'와 달리 미발에서는 불선이 있을 수 없다고 보아 '고요한 때'와 '미발'을 개념상 구분한다. 여기서 '고요한 때'란 바로 '사물미지事物未至'의 시점을 의미한다. 즉 송시열은 마음이 아직 외물과 접하지 않은 시점에서 내면에 불선함이 있을 수 있지만, 그것을 곧바로 미발로 동일시할 수는 없다고 말하는 것이다. 이러한 그의 발언은 미발을 사물과 접촉하기 이전이라는 의미로 간주하던 박광일에게 납득하기 어려운 대답이었을 것이다. '마음의 고요한 시점이 곧 미발을 지칭하는 것 아니냐'는 박광일의 반문은 미발 개념에서 시간성을 우선시하는 그의 전제상 당연한 것이었다.■ 이에 위 문답에 이어지는 구절에서 송시열은 그 자신의 미발에 대한 인식을 직접적으로 밝히고 있다.

〔2〕박광후: "고요함과 미발은 어떤 차이가 있습니까?"
송시열: "미발은 환히 밝아 혼란스럽지 않은 때烱然不亂이다. 고요함이란 움직임의 잔여動之餘에 불과하므로 미발이라 부를 수 없다. 이것을 어떻게 밝힐 수 있는가? 사람이 잠을 잘 때에 무슨 감촉함이 있으랴마는, 그러나 그것은 움직임의 잔여인 까닭에 마음이 오히려 혼매하여 꿈도 꾸고 전도를 일으키기도 한다. 사물에 감응하는 바가 없으니 이때를 고요하다고 할 수는 있겠지만, 꿈꾸는 것은 전도를 일으키는 것과 같으니 미발이라고 불러서는 안 된다."[14]

송시열은 고요함과 미발이 어떻게 다른지 의문을 제기하는 박광후

■ 여기서 박광일의 입장은 그의 부친 박상현과 동일하다. 박상현·박광일 부자가 '靜時＝未發 ≠中'의 논리를 취하고 있다면, 송시열은 '靜時≠未發＝中'의 논리 구조를 취하고 있다. 그렇게 볼 때 양측의 견해차는 미발 개념을 규정하면서 '정靜'과 '중中' 가운데 어느 쪽에 가까운 의미로 해석하느냐의 차이라고도 할 수 있다.

에게 답하며 '환히 밝아 혼란스럽지 않음炯然不亂'이 미발의 특징이라고 말한다. 송시열에 의하면 이러한 '형연불란炯然不亂'이야말로 '고요한 때'와 차별화되는 미발의 본질이다. 여기서 '형연불란'이란 도덕적으로 최고조에 오른 마음의 상태를 형용하는 술어일 것이다. 이는 곧 마음이 본성과 완전히 합치되어 조금의 미혹도 없는, 순선한 중정의 상태를 지칭한다. 그런데 이처럼 미발이 도덕적으로 완전한 심적 상태를 지시하는 개념인 반면, 그와 구분되는 의미에서 고요함이란 움직임의 잔여動之餘, 즉 움직임이 잠시 멈춰 있는 때에 불과하다고 송시열은 말한다. 여기서 '움직임의 잔여'라는 표현은 미발을 형용하는 '형연불란'과 대조되는 의미에서 '고요한 때'의 특징을 서술하는 용어로 사용되고 있다. 말하자면 송시열은 '미발=형연불란한 상태 vs 고요한 때=움직임의 잔여'라는 도식을 통하여 미발과 고요한 때의 의미를 구분하고 있는 것이다.

그렇다면 그가 미발과 구분되는 '고요한 때'의 특징으로 기술한 '움직임의 잔여'란 무엇을 의미하는가? 이 독특한 표현이 함축하고 있는 미묘한 어감을 찬찬히 음미해보자. '동지여動之餘'라는 술어는 문자 그대로 해석할 때 '움직임의 나머지'라는 뜻이 된다. 그런데 이러한 진술은 사실상 '고요함'이라는 상태의 진면목을 구명함에 있어 아무 의미가 없는 진술이라 할 수 있다. '고요함은 움직임의 잔여에 불과하다'는 명제는 실질적으로 고요함이 어떤 상태인지에 대해서는 전혀 말해주지 않을뿐더러, 여기에는 움직임을 기준으로 삼아 고요함을 규정하는 논점이 전제되어 있다. 예컨대 이것은 여성에 대해 진술하면서 '남성이 아닌 나머지 인간'이라고 규정하는 것이나 다름없다. 그런 식으로 여성을 정의한다면 이는 남성과 구별되는 여성의 특징을 전혀 드러내지 못하는 진술이 될 것이다. 그 같은 진술에는 남성을 기준점으로 삼아 여성을 판단하는 입장이 전제되어 있으며 여성을 독자적 정체성을 가진 존재로 보는 관점이 결여되어 있기 때문이다. '고요함'을 '움직임이 아닌 나머지'라고 규정하는 것도 이와 같다. 즉 이러한 논법에서는 동과 정의 관계가 서로 대칭적이지 않으며 오로지 움직임의 유무有無에 의해서만 고요함의 의미가 규정된다. 그렇게 볼 때 '고요함은 움직임의 잔여다'라는 위의 술어에는 '항상 움직이고 있다가 잠시 움직임이 멈춰 있는 상태'로서 고요함을 규정하는 뉘앙스가 담겨 있다. 다시 말해서 이때 고요함은 단지 '움직임이 아닌 상태'로서만 그 의미를 부여받을 뿐이며, 움직임의 유무에 따라 그 존속이 결정되는 임시적인 상태를 지칭하는 것이 된다.

그렇게 볼 때 송시열이 움직임의 잔여로 규정한 '고요함'이란, 순선한 도덕적 역량이 '형연불란'하게 발휘되고 있는 마음의 상태와는 무관하게, 다만 외부 사물과 접촉하지 않아 마음의 발동이 잠시 정지되어 있는 상태를 일컫는다. 비록 외적 자극으로 인한 정감의 발현이 정지되어 있으므로 고요하다고 말할 수 있지만, 그것은 어떤 지속성을 가진 부동불변의 고요함이 아니라 그저 일시적으로 외물과의 감응이 중단된 상태에 불과하다. 따라서 이때의 고요함이란 외물과의 접촉으로 인해 언제라도 움직임으로 즉각 전환될 수 있는 마음의 한 시점이다. 그처럼 고요함에서 움직임으로의 국면의 변환은 전적으로 외물과의 접촉이라는 외재적 계기에 따라 수동적으로 결정된다. 송시열은 마음의 '고요한 때'에 잠재된 이처럼 불안정하고 피동적인 성격을 '움직임의 잔여'라고 표현한 것이다.

그렇게 볼 때 움직임의 잔여로서의 '고요한 때'가 미발 개념과 구분되는 것은, 첫째 그것이 시간상의 한 국면을 지칭하는 것으로 아무런 도덕적 함의를 담지하지 않는다는 점, 둘째 그 존속이 외적 계기에 의존하기 때문에 항존적이지 않다는 점이다. 마음의 한 시점으로서의 고요함은 외물이 도래함과 동시에 증발되어버리며, 외물과의 접촉이 중단되는 동안에만 일시적으로 존속한다. 그렇다면 현상세계 속에서 일상적인 삶을 영위하는 대부분의 인간에게 '고요한 때'는 결코 지속성을 가질 수 없으며, 심지어 거의 체험되기 힘들다고 말해도 과언이 아니다. 보통 사람의 일상생활은 대개 외부 사물과 끊임없이 감응하는 과정으로 구성되기 때문이다. 이는 달리 말하여 '고요한 때'가 이른바 안정적인 지속성을 전혀 담보하지 못함을 뜻한다. 이처럼 불안정하고 임시적이며 피동적인 성격을 지닌 고요함은 불변적이고 항구적인 대본大本, 즉 본성과 합치되어 있는 상태로 간주될 수 없을 것이다. 여기서 '고요한 때'와 미발의 차이를 결정짓는 또 하나의 중요한 요소로서 안정성定의 여부가 부각된다. 송시열은 움직임의 잔여와 구분되는 미발의 특징으로서 '마음이 함부로 변동하지 않는 상태'를 거론한다. 이와 관련하여 그가 『대학』의 "정이후능정定而後能靜"을 해석한 다음의 구절을 살펴보자.

> 능정能靜의 정靜이란 미발을 뜻한다. 정은 동動과 상대되는 말이다. 주자께서는 '(안정됨定 이후에야) 고요할 수 있다能靜'의 주석에서 '마음이 망녕되이 움직이지 않는다心不妄動'라고 해석하였으니, 그렇게 움직이지 않는 때가 또한 미발인 것이요, 또한 성의 덕을 형상하는 것이다. 다만 '망녕됨'이라는 글자를 첨가하였으니 대략 일반적으로 말하는 고요함과 다르다.[15]

이 구절은 해석하기가 다소 까다롭지만, 여기서 송시열은 정定 개념과 미발 간의 의미 있는 상관성을 시사하고 있다. 그는 『대학』의 경문에서 마음이 능히 고요해질 수 있는能靜 선결 조건으로 안정됨定을 언급하고 있음에 주목한다. 이 문맥에서 유의할 것은, 여기서 말하는 안정됨 이후에 얻게 되는 '능정能靜'의 고요함이란 앞서 말한 '동지여動之餘'로서의 고요함이 아니라는 점이다. 인용문에 명시되고 있듯이 송시열은 '능정'에서의 고요함이란 곧 미발을 뜻한다고 말한다. 다시 말해서 미발의 고요함은 움직임의 잔여로서의 불안정한 고요함이 아니다. 그것은 정定 이후의 고요함, 즉 안정된 마음을 견지할 때 비로소 얻어질 수 있는 고요함이다.

그렇게 볼 때 '고요함靜'이라는 똑같은 용어를 사용하더라도 둘이 함의하는 바는 전혀 다르다는 점에 유의해야 한다. 안정됨 이후에 도달하는 '능정'의 고요함이란 '마음이 미혹되어 제멋대로 변동하지 않는 상태心不妄動'를 뜻한다. 즉, 정定 이후에 도달하는 '능정'의 고요한 상태에서 마음은 망동妄動하지 않는다. 여기서 '망동'이란 제멋대로 함부로 움직임을 일컬으며, 따라서 중립적인 의미에서의 '움직임 일반'과는 다르다. 마찬가지로 '능정'에서의 고요함 또한 중립적인 의미에서의 '고요함 일반'과 다른 것이다. 송시열은 고요함과 움직임이 일상용어로서 상대되는 말이지만, '능정'에 짝을 이루는 상대 개념은 일반적인 의미의 움직임이 아니라 '망동'이라고 말한다.

이제 다소 복잡해 보이는 송시열의 주장을 좀 더 간결하게 정리해 보자. 사람의 마음이 안정定되면, 마음은 비로소 어떤 고요한 상태에 도달하게 된다. 그런데 이때 얻는 고요함이란 일반적인 의미에서 동·정 가운데 한쪽으로서의 고요함이 아니다. 그렇게 얻어지는 것은 '능정'의 고요함으로서 마음이 함부로 망동하지 않는 일종의 평정심을 의미한다.■[16] 즉, 그것은 외물이 도래하지 않았기 때문에 자연스레 주어지는 피동적인 고요함이 아니라 정定이라는 계기와 더불어 얻어지는 주체적인 고요함이다. 이처럼 안정됨 이후에 비로소 고요해질 수 있는 상태, 이러한 상태가 바로 미발이라고 송시열은 말한다. 말하자면 미발이란 조금의 '망동'도 없는 안정적인 심적 상태를 뜻한다. 이에 송시열은 '능정'이라는 용어에 대해 주희가 "긴요한 것은 '능能'이라는 글자에 있다要緊在能字"[17]고 한 것에 주목하면서 다음과 같이 말한다.

> 이 가운데서 만약 '능能'자가 없다면 이른바 고요함 또한 진정한 고요함이 아니요, 편안함 또한 진정한 편안함이 아니다. 반드시 진정한 고요함과 진정한 편안함을 얻은 연후에야 비로소 '고요해질 수 있다能靜'고 말할 수 있다. ("긴요한 것은 '능'이라는 글자에 있다"고 말한) 주자의 뜻은 여기서 나왔을 것이다.[18]

여기서 '능'자에 대한 강조는 무엇을 함의하는가? 이는 안정됨 이후의 고요함이 외물과의 접촉 여하에 따라 수동적으로 존속하는 고요함이 아니며 주체의 공부와 노력을 통해 능동적으로 확보되는 고요함이라는 점을 부각시키는 것이다. 송시열에 따르면 '움직임의 잔여로서의 고요함'과 '안정을 통해 얻어지는 미발의 고요함'은 차원이 다른 고요

■ 여기서 필자는 '미발지중'에 이른 마음 상태를 지칭하는 개념으로 '평정심'이란 용어를 사용하였다. 이는 "단순히 심리적 평정 상태가 아니라 마음이 심리적·정서적 중정 상태가 되었을 때 마음 본래의 성향인 성이 온전히 발현될 수 있는 조건이나 상태", 그래서 "도덕적 중정 상태이며 도덕 가치로 충만한 본연의 상태"다.

함이다. 전자는 주체의 의지와 무관하게 외부적 조건에 의존하는 고요함이요, 후자는 주체의 투철한 공부가 개입함으로써 비로소 확립될 수 있는 고요함이다. 그러므로 '능정'의 고요함은 저절로 주어지는 것이 아니라 마음을 안정케 하는 수양 공부를 거쳐야만 확보될 수 있다. 송시열은 이처럼 능동적으로 확보해낸 고요함이야말로 진정한 고요함眞靜이자 진정으로 안정된 마음의 상태眞安라고 말한다. 이처럼 진정으로 고요하고 안정되어 있는 심적 상태가 바로 '환히 밝아 혼란스럽지 않은炯然不亂' 마음 상태이며, 이것이 곧 미발의 의미다. 여기서 '환히 밝아 혼란스럽지 않다'고 함은 앞서 말한바 '망동'하지 않음, 즉 미발의 특징인 '안정됨定'이다.

이렇게 볼 때 움직임의 잔여로서의 고요함과 차별화되는 미발 개념의 특징이 분명해진다. 송시열에게 미발이란 물론 고요한 때에 속하지만 이는 '그저 움직임이 잠시 그친 순간' 이상의 특별한 의미를 지닌다. 송시열 자신의 표현을 빌리면, "미발이란 반드시 숙연하고 혼란스럽지 않으며, 밝은 상태로 어둡지 않아서 귀신이라도 엿볼 수 없는 경지가 된 연후에야 미발이라고 이름붙일 수 있다."[19] 그는 미발이 단지 고요하기만 한 것이 아니라 매우 명철하고 순수하여 아무런 미혹됨이 없는 이상적 심리 상태임을 강조한다. 이는 역으로 미발이 아닌 움직임의 잔여 상태에서는 마음이 명철하지 않고 혼란이 생길 수 있다는 의미다. 그러한 이유에서 '형연불란'은 미발의 본질을 규정하는 중요한 명제다. 바로 이 술어에 송시열의 미발 개념이 함축하는 특징이 집약되어 있기 때문이다. 이처럼 '형연불란'한 상태이기 때문에 미발은 그 자체로 중과 동등하게 간주될 수 있는 것이다.[20] 이는 결국 미발의 진정한 의미가 대본으로서의 위상을 갖는 데 있다고 보았던 취지와 같은 맥락이다.

—

마음의 안정과 공부

—

—

마음의 고요함과 움직임, 그리고 평정심定

송시열의 구도에서 이른바 마음의 안정定이란 미발을 일종의 도덕적 평정심으로 규정함에 있어 중핵이 되는 개념이다. 여기서 '정定'은 정호程顥(1032~1085)의 「정성서定性書」에 언급되었던 개념과 일치하는 것으로, 외물에 의하여 동요하는 마음을 가라앉히는 공부와 관련된다. 이처럼 송시열의 미발 공부론은 「정성서」의 논점을 계승하고 있다는 점에서 주목을 끈다. 정定이란 동정動靜이라는 계기에 의해 좌우되지 않고 주어진 사태에 능동적으로 대처하며 항상적인 도덕적 주체성을 견지하는 것을 지칭한다.■²¹ 송시열에 따르면 미발 체험의 관건은 이러한 마음의 안정을 지속적으로 견지해낼 수 있느냐에 달려 있다. 그렇게 볼 때 미발 체험과 관련하여 성인과 보통 사람 사이에 격차가 벌어지는

■ 여기서 송시열은 '정성定性'이란 동정의 어느 한 국면에 매몰되지 않고 마음 전체에 도를 관철시키는 능력이라고 말한다. 아울러 그는 '정성'이란 사실상 '정심定心'을 의미한다는 주희의 견해에 적극 찬동한다.

이유 또한 마음의 안정 여부와 무관치 않다. 「봉산어록」의 다음 구절은 그와 관련된 송시열의 입장을 보여준다.

〔3〕박광일이 말하였다. "그렇다면 보통 사람은 애초에 본체의 밝음을 가지고 있음에도 불구하고 항상 움직이므로常動 대본이 서지 못하는 것이군요."
선생이 박광후를 돌아보며 말씀하셨다. "저 말이 가장 옳다."²²

이 문답에서 박광일은 보통 사람이 성인과 마찬가지로 밝은 본체를 지니고 있으면서도 대본을 세우지 못하는 이유가 무엇인지 언급한다. 그러자 송시열은 그 발언을 가장 적확한 진술이라고 평가하며 승인하고 있다. 그에 따르면 보통 사람이라도 기질 여하에 상관없이 누구나 본체의 광명함을 지니고 있다. 그럼에도 불구하고 대본이 제대로 확립되지 않는 이유는 보통 사람의 마음이 '항상 움직이고 있기 때문'이다. 즉 보통 사람은 그 마음이 항상 불안정하게 흔들리므로 성인과 같은 도덕적 평정심을 유지하지 못한다는 것이다. 이를 거꾸로 해석하면 성인은 마음이 움직이지 않기 때문에 본체의 밝음과 대본의 확립에 아무 장애가 없다는 뜻이 된다. 그렇게 볼 때 대본이 되는 미발 본체를 확립하는 관건은 결국 '그 마음이 항상 움직이는가 고요한가'의 여부에 달려 있는 셈이다. 송시열의 견지에서 성인이 되기 위한 공부란 이처럼 항상 움직이는 마음을 항상 고요한 마음으로 전환시키는 것에 다름 아니다. 물론 여기서 공부의 목표가 되는 '성인의 고요한 마음'이란 액면 그대로 움직임이 전혀 없는 상태를 뜻하는 것이 아니라 마음이 안정되어 미혹됨이 없는 상태를 의미한다. 그것은 앞서 언급한 것처럼 움직임의 잔여로서의 고요함이 아니라 '형연불란'한 마음 상태로서의 미발의 고요함, 즉 진정한 고요함眞靜이다.■23

여기서 생각해봐야 할 부분은, 송시열이 보통 사람의 마음이란 항상 동요하고 있다고 말하는 점이다. 즉 그는 미발시의 도덕적 평정심을 제외한 마음 상태를 모두 '움직이고 있는 상태'로 규정한다. 사물과 접하기 이전의 시점에 해당되는 '고요한 때'조차도 움직임動의 범주에 속하는 것으로 간주하는 것이다. 이 부분은 마음의 동·정 구분과 관련하여 혼란의 여지가 있으므로 부연 설명이 필요하다. 앞서 송시열은 미발과 '고요한 때'를 서로 다른 층위의 고요함으로 구분하면서 미발의 고요함을 '진정한 고요함'이라 칭하고 사물과 접하지 않았을 때의 고요함을 '움직임의 잔여'로 규정한 바 있다. 그런데 이처럼 고요함의 의미를 둘로 구분했던 것에서 한 걸음 더 나아가, 송시열은 움직임의 잔여로서의 고요함이란 사실상 '움직임'이라는 마음 상태의 한 국면에 불과하다는 입장을 취한다. 그는 이를 설명하기 위해 움직임의 잔여에 해당되는 대표적인 예로 잠들어 있는 상태를 거론한다.

〔2〕(…) 고요함이란 움직임의 잔여에 불과하므로 미발이라 부를 수 없다. 이것을 어떻게 밝힐 수 있는가? 사람이 잠을 잘 때에 무슨 감촉함이 있으랴마는, 그러나 그것은 움직임의 잔여인 까

■ 보통 사람의 대본이 서지 못하는 이유를 박상현에게 묻는다면, 그의 대답은 '기질의 탁함 때문'이었을 것이다. 따라서 박상현에게 대본 확립의 관건은 '탁한 기질을 변화시키는 것'이다. 그와 달리 송시열은 대본이 서지 못하는 이유를 '마음의 불안정한 동요 때문'으로 설명한다. 이에 따라 그의 해법은 '마음을 안정시키는 것'에 놓이게 된다. 이처럼 동일한 문제를 대하는 두 사람의 사유 방식은 미묘하게 차이가 난다.

닭에 마음이 오히려 혼매하여 꿈도 꾸고 전도를 일으키기도 한다. 사물에 감응하는 바가 없으니 이때를 고요하다고 할 수는 있겠지만, 꿈꾸는 것은 전도를 일으키는 것과 같으니 미발이라고 불러서는 안 된다.[24]

사람이 잠을 잘 때는 의식이 수면 상태에 들어가 있으므로 어떤 외물과도 접촉하지 않는 때이다. 그처럼 아무런 외부 자극이 없다는 점에서 보자면 이때를 일컬어 '고요하다'고 부를 수도 있다고 송시열은 말한다. 하지만 위의 구절을 찬찬히 살펴보면 그것은 관점에 따라 고요함으로 볼 수도 있다는 정도의 의미일 뿐, 송시열은 그러한 고요함을 사실상 '잠재적인 움직임의 한 부분動之餘'에 불과한 것으로 간주하고 있다. 그 예로 송시열은 사람이 잠을 자면서 꿈을 꿀 때 종종 비실제적인 착란이 일어난다는 사실을 든다. 이를테면 사람이 꿈을 꾸는 동안에는 실제로 눈앞에 먹을 것이 없더라도 무언가 먹고 있는 듯한 착각이 발생할 수 있다. 그런 경우는 실제적인 외물과의 감촉이 없음에도 불구하고 의식이 작동하고 있는 것이다. 물론 이것은 전도顚倒된 의식에 의해 유발된 거짓 지각이다. 이러한 비실재적인 의식이 발생하는 이유는 잠들기 이전 '움직임'의 여파가 여전히 의식 안에 남아 작동하고 있기 때문이다.■[25] 비단 꿈을 꾸고 있는 상황이 아니더라도 평상시 기억이나 상상 등을 통해 외물과의 직접적인 접촉 없이 모종의 감정이나 사려가 발생하는 일은 비일비재하다. 이런 것들은 모두 일종의 분요紛

■ 여기서 송시열이 언급한 '잠잘 때 꿈꾸고 있는 경우'의 예시는 정이의 어록에서도 보인다. 정이 또한 '꿈'이라는 비실제적인 지각이 일어나는 이유를 마음이 안정定되지 않음에서 찾는다는 점은 유념해서 볼 부분이다.

擾 상태, 즉 의식이 제멋대로 일어나 혼란스러운 상태를 의미한다. 그런데 이처럼 외물과의 접촉 없이도 의식이 제멋대로 일어난다면 이를 과연 고요한 상태라고 할 수 있는가? 이에 대하여 송시열은 다음과 같이 말한다.

> 보통 사람의 마음은 종일토록 물욕에 휩쓸려 흔들리므로 그 욕정이 강해져서 본성을 해치니, 잠자는 동안에도 의식이 전도를 일으킨다. 이러하다면 미발이라고 할 수 있겠는가? (…) 내 생각에는 보통 사람의 마음이란 고요한 때가 없으며, 고요한 때가 없기 때문에 미발 또한 없는 것이다.[26]

여기서 송시열은 한층 더 강한 어조로 보통 사람에게는 고요한 때가 없으므로 미발 또한 없다고까지 말하고 있다. 이 말을 문자 그대로 해석하면, 마치 보통 사람에게는 미발은커녕 '고요한 때'조차 있을 수 없다는 뜻이 된다. 하지만 앞서 그가 주장한 대로 미발과 '고요한 때'의 의미 층차를 구분한다면, 그저 사물과 접하기 이전의 시점에 해당되는 '고요한 때'는 성인이 아닌 범인에게도 허용될 수 있는 것 아닌가? 그런데 여기서 송시열은 다시 '보통 사람에게는 고요한 때조차 없다'고 말하고 있다. 이러한 송시열의 발언에 대한 의문은 박광일에 의해서도 제기된 바 있다. 박광일은 미발과 '고요한 때'를 구분했던 송시열의 취지를 감안하더라도, 보통 사람에게 미발이 없다고 할지언정 '고요함'의 시점조차 없다고 말할 수는 없지 않느냐고 묻는다.[27] 이에 대해 송시열은 '고요함'의 의미를 좀 더 궁극적으로 추궁한다면, 외물과 접하지 않아 고요한 때로 간주되는 시점조차도 실은 고요한 때로 볼 수 없다고 말한다.

일이 있을 때를 움직임으로 본다면 당연히 일이 없을 때가 고
요함이 되니, 이는 동과 정의 상대적인 관계를 일반적으로 말
한 것이다. 그러나 일이 없을 때도 이 마음이 혼매하거나 어지러
운 경우, 겉으로 보기에는 마치 고요한 것 같지만 실제로는 움직
임의 잔여 상태에 놓인 것이다. 움직임의 잔여라고 하면 당연히
이발의 상태에 속하므로 미발이라고 말할 수 없다. 이것은 고요
함의 의미를 궁극적으로 말한 것이다.[28]

여기서 말하는 '일이 있을 때有事時'와 '일이 없을 때無事時'는 곧 마음
이 외물과 접촉했을 때와 그렇지 않을 때를 지시한다. 송시열은 이처럼
외물의 도래 여부가 일반적으로 고요함과 움직임을 나누는 기준이기
는 하지만, 일이 없을 때에도 겉으로 보기에 고요한 듯하나 내면적으
로 사려분요思慮紛擾가 일어날 수 있음을 지적한다. 이를테면 앞서 말한
것처럼 잠을 자는 동안 꿈을 꾸는 상태가 그렇다. 그러한 상태는 외물
과 접촉이 없기 때문에 고요한 상태에 가까워 보이지만, 그럼에도 불
구하고 모종의 의식 작용이 일어나고 있기 때문에 그 실상은 움직임의
상태에 해당된다. 다시 말해서 '일이 없을 때' 혹은 '사물과 아직 접하
지 않은 시점'이라 하더라도 내면에서 분요가 일어나는 한, 이는 그저
피상적으로 고요해 보이는 것일 따름이요 실제로는 잠재적인 운동 상
태의 일부분動之餘이라는 것이다. 송시열은 고요함의 의미를 궁극적으
로 추궁한다면 오로지 미발만이 진정으로 고요한 상태라고 말한다.
　그와 같이 볼 때 이제 송시열에게 미발을 제외한 심적 상태는 모두

'움직임'의 범주로 환원되며, 이때 그가 상정하는바 '움직이는 마음'은 그 안에 동과 정의 양 국면을 포괄한다. 말하자면 '일이 있을 때'와 '일이 없을 때'가 각각 동과 정으로 나뉘는 것이 아니라 양자 모두 '움직임'의 차원 안에서의 동과 정으로 귀속된다. 그리고 그와 상대되는 의미에서의 고요함, 이른바 '진정한 고요함'에는 오로지 미발의 마음만이 해당된다. 즉 송시열의 사유에서 마음의 동과 정은 새로운 의미 기준을 함의하게 된 것이다.

송시열이 이처럼 논의를 복잡하게 이끌어가며 굳이 동과 정의 범주 구분을 재편하는 의도는 무엇일까? 그는 마음의 동정을 구분함에 있어 기존의 동정 관념과 변별되는 새로운 가치 기준을 정립하고 있다. 그에게 고요한 마음이란 사려분요가 전혀 발생하지 않고 의식의 전도가 일어나지 않는, 즉 마음이 망동하지 않는 도덕적 평정심을 일컫는다. 이때 고요함이란 액면 그대로의 정적靜寂이 아니라 동요하지 않는 안정적 상태의 다른 말이다. 반면 움직임이란 이처럼 평정심을 유지하지 못한 채 사려분요로 인해 동요하는 마음 상태를 일컫는다. 결국 마음의 동정을 가늠하는 기준은 궁극적으로 안정됨定의 여부에 달려 있다.

그렇게 볼 때 비록 '일이 없을 때'라 하더라도 마음에 분요가 남아 있다면 '고요하다'고 말할 수 없다. 외물과의 감응 여부는 미발을 규정함에 있어 본질적인 계기가 되지 않을뿐더러 궁극적으로 고요한 상태에 도달하는 일차적인 조건이 될 수 없기 때문이다. 즉 마음의 동과 정을 판가름하는 기준은 '대상 사물과의 감촉'이라는 외재적·우연적인 조건에 달려 있지 않으며 주체 스스로 마음의 안정을 능동적으로 견지해낼 수 있느냐에 달려 있는 것이다. 정리하자면 송시열에게 '고요한 마음으로서의 미발'이란 곧 '안정된 마음'과 동의어로 간주되며, 그러한 고요함은 외물의 도래라는 주체 바깥의 계기에 의해 확보되는 것이 아니라, 외적 조건과 무관하게 항상 견고한 도덕적 지향성을 견지해내려는 주체 자신의 끊임없는 노력과 공부에 의해 성취된다. 결국 치중致中을 통한 미발 체험의 관건은 '대상'이 아니라 전적으로 '주체'에 달려 있는 것이다.

미발과 공부—마음의 주인됨을 지켜가는 것
—

송시열이 보기에 보통 사람이 평소 미발을 견지하지 못하는 까닭은 그 마음이 '항상 움직이기 때문'이다. 보통 사람은 대상 사물에 의한 직접적인 외부 자극이 없는 때라도 내면에 분요가 발생하며 그로 인해 마음이 안정을 얻지 못하고 항상 흔들린다. 송시열은 이러한 분요가 발생하는 이유를 물욕 때문으로 설명한다.[29] 대개 물욕이 왕성한 보통 사람의 마음은 그 욕망의 강도가 지나치게 강해 사물과 접하지 않은 때에도 의식 속에 잔존하여 마음을 동요시킨다.■ 송시열의 비유를 빌리면 이는 마치 바람이 불어 웅덩이에 고인 물이 흔들릴 때 바닥에 깔려 있던 진흙이 일어나 혼탁해지는 것과 같다. 그는 박상현에게 보낸 편지에서 다음과 같이 말한다.

■ 송시열은 물욕에 의한 마음의 동요를 기의 청탁과 직접적으로 연관시켜 설명하지는 않는다. 물론 물욕의 강도가 사람에 따라 다른 이유를 설명하자면 기의 청탁 논리가 동원될 수밖에 없겠지만, 지금의 논의에서 송시열의 의중은 그처럼 기의 청탁으로 인한 개체 사이의 차별성을 드러내는 데 있지 않다.

무릇 물이 바람에 의해 흔들리면 진흙이 뒤섞여 탁해지면서 색
이 바뀌고 성질도 변하게 되어 그 본래의 맑음을 볼 수 없게 된
다. 바람이 잦아들고 난 후에는 비록 잠시 흔들림이 멈추지만
진흙이 뒤섞여 혼탁해진 상태는 그대로이니, 이는 바람이 흔들
어놓은 여파다. 움직임이 멈춘 것은 바람에 해당되는 일이지만
맑고 탁함은 물에 해당되는 것이니, 바람이 멈추었다는 사실이
그 물의 탁하지 않음을 보장하는 것은 아니다. 물의 경우가 이
러하건대 마음의 경우는 더욱 심하다. 마음은 하루 종일 물욕
에 시달리며 잠시도 안정되지 못하여 야기夜氣조차도 맑지 못하
고 잠자는 동안에도 전도를 일으키니, 어찌 외물과 접하지 않은
것을 일컬어 미발이라고 하겠는가?[30]

바람과 물의 비유를 통해, 송시열은 외물로 인해 생겨난 물욕이 그
대상과의 접촉이 차단된 이후에도 쉽게 가라앉지 않아 마음을 어지럽
히는 보통 사람의 실상을 이야기하고 있다. 이 비유가 상정하는 중요
한 전제는 '바람이 그치더라도 한번 혼탁해진 물은 금세 맑아지지 않
는다'는 것이다. 주목해야 할 대목은 "바람이 멈추었다는 사실이 그 물
의 탁하지 않음을 보장하는 것은 아니다"라는 발언이다. 이는 곧 욕망
의 대상이 눈앞에서 사라졌다고 해서 그것을 향한 물욕이 덩달아 소
멸하는 것은 아님을 빗대어 말한 것이다. 아무리 외물과의 직접적인 접
촉이 차단된다고 하더라도 보통 사람의 마음은 평정한 상태를 쉽게 유
지하지 못한다. 바람이 멈추어도 여전히 혼탁한 기운이 가라앉지 않는
흙탕물과 같이, 보통 사람은 외물이 눈앞에서 사라져도 욕망이 꺼지지
않아 마음이 혼란스럽게 된다. 이처럼 마음속에 어지러움이 남아 있는

한 비록 외적 자극이 중지된 상태라 해도 안정에 도달했다고 할 수 없다. 또한 '진정한 고요함' 즉 미발이라고 부를 수도 없다.

이와 같은 송시열의 논리는 마음의 평정을 확보함에 있어 외부 자극을 제거하는 것이 그 자체로 아무 소용이 없다는 사실을 시사한다. 즉, '안정됨'이라는 심적 상태는 주체 바깥의 외부적 계기 여하에 따라 확보될 수 있는 성질의 것이 아니다. 그렇다면 마음이 '항상 움직이고 있는' 보통 사람은 어떻게 해야 마음의 안정을 성취할 수 있는가? 앞서 말한 것처럼 미발의 중을 지극히 하는 것, 즉 대본의 확립이란 결국 부단한 공부와 수양을 통해 '항상 움직이는 마음'을 '항상 고요한 마음'으로 전환시키는 것이다. 여기서 관건은 바로 그 수양 공부의 방식이다. 그러한 수양법은 외물과의 접촉을 철저히 차단함으로써 물욕을 제거하려는 방식이어서는 안 된다. 송시열이 언급하였듯이 외물과 접하지 않는다고 해서 물욕이 사라지는 것은 아니기 때문이다. 오히려 그처럼 욕망의 대상을 제거함으로써 마음의 안정을 얻으려는 수양 방식은 여전히 꺼지지 않는 욕망 안에서 몸부림치는 자아의 고통만 야기할 뿐이다. 더욱이 이는 마음의 평정을 대상과의 감촉 단절이라는 외적 조건에 의탁하여 확보하려는 시도이기에 피동적이고 우연적인 계기에 좌우될 수밖에 없다. 결국 움직임의 잔여에 불과한 일시적인 고요함으로 마음의 안정을 구하려는 기획은 사려분요의 혼란만 가중시킬 뿐 실패할 수밖에 없다. 그러므로 마음의 안정이란 외물과의 접촉 여부에 구애됨 없이 철저하게 주체의 도덕적 능력을 배양함으로써만 확립될 수 있는 것이다.

이 같은 논리는 바로 정호가 「정성서」에서 장재의 수양법을 비판했던 논리의 재연이라 할 수 있다.[31] 그렇다면 움직임의 잔여에 불과한 일시적 고요함을 넘어 지속적인 안정을 가능케 하는 마음의 조건은 무엇인가? 중요한 것은 물욕 자체를 말소시키려 하기보다는 오히려 물욕을 주체적으로 장악하고 제어할 수 있는 능력을 기르는 것이다. 결국 수양 공부에서 관건은 이처럼 주재主宰하는 마음을 견지하는 데 달려 있다. 자기를 주재하는 역량이 극대화될 때 마음은 물욕에 의해 휘둘리지 않는 진정한 고요함을 얻게 된다. 이에 송시열은 미발이란 바로 주재의 의미를 포함하는 개념임을 강조한다. 즉, 중으로서 미발의 마음이란 주재가 이루어지고 있는 마음이다. 이러한 주재성을 확고히 견지할 때, 마음은 외물과의 접촉 여하를 막론하고 언제나 흔들리지 않는 안정성을 확보하게 되는 것이다. 송시열은 박상현에게 보낸 편지에서 주희의 「답임택지答林擇之」와 『주자어류』의 구절을 인용하여 다음과 같이 말한다.

> 「답임택지」: 외물과 감촉하지 않았을 때라도 만약 주재함이 없다면 또한 고요함을 안정시킬 수 없으니, 다만 여기서 자연히 천성이 어두워지는 것이지 외물과 만나 이끌려버린 후에야 잘못되는 것이 아니다. 홀로 있을 때 삼가지 않으면 비록 사물이 아직 이르지 않았더라도 이미 어지럽고 혼란스러워서 미발의 때가 없을 것이다.[32]
>
> 『주자어류』: 만약 공부를 하지 않으면 움직일 때는 본디 움직이는 것이요, 고요할 때조차도 고요하고자 하나 고요함을 얻지 못할 것이니, 고요한 것조차도 움직이는 것이다.[33]

송시열이 채택한 이 인용문들은 미발, 주재, 안정, 고요함 등의 개념을 연관시켜 일련의 의미로 파악하는 그의 입장을 집약적으로 대변해 주고 있다. 이를 정리하여 말하면, 미발이란 곧 주재가 이루어지는 마음 상태이기 때문에 안정적이며 진정으로 고요하다고 할 수 있다. 그렇게 볼 때 송시열의 미발 개념을 규정하는 핵심어가 '주재'라는 점은 분명해진다. 바로 그러한 주재적 역량을 통해 미발은 일반적인 고요함과는 다른 '형연불란'한 심적 상태가 될 수 있는 것이다. 같은 맥락에서 위에 송시열이 인용한 「답임택지」의 다른 구절에서도 그의 견해를 뒷받침하는 논거가 발견된다. 그 편지글에서 주희는 "사람에게는 실로 희로애락이 발현되지 않는 시점이 있다. 그러나 미발이라고 할 때는 주재함이 없다고 말해서는 안 된다"고 말하고 있다.[34] 즉 미발의 함의에는 단순히 감정이 발동하기 이전이라는 의미만 있는 것이 아니라 또한 마음의 주재적 활동이 전제되어 있다는 것이다.

송시열은 주희의 미발 이해에서 보이는 이러한 수양론적 관심을 간취하고 이를 부각시키고자 하였다.■[35] 그렇게 볼 때 미발 공부란 곧 마음의 주재력을 키우고 강화시키는 공부에 다름 아니다. 주지하는 바와 같이 그와 같은 미발 공부의 핵심은 거경居敬을 통하여 함양하는 것이다. 이와 관련하여 위에 송시열이 인용한 『주자어류』의 구절이 본래 주희와 제자들이 존양 공부에 대하여 논의하는 과정에서 나온 것이라는 사실 또한 유념해서 볼 부분이다.[36] 송시열은 지극한 고요함至靜에 이르는 거경함양의 수양법으로 삼가 경계하고 두려워하는 공부戒愼恐懼를

■ 이봉규는 주희의 미발에 대한 논점이 사려의 발생 이전 상태라는 존재론적 이해로부터 유가적 이념을 지향하는 의식이 깨어 있는 상태라는 수양론적 이해로 전환해갔으며, 송시열이 이러한 주희 후기 사상의 논점을 중심으로 미발의 의미를 읽고 있다고 지적하였다.

강조한다.

> 주자의 미발에 관한 학설은 초년과 만년에 차이가 있다. 그러나
> 『중용』주의 학설로 보건대, 반드시 삼가 경계하고 두려워하는
> 공부를 한 후에야 점차 지극한 고요함에 이르러 치우치거나 기
> 울지 않게 되는 것이다. 그러므로 보통 사람마다 모두 미발의 때
> 가 있다고 말할 수 없는 것이다.[37]

여기서 송시열이 '보통 사람에게 미발이 없다'는 주장을 다시금 공
부의 문제로 연결시키고 있음을 확인할 수 있거니와, 그 공부의 핵심
은 바로 '계신공구'의 태도에 달려 있다. 그에 따르면 이와 같이 삼가 경
계하고 두려워하는 공부가 바로 존양이다.[38] 존양의 공부란 마음을 잘
지켜서 외물에 의해 동요되거나 휘둘리지 않고 항상 천리를 잘 보존하
는 것이다.[39] 그는 이러한 존양의 공부가 곧 마음의 주재를 확고히 하는
수양이며, 이를 통해 '형연불란'한 미발의 마음 상태를 지속적으로 견
지할 수 있다고 주장한다.

지금까지의 논의를 정리해볼 때, 송시열에게 미발이란 그저 사물과
접촉하지 않은 때 혹은 칠정이 드러나지 않은 시점이라는 일반적인 의
미에서의 고요한 때와 다른, 어떤 특별한 의미를 내포하고 있는 개념이
라 할 수 있다. 그것은 보통 사람에게는 수양과 공부를 통해 비로소 체
험할 수 있는 특별한 차원의 고요함으로, '환히 밝아 어지럽지 않은' 상
태이며 일종의 도덕적 명민함을 발휘하고 있는 상태다. 또한 이때 고요
함은 문자 그대로 적막함을 뜻하는 것이 아니라 외물이나 물욕에 좌우
되지 않는 평정심을 뜻한다는 점에서, 미발이란 곧 마음의 주재가 온

전히 이루어지고 있는 상태를 의미한다. 그런 면에서 이 장에서 검토한 미발의 성격 규정은 앞에서 살펴본 '지각불매'와 관련된 논의와도 부합한다. 다만 앞서 '미발시 지각'이라는 논의에서는 지각의 활동을 부각시키고자 미발에서의 '움직임'이라는 측면이 강조되었다면, 본장의 논의에서는 주재에 의한 마음의 안정이라는 측면에 초점을 두는 까닭에 미발 개념을 '고요함'의 측면에서 논의하였다는 데 차이가 있다.

　이처럼 미발 개념은 논점에 따라 움직임으로 혹은 고요함으로 규정될 수도 있다는 점에 유의해야 한다. 이러한 양가적 측면으로 인해 미발과 동정 개념을 연관시키는 문제는 그 논의의 갈피를 놓친다면 자칫 난맥에 빠질 수 있다. 하지만 어떠한 논의 경로를 통해서든 송시열의 미발에 대한 규정은 결국 '주재가 이루어지는 마음'이라는 결론으로 수렴된다는 점에서 일치한다. 주재라는 마음의 역량이 발휘되고 지각이 어둡지 않다는 점에서 미발은 '움직임'의 맥락을 내포하며, 동시에 그러한 주재를 통해 외적 조건이나 욕망에 의해 동요되지 않는 궁극적인 마음의 평정을 얻게 된다는 점에서 미발은 '고요함'의 맥락과 연계된다. 따라서 미발 개념을 동정 가운데 어느 한쪽 범주에 속하는 것으로만 전제하고 접근한다면 송시열의 논의는 자칫 복잡하고 혼란스러운 궤변의 나열처럼 보일 위험이 있다. 논의의 범주와 맥락에 따라 그의 사유 궤적을 이해하는 해석적 시각의 다변화가 필요한 이유가 거기에 있다.

제5장

지각의 성격과
그 연원에 관한 문제

잘 알려진 바와 같이 중화신설 이후 주희의 심론을 규정하는 핵심 명제는 '심통성정心統性情'이다. '마음은 본성과 정감을 통섭한다'는 명제를 통해 주희의 마음 개념은 '본성이 현실세계에 현상화된 결과적 양태'가 아니라 '본성을 담지하고 이를 주관하는 주재자'라는 확대된 위상을 얻게 된다. 즉 중화신설을 통해 마음은 '본성이 드러난 현상'에 불과한 것이 아닌 '본성을 다루는 주체'로 재정립된다. 그처럼 도덕 행위의 진정한 주체로 심의 위상을 재인식할 때, 심을 주체이게끔 하는 요소는 바로 그것이 지닌 주재적 역량에 달려 있다. 앞서 '지각불매知覺不昧'의 의미를 해석하면서 살펴보았듯이 주희는 그러한 마음의 주재 능력을 '지각' 개념과 긴밀하게 연결시켜놓았다. 그에 따라 그처럼 중차대한 지각의 능력이 과연 어떻게 가능한지, 그 능력은 어디로부터 연원하는 것인지가 새로운 화두로 부상한다.

지각의 연원과 관련하여 17세기 노론 학계에서 대두된 새로운 쟁점은 '지각의 연원을 지智로 볼 것인가 심心으로 볼 것인가'였다. 이는 이후 호학과 낙학의 첨예한 대립을 야기한 의제이기도 한데, 그에 앞서 송시열 역시 두 논점의 대립을 어느 정도는 인식하고 있었던 것으로 보인다. 하지만 이 문제에 대한 그 자신의 견해는 불명료한 편이다. 정확한 기록 연도를 알 수 없으나 송시열은 그의 연구 노트라 할 수 있는 「간서잡록看書雜錄」에 다음과 같은 언급을 남겨놓았다.

> 지각이 심에 속한다는 것은 주자 일생의 학설이었다. 그러나 한 곳에서는 지각을 지智에 속하는 것으로 보았으니, 이 부분을 자세하게 변석하지 않으면 안 된다. 내 생각에 앞에서 말한 지각은 마음이 텅 비고 밝아 어둡지 않음을 일반적으로 말한 것이고, 뒤에 말한 지각은 『맹자집주』에서 말한 '그 일의 소당연所當然을 알고 그 리의 소이연所以然을 깨닫는 것'[1]이다. 그러므로 심에 속하는 경우와 지에 속한 경우의 차이가 있다.[2]

> 지각이 심에 속한다는 것은 주자 일생의 가르침이었으나, 「답오회숙答吳晦叔」서에서는 지각을 지智의 작용으로 보았다. 이는 앞뒤의 설이 달라진 것이 아니다. 지각에는 두 가지가 있다. 그 허령한 운행과 작용이 배고픔과 배부름, 추위와 따뜻함 등을 아는 것은 심의 작용이니, 이는 주염계와 정자가 말한 지각이다. 일의 소당연을 알고 리의 소이연을 깨닫는 것은 지의 작용이니, 이는 이윤伊尹이 말한 지각이다. 두 가지가 각각 가리키는 바가 있으니 뒤섞어 말해서는 안 된다. 심은 기이고 지智는 성이며 성은 곧 리이다. 기와 리 두 가지는 떨어질 수 없으나 뒤섞일 수도 없는 것이다.[3]

지와 지각, 심과 지각의 관계에 대하여 송시열이 구체적으로 언급한 것은 위의 두 인용문 외에는 찾아보기 어렵다. 여기서 그는 지각이란 심의 범주에 속한다는 것을 주희의 기본 입장으로 파악하고 있으나, 동시에 '지로부터 유래한 지각' 또한 주희의 종지에서 벗어나지 않는다고 말한다. 그는 단도직입적으로 지각에는 심에서 유래한 지각心之用과 지에서 유래한 지각智之用의 두 가지가 있다고 말하며, 양자는 각각 지시하는 바가 다르므로 동일시해서는 안 된다고 명시하고 있다. 그렇게 볼 때 송시열은 지각 개념의 외연을 비교적 넓게 인정하며 경우에 따라 심의 작용과 지의 작용이라는 두 의미로 병용될 수 있음을 인정한 것으로 보인다. 하지만 이처럼 쟁점의 소재를 무마시키는 송시열의 모호한 견해는 오히려 후대에 지각을 심의 작용으로 보는 입장과 지의 작용으로 보는 입장 간의 논란을 격화시키는 빌미가 되었다.

이와 관련하여 17세기 우암학단의 학자들 가운데 지각 문제를 둘러싸고 가장 논쟁적인 인물을 꼽으라면 단연 김창협을 들 수 있다. 지각에 관한 김창협의 이론에서 핵심이 되는 쟁점은 바로 지智와 지각의 관계 설정에 관한 것이었다.[4] 그의 종지를 한마디로 요약한다면 '지각은 심의 발용이지 지의 작용이 아니다'라는 것이다. 김창협은 마음의 주재 능력으로서 지각이 도덕본성인 지와 관계하는 방식에 대하여 독자적인 이론 체계를 제시하였고, 이후 심의 본질이 되는 지각의 역할과 위상을 부각시키는 입장은 그의 학맥을 계승한 낙학의 종지로 자리잡게 된다.

그런데 그러한 김창협의 지각론이 등장하게 된 17세기의 담론적 배경에 주목할 필요가 있다. 김창협이 제시한 지각론은 그 독창적인 면모로 인해 논란의 대상이 되었지만, 그의 사유가 당시 기호학파의 동시대적인 문제의식과 완전히 동떨어진 것은 아니었다. 이에 김창협의 지각론 정립과 관련하여 주목해야 할 중요한 학술적 사안은 호병문胡炳文(1250~1333)■의 지각론에 대한 당대 노론 학계의 반응이다. 뒤에 자세히 논하겠지만 17세기 당시 호병문에 대한 대응은 김창협뿐 아니라 기호학파 공통의 문제의식을 반영하는 사상적 과제였다고 할 수 있다. 무엇보다 김창협이 그 자신의 지각론을 정립하게 된 계기 역시 호병문을 비판하기 위한 것이었다. 그렇게 볼 때 지와 지각의 관계에 관한 모색은 김창협 개인의 문제 제기에 앞서 호병문의 지각론에 대한 당시 노론 학계의 성찰을 반영하는 면이 있다. 뒤에 다시 언급하겠지만 여기에는 '리무위 기유위理無爲 氣有爲'라는 황금률에 근거하여 '성무위 심유위性無爲 心有爲'의 논리를 다져가는 율곡학파 본연의 입장이 기저를 이루고 있다. 그렇게 볼 때 김창협의 지각론을 특출한 개인의 독창적인 철학적 구상으로 받아들이기보다는 호병문의 주석에 대한 율곡학파의 대응 양상이라는 맥락에서 접근할 필요가 있다.

이 장에서는 먼저 17세기 우암학단에서 문제시된 지각 담론이 『대학장구』서序에 보이는 호병문 주석에 대한 평가와 밀접하게 연관된다는 사실을 논증할 것이다. 이와 관련하여 호병문에 대한 학술적 대응이 학단의 중심인물인 송시열보다 그의 제자군 사이에서 적극적으로 표출되었다는 점은 특기할 만하다.■■5 호병문에 대한 비판과 옹호를 통해 '지와 지각의 관계'라는 논제를 수면 위로 부상시킨 중심인물은 김

■ 호병문의 자는 중호仲虎, 호는 운봉雲峰이다. 원나라 때 휘주徽州 무원婺源 사람으로 어려서부터 주자학에 독실한 뜻을 두었다고 하며, 원대 유학 사상계에 적잖은 영향력을 끼쳤던 인물이다. 저술로는 『운봉집雲峯集』, 『주역본의통석周易本義通釋』, 『사서통四書通』, 『춘추집해春秋集解』, 『예서찬술禮書纂述』, 『서집해書集解』 등이 있다.

창협과 김간이다. 그러한 정황에 따라 이 장에서는 김창협과 김간 두 사람의 대립각을 선명히 기술하는 데 주력할 것이다.

■■ 지智와 지각의 관계 문제가 이후 호락논쟁의 쟁점으로 확대되는 과정에서 학단의 태두였던 송시열이 끼친 영향력은 상대적으로 작다. 조남호는 「간서잡록」에 보이는 송시열의 언명이 학술 이론상 한계가 있었으며, 거기서 더 나아가 호병문의 오류를 지적하고 극복함으로써 송시열이 해결하지 못한 문제를 돌파해낸 것이 김창협의 학문적 성과라고 평가한다.

—

지각에 관한 호병문의 학설에 대응하다

—

—

호병문 지각론의 기본 논점
—

17세기 기호학파의 특징적 경향 가운데 하나가 경학적 관심의 증대와
더불어 주자학 문헌에 대한 치밀한 편찬 및 정리였다는 점은 전술한 바
와 같다. 그와 맞물려 송시열과 그 문파의 학술 토론은 주자학 문헌에
기재된 각종 어구와 주석이 주희의 의도에 맞는지 꼼꼼히 점검하는 작
업과 연관된 것이 많았다. 그러한 학문적 분위기 속에서 지각과 관련
해 문제시되었던 대표적인 구절은 『대학장구』 서문의 소주小註에 실린
운봉호씨雲峯胡氏(호병문)와 파양심씨番易沈氏■⁶의 지智에 대한 규정이다.
이들의 견해는 조선 학술계에 지와 지각의 관계에 관한 담론이 형성되
는 실질적인 기폭제가 되었는데, 먼저 『대학장구』에 기재된 그들의 주

■ 파양심씨는 그 실명을 정확히 확인할 수 없어 원문에 실린 그대로 '番易沈氏'라고 표기한
다. 현재 우리 학계에서는 '番易'의 발음이 통일되지 않은 채 '번역' 또는 '번이'로 통용되고
있다. 그러나 김간이 이황의 고증을 빌려 말한 바에 따르면 '番易'은 지명地名으로서 '鄱陽'을
다르게 쓴 것이다. 현대 한국어 발음으로는 '파양'으로 하는 것이 옳다.

석을 소개하면 다음과 같다.

> (1) 운봉호씨가 말하였다: "주자는 『사서四書』에서 주석을 달아 말하기를 '인仁이란 마음의 덕이요 사랑의 리'라고 하였고, '의義란 마음의 규제함이요 일의 마땅함'이라 하였으며, '예禮란 천리의 절도 있는 문식이요 인사의 준칙'이라고 하였으니, 모두 본체와 작용을 겸하고 있다. 유독 지智에 대해서는 분명하게 해석하지 않았으니, 내가 일찍이 주자의 의도에 따라 보완하여 '지智란 마음의 신명神明으로 중리衆理를 묘하게 다루고 만물을 주재하는 근거'라고 하였다."[7]

> (2) 파양심씨는 말하였다: "지智는 천리동정天理動靜을 머금고 있는 기틀이요, 인간사의 시비를 갖추고 있는 거울이다."[8]

이 두 구절 가운데서 우암학단의 관심이 특히 집중되었던 것은 호병문의 주석이다. 여기서 호병문은 주희가 본성 가운데 인仁·의義·예禮에 대해서는 체용을 겸하여 정의를 내린 데 비해 지智는 분명하게 규정하지 않았음을 지적한다. 이에 그는 주희의 뜻을 보완한다고 천명하면서 "마음의 신명으로 중리를 묘하게 다루고 만물을 주재하는 근거"라는 명제로 지를 정의한다. 그런데 이처럼 지 개념에 대한 새로운 정의가 논의의 수면으로 떠오르자 우암학단 내부에서 그 수용 여부에 대한 검증이 뒤따르지 않을 수 없었던 것으로 보인다. 이에 호병문의 주석을 수용할 수 있다는 견해와 수용할 수 없다는 견해로 갈라지는데, 전자의 입장에서 호병문을 옹호한 대표적인 인물이 김간이며 후자

의 입장에서 시종 비판적 견지를 취했던 인물이 김창협이다. 그렇다면
호병문의 주장에 내포된 함의는 무엇이며 이처럼 수용과 비판으로 양
갈래가 나뉜 까닭은 어디에 있는 것일까? 이를 분석하기 위해서는 호
병문의 발언이 함축하고 있는 본래적인 의미부터 검토해보아야 한다.

먼저 호병문이 지智에 대하여 규정한 "중리를 묘하게 다루고 만물
을 주재한다妙衆理而宰萬物"라는 어구를 분석해보자. 호병문의 명제에서
흔히 간과되는 사실 가운데 하나는, 여기서 그가 언급한 '묘중리이재
만물妙衆理而宰萬物'이라는 구절이 본래 호병문 자신의 창견이 아니라 주
희의 『대학혹문大學或問』으로부터 빌려온 것이라는 점이다. 주희는『대
학혹문』에서 다음과 같이 말한 바 있다.

> 지知는 마음의 신명으로 중리를 묘하게 다루고 만물을 주재하
> 는 것이다. 사람마다 가지고 있지 않음이 없으나 간혹 그 안팎
> 으로 꿰뚫어 다하지 않는다면 은미한 가운데 진실됨과 망녕됨
> 이 뒤섞이게 될 것이니, 그렇게 되면 부지런히 진실하고자 노력
> 하여도 진실됨을 얻지 못하게 된다.[9]

여기서 주희가 제시하고 있는 첫 구절을 앞서 호병문이 제시한 명제
와 비교해보면 약간의 차이만 있을 뿐 그 내용이 대동소이함을 알 수
있다. 다만 주희의 명제에서 '지知'라고 되어 있는 주어가 호병문에게서
'지智'로 바뀌면서 '소이所以'라는 두 글자가 추가되어 있을 따름이다. 여
기서 주희가 말한 지知란 마음의 고유 능력으로서 지각을 뜻한다. 그렇
게 볼 때 호병문은 주희가 마음의 지각을 설명하고자 진술했던 『대학
혹문』의 구절을 본성인 지智에 대한 진술로 원용하면서, 여기에 '소이所

以'라는 단서를 달아 이른바 소이연자所以然者로서의 위상을 지智에 부여한 것이라 할 수 있다.

그런데 여기서 호병문이 취한 '묘중리이재만물妙衆理而宰萬物'이라는 구절은 주희가 『대학장구』에서 명덕明德을 설명하며 제시한 "중리를 갖추고 만사에 대응한다具衆理而應萬事"라는 구절과 동일한 문장 구조를 가진 명제임에 주목할 필요가 있다.[10] 뿐만 아니라 이와 흡사한 구절은 주희의 『맹자집주孟子集註』 주석에서도 발견된다.[11] 호병문은 이처럼 유사한 메시지가 주희의 여러 저술에 반복적으로 등장하고 있음을 간파하며 다음과 같이 말한다.

『맹자』「진심」장의 집주에서는 '심心이란 사람의 신명으로 중리를 갖추고 만사에 응한다'고 하였는데, 이는 곧 『대학장구』에서 이른바 '허령하여 어둡지 않기에 중리를 갖추고 만사에 응한다'는 말이다. 또한 이 장章의 『혹문』에서 말하기를 '지知란 심의 신명으로 중리를 묘하게 다루고 만물을 주재한다'고 하였으니, 그 '지知'라는 글자에 대한 해석이 '명덕'에 대한 해석과 상응한다.[12]

호병문은 『맹자집주』, 『대학장구』, 『대학혹문』에 기재된 주희의 발언을 거론하면서, 각각의 명제가 상응하는 의미를 지닌다고 말하고 있다. 이제 유사한 메시지를 함축하고 있는 그 세 문헌의 구절을 나란히 병렬하고, 이를 호병문의 명제와 대조해보자.

『맹자집주』: "心者, 人之神明, 所以具衆理而應萬事者也."
『대학장구』: "明德者, 人之所得乎天而虛靈不昧, 以具衆理而應萬

事者也."

『대학혹문』: "夫知則心之神明, 妙衆理而宰萬物者也."

호병문의 명제: "智則心之神明, 所以妙衆理而宰萬物者也."

위에 인용된 세 문헌의 구절을 보면, 주어가 각기 심心, 명덕明德, 지知로 변용되지만 엇비슷한 내용을 담고 있음을 알 수 있다. 그런데『맹자집주』와『대학장구』에서는 서술부에 해당되는 구절이 '구중리具衆理·응만사應萬事'라고 되어 있는 반면,『대학혹문』에서는 '묘중리妙衆理·재만물宰萬物'로 기술되어 있어 미묘한 차이를 보인다. 곧이어 분석하겠지만 이처럼 사소해 보이는 어구의 차이는 무시할 수 없는 의미의 차이를 함축한다. 이와 같이 놓고 볼 때, 호병문이 제시한 명제는 주희가 세 문헌에서 기록해놓은 구절들을 접합시켜 재구성한 것임이 드러난다. 애초에 호병문 자신이 "주자의 의도에 따라 보완하였다"고 밝혔던 것처럼, 그는 주희의 여러 발언을 종합하여 그 자신의 명제로 삼았던 것이다.

그렇다면 호병문의 주석은 주희 문장의 짜깁기에 불과할 뿐 아무런 독자적 의견을 갖지 못한다고 평가해야 할까? 반드시 그렇다고 할 수는 없다. 만약 호병문의 명제가 주희 견해의 충실한 답습으로 간주되었다면 주자학을 신봉한 노론 학계에서 일말의 파장을 불러일으킬 이유가 없었을 것이다. 호병문의 견해가 찬성과 반대를 아울러 당시 학자들의 주목을 받게 된 데는 두 가지 요인이 존재한다. 첫째는 그가 위의 세 문헌 가운데서도『대학혹문』의 구절을 원형으로 취하여 "구중리·응만사" 대신 "묘중리·재만물"이라는 진술을 채택했다는 점이고, 둘째는 그가 이와 같은 서술을 통해 규정하고자 했던 대상이 '지각'이 아니라 바로 '지智'였다는 점이다.

먼저 첫 번째 요인과 관련하여, 호병문이 '중리를 갖추고 만사에 대응한다具衆理·應萬事' 대신 '중리를 묘하게 다루고 만물을 주재한다妙衆理·宰萬物'라는 진술을 채택한 데는 과연 어떠한 의도가 있었던 것일까? 양자 사이에는 실질적인 의미 차가 있는가? 이 두 명제는 얼핏 유사해 보이지만 간과할 수 없는 강조점의 차이를 내포하고 있다. 두 구절을 대조해보면, 일단 목적어에 해당되는 '중리衆理'와 '만사萬事·만물萬物'은 양쪽이 동일하다고 할 수 있다. 두 명제의 미세한 차이는 바로 동사 술어의 차이에서 비롯된다. 호병문이 취하였던 『대학혹문』의 명제에서 '묘妙'는 『맹자집주』, 『대학장구』의 명제에서 '구具'에 조응하고, '재宰'는 '응應'에 조응한다. 여기서 '묘하게 다루다妙'와 '주재한다宰'라는 술어는 단순히 '갖추고 있다具'거나 '만사에 감응한다應'는 술어에 비하여 대상에 적극적으로 개입하는 주재적 역량이 강조되는 표현이라는 점에 주목해야 한다. 이를테면 '구중리·응만사'는 '마음이 모든 이치를 그저 함유하고 있으면서 바깥으로부터 도래하는 대상 사물 또는 사태에 반응한다'고 하는 수동적인 뉘앙스를 내포하고 있다. 그에 반해 '묘중리·재만물'에는 그처럼 수동적인 역할에 그치는 게 아니라 '마음 안에 구비된 이치를 적극적으로 운용하여 만사만물을 주관한다'는 의미가 강하게 함축되어 있다. 그렇게 볼 때 '구'와 '응'에 비해 '묘'와 '재'라는 술어에서는 주재主宰의 의미가 한층 강조된다. 두 진술은 주체의 자기주도적인 역량과 관련하여 미묘한 의미차를 가지고 있는 것이다.

그렇다면 이처럼 '묘중리·재만물'하는 주체는 무엇인가? 『대학혹문』에서 주희는 그것을 지각知이라 했고 또 '마음의 신명'이라고 기술하였다. 그가 『맹자집주』와 『대학장구』의 구절에서 '구중리·응만사'의 주어를 심과 명덕으로 말했던 것과 비교해보면, 주희 자신이 지각을 규정하면서 주재의 함의를 강조하고 있음을 넌지시 유추할 수 있는 대목이다. 호병문 또한 이러한 주희의 취지를 읽어내 다음과 같이 말한다.

마음이 본래 중리를 갖추고 있지만 이를 묘하게 다룰 수 있는 것은 지각知에 달려 있다. 마음은 만사에 대응하지만 만사를 주재할 수 있는 것 또한 지각에 달려 있다. 갖추고 있음은 그 본체가 서 있는 것이니, 묘하게 운용한다면 그 작용이 행해진다. 대응함이란 작용이 행해지는 것이니, 만물을 주재하면 그 본체가 서게 된다. 이처럼 명덕 가운데 자연히 전체대용全體大用을 갖추고 있는 것이다.[13]

이 같은 언급에서 호병문이 '구중리·응만사' 대신 '묘중리·재만물'을 중심 명제로 취한 의도가 분명히 드러난다. 그는 마음의 신명이 지닌 주재성을 부각시키고 있으며, 이를 다시 명덕의 의미와 연결시키면서 전체대용 즉 본체와 작용의 양 측면을 모두 포괄하는 지각의 역량을 강조하고자 했던 것이다. 그는 지각이 있음으로써 마음의 능력이 모든 이치를 함유하는 데 그치지 않고 이를 신묘하게 운용하는 데까지 미칠 수 있으며, 또한 우연적으로 도래하는 외적 사태에 즉자적으로 반응하는 데 그치지 않고 적극적으로 만사만물을 주관하는 데까지 나아갈 수 있게 된다고 주장한다. 이와 같이 볼 때 『대학장구』서에 실린 호병문의 주석은 큰 틀에서 주희 중화신설의 취지를 포착하여 심이 지닌 주재자로서의 성격을 확대하는 논리에 가깝다고 할 수 있다.

김창협과 당시 노론 학계의 비판
—

호병문은 마음의 고유 능력인 지각 개념을 통해 심의 주재성을 부각시킨다. 그렇게 본다면 그의 사유는 지각의 주재성을 강조하였던 김창협의 사상적 지향과 상통하는 면이 있다. 즉 김창협이 호병문을 극구 비판하기는 했으나 오히려 주자학을 계승하는 두 사람의 인식 차는 그리 크지 않은 듯이 보인다. 그렇다면 이러한 유사성에도 불구하고 호병문의 견해가 김창협에게 신랄하게 비판을 받게 된 까닭은 무엇인가?

문제는 이치를 신묘하게 운용하여 만물을 주관하는 주재적 역량인 '지각'을 호병문이 다시금 '지智'로 규정했다는 데 있다. 호병문은 『대학혹문』의 주희 발언을 원형으로 취하여 지각의 주재성을 부각시켰지만, 주어에 해당되는 지각知을 지智로 바꾸고 이를 인·의·예와 상응하는 도덕본성의 특성에 관한 언급으로 간주하였다. 그에 따라 주희가 지각을 설명하면서 제시했던 명제를 과연 지智에 대해서도 동일하게 적용하는 것이 타당한가라는 문제가 대두된다. 지각은 심의 운동성이라는 점에서 기氣의 영역에 속하는 반면 지智는 형이상의 차원에 속하는 리理이므로, 설령 두 개념을 연결짓는 모종의 공통분모가 있다손 치더라도 양자는 본래 동일한 범주에 속하지 않기 때문이다. 그렇다면 과연 지와 지각 두 개념을 혼용하거나 동일시하는 것이 논리적으로 용인될 수 있는가? 이에 대해 김창협은 호병문이 엄연히 다른 리와 기의 영역을 구분하지 않고 뒤섞어버리는 오류를 범하였다고 비판한다.

송유末儒 가운데 '지란 마음의 신명으로 중리를 묘하게 다루고 만물을 주재하는 것'이라고 말한 자가 있는가 하면, 또 '지는 천리 동정을 머금고 있는 기틀'이라고 말한 자가 있는데, 배우는 자들이 그 학설을 따르는 이가 많습니다. 제가 보기에 지智란 시비를 분별하는 리로서 오성五性 가운데 하나이며, 지각知은 신묘한 영각靈覺으로서 오로지 마음의 작용입니다. 시비를 분별하는 리는 실로 영활한 지각의 작용을 통해 발현되는 것이지만, 그 두 가지를 뒤섞어 하나로 여겨서는 안 됩니다. 이와 같은 설이 횡행한다면 사람들이 장차 마음心을 본성性으로 오인하게 되어, 끝내 아무리 힘써 변별하고자 하여도 그리할 수 없게 될 것입니다.[14]

김창협은 호병문의 병폐가 무엇보다도 본성과 마음의 구별을 제대로 하지 않은 데 있다고 본다. 그는 호병문과 파양심씨의 언설 모두 지각에 대한 설명으로서는 유효할 수 있지만 지智와는 무관하다는 입장을 피력한다.[15] 즉 마음의 활동으로서의 영명한 지각과 시비판별의 준거로서의 지는 그 범주가 엄연히 다르다는 것이다. 김창협이 보기에 호병문은 지의 함의를 상세히 정의하고자 하였으나 오히려 심과 성의 개념적 구분을 불분명하게 만드는 오류에 빠지고 말았다.[16] 이는 호병문이 애초에 주희가 지각을 해명하며 사용했던 구절을 지에 대한 규정으로 전용하였기 때문에 발생한 것이다.

지금 호씨와 심씨의 설을 보면 오로지 신명과 지각이라는 개념으로 곧바로 '지智'자를 해석하고 있으니, 그것이 옳겠는가? 지智란 리이다. 이들의 말처럼 (지가) '중리를 묘하게 운용한다'거나 '천리를 머금고 있다'고 말한다면, 이는 곧 리로써 리를 묘하게

운용하고 리로써 리를 머금는다는 셈이 되니 그야말로 말이 되
지 않는다 할 것이다.[17]

김창협은 호병문의 주장처럼 리에 속하는 지가 '중리衆理를 신묘하
게 운용한다'면, 이는 곧 '리로써 리를 신묘하게 하는以理妙理' 셈이 되어
범주 착오가 발생함을 지적한다. 이는 '천리 동정을 머금고 있는 기틀
涵天理動靜之機'로서 지를 규정한 파양심씨에게도 적용된다. 이는 같은 맥
락에서 '리로써 리를 머금는다以理涵理'는 논리가 되기 때문이다. 여기
서 도덕 행위의 주체와 객체가 변별되지 않는 혼란이 발생한다. 김창협
에 의하면 이 같은 논리는 성과 심이 도道와 기器의 관계를 이루고 있음
을 제대로 이해하지 못한 소치일 따름이다.

> 본성이란 마음이 갖추고 있는 리다. 마음이란 본성이 담겨 있는
> 그릇이다. 인의예지는 이른바 본성으로, 그 본체는 지극히 정밀
> 하여 볼 수가 없다. 허령한 지각은 이른바 마음으로, 그 작용은
> 지극히 신묘하여 헤아릴 수가 없다. 본성이 아니고서는 마음이
> 준칙으로 삼을 것이 없어지고 마음이 아니고서는 본성을 운용
> 할 수가 없게 되니, 이것이 바로 마음과 본성의 구별이다. 이 둘
> 은 서로 떨어질 수 없는 것이지만 마찬가지로 뒤섞을 수도 없는
> 것이다.[18]

같은 맥락에서 지는 무형무위無形無爲의 성격을 지닌 본성에 속하는
데 이러한 무위자無爲者로서의 지가 '묘중리·재만물'하는 실질적 지각
작용을 수행할 수 있는지도 문제가 된다. 이 점은 호병문의 주장이 지

와 지각을 혼동하고 있다고 비판받고 있다는 또 하나의 요인이다.[19] 이러한 비판은 무위자인 성과 대비하여 오로지 심만이 유위자有爲者라는 율곡학파의 강조점을 다시금 부각시킨다. 본성인 지는 그 자체로 자신을 현실화할 수 없으며 반드시 마음의 운용이라는 매개를 통해 실현될 수 있는 형이상의 존재다. 다시 말해서 본성은 도덕 행위의 지침을 제시하는 내용상의 '준거'가 될지언정, 그 자체로 행위의 '주체'가 될 수는 없다. 즉 본성은 도덕 주체가 담지하고 있는 '주재자'로서의 역량과 무관하다는 것이다. 그렇게 볼 때 '묘妙' '재宰'와 같이 주재성을 함축하는 개념들은 행위 주체인 마음의 지각 능력에 관한 것이지, 아무런 운동성이 없는 지에 적용할 수 있는 성질의 것이 아니다.

결국 김창협의 비판 요지는 지각에 적용해야 마땅할 술어를 모두 지智의 성격으로 간주함으로써 호병문이 기를 리로 오인하는認氣爲理, 혹은 심을 성으로 간주하는以心爲性 오류를 범하고 있다는 것이다. 이러한 오류가 사소한 결점이 아니라 이처럼 극력 배척해야 할 중대한 문제로 간주되는 이유는 무엇인가? 그것은 김창협이 기와 리, 성과 심의 경계를 명확히 구분하는 것이야말로 정학과 이단을 가르는 기준이 된다고 판단하기 때문이다. 그는 다음과 같이 말한다.

허령지각이 신묘하여 헤아릴 수 없는 것이 마음이다. 이 마음에 갖추어진 리로서 준칙이 되고 적확한 것이 본성이다. 그러므로 유자의 학문이 격물궁리를 힘써 행하는 것은 반드시 이 본성을 알기 위함이다. 이 본성을 알고 난 연후에야 만사만물에 대처할 때마다 법도가 이루어지고 티끌만치의 오차도 없게 되는 것이다. 불교는 본성의 마땅히 그러함을 알지 못하기에, 기껏해야 이 마음의 허령지각만을 귀하게 여겨 사물을 가려놓고 길을 끊어놓고서는 그 광명을 구할 따름이다. 마음이란 본시 밝게 빛나는 것이니 오랫동안 힘써 노력한다면야 어찌 밝게 빛나지 않겠는가? 그렇지만 그것은 아무 준칙이 없는 광명에 불과하므로 만사만물에 대응할 때 앞뒤가 뒤바뀌고 혼란이 일어나 힘을 얻지 못하게 된다. 이것이 유학과 불교가 같지 않은 이유다. 그러므로 나는 마음과 본성의 구분을 알고 난 연후에야 비로소 유학과 불교의 차이를 변별할 수 있다고 말하겠다. 옛사람이 "성인은 하늘을 근본으로 삼고 석가는 마음을 근본으로 삼는다"고 말한 것이 이것이다.[20]

흔히 김창협의 심론을 논할 때 마음의 주재적 측면을 강조했다는 점이 부각되곤 하지만, 이 글에서 볼 수 있듯이 심의 주재성에 대한 그의 강조가 곧바로 성의 위상을 약화시키는 결론으로 귀결되는 것은 아니다. 김창협은 마음의 허령한 지각 능력이 그 자체로 도덕성을 함축한다거나 본성의 역할을 대체할 수 있다고 생각하지 않는다. 그는 마음의 핵심 기능이 그 안에 담지된 본성을 제대로 인지하고 잘 운용하여 현실화하는 데 있다고 본다. 또한 마음은 제멋대로 운동하는 것이 아니라 그 안에 내재된 도덕본성의 준칙에 의거하여 움직일 때 법도에 맞게 된다. 즉 마음과 본성은 각자의 몫과 역할이 있는 것이다. 하지만 주체와 대상의 관계로 볼 때 본성은 '주체'가 아니며, 오히려 주체에 의해 인식되고 실현되는 '객체'의 자리에 놓이게 된다. 마음과 본성의 관계에서 '도덕을 실현하는 주체'와 '실현되는 도덕적 내용'은 구별되어야 한다. 물론 마음과 본성은 현실적으로 분리될 수 없지만, 그렇다고 해서 본성을 곧바로 마음과 동일시해서는 안 된다.[21] 김창협이 보기에 불교를 비롯한 이단의 폐해는 이처럼 엄정한 본성과 마음의 구별을 허물어 주관과 객관의 경계를 혼란시키는 데 있었다.

이와 같이 이단 시비로까지 비화하기에는 지나친 감이 있지만 적어도 호병문이 심과 성의 구별에 철저하지 못하다는 김창협의 비판은 일리가 있다. 문제시되는 호병문 주석에서는 실제로 지와 지각이 개념상 뚜렷하게 구분되지 않는 면이 있기 때문이다. 앞서 살펴보았듯이 호병문은 심, 명덕과 달리 지각 개념에 '묘중리'와 '재만물'이라는 술어가 적용됨을 들어 지각의 주재성을 강조한다. 그런데 다른 한편 그가 지智를 '묘중리이재만물妙衆理而宰萬物'하는 것으로 명시했던 점에 비추어보면, 호병문은 결국 지와 지각을 거의 동일시한 인상을 준다. 물론 그는 지를 규정하면서 '묘중리이재만물' 앞에 '소이所以'라는 단서를 달아 지를 실제 작용이 아닌 '근거'로서 이해할 여지를 남겨두기도 했다. 하지만 그 점을 감안하더라도 그의 명제 안에는 지를 '마음의 신명心之神明'으로 규정한 구절이 남아 있다. 그로 인해 본성인 지와 마음의 영활함을 동일시했다는 혐의가 여전히 남아 있는 것이다. 이 때문에 김창협은 '신명'이란 리가 아닌 기의 속성을 지칭하는 개념임을 들어 호병문을 비판하기도 한다.[22] 결국 호병문의 주석에서 지와 지각의 관계는 양자를 동일시한 것인지 구분한 것인지 알 수 없게끔 모호하게 처리되어 있는 셈이다. 호병문은 수동적 반응체에 그치지 않는 심 주체의 주재성을 부각시키고자 했지만, 아마도 지와 지각을 구분하는 개념적 엄밀성에는 그다지 주의를 기울이지 않았던 듯하다.

하지만 '성즉리性卽理·심시기心是氣'라는 율곡학의 전제를 충실히 계승한 노론 학계의 풍토에서 볼 때 이처럼 성과 심, 리와 기의 경계를 불분명하게 설정한 논의는 문제가 될 수밖에 없었다. 그것은 그저 김창협이 경계하였던 것처럼 이단과의 친화성 때문만은 아니었다. 이미 퇴계학파와 율곡학파의 분기가 첨예해진 시점에서, '지가 직접적으로 주재의 역량을 가지느냐'의 문제는 곧 '리의 운동성을 인정할 것인가'라는 학파 간의 민감한 쟁점과도 연결되는 것이었다. 만약 지가 지각과 마찬가지로 실질적인 주재 작용을 수행한다고 말한다면, 이는 곧 리가 기라는 매개 없이 직접 현실세계에 현현하는 것을 인정하는 셈이기 때문이다. 그것은 결국 율곡학파의 학자들이 근간으로 삼는 철학적 전제와 근본적으로 상충될 소지를 안고 있다.

이러한 문제점으로 인하여 당시 기호 학계에서 호병문 주석에 비판적 입장을 피력한 인물은 김창협 한 사람에 그치지 않았다. 이를테면 김창협과 긴밀하게 교유했던 임영林泳(1649~1696) 역시 '심의 신명'이란 '마음의 정상精爽이자 영각靈覺'을 지칭하므로 리가 아니라 기에 관한 서술이어야 함을 지적하면서 호병문이 기와 리, 심과 성의 구분에 정밀하지 못했다고 비판한 바 있다.[23] 즉 '신명'이란 마음의 본질인 '허령'을 의미하는데, 호병문이 이처럼 허령을 지의 성격으로 규정한 것은 오류라는 것이다. 그는 한 걸음 더 나아가 호병문의 명제를 폐기하고 "지智란 마음의 분별함이요 리의 올곧음心之別, 理之貞"이라는 새로운 규정을 제안하기까지 하였다.[24] 이는 그가 호병문의 명제를 비판하면서도 인·의·예에 상응하는 지에 대한 정의가 필요하다는 문제의식에 대해서만큼은 공명하고 있었음을 보여주는 대목이라 하겠다. 후에 김창협은 이러한 제안을 참작하여 "지智를 '분별하는 이치이자 마음의 올곧음別之理, 心之貞'으로 규정하면 문제가 없을 것"[25]이라고 언급한 적이 있으나, 이 같은 대안적 논의를 더 심도 있게 이어가지는 않았다.

호병문에 대한 비판이 김창협이나 임영처럼 수도권에 거주하던 학자들에 의해서만 이루어진 것은 아니다. 김창협, 임영 등과는 지리상으로나 학맥상으로나 다소 거리가 있던 성만징成萬徵(1659~1711)과 권상하 역시 같은 맥락에서 호병문이 지와 지각을 제대로 변별하지 못하여 리기를 혼동하였다고 비판한 바 있다.[26] 임영과 김창협이 후대에 이른바 낙학적 경향과 친연성을 보였던 데 비해 이들은 호락의 분기에서 호학의 선구적 입장을 견지했던 인물들이다. 권상하의 뒤를 이어 호학의 종장이 된 한원진 또한 호병문에 대한 평가에서는 김창협의 견해에 동의를 표한 바 있다. 그는 김창협의 비판 논리를 좀 더 밀고 나가 호병문이 '마음의 신명'에 대해 '소이所以'라는 표현을 쓴 것 또한 오히려 '기를 리로 여기는認氣爲理' 오류라고 논증한다.[27] 이들의 발언은 적어도 호병문 비판에 있어서는 호락이 따로 없었음을 보여주는 사례라 할 것이다. 이를 통해 볼 때, 호병문에 의해 촉발된 지와 지각의 구분 문제는 17세기 후반 노론 학계에서 분파를 떠나 광범위한 담론을 형성했던 것으로 보인다. 이는 리와 기의 구분, 혹은 성과 심의 구분이 그만큼 율곡학파의 학자들에게 학문적 정통성을 판가름하는 중요한 사안으로 인식되었음을 방증하는 것이기도 하다.

김간이 호병문을 옹호하다

그러나 노론 학계 내부에서 호병문의 주석에 대해 비판적인 반응만 있었던 것은 아니다. 송시열과 박세채의 제자였던 김간은 오히려 호병문의 명제를 우호적으로 받아들이면서 다음과 같이 부연한다.

생각건대 '묘妙'란 신묘하여 헤아릴 수 없다는 뜻이 있다. 마음은 모든 리를 갖추고 있으나, 그 갖추고 있는 리를 묘하게 운용할 수 있는 것은 지각知이다. 그러므로 (호병문의 주석에서) '갖추고 있음具은 그 본체가 서 있는 것이니 묘하게 운용한다면 그 작용이 행해진다'고 말한 것이다. '재宰'란 주재하고 재단한다는 뜻이 있다. 마음은 만사에 대응하지만, 그 대응하는 일을 주재할 수 있는 것은 지각이다. 그러므로 (호병문의 주석에서) '대응함應이란 작용이 행해지는 것이니 만물을 주재하면 그 본체가 서게 된다'고 말한 것이다. 만약 마음이 모든 이치를 갖추고 있더라도 흐리멍덩하여 지각하지 못한다면 어떻게 그 모든 이치를 신묘하게 운용할 수 있겠는가? 마음이 만사에 대응하더라도 그저 막연하여 어떻게 재단할지 모른다면 어떻게 만물을 주재할 수 있겠는가? 여기서 마음에 대하여 말할 때는 '갖춤具'과 '대응함應'이라는 용어를 사용하였고 지각에 대하여 말할 때는 '묘하게 운용함妙'과 '주재함宰'이라는 용어를 사용하였으니, 각기 그 주로 하는 바에 따라 달리 말했음을 알 수 있다.[28]

김간은 호병문의 주석이 심에 있어 지각의 의미를 부각시키고 있음을 포착한다. 그는 그저 범범하게 심을 말했을 때와 달리 지각을 위주로 심의 특성을 기술할 경우 어째서 '구具'와 '응應' 대신 '묘妙'와 '재宰'라는 술어가 적합한지에 대해 설명한다. 그는 일종의 처소로서 '마음' 개념에 주안점을 둘 때는 '구'와 '응'이라는 수동적 뉘앙스의 술어를 사용하고, '지각'의 역할을 강조할 때는 '묘'와 '재'라는 적극적 개입을 함의하는 술어를 사용할 수 있다고 본다.

이러한 견해는 호병문의 명제에 함축된 미세한 어감을 적확하게 포착해낸 것이라 할 수 있다. 비록 마음 안에 모든 리가 구비되어 있다 하더라도 이를 신묘하게 운용해낼 능력이 결여되어 있다면, 단지 갖추어져 있기만 한 리는 현실세계에서 실현되지 못할 것이다. 또한 세상만사에 대응하는 작용을 하더라도 매 상황에 적절한 대처 방식을 재단하는 능력이 없다면, 마음은 막연하게 사태에 즉자적으로 반응하는 것일 뿐 어떤 주재적 역량도 발휘하지 못한다. 다시 말해서 '구중리·응만사'라고 서술하였을 때 마음은 그러한 작용이 이루어지는 처소場로서의 의미를 갖지만, 여기에는 지각활동에 적극적으로 개입하는 주재자로서의 의미가 뚜렷이 드러나지 않는다. 그에 비해 '갖추어진 리를 신묘하게 운용하고妙 만사를 장악하는宰' 지각의 역할에 초점을 두어 마음을 기술할 경우 심 주체의 주재적 역량의 의미가 한층 더 분명하게 드러난다는 것이 김간의 생각이다.

김간은 호병문의 주석에 함축된 근본 취지가 이처럼 심의 주재성을 부각시키는 데 있음을 간취하고 그러한 의도를 계승코자 한다. 이렇게 보자면 그의 견해는 지각을 통해 주재자로서 심의 위상을 강조한 김창협의 인식과 크게 다르지 않다. 이는 앞에서 호병문의 명제가 김창협의 견해와 큰 틀에서 상통한다고 말한 것과 비슷한 맥락이다. 이처럼 도덕 주체의 확립에 있어 마음의 주재적 역량이 지니는 중요성에 대한 인식은 김간과 김창협 모두가 공유한 일면이다. 그렇지만 그러한 일치된 경향 속에서도 앞서 김창협에 의해 제기된 근본 문제, 즉 심의 역량이라 할 수 있는 지각을 과연 본성 차원에 속하는 지智와 동일시해도 좋은가라는 문제는 여전히 남는다. 이미 말하였듯이 호병문의 언급 속에는 이 문제에 대하여 이렇다 할 답이 존재하지 않는다. 이처럼 지와 지각의 구분을 그다지 중시하지 않았던 호병문의 애매한 발언은 당시 기호학파 학자들에게 어떤 식으로든 해결해야 할 숙제로 남겨질 수밖에 없었다. 이에 김창협과 임영, 권상하 등이 그 모호함을 비판하고 배격하는 입장에 섰다면, 김간은 호병문의 취지를 수용하되 그 주장의 모호한 부분을 선명하게 정리하는 방식을 택한다.

> 생각건대 심은 몸의 주재가 되고 지智는 심의 신명이 된다. 심의 본체는 본래 모든 이치를 갖추고 있으니, 그 리를 묘하게 운영하는 근거所以는 지에 있다. 심의 작용은 만사에 대응할 수 있는 것이니, 그처럼 만사를 주재하는 근거는 지에 있다.[29]

김간은 실제적인 지각활동을 곧바로 지와 혼동할 여지를 차단하면서도 지각의 근거로서 지의 위치를 확고하게 정립시키고자 한다. 그는 지를 설명하면서 '소이所以'라는 조건을 명시하여 지가 지각의 실제작용과 구분되는 '근거'의 차원에 속함을 분명히 한다. 즉 모든 이치를 갖춤具과 만사에 대응함應은 각기 마음 자체가 고유하게 지닌 본체와 작용의 양면을 지시하지만, 마음의 역량을 단지 '갖춤'과 '대응함'에 그치지 않고 '묘하게 운영함妙'과 '주재함宰'이라는 적극적 활동이 되게끔 하는 가능성의 원천은 바로 지에 있다는 것이 김간의 주장이다. 이를 통해 그는 마음의 주재성이 지와의 긴밀한 연관 속에서 비로소 그 역량을 발휘할 수 있음을 천명한다. 즉 지와 지각은 동일한 것이 아니지만, 지각의 주재활동이 가능하기 위해서는 지라는 근거를 필요로 한다는 것이다.

여기서 김간은 지를 규정하며 '심의 신명'이라고 말했던 호병문의 명제를 그대로 수용하는 면모를 보인다. 앞서 호병문을 비판한 이들의 공통된 견해는 '신명'이란 곧 마음의 본질인 '허령'을 의미한다는 것이었다. 그런데 그들과 달리 김간은 '지'와 '신명'이라는 두 용어 사이의 간극을 전혀 문제삼지 않고 있다. 그는 호병문의 비판자들이 '신명'이란 리가 아니라 기의 차원을 지칭한다고 공격했던 것을 전혀 염두에 두지 않았던 것일까? 이에 대하여 김간은 '신명'과 '허령'을 거의 동일한 개념으로 간주한 비판자들과 달리 두 개념 사이에 다소간의 의미차를 상정하는 듯하다. 이를테면 '허령'은 마음이 본유적으로 지니고 있는 영활한 운동성을 지칭하는 것으로서 가치상 중성적인 개념이다. 따라서 허령이란 단지 리를 구비하고具衆理 주어진 사태에 반응하는應萬事 마음의 가치중립적 기능에 부합하는 개념으로 그 자체로 특정한 도덕적 함의를 가지지 않는다. 그에 비해 김간이 지의 특성으로 지목한 '신명'은, 갖추어진 리를 절묘하게 운용하고妙衆理 모든 사태에 적합하게 대처하는宰萬物 특정한 가치지향적 활동의 가능 근거를 의미하게 된다. 즉 신명에 의해 이루어지는 마음의 작용은 단순히 즉자적인 활동에 그치지 않고 특정한 도덕적 방향성을 가지게 된다는 것이다.

결국 김간의 견지에서 볼 때 허령이 마음 고유의 '활동성'을 지칭하는 데 무게중심이 놓인다면 신명은 지로부터 연유한 마음의 '주재성'을 강조하는 개념이 된다. 즉 허령은 '구중리·응만사'에 부합하고 신명은 '묘중리·재만물'에 부합하는 개념으로서, 두 진술의 함의가 다르듯이 그에 상응하는 두 개념 또한 서로 다른 함의를 지닌다고 보는 것이다. 그렇게 볼 때 허령은 마음이 본래 고유하게 가지고 있는 특성이지만 신명은 마음에 특정한 도덕적 방향성을 부여하는 지의 특성을 지칭하는 개념이다. 김간은 '구중리·응만사'와 '묘중리·재만물'이라는 두 술어 중에 전체대용全體大用으로서 명덕의 실상을 기술하는 데 유효한 것은 전자이지만, 지와의 연관성 속에서 의미를 갖는 서술은 후자라고 본다.

> 윤형로의 질문: "지란 마음의 신명으로 중리를 묘하게 다루고 만물을 주재하는 근거다(라고 호병문이 말하였습니다). 이에 대해 채청蔡淸■은 '호병문의 학설은 분명 명덕을 뜻하는 것'이라고 하였는데, 이 주장은 아무래도 온당치 않은 듯합니다. 호병문의 학설은 다만 '지智'자를 해명한 것으로, 만약 명덕을 해석하고자 했다면 반드시 '구중리·응만사'라고 말했을 것이기 때문입니다. 여기서 '묘중리·재만물'이라 서술한 것은 '구중리·응만사'라고 말하는 것과는 그 의미상 차이가 있습니다. '묘'와 '재'라는 용어는 지에 합당한 것이지만 명덕의 전체적인 면모를 포괄할 수 있는 용어는 아닙니다."
> 김간의 대답: "채청의 설은 실로 온당치 않소. 그대가 공박한 내용이 옳소."[30]

여기서 질문자는 명덕이란 '중리를 갖추고 만사에 대응하는' 마음의 중립적 기능을 지칭하는 것인 데 비해 지는 '리를 묘용하며 만물을 주재하는' 신명한 가치지향적 활동의 가능 근거라는 점에서 같지 않음

■ 채청(1453~1508)은 명나라 때의 유학자로 자는 개보介父·介夫, 호는 허재虛齋다. 역학에 조예가 깊었던 인물로 알려져 있으며, 저술로는 『허재집虛齋集』 5권과 『역경몽인易經蒙引』, 『사서몽인四書蒙引』 등이 전한다.

을 명시하고 있다. 김간 또한 그러한 견해에 수긍하면서 명덕과 지의 의미 구분에 동조한다. 명덕과 지를 구분하는 김간의 취지는 곧 '허령'과 '신명'의 의미를 구분하는 것이기도 하다. 이처럼 허령과 신명의 의미 차를 상정하고 신명을 지와 연관짓는 방식으로 김간은 호병문의 명제가 지닌 모호함을 해소하며 논리적 정당성을 확보하고자 한다.

이처럼 다소 복잡한 논의의 배경에 놓인 김간의 의도는, 지각의 가치지향적 활동이 그저 심의 허령한 속성에서 기인한 것이 아니라 지에 의해 제공되는 모종의 도덕적 내용에 근거해 이루어짐을 분명히 하는 데 있다. 그는 마음이 가진 주재성이 도덕본성인 지에 근거할 때 비로소 가능한 것이라고 본다. 즉 그의 주장에는 지각의 주재 능력을 지에서 연원한 것으로 확정하려는 논점이 전제되어 있다. 이를 통해 김간은 지와 지각의 긴밀한 연관성을 상정하려 한 것이다.[31] 이는 앞서 김창협이 지각의 주재성을 지와 무관한 것으로 파악했던 입장과는 상반되는 것이다.

이처럼 호병문의 명제가 김창협과 김간에 의해 학단 내부에서 문제시되었던 것에 비해, 정작 그들의 스승인 송시열은 이 쟁점을 그다지 깊이 고려하지 않은 듯하다. 송시열의 문집에서는 호병문의 명제에 관한 그의 견해를 뚜렷하게 보여주는 진술을 찾아보기 힘들다. 또한 김창협과 김간이 이 문제와 관련해 송시열과 직접 논의한 흔적 역시 그들 모두의 문집에서 발견되지 않는다. 이처럼 호병문의 『대학장구』 주석

■ 김간뿐만 아니라 윤증 또한 유사한 견지에서 호병문의 명제를 옹호한 바 있다. 그는 『대학혹문』에서 '묘중리·재만물'이라고 말한 것은 지智의 작용으로서 지각을 설명한 것인데 이에 대해 지각의 근거로 지智를 규정하고 '소이所以'라는 두 글자를 첨가하였으니 호병문의 명제에는 어폐가 없다고 주장한다.

을 둘러싸고 전개된 지각 담론은 송시열에 의해 주도되었다기보다는 주로 그의 제자군 사이에서 논의되고 확대되어간 양상을 보였다.

정리하자면, 호병문의 주석에 담긴 기본적인 의도는 지각을 통해 심의 주재적 역량을 드러내는 것이었다. 그에 따라 호병문의 설에 대한 논의는 노론 학계 내부에서 지각 개념의 위상과 역할에 대한 인식 확대의 계기를 마련했다. 그런데 호병문은 그러한 지각을 곧바로 본성인 지와 동일시하는 듯한 언사로 논란의 불씨를 남겨놓았다. 호병문을 옹호한 김간은 지와 지각이 비록 동일하지는 않더라도 지각의 주재활동에는 지라는 근거가 자리하고 있다는 논지를 선명히 한다. 그는 지와 지각이 같지 않다는 사실이 곧 양자가 무관함을 의미하는 것은 아니라고 보며, 지각의 주재성이 지와 긴밀하게 연결되어 있다는 입장을 고수한다. 반면 김창협은 지와 지각을 혼동한 호병문이 심과 성을 명료하게 구분하지 못하였음을 통렬하게 비판한다. 그는 심과 성의 범주와 역할을 철저히 변별하는 입장에 서며, 결국에는 지와 지각의 연관성을 아예 부정하는 방향으로 나아간다.

지智와 지각에 관한 대립적 견해

—

김창협—지각은 지와 무관한 마음의 본유능력이다

앞서 살펴본 바를 감안할 때, 김창협의 지각론은 태생적으로 호병문에 대한 반테제의 성격이 강함을 유추할 수 있다. 그 점을 바탕으로 이제 김창협 지각론의 주요 논점을 확인하고 그에 대해 비판적 견해를 피력한 김간의 반론을 검토해보자. 김간은 1680년에 저술한 『대학차기大學 箚記』를 통해 김창협의 지각과 명덕에 관한 견해를 비판한 바 있다. 아직 호락의 분기가 본격화되기 전에 쓰인 이 논설은 지각 문제와 관련하여 17세기 노론 학계의 현안을 직접적으로 반영하고 있어 눈길을 끈다. 그 내용은 바로 앞절에서 검토한 호병문에 대한 평가와 연관된다. 이를 통해 볼 때 김창협과 김간은 호병문에 대한 비판과 옹호라는 대립적 견지에서 지와 지각의 관계에 대한 각자의 논점을 정립해간 것으로 보인다.

먼저 김창협의 경우, 그의 핵심적 문제의식이 심과 성을 엄분함으로써 도덕 행위상 주체와 객체를 변별하는 것임을 상기할 필요가 있다.

성과 심의 경계를 제대로 구분하지 않는 것은 곧 보편적 원리인 리와 개별적 현실인 기를 혼동하는 것이며, 뿐만 아니라 객관적 도덕법칙과 주관적 가치판단을 변별하지 못함을 의미한다. 이 경우 행위자는 자칫 주관적이고 자의적인 가치판단을 객관적 도덕법칙으로 오인하는 우를 범할 수 있다. 김창협에 따르면 도덕 행위상 주관과 객관의 위치가 전도되거나 양자 간의 경계가 흐릿해져서는 안 되는 이유가 여기에 있다. 그는 이것이 바로 정학으로부터 이탈하여 이단에 빠지는 길이라고 보았던 것이다.■32

그러나 성과 심 또는 리와 기의 범주를 엄격히 분리하는 태도는 김창협의 독자적 견해가 아니라 17세기 율곡학파의 일반적 인식에 가까웠음을 앞서 언급한 바 있다. 물론 양자의 구분은 그의 심성관에서 중핵을 이루는 문제의식이지만, 그것이 오로지 김창협에게서만 발견되는 특징은 아니다. 그의 독자성이 두드러지는 부분은 그저 지와 지각이 별개임을 주장했다는 데 있는 것이 아니라 양자의 관계가 본질적으로 인과적이지 않음을 선언했다는 데 있다.

■ 조남호는 지와 지각, 성과 심을 엄분하는 김창협의 태도가 당시 조선 학계 일각에서 나타났던 이단적 학술 동향(양명학)에 대한 경계심을 반영하며, 이는 단지 학문상의 이유에 그치지 않고 당시 노론의 정적이었던 소론계에 대한 정치적 공격의 빌미를 만들어낸 측면이 있다고 보았다. 반면 김태년은 김창협을 위시하여 17세기 말~18세기 초에 걸쳐 전개된 지각과 성, 심에 얽힌 논쟁은 당시 조선의 주자학자들이 양명학적 문제의식을 어떻게 소화했는가를 보여주는 바로미터의 역할을 한다고 평가하기도 한다. 그는 예제禮制로 표상되는 외재적 리의 강화가 도덕 주체의 자율성을 위축시킬 수 있는 상황에서, 주체의 위상을 함몰시키지 않으려는 왕수인의 문제의식을 김창협이 어느 정도 염두에 두고 있다고 본다. 필자는 김창협에 대한 조남호와 김태년의 상반된 평가 모두 수긍할 만한 면이 있다고 생각한다. 김창협의 사유에는 심성의 철저한 구분을 벽이단의 논점으로 끌고 가는 강경함과 더불어 호학에 비해 상대적으로 심 주체의 자율성을 부각시키는 입장 사이의 미묘한 긴장이 있다.

무릇 성이라 하면 리일 뿐이다. 심에 옳고 그름을 분별하는 리가 있으니, 그것이 곧 지智다. 실제로 옳고 그름을 가리는 것이 곧 지의 작용이다. 주자는 일찍이 지각을 지의 일로 보았으나, 이후에 정설을 세워 말하기를 '그 옳고 그름을 지각하는 것은 심이다. 옳고 그름을 가리는 근거가 되는 것이 지다'라고 하였으니, 지각을 지의 작용으로 보아서는 안 된다.[33]

김창협은 지각을 지의 작용으로 볼 수 없다고 단정함으로써 지와 지각의 직접적인 연관성을 부인한다. 그는 지의 작용이 되는 것은 마음의 지각이 아니라 옳고 그름是非를 분별하는 실제적인 판단, 즉 시비지심是非之心이라고 본다. 지가 발현하여 시비를 가리는 마음이 되는 것은 '성발위정性發爲情'의 심리 구조에 부합하며, 따라서 시비지심의 근원은 그에 해당되는 본성인 지에 있다. 말하자면 지와 시비지심은 서로 체용이 되는 소이연所以然과 소연所然의 관계라 할 수 있다. 김창협이 보기에 만약 지각을 지의 작용이라고 규정한다면 이는 곧 지각을 시비지심과 동일시하는 결과를 초래하게 된다. 그렇다면 시비지심이 아닌 측은·수오·사양지심은 지각이 아니란 말인가? 지각을 오로지 지의 작용으로 한정한다면, 이처럼 마음의 작용 일반에 적용될 수 있는 지각 개념의 외연이 오히려 좁아지고 만다. 김창협은 이희조에게 보낸 편지에서 다음과 같이 말한다.

보내주신 편지에서 '그 허령함으로 인해 지각이 있게 된다'고 하였습니다. 이제 만약 지각의 근원을 알고자 한다면, 반드시 먼저 기의 허령함이 어떤 리에 근원한 것인지를 알고 난 후에야 가능할 것입니다. 청컨대 제가 그대에게 반문하겠습니다. 이 허령한 기는 인仁에서 근원한 것입니까, 의義에서 근원한 것입니까, 예禮에서 근원한 것입니까, 지智에서 근원한 것입니까? 만약이 물음에 명쾌히 대답할 수 있다면 지각의 근원에 대해서 저또한 말씀드릴 수 있겠지요.[34]

여기서 김창협은 마음의 허령한 지각 능력이 과연 인의예지의 본성가운데 어느 한 가지로부터 연유한 것이라 말할 수 있는지를 묻고 있다. 그의 관점에서 볼 때 마음의 특성인 허령은 인의예지 가운데 어느하나의 덕목과 각별하게 연관되지 않는다. 그것은 본성과의 관계 속에서 부여된 속성이 아니라 심기 자체의 고유한 본질이기 때문이다. 이처럼 허령이 특정한 한 가지 본성으로부터 연유한 것이 아니듯이, 마음의 고유 활동인 지각 또한 본성으로부터 현실화된 어느 특정한 정서로환원되지 않는다. 즉 허령지각이란 지나 시비지심 등과 같은 특정한본성이나 정서와는 일정한 거리를 두는 마음 자체의 독자적인 능력이라는 것이다. 따라서 지, 시비지심, 지각 이 세 개념은 각기 성性, 정情, 심心에 해당되는 것으로 그 범주가 확연히 구별된다. 이에 김창협은 지와 지각을 구분하여 다음과 같이 규정한다.

지는 마음의 옳고 그름의 리로서 확연하여 준칙이 있는 것입니다. 지각은 마음의 허령한 작용으로 신묘하여 헤아릴 수 없는것입니다.[35]

김창협에 따르면 지와 지각의 관계는 곧 본성과 마음의 관계라고 할 수 있다. 본성과 마음은 소이연所以然과 소연所然의 관계(또는 본체와 현상의 관계)를 형성하지 않으며, 오히려 도道와 기器의 관계에 가깝다. 본성은 마음에 내재해 있는 천리이고 마음은 본성을 담고 있는 그릇이다. 본성으로서의 지가 옳고 그름의 판단 기준을 제시하는 준칙이라면, 마음은 그 준칙에 따라 시비분별을 실행하는 주관자다. 이때 마음과 본성 사이에는 주체能와 객체所로서의 거리가 발생한다.[36]

김창협은 이러한 능能과 소所의 관계가 지각과 지의 관계에서도 마찬가지로 관철된다고 본다. 지각은 주체로서 마음이 지닌 신묘한 능력이며 지는 그것에 의해 운용되고 주관되는 대상적 위치에 놓인다. 그리고 이러한 관계는 지에 대해서뿐만 아니라 인·의·예의 다른 본성에 대해서도 마찬가지로 적용된다.[37] 그렇게 볼 때 마음의 지각이 유독 지에 대해서만 특별한 연관관계를 가진다고 말할 이유가 없다. 그가 지와 지각의 관계를 분절적으로 보는 것은 바로 이러한 관점을 의미한다. 그것은 지와 지각이 아무런 상관성을 갖지 않는다는 의미가 아니라, 단지 양자가 '지각과 본성 일반과의 관계' 이외에 별도의 특별한 연결 고리를 갖지 않음을 뜻한다.

그렇다면 지각과 본성 일반과의 관계란 어떤 것인가? 그것은 앞서 말한 바와 같이 주체能와 대상所, 즉 주객主客의 관계다. 김창협에 따르면 지각은 마음 안에 갖추어진 인의예지의 본성을 운용하여 이를 측은·수오·사양·시비의 정감으로 발현시키는 중간 매개자의 역할을 한다. 그는 이러한 자신의 생각을 뒷받침하는 강력한 논거를 주희의 「답반겸지答潘謙之」 서書에서 찾는다.

주자가 반겸지에게 답한 편지를 보면 다음과 같이 말하였습니다. "성은 다만 리이고 정은 흘러나와 발동한 실제 작용이다. 마음의 지각은 이 리를 갖추고 이 정을 실행시키는 것이다具此理而行此情. 지知로서 말한다면, 옳고 그름을 아는 리는 지智이며 성이다. 무엇이 옳은지 그른지를 알아서 실제로 옳고 그름을 분별하는 것이 정이다. 이러한 리를 갖추고 그 옳고 그름을 깨닫는 것은 심이다." 이 설은 심과 성의 변별에 있어 지극히 정밀하여 더 이상 세부적으로 분변할 수 없으니, 주자 만년의 정론인 듯합니다.[38]

김창협은 『주자어류』처럼 기록의 오류 가능성이 있는 문헌을 검토할 때 마땅히 「답반겸지」서를 판단 기준으로 삼아 취사해야 한다고 할 정도로 위에 인용한 구절에 강한 확신을 피력한다.[39] 여기서 김창협이 주희의 정론으로 제시한 '구차리具此理·행차정行此情'이라는 명제는 앞서 여러 차례 언급한 '구중리·응만사', '묘중리·재만물' 등의 또 다른 버전이라 할 수 있다. 이들 명제가 전달하는 기본적인 의미는 대체로 상통하지만, 「답반겸지」서의 명제에는 심·성·정이라는 삼자 간의 관계가 좀 더 명료하게 제시되어 있다. 무엇보다 여기서는 주어를 '마음의 지각心之知覺'으로 명시하며, 그것이 수행하는 역할을 '나 자신의 정감을 실행시키는行此情' 행위 주관의 심리적 과정 위주로 서술하고 있다. 이를 통해 김창협은 형이상자인 본성을 구체적인 도덕 정서로 현실화하는 실질적 주체·실현자로서 마음의 위상을 강조한다. 이를테면 본성이 발현하여 정서로 전화되는性發爲情 과정이 어떻게 가능한가라는 물음을 던져볼 때, 율곡학파의 견지에서 무위자인 본성이 스스로 발현하여 정서의 형태로 전화된다는 논리는 용납될 수 없다. 즉, 도덕적 대처가 필요한 사태에 직면했을 때 잠재된 본성을 발동시켜 적절한 반응을 이끌어내기 위해서는 어떤 운동인運動因이 필요하다. 김창협은 바로 지각이 그러한 운동인의 역할을 수행한다고 본다.

> 움직일 수 있게 하는 것이 지각이라는 주장은 의심할 바가 없습니다. 사람은 다만 이 지각을 가지고 있기 때문에 사물이 도래하였을 때 스스로 감응하여 움직일 수 있습니다. 나무와 돌처럼 지각이 없는 것은 사물이 다가와 감촉하여도 아무 반응을 보일 수 없습니다. 그처럼 움직이지 않으니 어찌 정감이 생겨날 수 있겠습니까? 그러므로 움직이는 것은 물론 정감이지만 그것을 움직일 수 있게끔 하는 것이 지각이 아니고 무엇이겠습니까? 이는 의심할 바가 없는 것 같습니다.[40]

성리학의 원론에 비추어볼 때 사람과 나무와 돌은 모두 본연지성의 측면에서 동일한 리를 갖추고 있는 셈이다. 그런데 그러한 본성의 동일성에도 불구하고 오직 사람만이 주어진 사태에 도덕적으로 대응할 수 있는 까닭은 무엇인가? 김창협에 따르면 그것은 본성의 차이가 아닌 지각의 유무에 의해 결정된다. 설령 동일한 본성을 갖추고 있더라도 나무와 돌에는 그러한 본성을 발동시켜 정감으로 전화시킬 수 있는 지각의 영명한 운동성이 결여되어 있다. 즉 오로지 인간만이 심의 역량을 발휘하여 도덕본성을 사단四端의 정서로 발현시킬 수 있으며, 이러한 영활한 능력은 바로 지각에서 비롯된다는 것이 김창협의 전언이다.

이제 김창협에 따르면 지각은 본성과 정감을 아우르고 미발과 이발을 관통하여 마음 전체를 관장하는 능력으로 이해된다. 그는 지각을 다음과 같이 규정한다.

> 지각은 마음의 온전한 본체와 신묘한 작용이 환히 밝고 영활하
> 여 어둡지 않은 것이니, 고요함과 움직임을 관통하는 것이며 본
> 성과 정감을 주재하는 것이다.[41]

> 지각이란 본래 마음의 온전한 본체가 환히 밝고 영활한 것을 가
> 리켜 말한 것이다. 비록 사물이 아직 이르지 않아 사려가 싹트
> 지 않을 때에도 마음속이 항상 명징하여 어둡지 않다. 무릇 귀
> 와 눈의 총명함과 신체의 거동에 이르기까지 모두 주재하고
> 관리하여 어둡고 혼란스럽지 않도록 하는 것이 바로 이것(지각)
> 이다.[42]

이처럼 김창협에게 있어 지각 개념에 내포된 주재의 의미는 극대화
된다. 만약 지각을 지의 작용으로 본다면, 지각이란 단지 본성이 현상
화된 양상 가운데 하나에 그치며 또한 이발이라는 국면에 한정되어버
리고 만다. 그렇게 되면 미발시에도 주재할 수 있는 마음의 역량은 어
디서 찾겠는가? 단지 지의 작용에 불과하다면 지각은 미발과 무관한
것이 되어버려 '리를 갖추어 정감으로 실행시키는' 작용을 수행할 수
없게 된다.[43] 즉 미발에서 이발로 이행하는 마음의 발동 과정에서 아무
런 역할도 할 수 없게 되는 것이다. 이에 김창협은 미발시에 '리를 마음
속에 갖출 수 있는 능력能具此理'이 지각의 체이고, 이발시에 '리를 특정
한 정서로 실행시키는 능력能行此情'이 지각의 용이라고 말한다.[44] 다시
말해 마음의 미발과 이발이 각각 지각의 체용에 상응하는 것이다.

정리하면, 김창협에게 지각이란 마음의 특정 국면 또한 일부 양상을 지시하는 것이 아니라 마음 전체를 통괄하여 주재하는 능력이다. 이는 주재자로서 마음의 위상을 강하게 부각시키는 논리라 할 수 있다. 본성性과 정감情은 개념상 마음心과 확연히 구별되며, 그것들이 마음이라는 주재자로부터 독립적으로 자기 존재를 실현할 수는 없다. 이는 여러 차례 언급한바 주객主客 혹은 능소能所의 구분에 철저한 김창협 지각론의 특징적 면모다. 뒤에 검토하겠지만 이러한 기본 논조는 명덕을 해석하는 그의 견해에서도 일관성 있게 견지된다.

김간―지각은 지로부터 연원하는 마음의 기능이다

김창협의 지각론은 17세기 우암학단 내부에서 즉각적인 반발에 직면한다. 앞서 언급했듯이 김간은 1680년 『대학차기』를 저술하여 김창협의 지각론을 논박한다.▪ 그러나 아쉽게도 김간의 비판에 대한 김창협의 대응은 찾아볼 수 없다. 이후로도 두 사람이 어떤 채널을 통해서든 직접 교류한 흔적은 문헌상 발견되지 않는데, 추정컨대 서로 친숙하지 않은 사이였기에 학문적 토론의 기회가 거의 없었던 듯하다.▪▪45 일례로 『대학차기』에서 김간은 김창협을 지칭하며 주로 '어떤 이或者'라는 익명을 사용한다. 이처럼 자호字號를 직접 거명하지 않고 우회적인 호칭을 쓴 것 또한 소원했던 두 사람의 관계와 무관치 않은 듯하다. 두 사람의

▪ 『대학차기』를 쓴 1680년은 김간이 35세, 김창협이 30세 되는 해인데, 이는 김창협의 지각론이 적어도 그의 나이 30세 이전이라는 비교적 이른 시기에 정립된 것임을 시사한다.

견해차는 비록 본격적인 논쟁으로 확대되지 않았지만 우암학단 내부에서 비교적 조기에 형성된 지각론의 대립각을 보여준다는 점에서 흥미롭다. 먼저 김간은 호병문을 비판하는 김창협의 견해를 다음과 같이 요약하고 있다.

> 어떤 이는 호병문의 설에 병통이 있다고 보아 "지智란 오성五性 가운데 하나이고 지각知은 심의 작용이니 두 가지를 혼용하여 하나로 여겨서는 안 된다"고 말한다. 또한 그는 (호병문의 설이) "심과 성의 구별에 밝지 못하며", "리로써 리를 묘하게 운용하는 셈"이라고 말한다.〈김창협의 설이 이와 같다.〉 그 말이 그럴듯하지만, 내가 보기에 그의 설은 병통이 더욱 심한 듯하다.[46]

김간은 김창협이 무엇보다 지와 지각을 각기 '본성'과 '마음'이라는 서로 다른 존재론적 층위로 구분하고 있음을 지적한다. 이 간결한 요약을 통해 그는 김창협의 핵심 논지를 정확하게 짚어내는데, 뒤이어 이같은 김창협의 논지가 오히려 호병문보다 더 심각한 문제점을 안고 있다고 말한다. 그렇다면 김간은 거꾸로 본성과 마음을 구분하지 말아야 한다고 주장하는 것일까? 김간 역시 성과 심을 리기로 구분하는 율곡학파의 입장에 충실하다는 점에서 그 같은 논리는 나올 수 없을 것

■■ 훗날 1697년경 김간은 김창협과 민이승의 지각 논변에 대한 관전평을 쓰면서 『대학차기』에서 김창협을 비판했던 논리를 다시금 언급한다. 그 시기에 김창협은 김간의 비판을 전해 들었을 가능성이 크지만 여전히 이렇다 할 반응은 보이지 않았다. 그러자 김창협의 제자였던 박필주가 김간의 비판에 대응하여 스승의 입장을 옹호하는 글을 써서 김간에게 보낸 바 있다.

이다. 김간은 본성과 마음의 구분 자체를 문제삼는 것이 아니라, 그러한 김창협의 입장이 결국 지와 지각의 연결 고리를 끊어놓는 데까지 나아감을 비판한다. 그는 마음의 지각활동이 지와 무관하게 오로지 심의 작용으로만 간주될 수는 없다고 주장한다.

> 지智란 오성 가운데 하나로, 그 성격은 머금어 저장하고 비추어 아는 것이다. 그 주로 하는 것으로써 말한다면 지각知을 주로 하니, 지智가 지각을 주로 하는 것은 인仁이 사랑을 주로 하며 의義가 마땅함을 주로 하는 것과 같다. (…) 오성이 각기 주로 하는 바가 있으니, 오성 가운데 지智는 지각을 주로 한다. 만약 지와 지각을 판연히 둘로 갈라 본다면, 지가 주로 하는 것은 과연 무엇이 되겠는가? 맹자는 '시비지심이 지의 단서'라고 하였고 주자는 '시비를 지각하는 리가 지'이며 '지각은 곧 지의 일'이라고도 하였다. 만약 지각을 지와 상관없는 것으로 보고 오로지 심의 작용으로만 여겼다면, 어찌하여 '지의 단서'라거나 '시비를 알게 하는 것이 지'라고 말하고 심지어 '지의 일'이라고까지 하였겠는가? (지각이 지의 작용이라는 점은) 매우 명백하고 온당하니 조금도 의심할 바가 없다.[47]

김간은 인仁과 의義가 각기 사랑愛과 마땅함宜이 발용하는 근거가 된다는 점을 예시하면서, 인의예지의 본성이 현상화될 때 각각 주가 되는 심리적 작용이 있다고 본다. 그에 따르면 본성의 발현으로 인해 표출되는 정감의 양상은 반드시 측은·수오·사양·시비의 사단으로만 국한되지 않는다. 김간 자신의 표현을 빌리면, "인과 관련된 일의 단서는 한 가지가 아니요 의와 관련된 일의 단서 또한 한 가지가 아니기 때문이다."[48] 이를테면 인은 측은지심의 근거인 동시에 사랑하는 마음愛의 근거이고, 의는 수오지심의 근거일 뿐만 아니라 마땅함을 추구하는 정서宜의 근거이기도 하다. 같은 맥락에서 볼 때 지智가 드러나는 양상 또한 시비지심 한 가지로만 간주할 이유가 없다. 이를 통해 김간은 시비지심뿐만 아니라 지각을 지의 작용으로 간주하는 데 아무런 논리적 하자가 없다고 본다. 이러한 그의 주장은 '지각을 지의 작용이라고 하면 시비지심과 지각을 동일시하는 셈이 되어 측은·수오·사양지심이 지각과 무관하게 된다'는 김창협의 논리를 의식한 것이다. 그러나 김간의 견지에서 볼 때 지각이 지에서 연원한다고 하여 반드시 시비지심과 동일시될 이유는 없다. 인·의와 마찬가지로 지와 관련된 일의 단서 또한 한 가지가 아니기 때문이다.

김간의 초점은 오히려 김창협처럼 지와 지각의 연계성을 부인할 경우 지각이 '본체 없는 작용'이 되어버린다는 데 있다. 즉 지각이 본성과 연계되지 않고 그저 심 자체의 화용으로만 간주된다면, 이때 지각은 아무런 도덕적 지향성이 없는 무목적적인 기능에 그치고 말 것임을 경계하는 것이다. 지각이 목적론적이고 가치지향적인 능력이 되기 위해서는 그 연원에 도덕본성이라는 본체가 자리하고 있어야 한다는 것이 김간의 주장이다.

> 심이란 본시 고요함과 움직임을 겸하고 본체와 작용을 갖춘 것이니, 고요할 때는 인의예지의 본체를 갖추고 있고 움직일 때는 사랑함, 마땅함, 분별함, 지각함의 작용이 있게 된다. 마음상에서 구분하지 않고 말한다면 이른바 인과 사랑함, 의와 마땅함,

예와 분별함, 지와 지각함이 모두 다 심에 속하는 것이지, 어찌 유독 지각만이 심의 범주에 속한다고 하겠는가? 만약 그 가운데서 나누어 구별해본다면, 이 네 가지는 각기 본체가 있고 작용이 있는 것이다. 그 작용으로부터 본체를 소급해 올라가보면, 분명히 사랑함은 인의 작용이고 마땅함은 의의 작용이며 분별함은 예의 작용이고 지각함은 지의 작용이다. (이렇게 보면) 조리가 선명하고 그 각각의 묘맥과 경로를 찾을 수 있건만 어찌하여 유독 지와 지각의 관계에 대해서만 의심하는가?[49]

김간은 인의예지의 본체에 각각 부합하는 마음의 작용을 사랑함·마땅함·분별함·지각함愛宜別知으로 대별한다. 만약 이 가운데 오로지 지각함知만이 심의 작용이라고 한다면, 그 밖의 사랑함愛·마땅함宜·분별함別은 심과 무관한 작용이라는 말인가? 김간은 이와 같이 반문하며 김창협의 주장을 반박한다. 그의 논지는 지각이 지의 작용인 동시에 심의 작용이기도 하다는 것이다. 무엇 때문에 지각을 굳이 심의 작용으로 한정하고 지의 작용임을 부인해야만 하는가? 마찬가지로 사랑함·마땅함·분별함 또한 각각 인·의·예의 작용인 동시에 심의 작용이라고 할 수 있다. 김간의 견지에서 볼 때 사랑함·마땅함·분별함·지각함이 각각 특정한 '성 본체'에 근원을 둔다는 사실과 그 각각의 작용이 또한 '심 주체'의 작용이라는 사실은 결코 양립 불가능한 모순이 아니다. 하나는 발생 연원의 문제이고 다른 하나는 발생 주체의 문제이기 때문이다. 사랑함·마땅함·분별함·지각함은 각기 본성의 다른 측면에서 연원하지만 그 발생 주체는 모두 마음으로 수렴된다. 김간에 따르면 유독 지각만을 사랑함·마땅함·분별함과 달리 본체로서의 본성과 무관한 역량으로 간주할 이유가 없다. 그럴 경우 오히려 지각만 '본체 없는 작용'이 되므로 체용 간의 정연한 논리 구조를 흩트리는 결과를 초래한다.

> 심의 차원에서 종합하여 말한다면 이른바 지각이란 통틀어서 심의 영역에 속하고, 성의 차원에서 (인의예지를) 구분하여 말하면 지는 오로지 지각만을 주로 하는 것이다. 그 주안점에 따라 본다면 서로 모순되지 않는다. 이는 명의와 범주에 있어 조금도 오차가 있어서는 안 되는 것이니, 어찌하여 그 '통틀어서 속하는 것'을 가지고 '오로지 주로 하는 것'을 의심하면서 심과 성의 변별에 밝지 못하다고 말하는가?[50]

여기서 김간은 보는 각도에 따라 지각이란 심의 작용이 될 수도 있고 성의 작용이 될 수도 있음을 명시한다. 그렇게 볼 때 심으로부터 유래한 지각과 지로부터 유래한 지각은 애초에 별개의 것이 아니라 사실상 동일한 지각을 관점에 따라 달리 기술한 것에 불과하다.[51] 김간이 지각을 '마음의 작용'이라고 규정한 김창협의 논점을 전면적으로 부정하는 것은 아니다. 앞서도 언급했듯이 마음의 고유 활동으로서 지각의 주재성을 강조한다는 점에서 김간과 김창협은 공통적이다. 김간은 다만 '지각이란 마음의 작용일 뿐만 아니라 지의 작용이기도 하다'는 점을 부각시키는 데 주력하며, 그 비판의 초점 또한 김창협이 지와 지각의 연계성을 부정했다는 사실에 집중시킨다. 이를 논증하기 위해 김간은 다음과 같이 도기론道器論의 논점을 활용한다.

지는 심이 담고 있는 리이고, 심은 지가 담겨 있는 그릇이니, (지
와 심은) 본래 혼연히 뒤섞여 틈이 없으며 서로 떨어질 수 없는
것이다. 다만 지는 운용하는 능력이 없고 심은 운용 능력이 있
으므로 심의 운용이 없으면 지가 스스로 발현할 수 없다. 그런
까닭에 그 묘맥과 경로를 따라서 본다면 지각은 본디 지로부터
나온 것이요, 그 운용하는 곳에 따라서 본다면 지각은 심으로
부터 발현되는 것이다. (…) 물병甁과 물의 관계로 비유해보자.
병은 곧 심에 해당되고 병 속에 든 물이 지에 해당된다. 병을 운
용하여 물이 자연히 쏟아져 나오는 것이 지각이다. 이제 병의
운용이라는 측면에서 그 흘러나온 것을 본다면, 분명히 병으로
부터 물이 흘러나오는 것이다. 그 흘러나오는 현상에서 그 근원
을 밝히고자 한다면, 이는 병 속에 담긴 물로부터 흘러나온 것
이다. 그러므로 병으로부터 흘러나온 물이 곧 병 속에 담겨 있
던 물이요, 이는 원래부터 두 가지 물이 아닌 것이다. 이러한 이
치가 매우 명백하거늘 무슨 의심이 있겠는가? 이제 김창협의 설
을 보면 다만 물이 병으로부터 흘러나오는 측면만을 알고 병으
로부터 흘러나온 물이 곧 병 속에 담긴 물이 흘러온 것임을 알
지 못하는 것이다.[52]

앞서 김창협은 성과 심을 도道와 기器로 비유하면서 양자의 관계를
주체와 객체로 이분화하는 논법을 정식화한 바 있다. 그와 대조할 때
김간이 도기론으로부터 취한 논리의 특징은 양자의 이질성을 강조하
기보다 심발心發과 성발性發의 공통분모로서 지각의 단일성을 부각시키
는 데 있다. 김창협은 능각자能覺者와 소각자所覺者로 심과 성을 양분하

고 둘 사이에 넘어설 수 없는 간극을 강조하는 입장에 선다. 심과 성이 그토록 엄격하게 구분되므로 김창협에게 지각이란 심·성의 경계 사이에 모호하게 걸쳐 있는 개념이 될 수 없었다. 따라서 그는 설령 지각의 근거가 지에 있다손 치더라도 지에서 유래한 지각과 심에서 유래하는 지각에는 차이가 있을 것이라고 본다.[53] 어느 경우에도 김창협에게 있어 지의 발용과 심의 발용은 결코 동일시될 수 없었던 것이다. 그에 반해 김간은 운용 능력의 유무라는 기준에 의거하여 '능각자'와 '소각자'로서 심·성의 경계를 분명히 구분하면서도 그 발용으로서의 지각 자체는 구분되지 않는다는 입장에 선다. 위에서 김간이 적확하게 사용한 비유에 따르면, 병으로부터 흘러나온 물은 '병에서 나온 물'인 동시에 '병 안에 있던 물'이다. 즉 '병으로부터 물이 나왔다'고 말하든 '병 안에 있던 물이 나왔다'고 말하든 그것은 관점의 차이일 뿐 결국 동일한 물을 지칭하는 것이다. 마찬가지로 지각 역시 심의 발용이라 말하든 지의 발용이라 말하든 종국적으로는 동일한 지각을 지칭할 뿐이라는 것이 김간의 주장이다. 이에 그는 김창협이 심에서 유래한 지각과 지에서 유래한 지각을 별개로 구분함으로써 오히려 하나뿐인 지각을 불필요하게 둘로 설정하는 오류를 범하고 있다고 비판한다.

이 같은 논리를 통해 김간이 궁극적으로 주장하는 바는 무엇인가? 그는 마음의 능력으로서 지각이 단순한 인지 기능에 그치지 않고 일종의 가치지향적 활동이 되기 위해서는 그 근원에 도덕적 본성이 자리하고 있어야 한다고 본다. 이는 앞서 그가 '허령'과 '신명'의 의미를 구분하였던 것과 같은 맥락이다. 지각이 마음의 고유 속성인 허령에만 근거할 따름이라면, 이는 가치중립적인 인지 작용에 불과할 뿐 어떠한 도덕적 주재성도 발휘하지 못하게 된다. 지각이 지닌 '신명'한 능력, 즉 도덕성을 담지한 주재활동은 그 근원에 도덕본성이라는 본체가 확고하게 전제되어 있기에 가능한 것이다. 그렇게 볼 때 김간에게 있어 지각이란 도덕본성과 마음의 영활한 운동성의 결합을 통해 그 주재성을 확보하게 되는 것이다. 이처럼 지각의 주재성을 확보하고자 심과 성의 불가분리성을 강조한 김간의 사유 노선은, 역으로 심과 성을 주객으로 구분함으로써 지각의 주재적 의미를 확보하려 한 김창협과는 판연히 다른 길을 간다.

정리하자면 지와 지각의 관계를 둘러싼 논쟁의 원형은 17세기 우암 학단 내부에서 김창협과 김간을 통해 주제화된다. 대립의 양상은 두 사람 간의 직접적인 쟁론이 아니라 김창협에 대한 김간의 논평 형식으로 이루어졌고, 그에 대한 김창협의 역대응이 없었기에 본격적인 논쟁으로 확산되지는 않았다. 두 사람의 대립적 논점은 무엇보다 지각의 특성을 규명함에 있어 심과 성을 분리시킬 것인가 연결시킬 것인가에 달려 있었다. 김창협은 지각의 주재성을 '심 주체'의 독자적 속성으로 보아 본성(객체)과는 무관한 것으로 이해하였고, 김간은 지각의 주재성이 심성의 결합으로 인해 비로소 부여되는 성질이라고 주장하였다. 이처럼 두 사람의 시각차는 심과 성의 관계를 이해함에 있어 분리와 통합 가운데 어느 쪽에 강조점을 두느냐의 차이와도 무관치 않다. 이러한 차이는 그들이 명덕 개념을 해석하는 관점에도 반영된다.

명덕明德, 내면의 밝은 덕은 무엇을 가리키는가

김창협―명덕은 마음의 능력을 가리킨다

17~18세기 노론 학계에서 명덕 개념을 둘러싸고 벌어진 논의는 『대학장구』에서 주희가 언급한 "명덕이란 사람이 하늘로부터 얻어 허령하여 어둡지 않기에 중리를 갖추고 만사에 응하는 것이다"[54]라는 구절의 해석과 관련된다. 명덕 개념의 해명은 당대의 학술 담론 가운데 비중이 큰 논제는 아니었지만 이를 둘러싼 논의의 맥락이 분명하게 발견되기에 우암학단의 심론을 논하면서 도외시할 수 없는 부분이다. 이와 관련하여, 박세채의 외손이자 김간의 제자였던 직암直菴 신경申暻(1686~1766)이 남긴 다음의 언사는 당시 문제시되었던 명덕론의 쟁점을 유추하는 데 시사하는 바가 있다.

> 『대학』에서 명덕은 오로지 심만을 말한 것도 아니고 오로지 성만을 말한 것도 아닙니다. 그러므로 별도로 명의를 세워 '명덕'이라 함으로써 '하늘에서 얻었다', '허령하여 어둡지 않다', '중

리를 갖추고 만사에 응한다'는 뜻을 합하여 해석한 것이니, 실로 증자와 주자의 뜻을 알 수 있습니다. 박세채 선생은 반드시 심과 성을 겸하여 명덕이라 하였으며, 김간 선생 또한 심과 성과 정을 합하여 명덕을 풀이하고 송시열 선생에게 이 설을 제시하여 윤허를 받았습니다. 유독 농암 김창협만이 오로지 심으로만 명덕을 해석하였는데 그 학설을 따르는 후학이 많습니다. 만약 오로지 심으로 풀이하는 것이 옳다면, 『대학장구』에서 '하늘로부터 얻어 허령불매하여 중리를 갖추고 만사에 응한다'고 말한 구절은 지워버려도 무방하게 될 터이니, 그렇다면 그저 '심'이라고 이름해야 마땅할 것을 무엇 때문에 굳이 '명덕'이라고 하였겠습니까?[55]

이 글을 쓴 신경은 18세기 초중반에 걸쳐 이희조, 윤봉구, 박필주 등 노론계 주요 학자들과 활발한 지적 교류를 나눈 인물이다. 여기서 그가 서술한 내용은 김창협뿐만 아니라 17세기 율곡학파 일각에서 문제시되었던 명덕 논의를 파악함에 있어 의미 있는 단서를 제공하고 있다. 신경은 먼저 심·성·정 같은 심성론상의 기본 개념이 있음에도 굳이 그것들과 구별되는 의미에서 '명덕'이라는 개념이 존재하는 이유가 무엇인지를 문제삼는다. 이에 대해 그는 명덕이란 심·성·정 가운데 어느 한 가지만으로 환원되지 않는 삼자의 전체적 면모를 지시하기 위한 용어라고 본다. 다시 말해 명덕은 오로지 심 또는 성의 일측면에 국한되지 않으며 마음의 통체적인 전체대용을 아우르는 개념이라는 것이다. 이에 신경은 스승인 김간과 외조부인 박세채 그리고 송시열 등이 모두 명덕을 심과 성, 혹은 심·성·정을 겸한 개념으로 파악한 것과 달리, 오직 김창협만이 명덕을 심 개념 한 가지와 동일시하였다는 점을 지적하고 있다. 여기서 그가 농암설을 따르는 후학이 많다고 말한 것은 이 글이 쓰인 시기로 추정되는 1710~1720년대 초반 무렵 김창협의 명덕론에 동조하는 학자군이 두터워지고 있었음을 시사한다. 그는 당대 노론 사상계의 유력 인사였던 송시열과 박세채 그리고 자신의 스승인 김간이 모두 명덕에 대하여 일치된 견해를 제시하였음에도 불구하고 김창협 일파가 그와 다른 명덕론을 가졌던 것에 의구심을 표하고 있다.

이러한 신경의 발언에 비추어볼 때 우리는 김창협이 견지했던 명덕에 관한 견해가 동시대의 유력 학자들과 자못 차별화되는 지점을 지녔음을 추측할 수 있다. 신경이 지적한 바에 따르면 그것은 주로 '명덕을 심 개념으로만 해석하느냐 또는 심·성·정을 아우르는 개념으로 해석하느냐'라는 쟁점과 관련되며, 이 가운데 명덕을 오로지 심 개념에 한정하여 해석하는 것이 김창협의 기본 입장이었다. 이 절에서는 그러한 김창협 명덕론이 지닌 특징적 면모를 분석해보도록 하자. 이와 관련하여 아래 김창협의 언급은 그의 논점을 이해하는 중요한 실마리가 된다.

> 명덕에 관한 설은 일찍이 그와 같이 생각해본 적이 없으나, 『대학장구』에서 본디 '중리를 갖추고 만사에 응한다'고 하였으니, 또한 성과 정을 그 안에 포함하고 있습니다. 그런데 '~하는 것者也'이라는 두 글자를 깊이 음미해보면, 이것(명덕)은 중리를 갖출 수 있고 만사에 응할 수 있는 것能具衆理, 能應萬事底物事을 말할 따름이지, 만사에 응하는 경계를 직접적으로 가리켜 말한 것 같지는 않습니다. 그대가 의혹을 품은 것은 이 때문이 아니겠습니까?[56]

이 글은 민이승이 명덕에 관해 의견을 개진한 데 대하여 김창협이 답한 내용을 담고 있다. 그런데 민이승의 문집은 전해오지 않아 애초에 그가 질의한 맥락이 구체적으로 무엇이었는지 확인할 길이 없다. 다만 여기서 김창협은 자신의 견해를 짧게 기술하며 명덕에 관한 기본 관념을 어렴풋이 드러내고 있다. 특징적인 것은 그가 『대학장구』의 명덕에 대한 구절을 문법적으로 분석함으로써 자신의 견해를 피력한다는 점이다. 김창협은 주희가 명덕을 규정한 『대학장구』의 구절 "명덕자 인지소득호천이허령불매 이구중리이응만사자야明德者, 人之所得乎天而虛靈不昧, 以具衆理而應萬事者也"에서, 전체 문장이 단순히 '야也'로 끝맺음하는 일반 종결어미가 아닌 '~하는 것이다者也'라는 명사형 종결어미로 마무리된다는 사실에 주목한다. 여기서 '자야者也'라는 명사형 종결사는 주어인 '명덕자明德者'에 호응하는데, 이로부터 김창협은 명덕이라는 주어를 일종의 '사물'과 같은 명사로 이해하는 관점을 제시한다. 그리고 이 미세한 뉘앙스의 차이로부터 그는 명덕이란 중리를 갖추고 만사에 응하는 '실제적 사태'가 아니라 중리를 갖추고 만사에 응하는 '능력을 가진 어떤 것能具衆理, 能應萬事底物事'이라는 의미를 읽어내고 있다. 명덕을 일종의 사물과 같은 개념으로 보는 김창협의 논지는 그가 명덕을 규정하며 이처럼 '능…저물사能…底物事'라는 표현을 사용한다는 점에서 더 확실해진다. 이는 그가 명덕을 '…를 할 수 있는 능력'으로 해석하고 있음을 명백히 보여준다. 이처럼 명덕을 하나의 사물처럼 명사화하는 그의 의도는 주목을 요한다. 즉 김창협은 명덕을 마음의 전체대용을 총체적으로 지칭하는 '상태' 대신 일종의 '능력'이라는 의미로 구체화시키고 있는 것이다.

이러한 해석은 단순한 문법적 이해의 차이에 그치지 않고 『대학장구』에서 언급한 명덕을 읽는 독법의 차이로 이어진다. 이제 김창협의 의도에 따라 해당 구절을 다시 읽는다면, "명덕이란 사람이 하늘로부터 얻어 허령불매하기에 중리를 갖출 수 있고 만사에 응할 수 있는 '능력'이다"라고 해석해야 할 것이다. 이처럼 명사적 개념으로 파악할 때 명덕이란 곧 심의 기능적 측면을 지칭하는 또 다른 표현이 되며, 실질적으로 '지각'의 의미에 가까워진다. 그의 견해는 위의 편지글 이후에 이루어진 다음의 문답에서 좀 더 명료한 형태로 제시된다.

> 이현익의 질문: "『대학장구』경1장에서는 '허령하여 어둡지 않으니 (중리를 갖추고 만사에 응한다)虛靈不昧·具衆理·應萬事'라고 말하였습니다. '허령하여 어둡지 않은 것'은 심이고 '중리를 갖추고 있는 것'은 성이며 '만사에 응하는 것'은 정입니다. 명덕은 반드시 심·성·정을 겸하여야 제대로 갖추어지는 것인데,『대학혹문』에서 오로지 '허령통철하여 만리가 모두 갖추어져 있다虛靈洞澈·萬理咸備'고 말한 것은 무엇 때문입니까?"
> 김창협의 답변: "명덕은 본래 심을 가리키는데 성과 정이 그 가운데 있는 것이니,『대학장구』를 자세히 완미하면 알 수 있다. 이제 (명덕에 대하여) 심·성·정을 겸한 것이라고 한다면 주객의 구분을 살피지 않은 듯하다.『대학혹문』에서 말한 '만리가 모두 갖추어져 있다'는 것은 바로 '중리를 갖추고 있다'는 의미다. 비록 정에 대해 말하지 않았더라도 명덕의 의미에 무슨 결함이 있겠는가?"[57]

이 문답에서 제자 이현익의 질문 취지는『대학장구』와『대학혹문』

에서 명덕을 규정한 주희의 두 언급에 약간의 차이가 있음을 지적하는 것이었다. 즉, 『장구』에서는 '허령불매虛靈不昧', '구중리具衆理', '응만사應萬事'의 세 측면을 모두 말하여 심·성·정을 아우르는 의미로 명덕을 규정한 데 비해, 『혹문』에서는 심에 해당되는 '허령통철虛靈洞澈'과 성에 해당되는 '만리함비萬理咸備'만을 말하였을 뿐 정에 해당되는 측면을 언급하지 않았다는 것이다. 다시 말해서 『장구』의 '허령불매'는 『혹문』의 '허령통철'에 대응하고 '구중리'는 '만리함비'에 대응하는데, 유독 『장구』의 '응만사'에 조응하는 술어가 『혹문』에는 결락되어 있다. 그렇다면 『혹문』에서는 심·성·정 가운데 정의 한 측면을 빼놓은 셈이 되는데, 어떻게 심과 성만 가지고 전체대용인 명덕을 규정할 수 있는가? 이처럼 용用의 한 측면을 전혀 언급하지 않은 『혹문』의 문장은 총체성이라는 명덕의 의미를 드러내기에 미흡하지 않은가? 이현익의 질문에는 이러한 취지가 담겨 있다.

이에 답하면서 김창협은 명덕이란 곧 심을 지시하는 것이라고 분명하게 말한다. 즉 명덕은 심·성·정의 세 가지를 모두 합하여 말한 것이 아니라 다만 심 한 가지에 대해서만 규정한 것이며, 이미 심을 말하면 성과 정의 측면은 자연히 그 안에 포함되어 있다는 것이다. 따라서 『혹문』에서 굳이 정의 한 측면을 언급하지 않았다 해도 이미 심에 대하여 '허령통철'을 들어 설명하였기 때문에, 『혹문』의 문장은 명덕의 의미를 드러내는 데 별다른 하자가 없다는 것이 김창협의 답변이다.

그런데 이와 같은 답변이 함축하는 의미 맥락을 이해하기 위해서는 좀 더 심층적인 분석이 필요하다. 여기서 "명덕은 본래 심을 가리키는데 성과 정이 그 가운데 있다"는 그의 주장은 구체적으로 무엇을 뜻할까? 더욱이 "(명덕에 대하여) 심·성·정을 겸한 것이라고 한다면 주객의 구분을 살피지 않은 듯하다"라는 구절은 무슨 의미인가? 이 말뜻을 분석하기 위해서는 다시금 『대학장구』의 명덕 구절로 돌아가보아야 한다. 이와 관련하여 문제가 되는 것은 '허령불매'와 '구중리', '응만사'라는 술어 사이의 관계에 관한 것이다.

먼저 각각의 술어가 가진 일반적인 의미를 상기해보자. 일반적으로 '허령불매'라 함은 마음心에 해당되는 술어로, 마음이 텅 비어 구애됨이 없고 영활한 역량을 가지고 있음을 형용한다. '구중리'란 본성性에 해당되는 술어로, '만상이 빼곡하게 갖추어져 있다萬象森然已具'라는 말과 같이 마음 안에 만사에 대응하는 모든 리가 본성으로서 내재해 있음을 뜻한다. '응만사'는 정감情에 해당되는 술어로, 본성에 갖추어진 리가 발현되어 실제적인 사태에 대응하는 모든 양상을 뜻한다. 이 세 술어를 나열할 때 각각의 진술은 심·성·정의 각 측면에 조응하면서 인간 심리의 전체적인 면모를 종합적으로 기술하게 된다. 따라서 이 셋을 합한 총칭을 명덕으로 보는 것이 위에서 이현익이 취한 입장이다.

앞서 신경이 서술한 문장에서도 알 수 있듯이 명덕을 그와 같은 의미로 이해하는 것은 이현익뿐만 아니라 당시 대다수 학자에게 공유된 견해였던 것으로 보인다. 즉 명덕을 논할 때 심·성·정 가운데 어느 한 측면이라도 배제된다면 전체대용으로서의 종합적 균형을 상실하게 된다는 것이다. 이런 입장에서 볼 때 '허령불매', '구중리', '응만사'는 모두 각각의 독자적 의미를 갖는 술어가 된다. 인간의 심리 구조를 논하면서 심·성·정 가운데 어느 하나도 누락해서는 안 되는 것과 마찬가지로, 명덕에 대해 규정할 때에도 세 진술은 균등한 비중을 차지하며 어느 것 하나도 빠트려서는 안 된다는 논리가 성립되는 것이다.

그런데 김창협은 심·성·정을 동등한 비중으로 고려하면서 명덕을 규정하는 이현익의 견해에 반대한다. 앞서 그는 명덕을 설명하면서 '능히 중리를 갖출 수 있고 만사에 대응할 수 있다能具衆理, 能應萬事'고 하여 이른바 '능能'의 측면, 즉 심의 능력이라는 측면을 강조한 바 있다. 그런 관점에서 보면 '중리를 갖춤具'과 '만사에 대응함應'이라는 실제 기능을 수행하는 역량은 각기 성과 정에 있는 것이 아니라 바로 심이라는 주체에게 있다고 할 수 있다. 김창협의 견지에서 따져볼 때 위 인용문에서 이현익이 말한 "중리를 갖추고 있는 것은 성이고, 만사에 응하는 것은 정이다具衆理, 性也. 應萬事, 情也"라는 명제는 문법상 오류를 안고 있는 셈이다. 왜냐하면 이 구절은 '구중리'의 주어를 성으로, '응만사'의 주어를 정으로 보는 것처럼 생각될 여지가 있기 때문이다. 김창협의 문법에서 보자면 '구중리'와 '응만사'의 주어는 모두 심이지 성이나 정이 될 수 없다. 즉 심이 중리를 '갖추고' 또한 만사에 '대응하는' 것이지, 성이 중리를 갖추고 정이 만사에 대응하는 것이 아니다. 만약 본성이 중리를 갖추고 있다고 말한다면 이는 곧 '리가 리를 갖춘다'는 이상한 논리가 되어버리고 만다. 논리상 리를 갖추고 있는 주체는 마음心이지 리 자체가 될 수 없기 때문이다.■ 또한 '만사에 대응하는 것'은 그 자체가 곧 정情이므로, '정이 만사에 대응한다'고 말하면 이는 곧 '나무는 나무다'와 같은 무의미한 동어반복이 된다. 따라서 만사에 대응하는 주체 또한 정이 아니라 심이라고 말할 수밖에 없다.

그렇게 볼 때 김창협은 "具衆理, 性也" / "應萬事, 情也"라는 이현익

■ 이처럼 김창협이 '리로써 리를 갖춘다以理具理'를 어불성설로 보는 논점은 그가 지각론에서 호병문과 파양심씨의 견해를 '리로써 리를 묘하게 다룬다以理妙理', '리로써 리를 머금는다以理涵理'라고 비판했던 것과 일치하는 맥락을 지닌다. 김창협의 지각론과 명덕론이 기본적으로 같은 논점에서 전개되고 있음을 보여주는 일면이다.

의 진술이 "性+具+衆理"와 "情+應+萬事"라는 '주어+동사+목적어'의 구조를 가진다고 보고, 이 두 진술 모두 주어가 잘못되어 있다고 비판하는 셈이다.▪ 동사에 해당되는 '구具'와 '응應'은 모두 심의 능력에 해당되는 말이며, 그러한 능력能을 발휘하는 주체(주어)는 오직 심일 뿐이다. 그리고 동사 '구'와 '응'의 목적어가 되는 '중리衆理'와 '만사萬事'는 모두 심이 갖추고 대응하는 대상所, 즉 객체가 된다. 만약 대상 또는 목적어의 위치에 있어야 할 것이 주체 또는 주어의 위치에 놓인다면, 이는 곧 '주객을 제대로 구분하지 않는' 상황이 되어버리는 것이다.

이러한 김창협의 견해는 '구중리'와 '응만사'를 각기 성과 정에 배속시켰던 이현익의 견해와 다를 뿐 아니라 이현익과 비슷한 이해를 보였던 당시 학자 대다수의 견해와도 다른 것이었다. 그에 따르면 명덕이란 '구중리·응만사'하는 실제 사태가 아니라 '능구중리能具衆理·능응만사能應萬事'하는 허령불매한 심 주체의 역량만을 지시하므로, 그 주체의 활동 대상에 해당되는 '중리'와 '만사'를 명덕 개념에 포함시킬 필요는 없다. 오히려 '중리'와 '만사'라는 대상(객체)을 포함시켜 명덕을 규정한다면 주체의 역량이라는 명덕의 의미는 퇴색하고 주객의 구분이 모호해지는 문제에 봉착하게 된다는 것이다.

이제 "명덕은 본래 심을 가리키는데 성과 정이 그 가운데 있는 것"이라는 김창협의 발언을 다시 음미해보자. 명덕은 본디 허령불매한 마음의 능력이다. 그런데 마음은 성과 정을 통섭하는 것이므로 마음을 지

▪ 여기서 이현익과 김창협의 논점은 일치하지 않는다. 김창협식의 비판처럼 "구중리 성야; 응만사 정야具衆理, 性也. 應萬事, 情也"라는 문장에서 실제로 이현익이 '구중리'와 '응만사'의 주어를 성과 정으로 여긴 것은 아닐 터이다. 김창협의 비판 논리는 이현익에 대한 적실한 비판이라기보다는 다분히 그 자신의 입장을 드러내는 데 주안점을 둔 것이라고 봐야 한다.

시할 경우 성과 정은 당연히 심 안에 포섭된다. 같은 맥락에서, '마음이 허령불매하다'는 진술에는 이미 '마음이 중리를 갖추고 만사에 응하는 능력을 가진다'는 의미가 내포되어 있다. '허령불매', '구중리', '응만사' 세 술어 간의 관계가 앞서 이현익이 취하였던 입장과 달라지는 지점이 바로 이 부분이다. 김창협의 견지에서 볼 때 이 세 술어는 명덕의 의미를 구성하는 균등한 비율의 어구가 되지 않는다. 그의 논리에서 보면 다만 '허령불매'라는 한 가지 술어만으로도 명덕의 의미를 드러내는 데는 충분하다. '구중리'와 '응만사'는 허령한 마음의 기능을 설명해주는 말에 불과하며 '허령불매' 안에 이미 '구중리'와 '응만사'의 함의가 포함되어 있기 때문이다. 즉 세 술어가 독자적인 비중을 지니고 명덕의 의미를 구성하는 것이 아니라 '구중리'와 '응만사'는 그저 '허령불매'를 부연하는 의미를 지닐 뿐이다. 다음의 언급에서 이러한 그의 입장은 선명히 드러난다.

이른바 '허령불매하여 중리를 갖추고 만사에 대응한다'는 것은 명덕을 일컫는 것이 아니다. 단지 '허령불매'가 명덕일 따름이요, '중리를 갖추고 만사에 대응하는 것'은 명덕의 체와 용이다.[58]

김창협은 명덕이 오로지 심 주체의 역량을 지칭한다는 확고한 입장을 견지하면서 '허령불매'만이 명덕의 개념에 적실하게 부합하는 술어라고 본다. '구중리'와 '응만사'는 그러한 허령불매한 명덕의 체와 용이된다. 여기서 '구중리'와 '응만사'라는 두 술어만 놓고 본다면 양자는 서로 체용의 관계라 할 수 있다. 하지만 '허령불매'와 '구중리·응만사'라는 관계틀에서 볼 때는 '허령불매'가 주체, '구중리·응만사'가 객체의 위치에 놓인다. 다시 말해 세 술어 가운데 '허령불매'만이 주체로서 명덕의 의미를 온전히 드러내고 있다.

김창협의 논지가 이처럼 당대 기호 학계의 일반적인 명덕 관념과 차이를 보이는 이유는 무엇인가? 이는 근소한 차이에 불과할 수도 있지만 큰 틀에서 보면 그가 견지한 심론의 특징을 반영한다. 김창협의 견해에는 대상적 위치에 놓이는 성·정과 구분되는 심의 주체적 역할에 대한 강조와 더불어, 명덕의 위상을 심 주체의 본질로 부각시키는 의도가 두드러진다. 그의 관점에서 명덕이란 곧 허령불매한 심 주체의 지각 능력을 의미한다. 이와 관련하여 주객의 구분이 김창협의 심론을 관통하는 중요한 문제의식이었음을 상기하자. 김창협에 따르면 주체로서 인정될 수 있는 것은 오로지 심뿐이다. 그는 명덕을 논하면서 심이 아닌 성을 위주로 하거나 혹은 성과 심의 결합으로 명덕을 이해할 경우 주체의 역할 문제에 있어 혼선이 생길 수 있다며 경계한다.

명덕 두 글자에 대해 『대학장구』에서는 본래 심을 가지고 말하였는데, 성과 정은 자연히 그 안에 들어 있다. 혹자는 성을 위주로 말하기도 하고 또한 심과 성을 겸하여 말하기도 하지만, 그럴 경우 문장의 뜻과 주객의 구분에 있어 다소간 오류가 없을 수 없다.[59]

여기서 김창협은 앞서 이현익에게 보낸 편지에서와 마찬가지로 주객의 구분에 관해 언급하고 있다. 그가 주와 객으로 상정하는 것은 무엇인가? 어째서 성이 위주가 되거나 심·성을 겸하여 말하면 주객의 구분에 혼선이 생긴다는 것인가? 이에 대한 대답에 김창협의 심론이 지닌 특징적 면모가 내재한다. 김창협의 견지에서 마음은 본성을 운용하여 정감으로 발현시키는 주재자로의 역할을 담당하고 본성과 정감은 그러한 마음이 주재하는 대상의 위치에 놓인다. '심통성정心統性情'이라 말하였듯이, 심은(주어) 성과 정을(목적어) 아울러 통괄하고 주재하는 존재다. 이와 같이 김창협은 심과 성·정의 관계가 '주어와 목적어의 관계'이자 '주체와 객체의 관계'를 가진다고 파악한다. 따라서 비록 심을 벗어나 별도로 성과 정이 있는 것은 아니라 할지라도 주체와 객체로서 심·성·정의 개념적 경계는 명확히 구분해야 한다는 것이 김창협의 주된 논지라 할 수 있다.■60 앞에서도 살펴본 바와 같이 그는 주객의 자리를 전도시키거나 그 경계를 흐릿하게 만드는 것이야말로 정학에 배치되는 이단의 학설이라고 생각하였다. 그러한 논점이 명덕에 관한 논의에서도 일관되게 관철되고 있는 것이다.

송시열―주객主客의 구분 못지않게 허실虛實의 구분이 중요하다
—

김창협이 제기한 명덕에 대한 논점은 송시열이 생존해 있던 시기에 학단 일각에서 다소간 논의되었던 것으로 보인다. 김창협이 주장하듯이 명덕 개념을 오로지 심만 지칭하는 용어로 한정할 것인가? 아니면 심·성·정을 모두 통괄하는 의미로 이해해야 하는가? 이러한 쟁점에 대하

■ 아마도 그의 견해는 『주자어류』에 보이는 대목(미주 참조)과 유사한 문제의식을 표출한 것으로 볼 수 있을 듯하다. 다만 김창협의 주장은 자칫 성과 정을 심 바깥에 벗어나 있는 대상화된 객체로 보는 듯한 오해를 불러일으킬 여지가 있다. 김간이 바로 그러한 문제점을 들어 김창협을 논박하고 있다.

여 김간의 동생인 김재金栽(1650~1712)는 송시열에게 질정을 구한 바 있다. 그는 "명덕이란 세 가지를 통괄하여 하나가 되는 것입니까, 아니면 한 가지로써 둘을 통합하는 것입니까?"[61]라고 묻는다. 여기서 '세 가지를 통괄하여 하나가 된다統三爲一'고 할 때의 세 가지란 '허령불매', '구중리', '응만사'를 말한다. 이는 세 술어가 종합되어 심·성·정을 아우르는 명덕의 총체성을 규정한다는 입장을 뜻하는 것이다. 이와 달리 '한 가지로써 둘을 통합한다以一統二'는 '허령불매' 안에 '구중리'와 '응만사'가 이미 내포되어 있다는 걸 의미한다. 이는 오로지 '허령불매'만이 명덕 개념에 부합하고 '구중리'와 '응만사'는 명덕의 체용 두 측면을 부연할 뿐이라는 김창협의 주장이다. 이와 같은 김재의 의구심 표명은 김창협의 명덕론이 학단 내부에서 일정한 파장을 야기했음을 시사한다. 이에 대해 송시열은 다음과 같이 답하였다.

이 셋에서 한 가지라도 버린다면 명덕이 될 수 없다는 것이 '세 가지를 통괄하여 하나가 된다'는 의미다. 그러나 『대학장구』에서 '(허령하여) 어둡지 않다'고 말한 다음에 '그로 인하여以'라는 한 글자를 말하였으니, 이것은 대체로 주객의 구분이 있는 것이다. 두 견해를 모두 병행하여도 모순이 되지 않는다. 어찌하여 쓸데없이 나누고자 하는가? 그러나 굳이 세분하고자 한다면 '허령불매'는 '명明'자를 가리키고 '구중리·응만사'는 '덕德'자를 가리킨다. 이 마음의 밝음을 통해 그 리의 실질을 얻은 연후에야 명덕이라 할 수 있다. 그러므로 주객主客을 논하자면 마음이 주체가 되고 리는 객체가 되며, 허실虛實을 논하면 리가 실질적인 것實이고 마음은 비어 있는 것虛이다. 이와 같이 보자면 (명덕을 논함에 있어) 오로지 심이 주체가 된다는 점만을 내세워 무엇이 더 중요한지 지나치게 구분해서는 안 된다.[62]

송시열의 기본 입장은 '셋을 통괄하여 하나가 되는 깃'과 '하나로써 둘을 통합하는 것'은 단지 어떤 관점에서 보느냐의 문제일 뿐이니 양자를 굳이 대립적으로 인식할 필요가 없다는 것이다. 그렇게 본다면 송시열의 견해가 다소 유연한 듯한 인상을 주지만, 그러면서도 그는 '허령불매', '구중리', '응만사' 세 술어가 총체적으로 명덕의 의미를 구성하며 이 가운데 어느 하나도 결여되어서는 안 된다는 입장으로 기울어 있다. 흥미로운 것은 그러한 종합적 인식을 지지하면서도 그가 김창협이 제시하는 논점, 즉 '허령불매'와 '구중리·응만사'를 주객의 관계로 파악하는 입장 또한 일정 부분 인정한다는 점이다. 송시열은 『대학장구』의 "허령불매 이구중리이응만사자야虛靈不昧, 以具衆理而應萬事者也"의 중간에 놓인 '이以'라는 글자에 주목한다. 그는 '그로 인하여以'라는 글자의 존재가 '허령불매'와 '구중리·응만사' 사이에 인과적 선후관계를 형성하는 문법적 기능을 가진다고 지적한다. 그로 인해 허령불매한 마음이 주체가 되어 주도적인 역할을 수행한다는 의미가 분명해진다는 것이다.

하지만 송시열은 실질적인 도덕적 내용을 담지하는 것은 리이며 마음은 다만 그 실현자일 뿐임을 아울러 언급한다. 이는 주객의 문제와는 차원을 달리하는 이른바 '허虛와 실實의 관계'에 관한 것이다. 그는 마음과 본성의 관계에서 주객의 구분뿐만 아니라 비어 있는 것虛과 실질적인 것實의 구분이 필요하다고 본다. 여기서 '허'란 도덕적 가치가 배제되어 있는 것을 뜻하고, '실'이란 도덕의 구체적·실질적 내용을 담지하고 있는 것을 의미한다. 송시열에 따르면 마음은 허령한 능력을 통해 리를 실현시키는 주관자이지만 그 자체로는 가치상 중립적이다. 그렇게 볼 때 마음이 오로지 주체라는 이유만으로 도덕의 실질적인 내용마저 담보할 수는 없다. 심이 도덕의 주체가 된다고 해서 곧 심이 도덕의 척도가 됨을 의미하는 것은 아니기 때문이다.[63] 따라서 도덕의 실현에서 행위 주체能인 마음뿐만 아니라 실현되어야 할 내용所으로서의 본성이 똑같이 중요하므로, 명덕의 전체적인 의미를 밝힘에 있어서는 주객 양자가 동등하게 고려되어야 한다. 이에 송시열은 다음과 같이 말한다.

> '허령불매'를 명덕의 전체로 간주하는 것은 옳지 않다. '허령불매'는 심이고 '구중리'는 성이며 '응만사'는 정이다. 심·성·정을 다 함께 거론해야 비로소 전체라고 부를 수 있는 것이다.[64]

이와 같이 볼 때 송시열의 명덕에 대한 이해는 결국 '통삼위일統三爲一'과 '이일통이以一統二' 가운데 전자의 관점에 가깝다는 게 분명해진다. 그는 심과 성·정 사이에 주객의 구분이 엄존함을 시인한다. 하지만 심이 주체가 된다는 사실이 심이 다른 무엇보다 더 중요하다는 것을 의미하진 않는다. 도덕 행위의 실행에 있어 심·성·정은 서로 대체 불가능한 각각의 역할과 영역이 있기 때문이다. 따라서 명덕이란 삼자 가운데 어느 특정한 한 가지로 환원될 수 없는 총체성을 지칭하는 개념이어야 한다. 송시열은 명덕의 총체적 의미를 구성하는 삼자의 관계를 다음과 같이 정리한다.

심은 그릇과 같고, 성은 그릇 안의 물과 같으며, 정은 물이 그릇
으로부터 흘러나오는 것과 같다. 단지 허령만을 말하고 성·정
을 말하지 않으면 곧 물이 없는 빈 그릇이요, 성·정만을 말하고
허령을 말하지 않으면 이 물이 담겨 있을 곳이 없는 셈이다. 이
셋 가운데 하나라도 빠지면 결국엔 의리가 성립되지 않으니 어
찌 명덕이라고 부를 수 있겠는가?[65]

여기서 송시열이 심·성·정의 구별과 관련하여 사용한 비유, 즉 물·
그릇·물의 유출이라는 비유는 그가 스승 김장생으로부터 전해 받은
것이다.[66] 그 활용의 맥락은 다소 다르지만 이 비유는 앞서 살펴본바
김간이 김창협의 지각론을 비판하는 과정에서도 언급된 적이 있다. 이
비유는 도기론道器論의 견지에서 심·성·정의 관계를 명확하게 정리하
고 있다. 물론 김창협 또한 이 비유에 함축된 도기론의 기본 논점을 부
인하지는 않았을 것이다. 그 역시 결코 마음이 본성의 역할을 대체할
수 있다고는 생각하지 않았으며 양자의 구분에 누구보다 철저했던 인
물이기 때문이다. 다만 도의 실현자로서 심의 주재성을 강조하는 과정
에서 '주객의 구분'을 관철시키고자 한 김창협의 논지는 이른바 '허실
의 문제'를 간과할 위험을 안고 있다. 명덕을 심과 동일시하며 성의 의
미를 배제한 그의 견해는 어쩌면 그 위험의 경계선상에 있는지도 모른
다. 송시열은 김창협의 주장에 함축된 그러한 논리적 위험을 예리하게
짚어냈다. 이에 그는 오로지 '허령불매'로 명덕의 의미를 한정한 김창협
의 주장이 심·성·정의 총체로서 명덕의 명의에 부합하지 못한다고 지
적하였던 것이다.[67]

김간—명덕은 본성, 마음, 감정을 아우르는 총체적인 개념이다

위와 같은 송시열의 논점을 이어받아 김창협의 명덕론에 비교적 체계적인 반론을 제기한 이는 김간이다. 앞서 지와 지각의 관계에 관해서도 김창협과 대립적 논점을 견지했던 김간은 명덕의 해석에서도 김창협과 다른 길을 간다. 그의 비판 역시 김창협이 명덕을 심으로만 규정하여 성·정의 측면을 간과하였음을 지적하는 데서 시작된다. 그는 먼저 김창협의 대전제를 공박한다.

> 어떤 사람이 '심'이라는 한 글자를 가지고 명덕을 풀이하였다.
> 나는 이렇게 말하겠다. 만약 그대의 말과 같다면, 주자가 무엇
> 때문에 『대학장구』에서 '명덕이란 심이 허령불매한 것이다'라고
> 하지 않고 굳이 '명덕이란 사람이 하늘로부터 얻어 허령불매하
> 기에 중리를 갖추고 만사에 응하는 것'이라 하였겠는가?[68]

김간은 김창협의 주장대로 명덕이 심 한 가지를 지칭한다면 『대학장구』에서 단지 '허령불매'만을 말해도 그만이었을 텐데, 무엇 때문에 구태여 '구중리'와 '응만사'라는 언사를 덧붙였겠느냐고 반문한다. 즉, 주희가 명덕을 규정하며 '허령불매', '구중리', '응만사' 세 가지 술어를 모두 나열한 데는 그럴 만한 이유가 있었다는 주장이다. 김간은 주희의 의도가 바로 명덕을 심·성·정의 총칭으로 규정하는 데 있다고 본다.[69] 그러한 맥락에서 그는 김창협이 『대학장구』 명덕조條의 어구를 문법석으로 문제삼았던 것에 반박하며, 그 구절이 본래 세 술어를 종합하여 명덕의 의미를 제시한다고 말한다.

『대학장구』의 문세文勢와 맥락을 보건대, 먼저 '명덕이라는 것은 明德者'이라고 하여 이어지는 아래 문장을 일으키고 있다. 그다음 문장에서 '허령하여 어둡지 않기에 중리를 갖추고 만사에 응한다'고 말한 것은 위 문장의 '명덕이라는 것'을 이어받아 명덕의 체와 용을 들어 말한 것이다. 문장 말미에 또한 '…하는 것者也'이라는 두 글자로 끝맺으니, 이와 같은 것이 곧 명덕이라고 말한 것이다. 여기서 '자야者也'라는 글자는 위에서 '명덕자明德者' 이하에 말한 것에 모두 걸리니, 그 뜻은 곧 '허령불매함으로써 중리를 갖추고 만사에 응하는 것'이 명덕이라는 것이다. 혹자의 말과 같다면 무엇 때문에 해석자가 불필요한 말을 끌어다가 '허령불매' 뒤에 갖다 붙여야겠는가.[70]

여기서 김간은 『대학장구』의 구절에 대해 김창협이 제시한 문법 해석이 오히려 그 문장의 본래 취지와 부합하지 않는다고 주장한다. 즉, 김창협이 말했듯이 그 구절이 명사형 종결어미(者也)로 문장을 끝맺어 명덕 개념을 명사화하고 있는 것은 사실이지만, 그처럼 명사화된 명덕 개념이 심만 단독적으로 지칭하는 것은 아니라는 것이다. 김간은 '자야者也'라는 어미가 '중리를 갖추고 만사에 대응한다具衆理而應萬事'라는 서술부 뒤에 위치하고 있음을 그 근거로 든다. 만약 김창협의 주장처럼 명덕이 다만 심의 허령불매한 특성만 지시하는 개념이었다면, 『대학장구』의 구절은 차라리 "명덕이란 사람이 하늘로부터 얻어 허령불매한 것이다明德者, 人之所得乎天而虛靈不昧者也"라고 기술되고 끝났어야 옳다. 그러나 『대학장구』에서는 분명 '중리를 갖추고 만사에 대응하는 것具衆理而應萬事'을 모두 언급한 후에야 문장을 종결지었으니, 그렇게 볼 때

'명덕자明德者'라는 주어 이하 모든 구절이 명덕의 내용을 서술하는 것으로 보아야 한다는 해석이다.

이와 같은 김간의 분석에는 '허령불매'뿐만 아니라 '구중리'와 '응만사' 또한 명덕의 의미를 구성하는 균등한 비중의 술어로 인정해야 한다는 취지가 깔려 있다.

> 생각건대 '허령불매'만을 말할 경우 '명明'자의 뜻을 해석하는 데만 편중되고 '구중리·응만사'만을 말할 경우 '덕德'자의 뜻을 해석하는 데만 편중되니, 반드시 '허령불매'와 '구중리·응만사'를 겸하여 말해야만 그 뜻이 제대로 갖추어진다.[71]

그는 김창협의 주장대로 해당 구절을 해석한다면 '허령불매'만이 부각되어 자칫 '구중리'와 '응만사'의 두 측면이 정당한 의미를 부여받지 못하게 됨을 경계한다. 그것은 심의 위상에 대한 강조가 성과 정 개념의 독자적인 의미를 퇴색시켜서는 안 된다는 송시열의 입장과 같은 맥락이다. 그에 따라 김간은 '명덕은 그저 심을 가리킬 뿐이며 성과 정은 그 안에 포섭되어 있다'는 김창협의 주장에 반대한다. 명덕이란 심·성·정의 세 측면이 각각의 의미를 드러내면서 전체적인 면모를 발휘하는 것을 지칭하는 개념이어야 하며, 만약 심 한 가지만 거론한다면 명덕의 진의를 드러내는 데 결함이 있게 된다는 것이다.[72] 그는 '허령불매'만이 명덕의 의미에 적실하게 부합한다는 김창협의 주장을 비판하며 다음과 같이 말한다.

하늘이 사람에게 부여한 것을 일컬어 명命이라고 하고 사람이 하늘로부터 받은 것을 일컬어 성性이라고 한다. 사물과 감촉하여 움직이게 되어 그 감촉한 것에 따라 발현하는 것을 일컬어 정情이라고 한다. 이 성을 갖추어두고 이 정을 운용하여 몸을 주재하는 것을 일컬어 심心이라고 한다. 심은 기의 가장 정밀하고 빼어난 곳이니, 본체가 자연히 허령하여 어둡지 않고 환히 빛나는 것을 명明이라고 한다. 심은 움직임과 고요함을 갖추고 성과 정을 통섭하니, 미발시에 성이 순선하고 이발시에 정이 중절한 것을 덕德이라고 한다. '허령하여 어둡지 않음'과 '순선하고 중절한 것'을 일컬어 명덕이라 한다. 이제 명덕을 해석하면서 단지 '허령불매'만 말하고 '구중리·응만사'를 말하지 않으면 갖추어지지 않은 것이고, '구중리·응만사'만을 말하고 '허령불매'를 말하지 않으면 옳지 않다. 반드시 두 가지를 겸하여 말하고 양쪽에 두어야만 비로소 옳게 되니, 그러므로 『장구』에서 '명덕이란 허령불매함으로써 구중리·응만사하는 것'이라 말한 것이다. 그 말이 명쾌하고 잘 갖추어져 있어서 절대로 논파될 수 없는 말이다. 이제 '허령불매'만을 명덕이라 여기고 '구중리·응만사'를 말하지 않는다면 한쪽으로만 떨어져버림을 면할 수 없다.[73]

김간은 심·성·정의 자의字義를 분석하면서 각기 독립적 의의를 지닌 삼자의 의미를 종합해 명덕을 규정하고 있다. 그에 따르면 '허령불매'란 단지 마음의 영묘한 밝음明의 한 측면에 해당되는 술어일 뿐이며, 성과 정의 두 측면을 서술하는 용어는 '덕德'이다. 즉 명은 마음의 '허령불매'를 지시하고 덕은 미발시의 순선함具衆理과 이발시의 중절함應萬事을 아울러 지시하는 개념으로 각기 의미하는 바가 구분된다. 그는 김창협처럼 '허령불매'만을 강조한다면 그저 마음의 '밝음'만 이야기하는 데 그칠 뿐 '덕'의 측면이 간과될 수밖에 없음을 경계한다. '구중리'와 '응만사'라는 실질을 담보하지 않는 한, 밝고 허령한 마음이란 그저 공허하고 관념적인 주체를 이야기하는 것에 불과할 따름이기 때문이다.

김간이 보기에 순선한 성에서 중절한 정으로 이행하는 치중화致中和의 전 과정에 대한 강조가 결여되는 한 명덕의 본의는 불분명해지고 만다. 따라서 이 부분에 대한 인식이 부족한 김창협은 그저 마음의 밝음이라는 한 측면을 확대해석하는 데 매몰되어 덕의 측면을 희석시키고 말았다는 것이 김간의 비판이다. 이 같은 자신의 입장을 정당화하고자 김간은 주돈이와 주희의 발언을 빌려 덕 개념에 성·정의 양 측면을 아우르는 함의가 내포되어 있음을 강조하기도 한다.[74] 만약 심 한 가지만을 들어 말한다면 그저 '심'이라고 할 수 있을 뿐이지 '명덕'이라 말할 수 없다.[75] 명덕은 성·정을 배제한 채 심 하나로만 환원될 수 없는 전체대용의 다른 이름이기 때문이다. 이에 김간은 마음이 미발시에 고요하면서도 환히 빛나고 이발시에 중절하여 조금도 어긋남이 없는 것을 일컬어 명덕으로 정의한다.[76]

이상에서 살펴본 것처럼 명덕 개념을 심론의 관점에서 해석하는 논의는 17세기 후반 우암학단의 성리설 담론에서 뚜렷한 줄기를 차지하고 있다. 그 진행된 추이를 보면 먼저 김창협이 명덕을 마음의 능력으로 간주하며 지각과 거의 동일시하는 입장을 제시한 것에 대해 송시열과 김간이 비판적 견해를 표명하는 양상으로 나타났다. 김창협은 심의 역량인 지각이 곧 명덕이라는 전제 하에, 주재하는 주체가 아니라 주재되는 대상에 해당되는 성과 정은 명덕 개념의 일부로 간주할 수 없다는 입장에 선다. 이러한 논지에는 심과 성을 주와 객의 관계로 정립해야 한다는 판단이 우선적으로 고려되고 있다. 그에 대하여 송시열과 김간은 성과 정의 두 요소를 간과한 채 오직 심 주체의 허령한 능력만을 명덕으로 규정할 수는 없다는 입장에 선다. 그들은 명덕과 지각을 동일한 개념으로 인식하지 않으며, 명덕이란 본디 심·성·정을 모두 아우르는 총체적 의미를 담지하는 개념이라고 본다. 그들은 도덕의 실질적 내용을 담지하는 성과 정을 배제한 채 심의 역량만 강조한다면 자칫 마음의 영활한 속성만을 우선시하게 될 수 있음을 경계한다.

이 논제는 좀 더 심도 있게 궁구해볼 만한 철학적 문제의식을 함축하고 있지만, 그 당시에는 지금까지 소개한 수준의 논변을 넘어 확대되지 않았다. 앞서 지각론의 경우와 마찬가지로 김간의 비판에 대한 김창협의 대응은 발견되지 않는다. 다만 이 절의 초두에서 인용한 신경의 언급처럼 이 쟁점은 18세기로 이월되어 기호 학계 내부에서 간헐적으로 논의되어갔던 것으로 보인다. 여기서 다룬 내용은 명덕 개념을 둘러싸고 벌어진 토론의 초기 양상만을 부분적으로 보여줄 뿐이다. 이 논변이 학술적으로 갖는 의미와 가치를 규명하기 위해서는 좀 더 광범위한 사상사적 맥락에서의 조망이 필요할 것이다.

나오는 말

서두에 언급했던 것처럼 이 책의 목적은 17세기 조선의 기호학파에서 전개된 학술 담론에 초점을 맞추어 당시 논의되었던 마음 이론을 조명해보는 것이었다. 우리는 허령, 미발, 지각, 명덕 등 심心을 설명하는 개념을 중심으로 송시열과 그의 학단에서 토론된 여러 논변을 살펴보았다. 17~18세기 무렵 조선의 학계에서는 서양 중세의 스콜라 철학을 방불케 할 만큼 복잡하고 사변적인 이론적 심화가 진행되고 있었다. 당시는 경학經學의 수준이 깊어짐에 따라 경전의 자구字句에 대한 치밀한 고찰이 행해지던 시기였고 아울러 교학화된 주자학에 대한 철두철미한 추구가 대세를 이루던 때이기도 했다. 그런데 주자학의 철저한 묵수를 지향했던 그들의 학문적 목표는 역설적이게도 신유학의 중심 개념을 하나하나 숙고하고 재검토하게끔 만드는 해석학적 토대를 마련했다. 그러한 환경과 시대적 분위기 속에서 조선의 신유학은 중국이나 일본 같은 주변국과 구별되는 독특하고 심도 있는 사유를 전개할 수 있었다.

일례로 호락논쟁은 조선 후기에 이르러 기호학파라는 특정 그룹 내부에서 벌어진 학술 논쟁이었지만 그 담론은 특정한 시기와 지역에 국한되지 않는 철학적 보편성과 깊이를 갖추고 있었다. 한국철학이라는 협소한 범주를 벗어나 동아시아 신유학 발전사의 관점에서 보자면, 호락논쟁은 중국 송대 이후 수 세기에 걸쳐 전개되어온 주자학의 정점 가운데 하나라고 평가할 수 있다. 흔히 학문과 사상은 지리적·역사적 조건과 상호 작용하기 마련이며 그에 따라 동아시아 각국의 근세 사상사 역시 각양각색의 차이를 보여왔다. 조선 왕조 전체를 통틀어 주자학이 주류의 위치를 점했던 조선 사상계는, 송·명·청의 왕조 교체를 거치며 이른바 리학-심학-고증학이 흥기했던 중국에 비해 역동적인 면모를 보여주지는 않는다. 그러나 적어도 주희 성리설에 대한 철학적 탐구라는 측면에서 볼 때 조선 후기 성리학만큼 치밀함과 깊이를 갖춘 사례는 다른 지역에서 찾아보기 어려운 것이 사실이다. 그런 점에서 호락논쟁은 전체 동아시아 사상사에서 조선의 신유학이 이루어낸 독보적인 지적 성취임에 틀림없다. 즉 호락논쟁은 한반도라는 특정 지역의 유산에 그치는 것이 아니라 신유학을 공통분모로 삼아 발전해왔던 동아시아의 지평에서 탐구되고 보존되어야 할 지적 자원이다. 우리가 호락논쟁의 철학적 문제의식을 온전히 복원하고 그로부터 보편적 의의를 발견해야 할 이유가 여기에 있다.

17세기 후반에서 18세기에 걸쳐 형성된 심론과 호락논쟁의 여러 논제는 성리학적 사유에 익숙한 학자들에게조차 쉽지 않은 학문 영역에 속한다. 그만큼 이 시기에 전개된 사변적인 성리학설은 정밀한 분석과 집중력을 요하는 난해한 분야다. 가급적 논변의 진행 과정과 쟁점을 구체적으로 설명하고자 하였으나 성리학의 개념과 논리가 낯선 독자라면 각 주장의 핵심을 파악하는 일만 해도 만만치 않은 노력이 필요했을 것이다. 이제 앞서 살펴본 내용의 개요를 되짚어보면서 그 시기의 철학적 논변이 가진 의미를 되새겨보도록 하자.

제1장에서는 마음의 본래적 특징을 가리키는 '허령' 개념을 둘러싸고 당시 기호학파 내부에서 전개된 논변의 양상을 살펴보았다. 허령은 조선의 17세기에 이르기까지 학자들의 관심이 상대적으로 적었던 문제인데 진순과 노효손에 대한 율곡 이이의 비판을 계기로 우암학단에서 본격적으로 토론되었다. 진순의 명제로부터 촉발된 쟁점은 '마음의 허령한 속성이 리와 기의 결합으로 생겨난 것인가, 기 자체에 내재한 고유한 성격인가?'라는 것이었다. 이는 마음의 특별한 고유성인 허령이 어디에서 연원하는지 묻는 문제였다. 이에 대해 진순은 허령을 리기가 결합한 것이라 규정함으로써 논란의 불씨를 제공한다.

그런데 이이가 문제삼은 것은 '리와 기가 합해진다'는 진순의 어구가 마치 리기가 서로 떨어져 있는 시점을 상정하고 있는 듯하다는 표현상의 문제였다. 즉 리와 기는 애당초 떨어질 수 없으므로 '합해진다'는 표현은 어폐가 있다는 것이다. 이 같은 비판은 이황과 달리 리기의 지나친 분리를 경계한 이이의 학문적 입장을 은연중에 반영하는 것이었다. 이이의 뒤를 이은 김장생과 최명룡, 정경세 간의 토론 역시 허령의 문제를 도외시한 채 다만 '리기가 결합한다는 것이 말이 되느냐 안 되느냐'라는 문제에 치중함으로써 논제의 핵심에서 다소 벗어나 있었다.

진순의 명제에서 '허령의 근거'라는 중심 맥락을 복원해 문제삼은 것은 송시열과 그의 문인 집단이었다. 이에 대해 김간은 허령이 리기의 결합이 아니라 '기의 정상精爽'이라는 심 자체의 본래적 특별함에서 기인한 것이라고 주장하며 진순을 비판하였다. 그는 리기의 합으로 인해 허령이 생겨난다면 사람뿐만 아니라 동식물도 모두 리기의 합으로 이루어져 있으므로 유독 사람만이 허령한 마음을 가진다고 말할 수 없다고 주장한다. 다시 말해 인간에게만 허령한 마음이라는 독자적 특징이 부여된 것은 그 품수받은 기가 청명하기 때문이라는 것이다. 그와 달리 정찬휘는 진순의 명제를 옹호하면서 허령은 리기의 결합에서 비롯된 것이며 심의 허령지각에는 그것을 가능케 하는 리가 있다고 주장하였다. 그는 주희가 사용한 비유를 인용하면서 등잔불이 기름과 합해져야 비로소 빛을 발하듯이 반드시 리와 기가 결합해야만 허령이 생겨난다고 주장한다. 즉 허령은 본성으로부터 절연된 심기만의 독점적인 고유성이 될 수 없으며 그것을 가능케 하는 근거를 필요로 한다는 것이다. 이들의 견해차는 성과 심의 관계 설정과 관련하여 심체의 위상과 역할에 대한 미묘한 인식 차이를 반영하고 있다. 이에 대해 송시열은 대체로 김간의 견해를 지지하였으나 진순의 명제로부터 허령에 관한 논의를 끌어내는 데 큰 관심을 보이지는 않았다.

허령 문제를 인식하는 송시열의 태도가 선명하게 드러난 것은 노효손의 명제에 대한 견해에서였다. 노효손은 허령 개념에서 '허'와 '령'을 구분하고 양자를 체용관계로 규정하였는데, 이러한 그의 논점은 허와 령을 각각 미발과 이발로 분속시킨 것으로 받아들여졌다. 이에 대해 이이는 허와 령을 미발과 이발로 나누는 것은 타당치 않으며 령은 미발·이발을 관통하는 마음의 전체적인 특징이라고 보았다. 진순의 명제에 대하여 서로 의견을 달리했던 정찬휘와 김간 또한 노효손에 대해서는 한목소리로 반대하는 모습을 보인다. 그들은 이이의 견해를 수용해 허와 령을 별개로 구분한 노효손을 비판하고 허령을 미발·이발과 무관한 마음 전체의 특징으로 보았다.

그런데 그들과 달리 송시열은 허와 령을 개념상 둘로 구분하는 것에 동의하는 입장을 취한다. 다만 그는 노효손과 달리 허와 령을 각각 미발과 이발로 보지 않고 양자가 모두 미발의 경계에 속하는 것이라고 주장한다. 그러면서 그는 '허'란 마음이 대상 사물을 받아들일 수 있는 능력이며 '령'이란 대상 사물에 감촉하여 반응할 수 있는 능력이라는 새로운 해석을 제시한다. 이러한 해석을 바탕으로 송시열은 허령을 대상 사물을 받아들이고 감응하게 하는 지각의 가능 근거로까지 이해한다. 이 같은 견해는 능동적 역량으로서의 허령의 의미를 부각시켜 심체의 입지를 강화하려는 의도와 무관치 않아 보인다. 하지만 허령을 지각의 본체라고 말한 그의 언급은 지각의 연원 문제와 관련하여 논란의 대상이 되기도 하였다.

제2장에서는 마음의 고요한 때를 지칭하는 미발에서 과연 지각의 실질적인 작용이 가능한가라는 화두를 다루었다. 미발과 지각의 관계는 성리학적으로 오랜 연원을 지닌 문제다. 먼저 정이가 '사려가 발생하지 않은 상태'로 미발의 의미를 규정하였고, 이후 주희가 '사려가 아직 일어나지 않았으나 지각이 어둡지 않은 상태思慮未萌而知覺不昧'라는 명제로 미발을 정의한 바 있다. 이를 통해 주희는 사려와 지각을 별개의 개념으로 분리하고 '미발에서 지각이 어둡지 않음'이란 곧 마음이 본성을 주재하고 있음을 의미한다고 보았다. 이로부터 '사려가 없으나 지각은 존재한다'는 주장은 중화신설 이후 주희의 미발 개념을 이해하는 중심 명제가 된다.

그런데 조선의 사상계에서 미발을 규정하는 '사려가 일어나지 않음'과 '지각이 어둡지 않음'이라는 두 명제가 서로 양립할 수 있는 설명 방식인지에 대한 의문이 제기되었다. 사려가 일어나지 않았다는 말은 마음의 고요한 때靜를 의미한다는 점에서 '발현하지 않은 마음'이라는 미발의 원의에 부합하지만, 지각이 어둡지 않다는 것은 그 자체로 마음의 활동動이라는 뉘앙스를 함축하고 있어 미발의 고요함과 상충된다는 점에서 문제가 되었던 것이다. 이처럼 미발시 지각의 활동 여부에 관한 문제는 정이와 주희의 논의로부터 발원하여 이후 호락논쟁의 쟁점으로까지 이어졌는데, 본격적인 호락논쟁의 개시 이전에 그러한 담론의 발판을 마련한 인물은 김장생과 송시열이다.

김장생은 「근사록석의」를 통해 정이와 주희의 미발지각에 관한 논점을 대립적으로 다루면서 정이의 발언 대신 주희의 견해를 정론화할 것을 주장하였다. 그에 따르면 이미 지각이 발생한 경우 미발로 볼 수 없다는 것이 정이가 취했던 입장인 데 반해 주희는 미발시 지각의 활동을 인정하고 나아가 미발에서 지각의 주재를 강조한다. 김장생은 미발시의 마음이 비록 '고요함'에 속하지만 이는 아무 의식도 없이 잠들어 있는 상태의 고요함과 다르며, 그 차이는 주재가 이루어지고 있는 마음 상태라는 미발의 특징과 결부된다고 주장한다. 역의 괘상에 비유하는 논법에서도 그는 미발시 지각이 '고요한 가운데서의 움직임'이라는 복괘의 의미에 부합하므로 복괘를 미발에 대한 상징으로 볼 수 있다는 관점을 지지한다.

송시열의 미발지각론 역시 김장생의 논점을 계승한다. 그는 '지각불매'라는 명제를 제시한 주희의 의도가 이미 미발 안에 어떤 움직임을 인정한 것이라고 본다. 당시 송시열과 그 주변 인물 간에 쟁점으로 떠오른 문제는 미발을 역의 괘상 가운데 곤괘에 해당되는 것으로만 볼 것인지 곤·복괘의 양 측면에 모두 해당되는 것으로 볼 것인지에 관한 문제였다. 이에 대해 송시열은 후자의 관점에서 곤과 복을 각각 '사려미맹'과 '지각불매'에 해당되는 것으로 간주하며 미발을 두 층차로 구분하는 입장을 취한다. 그는 미발이란 수면 상태와 같이 둔감하거나 의식이 혼매한 시점이 아니라 '주재'를 통해 마음이 밝고 명민한 상태를 유지하는 것을 지칭한다고 본다. 아울러 그는 미발을 의식이 정지한 절대적 적막함으로 간주할 경우 허무적멸을 숭상하는 이단의 교설에 빠질 수 있다고 경계한다. 그런 면에서 볼 때 송시열에게 '지각이 어둡지 않다'는 명제는 미발에서도 주재라는 마음의 역량이 기능하고 있음을 정당화하는 근거이자 정학과 이단을 판가름하는 기준이 됨을 알 수 있다.

제3장에서는 미발과 기질의 관계라는 논제를 둘러싸고 송시열과 박상현 간에 형성되었던 이론적 대립 구도를 검토해보았다. 주자학에서 미발이란 일차적으로 마음이 발현하기 이전을 뜻하는 용어이며 기질은 세계를 구성하는 질료적 요소를 지칭하는 개념이다. 이 둘은 본래 짝을 이룰 만한 상관성을 가진 용어가 아니지만 주자학의 이론적 진전과 더불어 중화론中和論과 이기론理氣論의 체계가 중첩되자 논리상의 문제를 일으키게 된다.

주희는 중화신설을 정립하며 미발을 현상 너머의 초월적 본체가 아닌 현실세계에 속한 심의 한 국면으로 규정하였다. 이를 통해 미발은 형이상의 영역이 아닌 형이하의 세계에 속한 것으로 재정위된다. 그런데 여기에 심을 기로 규정한 율곡학파의 인식이 강하게 투영되자 심의 한 부분인 미발 또한 결국 기의 조건에 영향받는 것이 당연하지 않은가라는 문제가 제기된다. 하지만 그처럼 심을 구성하는 기질의 청탁에 따라 미발에서도 선악의 편차가 발생한다면 더 이상 미발은 본체와 합일하는 순선한 대본大本의 의미를 가질 수 없게 된다. 이 같은 딜레마는 주희 중화신설의 논리 구조 속에 잠복해 있었으나 좀 더 직접적으로는 이이의 '마음은 기이다心是氣'라는 명제에 의해 구체화된 것이라할 수 있다. 이 장에서 다룬 박상현과 송시열의 논변은 17세기 율곡학파 내부에서 이러한 문제의식이 증폭되어가는 양상을 잘 보여주고있다.

박상현은 미발시에 중中이라는 심적 상태가 가능하기 위해서는 리와 기가 모두 순수해야 한다고 주장한다. 그는 마음이 아직 발현하지않았더라도 기가 순수하지 않다면 미발이 곧바로 중의 상태와 동일시될 수 없다고 본다. 그런 점에서 그는 미발과 중을 별개의 개념으로 구분하는 입장에 선다. 즉 박상현에게 미발이란 '대상 사물과 감응하기이전'이라는 마음의 한 시점을 뜻하며, 이처럼 시간적 관념이 우선하는 그의 미발 개념은 특정한 도덕적 함의를 갖지 않는다. 따라서 미발시에도 중과 부중不中 혹은 선과 악이 모두 존재할 수 있으며 그 관건은기의 청탁 여하에 달려 있다. 이처럼 박상현은 '심시기'라는 전제를 철저히 관철시킬 때 도달하게 되는 논리상의 한 극단을 보여준다. 그는미발시의 마음 또한 기이므로 미발을 기질의 맥락하에서 다루는 것이당연하다는 입장을 취한다. 그에 따라 박상현의 논리는 성인聖人과 보통 사람은 기질이 각각 다르기 때문에 미발에 있어서도 서로 같지 않다는 성범부동론의 견해로 이어진다. 그에 따르면 미발에서의 중이란성인에게만 해당되는 말일 뿐, 기질이 탁박한 보통 사람들의 미발은 중의 상태라고 할 수 없다.

그와 달리 송시열은 미발 개념을 규정함에 있어서 기질의 편차는고려 대상이 되지 않는다고 주장한다. 그는 미발에서도 불선의 가능성이 존재한다고 보는 박상현의 견해가 곧 '불선한 본체'를 상정하는 것이라고 비판한다. 이는 인간의 본원적인 순선함을 가정하는 성리학적 이념에 배치된다는 것이다. 송시열에 따르면 미발은 단지 사물과 접하지 않은 시점에 그치는 것이 아니라 도덕적 이상태로서의 의미를 그 자체로 함축하고 있다. 따라서 그에게 최우선으로 고려되는 이론적 전제는 미발이 곧 중이고 천하의 대본으로서 본체와 합일된 순선의 영역이라는 것이다. 그러한 전제 위에 송시열은 기품과 무관하게 본성 또는 천리와 소통하는 마음의 자리로서 미발의 위상을 확보하고자 한다. 이에 그는 기질의 영향이 실제화되는 시점을 이발 이후로 한정하여 미발과 기질의 상관성을 아예 차단하는 논리를 취한다. 그에게 미발은 본성 또는 천리와 동등한 보편성을 가지며, 따라서 성인과 보통 사람을 막론하고 누구에게나 동질적으로 체험될 수 있는 심적 상태로 간주된다.

양측의 입장을 대조시켜놓고 볼 때, 대체로 성범부동의 측면을 강조하고 미발을 기질과 결부시켜 이해하고자 한 박상현의 견해는 후대 호학의 입장과 유사성을 보인다. 반면 미발 체험의 보편성을 강조하고 순선한 본체로서 미발의 도덕적 위상을 우선시한 송시열의 견해는 낙학의 종지와 부합한다고 할 수 있다. 이 같은 송시열과 박상현의 대립은 이후 한 세대를 넘어 한원진과 이간의 논쟁을 통해 재연된다. 그처럼 호락논쟁이 본격화되기 전에 유사한 문제의 토론이 선행하고 있었음은 주목을 끄는 대목이다.

제4장에서는 송시열의 미발설을 좀 더 심도 있게 검토하며 미발의 특징과 성격을 그가 어떻게 규정하고 있는지 분석하였다. 논의의 실마리가 된 것은 송시열이 「봉산어록」에서 말한 "보통 사람에게는 미발의 때가 없다"라는 발언이다. 이 같은 언급은 앞서 박상현과의 논변에서 그가 성인과 보통 사람이 미발 체험에 있어 동등하다고 보았던 것과 모

순되기 때문에 문제가 된다.

"보통 사람에게는 미발의 때가 없다"고 말한 송시열의 취지는 '보통 사람은 태생적으로 미발을 체험할 수 없음'을 선언하는 데 있었던 것이 아니다. 그의 발언은 '보통 사람은 끊임없이 존양 공부를 하지 않는 한 미발의 중을 견지하지 못한다'는 메시지를 함축한다. 이는 '공부를 해 나감으로써 보통 사람도 미발의 중을 체험할 수 있다'는 논리적 가능성을 열어두는 것으로, 이를 통해 송시열은 미발과 공부의 상관성이라는 논점을 부각시키게 된다. 즉 "보통 사람에게는 미발의 때가 없다"라는 말에는 미발의 심적 상태를 공부라는 계기와 결부시키는 그의 논점이 전제되어 있는 것이다. 그에 따라 송시열이 보는 미발의 의미는 '마음이 대상과 접촉하기 이전'이라는 시간상의 한 시점이 아닌 '공부와 노력을 통해 보존하고 지켜야 하는 도덕적 이상태'에 가까워진다.

이러한 논점에 따라 송시열은 '고요한 때靜時'와 '미발'을 별개의 개념으로 구분하는 데로 나아간다. 그는 미발의 성격을 '환히 밝아 혼란스럽지 않은 상태炯然不亂'로 규정하고, 이를 그저 사물과 접하지 않은 상태를 뜻하는 '고요함'과 구별한다. 그에 따르면 사물과 접하지 않았을 때의 고요함이란 '대상과 접촉이 차단됨'이라는 외적 계기에 의존하는 수동적인 고요함에 불과하다. 그러므로 이는 잠시 움직임이 그친 상태일 뿐 진정한 의미에서의 고요함眞靜으로 간주될 수 없다. 그와 같은 일시적인 고요함은 외적 자극에 의해 언제든 움직임의 상태로 전환될 수 있는 불안정한 상태이기 때문에 송시열은 이를 '움직임의 잔여動之餘'라고 부른다. 보통 사람은 평소에 물욕이 번성하기 때문에 외적 자극이 정지되어 있는 시점에서조차 마음속에 어지러운 생각이 쉽게 가라앉지 않는다. 따라서 단지 외물과 접촉하지 않은 상태로서의 '고요한 때'는 그 자체로 아무런 도덕적 의미를 가질 수 없으며, 이는 도덕적으로 명민한 상태를 의미하는 미발과 동일한 개념이라 할 수 없는 것이다.

이처럼 고요함과 미발의 의미를 구분하는 송시열의 의도는 중의 상태로서의 미발에 특정한 도덕적·수양론적 함의를 부여하기 위한 것이다. 그는 미발이 '마음이 함부로 망동하지 않는 상태'를 지칭하는 것이라고 보며 이는 곧 안정定을 통해 얻어지는 도덕적 평정심이라고 이해한다. 이러한 미발은 삼가고 경건한 태도로 마음을 안정케 하는 공부戒愼恐懼를 통해 견지된다. 그렇게 볼 때 송시열에게 외물과의 접촉으로 인한 마음의 동정 여부는 미발 개념을 규정하는 일차적인 기준이 아니다. 대신 마음이 제멋대로 동요하지 않는 안정성을 견지하고 있느냐가 미발인지 아닌지를 가늠하는 새로운 기준이 된다. 그 기준에 입각한다면 비록 외물과 접촉하지 않더라도 마음속에 사려분요가 들끓는다면 이는 미발의 상태로 볼 수 없다.

송시열에게 미발이란 언제나 중의 상태를 유지하고 있는 마음이다. 미발시의 마음이 대상과의 접촉 여하에 무관하게 항상 안정을 유지할 수 있는 것은 무엇보다도 미발이 주재라는 역량이 발휘되고 있는 상태이기 때문이다. 즉 주재성을 확고하게 견지하고 있을 때 마음은 표면적인 동정에 휘둘리지 않고 지속적인 도덕적 평정심을 확보하게 된다. 그렇게 볼 때 송시열 미발론의 핵심어는 결국 '주재'라는 개념으로 수렴된다고 할 수 있다. 미발의 마음이란 곧 주재가 이루어지고 있는 마음이다.

제5장에서는 마음의 주재를 가능케 하는 근거로서 '지각' 개념에 주목했던 우암학단의 논의를 상세히 다루었다. 먼저 17세기에 표면화된 지각론의 문제의식이 호병문의 『대학장구』주석에 대한 평가와 밀

접하게 관련된다는 사실을 논증하였다. 당시 학단 내에서는 호병문의 지智 개념에 대한 규정이 타당한지 여부가 하나의 쟁점으로 떠올랐다. 호병문은 지를 설명하면서 '묘중리妙衆理·재만물宰萬物'이라는 술어를 채택하였는데, 이는 기본적으로 마음이 지닌 주재사로서의 역량을 강조하려는 것이었다. 그러나 그의 명제는 결정적으로 본성에 해당되는 지와 마음에 해당되는 지각의 경계를 명확하게 구분하지 않아 논란의 여지를 남긴다.

이에 김창협은 호병문이 지각에 해당되는 술어를 지에 적용함으로써 심과 성의 엄연한 차이를 무시했다고 비판하였다. 그는 무위자인 성과 대비하여 오로지 심만이 운동성을 지니므로 '묘중리·재만물'하는 주재의 작용 또한 지가 아닌 지각에 속한다고 본다. 따라서 본성인 지를 '묘중리·재만물'의 주체로 간주한 호병문의 명제는 마음을 본성으로 혼동하는 오류를 범했다는 것이다.

그런데 이처럼 지와 지각의 범주를 각기 본성과 마음으로 엄분하는 것은 김창협뿐만 아니라 당대 율곡학파의 일반적 견해에 가까웠다. 김창협의 독창적 면모는 여기서 한 걸음 더 나아가 지와 지각이 본질상 무관하다고 주장했다는 데 있다. 그는 지와 지각의 관계를 도道와 기器의 관계로 한정하고 양자 간에 본체體와 현상用의 관계는 성립하지 않는다고 본다. 김창협에게 지각이란 본성을 운용하여 정감으로 현실화시키는 심 주체의 본유 능력을 지칭한다. 이때 지각은 인의예지를 모두 주관하고 운용하는 능력이지 유독 지라는 특정한 본성에만 연관되는 것이 아니다. 즉 지각은 특정한 본성이 현상화된 양태에 그치는 것이 아니라 형이상자인 본성을 구체적인 사태로 구현하는 실질적 주체라는 것이다. 이러한 김창협의 논리는 이른바 '주재자'로서 심체心體의 위상을 강하게 부각시키는 것이다. 이처럼 마음과 본성 사이에 주체能와 객체所로서의 관계를 우선시하는 입장을 정립한 것은 김창협 지각론의 주요한 특징이라 할 수 있다.

그런데 김창협의 지각론은 우암학단 내부에서 즉각적인 반발에 직면한다. 김간은 호병문에 대한 김창협의 견해를 역비판하며, 오히려 지각에 의한 마음의 주재가 가능한 것은 그 연원에 지라는 근거가 자리하고 있기 때문이라고 주장한다. 김간에 따르면 지각이란 단지 마음의 허령한 속성에 의해 이루어지는 가치중립적인 인식 및 판단 작용에 그치지 않는다. 다시 말해 지각이 그저 중립적인 인식 기능(具衆理·應萬事)에 머물지 않고 주재성을 발휘하는 가치지향적 활동(妙衆理·宰萬物)이 될 수 있는 까닭은 그 활동이 지에 의해 제공되는 모종의 도덕적 내용에 근거하여 이루어지기 때문이다. 이러한 논조에 입각하여 김간은 지와 지각의 연계성을 부인한다면 지각이 '본체 없는 작용'이 되어버린다며 김창협을 비판한다. 그는 지와 연계되지 않은 채 그저 마음의 화용으로만 간주될 경우 지각이 아무 도덕적 지향성이 없는 무목적적인 기능에 그치고 만다고 보았던 것이다.

지각 개념에 관한 김창협과 김간의 견해차는 '명덕' 개념에 대한 논의에서도 유사한 방식으로 재연된다. 김창협은 『대학장구』의 명덕 조條를 문법적으로 재해석하면서 명덕을 '모든 이치를 갖출 수 있고 만사에 대응할 수 있는 마음의 능력'으로 규정한다. 여기서 문제시된 것은 김창협이 명덕 개념에서 성과 정의 측면을 배제하고 오로지 심의 역할만을 강조했다는 점이다. 그는 명덕을 주체로서의 심이 지닌 일종의 '능력'으로 간주하면서 명덕을 사실상 지각과 같은 것으로 보는 입장을 피력한다. 그는 인간의 내면을 구성하는 심·성·정 가운데 오로지 심만 주체로 인정될 수 있으며 성과 정은 주체에 의해 운용되는 대상이라고 본다. 즉 김창협은 심의 주재적 역량인 지각이 곧 명덕이라는 전제하에 '주재하는 주체'가 아니라 '주재되는 대상'에 해당되는 성과 정은 명덕 개념의 일부로 간주할 수 없다는 입장에 선다.

이에 대해 송시열은 심과 성·정의 관계를 주체와 객체로 보는 김창협의 기본 취지를 이해하는 입장을 보인다. 하지만 그는 마음과 본성의 관계에서 주객의 구분 못지않게 '비어 있는 것虛'과 '실질적인 것實'의 구분이 중요함을 강조한다. 그에 따르면 마음은 도덕 행위를 주관하는 주체이기는 하지만 그 자체로는 가치상 비어 있는 것, 즉 도덕적으로 중립적인 것이다. 반면 본성은 행위 주체가 될 수는 없지만 실현되어야 할 대상으로서 실질적인 도덕적 내용을 담보한다. 그렇게 볼 때 도덕의 전체대용으로서의 명덕은 오로지 심 한 가지만으로 한정될 수 없다. 도덕 행위의 실행에 있어 심·성·정은 서로 대체 불가능한 각각의 역할과 영역이 있으며, 명덕이란 이 셋 가운데 어느 한 가지로만 환원될 수 없는 총체성을 뜻하는 개념이라는 것이 송시열의 주장이다.

김간 또한 송시열의 논점을 이어받아 좀 더 체계적으로 김창협의 주장을 반박한다. 그 역시 성과 정의 두 요소를 간과한 채 오직 심 주체의 허령한 능력만으로 명덕을 규정할 수는 없다는 입장에 선다. 김간은 『대학장구』 명덕 조의 구절이 문법상으로도 김창협의 주장과 달리 해석됨을 입증하며, 결국 명덕이란 본디 심·성·정을 모두 아우르는 총체적 의미를 담지한 개념이라고 주장한다. 즉 주체로서 심의 위상을 강조한다고 해서 성과 정의 독자적 의미를 퇴색하게 해서는 안 된다고 보았던 것이다. 이러한 비판에는 명덕과 지각을 동일한 개념으로 인식하는 김창협의 주장이 자칫 도덕의 실질적 내용을 담고 있는 성과 정을 배제한 채 오로지 심의 역량만 강조하는 방향으로 흘러갈 수 있음을 경계하는 목소리가 담겨 있다. 이 같은 일련의 논의는 호락논쟁의 첨예한 논제였던 지각론의 핵심 쟁점이 이미 송시열의 직계 문인 사이에서 선구적으로 문제시되고 있었음을 보여준다.

이제 마지막으로 이 책에서 다룬 내용이 우리 학계의 조선 사상사 연구에서 가지는 의미를 간단히 짚어보고자 한다. 오늘날 한국 학계에서 퇴계학파와 율곡학파라는 두 가지 조류로 조선 유학사를 일별하는 관점은 대체로 타당하며 역사적 사실에도 부합한다. 그렇지만 그러한 거시적 구분을 지나치게 일반화한다면 각 학파 내에서 분기하는 미시적인 시각차와 입장 변화 등을 읽어내는 데 오히려 장애가 될 수 있음을 염두에 두어야 한다. 즉 퇴계학파 혹은 율곡학파라는 일반적인 명칭은 그 내부의 특정 분파 또는 개개 학자의 대략적인 사유 노선을 짐작케 하는 데 유효하지만 자칫 그 독자성과 특수성을 포착하지 못한 채 각 학파의 구성원을 거시적인 흐름의 한 부분으로만 환원시켜버릴 위험도 가지고 있다. 율곡학파의 한 구성원이었던 송시열과 그를 중심으로 결집했던 우암학단, 그리고 다시 그로부터 분파된 호학과 낙학을 살펴볼 때, 우리는 율곡학파 안에서도 여러 사유의 갈래길이 혼재해 있었음을 알 수 있다. 나아가 본격적인 호락논쟁이 개시된 후에는 호학파 가운데 낙론적 경향을 띠었던 이와 낙학파 가운데 호론의 경향을 가졌던 이가 또 다시 갈라지는 양상마저 보게 된다.▪ 이렇듯 사상사의 흐름은 미시적으로 들여다볼수록 단선적이지 않고 복선적複線的인 모습을 보이곤 한다.

이 책은 17세기라는 특정 시기에 전개된 율곡학파 사유의 그 같은 복선화 과정을 관찰하고 분석하는 데 주안점을 둔 것이었다. 조선 성리학에서 호학과 낙학이 나뉘게 된 것은 궁극적으로 학파의 종조宗祖인 율곡학에 대한 해석의 차이로 소급될 터인데, 이 책에서는 그러한 분기가 송시열과 그의 직전제자들 사이에서 가시적인 양상을 드러내기 시작했다고 보았다. 이에 호락논쟁 태동기의 문제의식과 담론 형성 과정을 당대의 논변에 근거하여 복원하고자 하였다. 그런 만큼 이 책에서 다룬 내용은 조선의 사상사를 폭넓게 조망한 것이라기보다는 특정한 시기와 주제를 집중적으로 분석하고 해명한 현미경식의 작업에 가깝다. 그렇지만 이 같은 미시적인 연구 성과를 광범위한 사상사의 흐름 속에서 다시 읽는다면 우암 철학의 성격과 그로부터 연원한 호락의 분기를 해명하는 데 있어 약간의 시사점을 얻을 수 있다.

일반적으로 송시열은 김장생의 뒤를 이어 이이의 학문을 계승한 적전嫡傳으로 평가된다. 그에 따라 시간이 흘러 송시열의 위상이 커질수록 학파 내에서는 그의 학문을 누가 계승했는가라는 문제가 자신의 입지를 강화하는 중요한 사안으로 부각되기 시작한다. 특히 18세기 중후반에 이르러 호학과 낙학 양측은 송시열의 학문적 정통성이 어느 쪽으로 승계되었는가를 두고 날카로운 대립을 벌이게 된다. 물론 그처럼 양측의 대립이 극단화된 것은 순전히 학술상의 문제였다기보다는 서로 간에 정치적 주도권 다툼이 개입된 탓이기도 했다.[1] 그런데 송시열의

■ 문석윤(2006)은 호학湖學과 낙학洛學, 호론湖論과 낙론洛論이라는 용어의 의미를 구분하여 쓴다. 호학·낙학은 '학맥에 따른 학파적 정체성'을 담지하고 있는 표현이고, 호론은 호학의 이론, 낙론은 낙학의 이론이라는 '학문 내용'에 중점을 둔 표현이다. 그렇게 본다면 호학파 가운데서도 낙론의 경향을 지녔던 이가 있을 수 있고 낙학파에서도 호론의 경향을 띠었던 이가 있을 수 있다.

권위를 점유하려는 학파 간 대립에 정치적 윤색이 가해졌다는 점을 차치하더라도, 실제로 송시열의 사상이 호학과 낙학의 사유에서 어떤 방식으로 전승되었는지는 그 자체로 따져볼 만한 학술적인 문제다.

흔히 송시열의 활동 본거지와 학통의 전승 과정을 놓고 볼 때 그의 학문을 계승한 것은 호학 계열로 일컬어진다. 잘 알려진 바와 같이 송시열의 야복을 전수받아 적전으로 추대된 인물이 권상하였고, 권상하의 뒤를 이었던 한원진은 호학적 사유의 틀을 완성시킨 탁월한 이론가였다. 이러한 전승관계에 기초해 학계에서는 송시열의 학통이 호학 노선으로 전해졌다고 보는 평가가 우세하다. 더욱이 송시열의 철저한 숭명배청 의식과 주자 독존주의 등이 문화적으로 다소 개방적이었던 서울 경기 사족들에 비해 충청 호남의 학자들이 견지한 비타협주의 노선에 더 가까웠다는 평가도 가능할 것이다.

이러한 전승관계뿐 아니라 송시열과 호학의 연계성을 공고히 해주는 이론적 배경은 무엇보다 사단칠정론에 관한 그들의 공통된 논점이다. 송시열은 이황의 호발설을 철저하게 비판했고 심지어 '사단은 중절中節한 칠정'이라는 이이의 견해에서 한 걸음 더 나아가 '사단조차 부중절不中節이 있다'고 말한 것으로 알려져 있다. 이는 표면상 이이의 발언과 차이가 있지만 결국 선의 기준을 발현된 마음의 중절 여부로 판단하는 논리라는 점에서 기대승에서 이이로 이어진 사유 노선을 극대화한 면이 있다. 이는 불교, 양명학, 퇴계학, 낙학의 학설이 모두 주체의 자의적인 판단과 객관적 도덕 규범을 혼동하는 주관주의적 병폐에 빠져 있다고 단정한 한원진에게 가장 강력하게 수용된 논리였다. 그렇게 본다면 학통의 인적 전승관계로 보나 사칠론의 도덕 이론으로 보나 송시열과 호학의 연계성은 매우 긴밀해 보인다.

그러나 사단칠정론이 아닌 미발론, 지각론 등과 같은 범주에 초점을 둔다면 송시열의 사유는 그와 다른 면모를 드러내기도 한다. 지금까지 심론의 여러 주제에 걸쳐 살펴본 바와 같이, 마음의 구조와 역할을 이해하는 송시열의 논점은 호론이 아닌 낙론의 기본 입장에 가까워 보인다. 예컨대 그는 미발에서 기질의 청탁수박을 인정했던 박상현, 한원진 등의 논조와 달리 도덕적 이상태이자 마음의 본령으로서 미발의 의미를 강조한다. 또한 그는 미발시 지각의 활동과 마음의 주재를 적극적으로 인정한다. 이처럼 미발의 도덕적·수양론적 의미를 강조하고 지각의 주재성을 부각시키는 것은 호학이 아닌 낙학, 특히 김창협의 사유에서 두드러지는 경향이다. 호학 측에서 송시열의 사칠론을 적극 강화시켜나갔던 것과 달리 김창협을 위시한 낙학계 학자들이 그의 사칠론 수용에 미온적이었다는 사실은, 낙학적 사유가 이발 중심의 중절 이론보다 미발 중심의 수양론 체계에 친화적이었다는 점을 방증하는 것이기도 하다. 그렇다면 낙학 측에서는 사단칠정론보다 미발론과 지각론을 송시열 사유의 본령으로 간주하고 이를 계승해간 것으로 볼 수 있지 않을까?

그 같은 사상사의 흐름은 송시열로부터 낙학의 종주였던 김창협 그리고 그 일파의 학풍으로 전승된 사유의 맥락을 새로운 시각으로 바라볼 것을 요청한다. 물론 학맥상으로나 주변 관계를 놓고 볼 때 김창협을 송시열의 문하생이라고 보기에는 다소 무리가 있다. 하지만 김창협은 송시열이 권상하와 더불어 가장 신뢰했던 후학 가운데 한 사람이었고 또 그 자신도 송시열을 매우 존숭하였다는 점에서 양자 간에 일정한 사상적 영향이 있었음은 부인할 수 없다. 송시열이 세상을 떠나고 성리학적 논의의 무게중심이 사단칠정론에서 심론으로 옮겨간 18

세기 초, 노론 학계에서는 김창협을 중심으로 그에 대한 찬반 논의가 전개되는 분위기가 형성된다. 김창협 자신의 다소 이른 죽음으로 인해 그 분위기가 오래 지속되지는 않았으나 그가 남긴 파문은 훗날 낙학파 사유의 기조를 형성하는 데 결정적으로 기여하였다. 조선 후기 사상사를 살펴볼 때 이처럼 송시열의 심론이 그 직계 문인 간의 토론과 논의를 거쳐 낙학적 사유의 토양으로 기능했던 측면을 유의해서 볼 필요가 있다.

물론 송시열의 철학에는 호학과 낙학으로 분화되어간 사유의 양면이 공존하고 있다. 호학이 송시열의 학문을 계승했다거나 반대로 낙학이 그의 사유에 더 가깝다는 평가는 어느 면에 강조점을 두느냐에 따라 모두 타당할 수 있다. 송시열의 학문이 후대에 계승되고 발전되어간 양상에 대해서는 좀 더 입체적인 분석과 평가가 필요하다. 이 책에서는 그간 송시열의 성리학설에 대한 관심이 이기사칠론 위주로 이루어져왔음을 반성하고 과거에 소홀히 다루었던 심론의 문제를 밀도 있게 다루는 데 치중하였다. 차후 송시열과 그 학단의 문제의식이 조선 후기 사상사의 전개와 다채롭게 연계될 수 있도록 통사적인 고찰이 이어지기를 바란다.

개념어 설명

리理 / 기氣
—

주희에 의해 확립된 이기론은 성리학의 토대가 되는 존재론이다. 리와 기는 본래 짝을 이루는 개념이 아니었으나 중국 송대에 신유학 체계가 정립되면서 세계를 구성하는 두 범주로 이해되기 시작했다. 리는 본디 옥玉의 결이나 무늬를 뜻하는 단어로 사물의 자연스러운 조리, 순조롭게 일을 이루기 위해 지켜야 할 질서라는 의미를 포함한다. 그러한 바탕 위에서 리 개념은 사상사적 변천을 거쳐 의미를 확장해가는데, 특히 한·당대 불교적 사유의 영향을 받으며 그 추상적 성격이 강해진다. 송대에 정주학이 정립되면서 리는 우주를 이루고 만물에 보편적으로 적용되는 절대적인 법칙 내지 원리를 의미하게 된다. 기 역시 중국 전통에서 오랜 역사를 지닌 개념 가운데 하나다. 기는 천변만화千變萬化하는 운동 작용을 통해 세상만사를 이루는 모종의 에너지로, 인간을 비롯해 자연계에 존재하는 모든 것의 생멸은 기의 유행에 따른 것으로 간주되어왔다. 기는 비록 가시적으로 눈에 보이는 사물은 아니지만 만물을 이루는 기본 요소라는 점에서 물질적인 속성을 지닌다. 자연현상과 인간 삶의 물리적·질료적 기반을 기로 보는 세계관은 신유학의 기 개념에도 고스란히 반영된다.

주희는 별개의 개념이라 할 수 있는 리와 기를 대치시킴으로써 자연과 인간을 아우르는 거대한 이론 체계를 구성한다. 주희에 따르면 우주 만물은 리와 기의 결합으로써 존재한다. 리는 천하의 사물이 '그와 같이 이루어진 근거所以然之故'이자 '그렇게 되지 않을 수 없는 법칙所當然之則'이라는 의미를 가진다. 기는 그러한 근거와 법칙에 의거하여 현상세계를 구성하는 실질적인 질료가 된다. 리는 추상적인 원리로서 형체를 갖지 않는 존재인 까닭에 현상세계에서 리의 실현은 기의 작용에 의해 이루어진다. 그런 면에서 존재론적으로 리와 기는 상보적이며 서로 떨어질 수 없는 관계不相離라 할 수 있다. 반면 리와 기는 각각 형이상形而上과 형이하形而下의 존재로 그 범주를 달리하기에 엄연히 구분되어야 하는 관계不相雜이기도 하다.

아울러 리와 기에는 도덕적인 선악의 의미가 부여된다. 선악의 관점에서 볼 때 리는 절대적으로 선한 반면 기에는 선과 악이 섞여 있다. 성리학에서는 각각의 사물에 부여된 리를 성性이라고 하는데, 리가 보편적으로 동일한 만큼 만물의 본성 역시 똑같이 선하다고 본다. 그러나 동일한 본성을 가지고 있다 하더라도 각각의 사물을 구성하는 기에는 맑음과 탁함淸濁, 온전함과 치우침全偏 등의 차이가 있다. 그러한 기의 차이에 따라 존재마다 선악의 정도 차가 발생하게 된다. 그런 면에서 볼 때 리는 만물에 공통적으로 내재한 동일성과 보편적인 선을 보장하는 개념이며 기는 만물 간에 존재하는 차별성과 선악의 다양성을 설명하는 개념이라 할 수 있다.

성性 / 정情
—

성리학에서 말하는 성은 각각의 개체에 깃들어 있는 리를 뜻한다. 본래 성이란 어떤 존재가 태어나면서부터 가지고 있는 선천적인 욕구나 성향을 뜻하는 단어다. 일반적으로 본성을 말할 때는 사람의 본성, 개의 본성, 느티나무의 본성 등과 같이 '…의 본성'이라고 해야 의미가 성립한다. 대개 본성이란 특정한 종種 내지 개체의 성질을 가리키는 말이기 때문이다. 그런데 신유학적 사유에서는 본성 개념의 생득성 못지않게 보편성의 측면이 강조된다. 성리학의 핵심 명제인 '성즉리性卽理'는 본성이 각기 다른 만물의 개체적 속성에 불과한 것이 아니라 우주 전체를 통괄하는 하나의 원리와 일치함을 주장하는 말이다. 이를 통해 성 개념은 특정 개체가 지닌 욕구나 성향이라는 특수성에서 벗어나 모든 개체에 내재해 있는 보편성의 의미를 가지게 된다. 즉 각각의 존재가 동일한 리를 부여받았기 때문에 사람, 개, 느티나무의 본성이 서로 다르지 않고 궁극적으로 같다고 보는 것이 성리학의 본성론이다. 아울러 맹자의 사유를 계승해 본성을 선한 것으로 규정하고 이를 절대 원리의 차원으로 격상시킨 것 역시 성리학의 특징적인 면이다. 절대선인 우주의 원리가 모든 인간에게 동일하게 내재해 있다는 논리를 통해 성리학은 성선설의 형이상학적 근거를 마련한다.

정은 인간에게 잠재해 있는 본성이 어떤 외부 사물 또는 사건과 대면하였을 때 드러나는 마음의 양태를 뜻한다. 선한 본성이 우물에 빠지려는 아이를 보았을 때 측은지심이라는 감정의 형태로 드러나는 것이 대표적인 예다. 이처럼 형이상의 원리인 본성이 현상세계에서 표출될 때 정의 형태로 나타나는 것을 일컬어 '성발위정性發爲情'이라고 한다.

그렇게 볼 때 성과 정의 관계는 본체와 현상의 관계라 할 수 있다. 즉 성은 정의 근거가 되고 정은 성의 발현이 된다. 양자의 관계를 이기론의 맥락에서 보면 성은 리의 영역, 정은 기의 영역에 속한다. 형체가 없는 리가 기라는 매개를 통해 현상세계에 드러나는 것처럼 성 역시 정이라는 형식을 통해 현상화된다. 즉 인간의 본성은 형체를 가지지 않은 원리이기 때문에 그것이 마음에서 발현될 때에는 정의 형태로 드러나는 것이다.

정은 편의상 감정, 정감 등의 단어로 번역되곤 하지만, 성리학에서 말하는 정 개념은 오늘날 통용되는 감정이나 정감의 의미와 다르다는 점에 유념해야 한다. 현대 우리 말에서 감정 내지 정감이란 이성과 대비되는 의미에서 감성의 영역에 속하는 심리적 느낌 내지 기분feeling, emotion, sentiment 등을 뜻한다. 이와 달리 성리학의 정은 그러한 감정과 정감뿐만 아니라 인간이 외부 사물에 대해 표출하는 모든 인지적·정서적 반응을 총칭하는 개념이다. 예를 들어 맛있는 음식을 보았을 때 먹고 싶다는 욕구가 드는 것도 정이고 책을 읽으며 그 내용을 생각하는 것 역시 정이다. 말하자면 정은 단순히 감정만을 뜻하는 것이 아니라 인간이 대상과 접촉할 때 떠올리는 일체의 생각을 가리키는 개념이라고 볼 수 있다.

심心
—

심은 본래 사람의 장기인 심장을 가리키는 말에서 유래하였지만 성리학에서 심은 인식, 지각, 판단 기능을 가진 사고의 주관 기관을 의미한다. 성리학자들은 오늘날 우리가 알고 있는 두뇌의 기능을 모두 심이 수행하는 것으로 생각하였다. 말하자면 인간이 대상세계에 대하여 생각하고 느끼며 어떻게 행동할지 결정하는 것은 모두 심이 하는 일이다. 그런 면에서 심은 인간에게 자연적으로 부여된 성性과 비교할 때 '주체'로서의 의미가 강하다. 또한 성이 만물에 동등하게 갖추어진 것과 달리 심은 오로지 사람만이 가지고 있는 특별한 것이다. 그렇게 볼 때 인간이 다른 존재와 차별화되는 특징은 성이 아니라 심에 달려 있다고 할 수 있다. 주희는 인간만이 갖춘 심의 특별한 능력이 기의 차이에서 온 것이라고 보았다. 그에 따르면 사람을 이루는 기 가운데서도 가장 정밀하고 빼어난 부분氣之精爽이 모여 심이 된다.

초창기 신유학자들은 심과 성의 관계 또는 심·성·정의 관계를 두고 복잡한 논쟁을 벌였다. 이에 관한 주희의 최종 입장은 '심통성정心統性情'이라는 말로 요약된다. '심통성정'은 본래 장재의 어록에 나오는 구절인데 주희는 이 말을 독자적으로 해석하여 심성론의 핵심 명제로 삼았다. 주희는 젊은 시절 성과 심을 본체와 작용의 관계로 파악하는 호상학의 관점을 수용하였으나 후에 '성체심용性體心用'의 입장을 버리고 '심통성정'을 종지로 하는 심성론 체계를 수립한다. 주희의 '심통성정' 명제에서 통統이라는 글자는 '주재한다'와 '포괄한다'라는 두 가지 의미를 가진다. 다시 말해 '심통성정'은 '마음이 성과 정을 주재한다'는 뜻과 '마음은 성과 정을 포함한다'는 뜻을 동시에 함의하고 있다.

'마음이 성정을 주재한다'는 말은 심의 기능적 측면에 초점을 맞춘 것으로, 본성이 외물과 접하여 정감으로 드러나는 과정을 심이 주관하고 통솔한다는 뜻이다. 이는 '성발위정性發爲情'의 메커니즘에 관여하는 심의 주체로서의 역량을 강조하는 것이다. '마음은 성정을 포함한다'는 말은 심의 구조적 측면에 초점을 둔 것으로, 심 이외에 별도로 성과 정이 있는 것이 아니라 성과 정이 곧 심의 체용體用이 됨을 강조하는 것이다. 이는 초월적인 성이 현상화된 것을 심이라고 규정해 성과 심을 연속선상에 이해한 호상학에 대한 반론이다. 주희는 '심이란 성의 현상화된 양태'라는 호상학의 주장을 비판하고 '심은 성을 그 안에 갖추고 있는 것'이라는 새로운 관점을 제시함으로써 이른바 '중화신설中和新說'을 정립한다.

성리학에서 심은 이기론의 구도 속에서 이해된다. 그런데 인간의 심을 리와 기 가운데 어떤 범주에 놓아야 하는지에 대해서는 논란의 여지가 있다. 주희 자신이 심을 '기의 정상精爽'이라고 명시했다는 점에서 본다면 인간의 심은 리가 아니라 기에 속하는 것이 된다. 하지만 형이상자인 성과 형이하자인 정을 포괄한다는 점을 미루어볼 때 심은 성분상 리와 기의 결합으로 이해될 수도 있다. 주희의 심론에는 이 두 가지 해석의 가능성이 공존한다. 심을 오로지 기로 이루어진 것으로 보느냐 아니면 리와 기의 결합체로 보느냐의 문제는 후에 조선 성리학에서 학파의 분기를 결정짓는 중요한 쟁점으로 부각된다.

미발未發 / 이발已發

미발과 이발이라는 개념은 『중용』에 나오는 "희로애락이 아직 드러나지 않은 것을 중이라 하고, 드러나 모두 절도에 맞는 것을 화라 한다. 중이란 천하의 큰 근본이요 화란 천하에 다 같이 통하는 도이다喜怒哀樂之未發謂之中, 發而皆中節謂之和. 中也者天下之大本也, 和也者天下之達道也"라는 구절에서 유래한다. 즉 희로애락의 정감이 발현하기 전의 상태를 일컬어 미발, 정감이 발현된 후의 상태를 일컬어 이발이라고 한다. 여기서 '희로애락'이라고 표현된 것은 단순히 기쁨, 노여움, 슬픔, 즐거움의 네 가지 감정에 국한되지 않는다. 성리학적 견지에서 희로애락은 인간이 지닌 모든 지적·정서적 반응 체계를 총괄하는 개념이며, 이는 성性과 대비되는 의미에서 정情을 뜻한다. 이를 다른 말로 사려思慮라고 부를 수도 있다. 그렇게 볼 때 미발이란 인간이 외부 대상과 접촉하여 모종의 생각을 일으키기 이전을 뜻하며, 이발은 그 같은 생각이 생겨난 이후를 의미한다. 그렇기 때문에 동정動靜의 관점에서 본다면 미발은 아직 마음이 움직이지 않은 고요한 상태, 이발은 외적 자극에 의해 마음의 반응이 일어난 움직임의 상태에 속한다. 이는 미발과 이발을 외부 사물과의 접촉 여하에 따라 시간상의 선후先後로 구분하는 논점이다.

그런데 미발과 이발에는 이러한 시간적 관념 외에 도덕적 함의가 아울러 내포되어 있다. 『중용』 원문에서는 미발이 곧 중中이요, 중이란 천하의 큰 근본大本이라고 말하고 있다. 즉 미발은 시간상의 선재성뿐만 아니라 인간의 마음에 내재한 원형적인 도덕적 완전성을 함의한다. 외부 사물의 자극에 의해 이리저리 움직이기 전, 인간의 본래 마음은 어느 쪽으로도 치우치지 않는 완벽한 도덕적 균형을 갖추고 있다는 것이다. 그렇게 볼 때 미발 상태에서 인간의 마음은 그 자체로 순선純善하다. 그와 달리 이발시의 마음은 액면 그대로 도덕적인 선을 의미하지 않는다. 마음이 외부 사물에 반응하는 과정에서 때때로 지나치거나 모자라는過不及 불균형이 발생할 수 있기 때문이다. 따라서 발현된 마음은 그 자체로 선하다고 할 수 없으며, 그것이 선에 부합하기 위해서는 중에 합당하게끔 절도에 맞아야 한다. 그러므로 마음이 드러나

기 전에는 본연의 중을 잘 보존하고 드러난 후에는 절도에 맞는 화和의 상태를 견지하는 것, 그것이 바로 치중화致中和의 공부이고 성리학에서 말하는 마음 수양의 요체라 할 수 있다.

허령虛靈
—

허령은 심의 본질을 설명하는 형용사적 개념이다. 주희는 인간이 가지고 있는 심의 고유한 속성을 설명하면서 "허령하여 어둡지 않은 것虛靈不昧"이라고 말한 바 있다. 이때 허虛는 마음의 본래적인 모습이 텅 빈 상태임을 뜻하고 령靈은 마음이 신묘하게 작용하고 움직이는 것을 가리키는 말이다. 그 의미가 비교적 명료한 '허'에 비해 '령'이라는 글자는 정확한 현대 한국어로 옮기기가 쉽지 않다. '령'은 신묘함, 오묘함 등과 상통하는 말로 '뚜렷이 포착할 수 없는 어떤 경이로움'의 어감을 함축하는 단어다.

성리학자들이 즐겨 사용하는 거울의 비유를 통해 심의 허령을 설명하면, '허'란 마음의 본모습이 마치 사물을 비추기 전의 거울과 같음을 가리킨다. 아직 사물을 비추기 전의 거울은 아무런 상象도 반영하지 않는 텅 빈 상태다. 거울이 어떤 대상 사물을 비출 수 있는 것은 그것이 본래 텅 비어 있기 때문이다. 그와 마찬가지로 인간의 마음 역시 본래 비어 있는 상태이기 때문에 외부 사물을 접하고 받아들일 수 있다. 즉 거울이 비어 있으므로 사물을 비출 수 있는 것처럼 사람의 마음 역시 비어 있기 때문에 외물에 감응할 수 있는 것이다.

그런데 이처럼 거울의 본래 상태는 비어 있는 것이지만, 그에 앞서 거울의 본질은 사물을 비추는 기능에 달려 있다고 해야 할 것이다. 사물을 비추는 기능은 거울의 본래적인 비어 있음과는 다른 별개의 성질이다. 그 점에 빗대어 말하자면, 외물과 접하여 감응하고 작용하는 마음의 기능 역시 그 비어 있는 속성과 무관한 마음의 또 다른 특성이라 할 수 있다. 마음은 비어 있는 것이지만 동시에 만사만물을 감각하고 인식하며 판단하는 특별한 능력을 내장하고 있다. '령'은 그와 같이 스스로 움직이고 작용하는 마음의 신묘한 능력을 형용하는 말이다.

허령은 인간이 가진 심의 특별한 능력을 강조하는 표현이다. 즉 허령한 마음의 속성은 오로지 인간만이 지닌 특징으로 간주된다. 짐승은 그저 감각적 인지 기능을 가질 뿐 시비선악을 가리거나 만물의 근본 이치를 탐구하는 고차원적인 마음의 능력을 가질 수 없기 때문이다. 이에 인간의 허령한 마음은 어떻게 가능한가라는 물음이 대두된다. 이에 대해 심을 리와 기의 결합으로 보는 학자들은 허령 역시 리와 기의 결합으로 인해 생겨나는 성질이라고 본다. 그와 달리 심을 오로지 기로 규정하는 학자들은 허령이 기의 가장 맑고 정밀한 부분氣之精爽이라는 심 자체의 고유성에서 기인한다고 본다. 결국 허령은 심을 표현하는 단어이기에 이기론적으로 심을 어떻게 이해하느냐에 따라 허령의 연원에 대한 이해도 달라지는 것이다.

지각知覺

성리학에서 이야기하는 지각이란 심이 가지고 있는 감각, 인식, 판단 등의 제반 능력을 통틀어 가리키는 개념이다. 이는 '인간을 비롯한 생명체가 감각기관을 통해 인지하는 작용'을 뜻하는 서양철학에서의 지각perception 개념과 다르다. 주희 역시 맥락에 따라 그러한 감각적 인지 능력의 의미로 지각이라는 단어를 사용할 때가 있지만, 일반적으로 지각은 그러한 감각지를 포함해 좀 더 광범위한 의미에서 인식 및 시비판단 능력을 지칭한다. 이와 같은 지각은 인간의 심이 지닌 고유하고 특별한 기능으로 간주된다. 감각적 지각은 인간뿐만 아니라 다른 짐승들 역시 공유하는 능력이지만 옳고 그름을 판단하거나 사물의 이치를 궁구하는 것과 같은 고차적인 지각 능력은 인간만이 가지고 있는 것이기 때문이다. 그런 의미에서 말하자면 지각은 심이 수행하는 모든 기능 및 작용에 대한 총칭이라고 할 수 있다.

허령은 이와 같은 지각의 신묘함을 형용하는 말이다. 이에 주희는 두 개념을 묶어 '허령지각'이라고 말하기도 한다. '마음의 허령'이라거나 '마음의 지각' 등과 같은 말은 표현상의 차이가 있을 뿐 대개 동일한 대상을 지칭하곤 한다. 그러나 엄밀히 말하면 허령이 심의 상태를 기술하는 형용사적 개념인 데 비해 지각은 심의 기능 또는 역량을 가리키는 명사적 개념이라는 점에서 차이가 없지 않으며, 학자에 따라서는 허령과 지각을 체와 용의 관계로 구분하기도 한다. 다만 심, 허령, 지각은 맥락에 따라 다르게 표현되는 것일 뿐 의미상 상통하는 어휘임을 유념할 필요가 있다.

주자학의 지각 개념과 관련해서 기억해야 할 또 하나의 단어는 주재主宰다. '심통성정'이라는 명제로 심성론을 정리한 중화신설 이후, 주희의 지각 개념은 주재의 의미를 강하게 내포하게 된다. '심통성정'의 '통'을 주재의 의미로 읽을 때, 여기서 주재란 외물과 접하여 본성에서 정감이 발현되는 메커니즘의 전 과정을 심이 적극적으로 주관하고 통솔하는 것을 의미한다. 인간이 외물과 아직 접하지 않은 미발의 상태에서 중中을 보존하는 것은 심 주체의 주재하에 가능한 일이다. 나아가 정감이 발현되어 화和를 이루는 것 역시 외물과의 접촉에 따른 즉자적인 반응이 아니라 주체로서의 심에 의해 정감이 주도적으로 운용되는 것이다. 다시 말해 주재는 미발과 이발에 걸쳐 중화中和의 덕을 견지하는 마음의 활동을 가리킨다. 이에 주희는 본성과 정감을 주재하는 심 주체의 역량이 마음의 고유 기능인 지각에 달려 있다고 본다. 심이 미발과 이발의 두 계기를 가지고 있듯이 지각 역시 미발시와 이발시에 걸쳐 존재한다. 인간이 이처럼 고요함과 움직임에 걸쳐 일관된 도덕적 상태를 견지할 수 있는 것은 심의 능력인 지각이 있기 때문이다. 이렇듯 주희의 중화신설에서 지각은 주재자로서 심의 위상을 확고히 하는 중요한 개념이 된다.

명덕明德

명덕은 본래 『대학』의 첫 장에 나오는 "밝은 덕을 밝힌다明明德"는 구절에 등장하는 말이다. 이 단어가 형이상학적인 개념으로 문제시된 것은 주희가 「대학장구」에서 "명덕이란 사람이 하늘로부터 얻어 허령하고 어둡지 않으니 이로써 여러 이치를 갖추고 만사에 대응하는 것이다明德者, 人之所得乎天而虛靈不昧, 以具衆理而應萬事者也"라고 말한 데서 발단한다. 이로부터 성리학의 명덕은 인간이 선천적으로 지닌 내면의 본질적인 밝음을 지칭하는 말로 사용된다.

「대학장구」에서 주희는 앞의 구절에 이어 "품부받은 기질에 구애되고 인욕에 가려 때로는 어두워질 수도 있으나 그 본체의 밝음은 일찍이 그친 적이 없으니, 배우는 자들은 마땅히 그 발현된 바로 인하여 명덕을 밝힘으로써 그 처음의 상태를 회복해야 한다"고 하였다. 그렇게 볼 때 '명덕'이란 항상 그 빛을 잃지 않는 인간의 원초적인 본질을 뜻하며, '명명덕'이란 일시적으로 혼탁해진 상태를 제거함으로써 내면의 본모습을 회복하는 인간의 행위를 가리킨다. 주희는 '명명덕'을 거울을 깨끗이 닦는 행위에 비유한 제자의 질문에 대해, 거울이란 깨끗이 연마해야 비로소 빛을 발하지만 사람의 명덕은 항상 밝은 것이기에 그 광명을 발하지 않는 때가 없다고 답한 바 있다. 이는 인간이 열악한 상황과 조건에 의해 혼탁하고 어두운 상태에 놓일 수 있지만 그 내면의 본질은 언제나 빛을 잃지 않음을 강조한 것이다. 이처럼 명덕은 인간이 생래적으로 가지고 있는 내면적인 밝음 그 자체를 총체적으로 지시하는 말이다.

그런데 이러한 명덕이 성이나 심 가운데 어느 하나와 특정하게 연관을 맺는 개념인지는 분명치 않다. 애초에 주희가 명덕 개념을 재해석할 때는 명덕과 심·성의 관계를 개념적으로 명료화하려는 생각이 뚜렷하지 않았다. 앞서 그가 명덕을 정의할 때 '허령불매'를 언급한 점으로 미루어보면 명덕은 분명 심 개념과 긴밀하게 연관된다. 그러나 주희는 『주자어류』에서 명덕이란 인의예지의 성을 말하는 것이라고 인정하기도 한다. 그런가 하면 인간 내면의 밝음을 총체적으로 지칭한다는 점에서 명덕은 심·성·정을 총괄하는 개념이라고 볼 수도 있다. 이러한 모호성으로 인해 명덕을 리·기, 심·성의 범주하에서 어떻게 규정해야 하는지에 대한 물음이 조선 말기 성리학의 치열한 논제로 부각된다.

주요 인물과 논변

인명	관련 논변
김장생金長生 (1548~1631)	진순의 허령 명제 미발시 지각의 문제
정경세鄭經世 (1563~1633)	진순의 허령 명제
최명룡崔命龍 (1567~1621)	진순의 허령 명제
권시權諰(1604~1672)	미발시 곤복괘 배치 문제
김극형金克亨 (1605~1663)	미발시 곤복괘 배치 문제
송시열宋時烈 (1607~1689)	진순과 노효손의 허령 명제 미발시 곤복괘 배치 문제 미발과 기질의 관계 문제 미발의 동정動靜 문제 명덕 개념 문제
윤증尹拯(1629~1714)	미발시 곤복괘 배치 문제
박상현朴尙玄 (1629~1693)	미발과 기질의 관계 문제
권상하權尙夏 (1641~1721)	진순의 허령 명제 호병문의 지에 관한 명제 비판
이세필李世弼 (1642~1718)	노효손의 허령 명제

김간金幹(1646~1732)	진순의 허령 명제 노효손의 허령 명제 호병문의 지智에 관한 명제 지와 지각의 관계 문제 명덕 개념 문제
임영林泳(1649~1696)	호병문의 지에 관한 명제 비판
민이승閔以升 (1649~1698)	명덕 개념 문제
김창협金昌協 (1651~1708)	진순의 허령 명제 호병문의 지에 관한 명제 지와 지각의 관계 문제 명덕 개념 문제
정찬휘鄭纘輝 (1652~1723)	진순의 허령 명제 노효손의 허령 명제
박광일朴光一 (1652~1723)	미발의 동정 문제
박광후朴光後 (1637~1678)	미발의 동정 문제
김재金栽(1650~1712)	명덕 개념 문제
이희조李喜朝 (1655~1724)	지와 지각의 관계 문제
성만징成萬徵 (1659~1711)	호병문의 지에 관한 명제 비판
이간李柬(1677~1727)	미발과 기질의 관계 문제
한원진韓元震 (1682~1751)	미발과 기질의 관계 문제
이현익李顯益 (1678~1717)	명덕 개념 문제
신경申暻(1686~1766)	명덕 개념 문제

미주

들어가는 말

1 『宋子大全』권131-25a,「雜錄」,"粵自麗末, 圃隱鄭先生出而當路, 蔚然出幽遷喬, 一以禮義變其舊俗, 而又得朱子書於中州, 以敎於國中. 自後道學漸明, 以至於晦退栗牛則道學大明於世矣. 竊聞中州人皆宗陸學, 而我東獨宗朱子之學, 可謂周禮在魯矣."

2 유명종, 『조선후기 성리학』, 대구: 이문출판사, 1985, 90~105쪽 참조. 금장태, 『조선후기의 유학사상』, 서울: 서울대학교 출판부, 1998, 5쪽.

3 퇴계학파와 율곡학파 내부에서 분화된 사칠론의 양상에 대한 분석으로는 다음 논문들을 참조하라. 김태년, 「17~18세기 율곡학파의 사단칠정론」, 『동양철학』 28, 한국동양철학회, 2007; 안영상, 「이현일과 신익황의 퇴계 만년설에 관한 논쟁」, 『한국사상사학』 33, 한국사상사학회, 2009; 안영상, 「퇴계학파 내 호발설의 이해에 대한 일고찰—성호·청대·대산의 논쟁 비교를 통하여」, 『퇴계학보』 115, 퇴계학연구원, 2004; 안영상, 「퇴계학파의 상수설과 호발설의 흐름」, 『퇴계학보』 93, 퇴계학연구원, 1997.

4 이연숙, 「우암학파 연구」, 충남대 박사학위 논문, 2003; 박종천, 「우암학파의 『주자어류소분』에 대한 연구」, 『역사와 담론』 53, 호서사학회, 2009.

5 송시열에 대한 연구사적 시각의 변천과 그 문제점에 대해서는 다음 논문들을 참조하라. 우경섭, 「우암 송시열 연구의 현황과 과제」, 『한국사상과 문화』 44, 한국사상문화학회, 2008; 한기범, 「우암 송시열에 대한 후대인의 추숭과 평가」, 『한국사상과 문화』 42, 한국사상문화학회, 2008.

6 이 책의 저본이 된 필자의 박사학위 논문(「송시열과 우암학단의 심론 연구」, 서울대, 2010) 이전에 철학 분야의 박사학위 논문 가운데 송시열의 성리설 이론을 전면적으

로 해명하고자 시도한 것은 이봉규의 「송시열의 성리학설 연구」(서울대 박사학위 논문, 1996)가 거의 유일하다고 할 수 있다. 비슷한 시기에 발표된 김문준의 「우암 송시열의 철학사상에 관한 연구—춘추의리를 중심으로」(성균관대 박사학위 논문, 1996)는 성리학설에 천착하기보다는 주로 의리사상에 초점을 두어 기술하고 있다.

7 송시열 사후 문집의 편찬에 관한 상세한 경위는 다음 논문을 참조하라. 오항녕, 「우암 송시열 문집의 편찬과 간행」, 『한국사학보』 33, 고려사학회, 2008.

8 이봉규(1996)의 제2장과 제4장을 참조하라.

9 기존의 조선 유학사 서술 방식을 반성하며 새로운 연구 방법론을 타진하는 문제의식은 여러 학자에 의해 개진된 바 있다. 조남호, 「주리주기논쟁—조선에서 주기철학은 가능한가」, 『논쟁으로 보는 한국철학』, 예문서원, 1995; 최영진, 「조선조 유학사상사의 분류방식과 그 문제점—'주리' '주기'의 문제를 중심으로」, 『한국사상사학』 8, 한국사상사학회, 1997; 이상호, 「조선성리학 연구 방법론 시고」, 『동양철학연구』 25, 동양철학연구회, 2001; 이종우, 「한국유학사 분류방식으로서 주리·주기에 관한 비판과 대안」, 『철학연구』 64, 철학연구회, 2004 등을 참조할 것. 이 밖에도 예문동양사상연구원에서 간행하는 『오늘의 동양사상』에서는 2005년 제13호에서 '해방 60년, 우리 속의 식민지 한국철학'이라는 주제로 다카하시 도루의 공과를 점검하는 특집을 다루었다. 오늘날 다카하시가 제시한 조선 유학사 서술 모델의 한계와 문제점에 대해서는 대체로 공감대가 형성되어 있으나, 이를 대신할 만한 대안적 모델은 학계의 일반적 합의가 이뤄지지 못한 채 모색 단계에 머물러 있다. 조선 유학사를 새롭게 이해하려는 패러다임의 모색은 한때 퇴계학과 율곡학의 성격 규정 논쟁으로 나타난 바 있다. 김기주의 「'퇴계학·율곡학의 계통 논쟁', 그 전개 과정과 남겨진 과제」, 『오늘의 동양사상』 제15호(2006년 가을·겨울, 예문동양사상연구원 '논과 쟁')를 참조할 것. 이 글에서는 5년간 정원재와 이상익, 홍원식과 손영식으로 이어진 논쟁의 개요를 잘 정리해놓았다. 그러한 일련의 논쟁은 기존의 조선 유학사 서술 방식을 지양하고 새로운 방법론을 모색하는 한국철학계의 현 단계를 보여준다.

10 조남호, 「김창협 학파의 양명학 비판—지와 지각의 문제를 중심으로」, 『철학』 39, 한국철학회, 1993; 김태년, 「낙론계의 지각론 연구」, 고려대 석사학위 논문, 1993; 문석윤, 「조선 후기 호락논쟁의 성립사 연구」, 서울대 박사학위 논문, 1995.

제1장

1 이 시기 조선 사상계에서 경학이 심화되어간 양상에 대한 개괄적인 설명은 금장태

(1998), 20~33쪽을 참조하라.

2 이영호, 「사계 경학의 특징과 그 경학사적 의미 ―『경서변의』「대학」의 분석을 중심으로」, 『유교사상연구』 15, 2001, 186~187쪽.

3 『大學章句』, "明德者, 人之所得乎天, 而虛靈不昧, 以具衆理而應萬事者也."

4 『中庸章句』, "心之虛靈知覺, 一而已矣."

5 『朱子語類』 권5-39, "虛靈自是心之本體, 非我所能虛也. 耳目之視聽, 所以視聽者卽其心也, 豈有形象. 然有耳目以視聽之, 則猶有形象也. 若心之虛靈, 何嘗有物!"

6 『朱子語類』 권5-23, 問: "靈處是心, 抑是性?" 曰: "靈處只是心, 不是性. 性只是理."

7 『朱子語類』 권5-41, 問: "人心形而上下如何?" 曰: "如肺肝五臟之心, 卻是實有一物. 若今學者所論操舍存亡之心, 則自是神明不測. 故五臟之心受病, 則可用藥補之. 這箇心, 則非菖蒲·茯苓所可補也." 問: "如此, 則心之理乃是形而上否?" 曰: "心比性, 則微有跡; 比氣, 則自然又靈."

8 『朱子語類』 권5-28, "心者, 氣之精爽."

9 『朱子語類』 권14-85, "能存得自家箇虛靈不昧之心, 足以具衆理, 可以應萬事, 便是明得自家明德了."; 14-83, "蓋人心至靈, 有什麽事不知, 有什麽事不曉, 有什麽道理不具在這裏, 何緣有不明?"

10 『朱子語類』 권57-32, 敬之問"人之所以異於禽獸者幾希". 曰: "人與萬物都一般者, 理也; 所以不同者, 心也. 人心虛靈, 包得許多道理過, 無有不通. 雖間有氣稟昏底, 亦可克治使之明. 萬物之心, 便包許多道理不過, 雖其間有稟得氣稍正者, 亦止有一兩路明. 如禽獸中有父子相愛, 雌雄有別之類, 只有一兩路明, 其他道理便都不通, 便推不去. 人之心便虛明, 便推得去. 就大本論之, 其理則一, 纔稟於氣, 便有不同."

11 『朱子語類』 권57-32, "人物之所同者, 理也; 所不同者, 心也. 人心虛靈, 無所不明; 禽獸便昏了, 只有一兩路子明. 人之虛靈皆推得去, 禽獸便推不去."

12 『朱子語類』 권57-32, "人若以私慾蔽了這箇虛靈, 便是禽獸. 人與禽獸只爭這些子, 所以謂之'幾希.'"

13 『朱子語類』 권60-45, "心之知覺, 又是那氣之虛靈底."

14 「大學章句」 小註, "北溪陳氏曰, 人生得天地之理, 又得天地之氣, 理與氣合, 所以虛靈."

15 『朱子語類』 권5-24, 問: "知覺是心之靈固如此, 抑氣之爲邪?" 曰: "不專是氣, 是先有知覺之理. 理未知覺, 氣聚成形, 理與氣合, 便能知覺. 譬如這燭火, 是因得這脂膏, 便有許多光燄." 問: "心之發處是氣否?" 曰: "也只是知覺."

16 주희와 진순의 위와 같은 대화에 기초하여, 이황은 '리와 기가 합하여 심이 되고 그

에 따라 허령한 지각이 가능해진다'고 주장한 바 있다(『退溪先生文集』 권25-25a~b, 「答鄭子中別紙」, "有問於朱先生曰, '知覺是心之靈固如此, 抑氣爲之耶?' 曰, '不專是氣, 是先有知覺之理. 理未知覺, 氣聚成形, 理與氣合, 便能知覺. 譬如這燭火, 是因得這脂膏, 便有許多光焰.' 又曰, '所覺者, 心之理也. 能覺者, 氣之靈也.' 滉因謂, 火得脂膏而有許多光焰, 故能燭破幽闇, 鑑得水銀而有如許精明, 故能照見姸嬬. 理氣合而爲心, 有如許虛靈不測, 故事物纏來, 便能知覺."; 『退溪先生文集』 권25-22b, 「與鄭子中別紙」, "明彦所論天命圖說以理氣分虛靈處, 其說亦有得有失. 蓋以理氣二字, 分註虛靈二字之下, 果似未安, 何者? 靈固氣也, 然氣安能自靈? 緣與理合, 所以能靈."). 즉 이황은 진순에 동조하여 마음의 영활한 지각 능력이 리와 기가 합해짐으로써 가능한 것이라는 입장을 취하였다(『退溪先生文集』 권18-12b, 「答奇明彦-別紙」, "理氣合而爲心, 自然有虛靈知覺之妙"). 그에 따라 허령의 근거에 대한 진순의 주석은 이후 퇴계학파가 율곡학파의 '심시기心是氣' 명제에 맞서 심을 리기의 결합이라 주장하는 결정적 논거로 활용되기도 한다. 결국 이 문제는 심을 리기의 결합으로 보느냐合理氣 오로지 기로 보느냐專是氣 라는 퇴계학파와 율곡학파의 시각차와 무관하지 않은 논제였다.

17 『朱子語類』 권5-23, 問: "靈處是心, 抑是性?" 曰: "靈處只是心, 不是性. 性只是理."

18 『栗谷全書』 권14-34b, 「記大學小註疑義」, "理氣元不相離, 非有合也."

19 『沙溪先生遺稿』 권3-2a, 「答崔汝允〈命龍〉」, "大學首一節明德註下小註, 北溪陳氏曰, '人生得天地之理, 又得天地之氣, 理與氣合, 所以虛靈.' 栗谷先生駁之曰, '理氣元不相離, 非有合也.' 理氣雖不相離, 決非一物, 謂之合者, 未見其有病, 而栗谷之說如此. 伏乞詳辨下示." (최명룡의 문집은 전해지지 않은 것으로 보이며, 본 논제와 관련하여 김장생의 문집에 그의 발언이 남아 있다. 본문에서 언급한 그의 발언은 『사계선생유고』에서 발췌한 것이다.)

20 『沙溪先生遺稿』 권3-3a, 「答崔汝允〈命龍〉」, "理氣雖混融無間而理在氣中, 實不相雜, 則謂之合亦無妨矣. 而先生終始斥之, 竊恐先生以老先生之言爲主, 而不更察陳氏之意也."

21 『沙溪先生遺稿』 권3-2a~b, 「答崔汝允〈命龍〉」, "理氣元不相離, 本混融而無間, 若如陳氏之說, 則人物未生時, 理氣相離, 至其生育人物時, 始與之相合, 如陰陽男女之爲, 其可乎?"

22 『經書辨疑』 권2-2b, 「大學」, "太極圖說妙合而凝, 朱子解之曰, '本渾融無間也', 先生極贊美之. 陳氏之言, 蓋本於圖說而誤之也. 如此則先得理, 次又得氣也, 不成造化, 不成說話矣."

23 『愚伏先生文集』 권14-23a, 「金沙溪經書疑問辨論」, "理氣本非一物, 但以未嘗相離,

故謂之混融無間耳. 詳無間兩字, 則其爲二物明矣. 栗谷必不以理氣爲一物, 竊恐高明記得錯耳. 況氣與理合而成性, 乃朱子之說, 北溪此條, 未可容易攻破也."

24 『愚伏先生文集』권14-23a~b, "北溪欲以虛字屬理, 靈字屬氣, 故中間着一又字以明之耳, 非以爲先得理次得氣, 如高明所疑也."

25 『經書辨疑』권2-3b~4a, "大學", "又按, 朱子曰'推之於前, 不見其始之合, 引之於後, 不見其終之離', 又曰'本混融無間', 景任所引'氣與理合而成性'云者, 皆一意. 至於陳氏則, 旣曰'得天地之理', 又曰'又得天地之氣, 理與氣合', 分明有先後之異. 景任謂陳氏之說卽朱子之說, 恐不深考也."

26 『宋子大全』권104-19b~20b, 「答金直卿〈丙辰(1676)〉」, "妄意此所謂'理與氣合所以虛靈'八字, 也似有病. 蓋心是氣之精爽處, 故其爲物自然虛靈, 虛靈故知覺. 虛靈知覺, 故於心中所具之理, 無所蔽隔, 不是理與氣合然後方能虛靈也. 夫理者氣之根柢, 氣者理之器具. 有氣則理便寓在那氣中, 而二者本相離不得. 今使就此處而只曰'理與氣合者是心'云則可也, 曰'理與氣合故虛靈'云則不可, 何者? 凡天地之間, 人物之生, 莫不受天地之氣以爲形, 稟天地之理以爲性, 此則人與物同也. 只以人則受氣之淸, 故其心虛靈, 而於是理無所蔽. 物則受氣之濁, 故其心閉塞, 而於是理無所通.〈此只以人物之大分而言.〉然則人心之所以虛靈者無他, 以其受氣之淸明故也. 若一如陳氏之說, 則凡草木禽獸之生, 亦皆理與氣合也, 其心之虛靈, 似當與人無間, 而禽獸何以偏塞, 草木何以全塞耶?〈禽獸受氣之濁, 而草木又受氣之尤濁者.〉"

27 『宋子大全』권104-20b, 「答金直卿〈丙辰(1676)〉」, "由是觀之, 心者是氣也. 心之虛靈者, 是氣之淸也. 氣淸故能虛靈, 虛靈故能燭理, 非是理合了, 此心方得虛靈也."

28 『宋子大全』권104-20b~21b, 「答金直卿〈丙辰(1676)〉」, "夫理者無爲, 氣者有爲, 故氣如此則理亦如此. 是以氣則淸明純粹, 而性則昏亂汩濁者, 未之有也. 氣則昏憒餒乏, 而性則炯然光明者, 亦未之有也. 然則彼心恙之人, 所以昏迷顚錯, 無此虛靈洞徹者, 正由氣之昏迷顚錯, 而失此虛靈洞徹之本體. 此皆氣之爲, 而非理之爲也. (…) 如今且將自家去體察吾心, 一時間身氣淸爽則便惺惺, 一時怠惰了便昏昏, 此處亦可見心之虛靈洞徹便是氣, 而彼昏迷顚錯者亦便是氣也. 朱子嘗曰'靈處只是心, 不是性', 又曰'所覺者心之理, 能覺者氣之靈也'. 以此觀之, 陳氏之說尤欠了當, 未知如何也."

29 『栗谷全書』권31-12a, 「語錄上·金振綱所錄」, 問: "心之所存者性, 故爲虛靈也. 若無性則心爲空器, 而生理絶矣." 曰: "心之虛靈, 不特有性而然也. 至通至正之氣, 凝而爲心, 故虛靈也."

30 『南溪集』권43-20b~22a, 「答金直卿問〈大學○丙辰九月二日(1676)〉」과 『厚齋先生集』권21-25a~28a, 「箚記○大學」의 「大學章句」條 참조.

31 『宋子大全』附錄 권15-7b~8a,「語錄-金榦錄」, 榦問: "心之虛靈, 只是氣歟? 抑以理氣合故歟?" 先生曰: "是氣." 榦曰: "竊嘗思之, 天地間萬物之生, 莫非氣之所爲, 而唯人也得其氣之秀, 人之一身五臟百骸, 莫非氣之所成, 而唯心也尤是氣之秀. 是故其爲物, 自然虛靈洞澈, 而於其所具之理, 無所蔽隔. 然則所謂虛靈者, 只是稟氣淸明故也, 不是理與氣合然後方爲虛靈. 今且將自家去體察吾心, 一時間身氣淸爽則心便惺惺, 一時怠惰了便昏昏. 此處亦見心之虛靈是氣." 先生曰: "然. 故栗谷先生嘗以心爲氣." 榦曰: "然則心之虛靈, 分明是氣歟?" 先生曰: "分明是氣也."

32 『宋子大全』권104-22a,「答金直卿〈丙辰(1676)〉」, "若如來諭之說則恐似未備. 蓋人得氣之正且通者而爲人, 故其形體背陰向陽, 端直平正. 而其爲心也, 最居一體之中, 中空通虛. 以其中空通虛, 故便具此衆理矣. 來諭所謂氣淸故能虛靈, 虛靈故能燭理, 太無次序曲折. 然則陳氏以虛靈爲理者, 侵過理之界分, 來示以氣淸故能虛靈云者, 遺却形之一邊, 一則失於蔓延, 一則病於輕忽, 此不可不知也.〈虛故具此理, 而直以虛爲理, 此陳氏之病.〉"

33 이봉규(1996), 95~97쪽 참조.

34 『宋子大全』권101-7b~8a,「答鄭景由〈丁巳二月二十三日(1677)〉」, "北溪陳氏曰, 理與氣合, 所以虛靈. 此段栗沙兩先生皆深斥之, 其說詳於經書辨疑中矣. 然嘗考語類, 有問'知覺是心之靈, 抑氣之爲耶?', 朱子曰, '不專是氣, 是先有知覺之理. 理未知覺, 氣聚成形, 理與氣合, 便能知覺'云. 夫知覺雖與虛靈有體用之別, 而其理則決無異同. 鄭愚伏所謂北溪之說卽朱子之說者, 眞得其旨, 而沙溪何以謂不深考也?"

35 이 장의 주 16 참조.

36 『朱子語類』권5-24, 問: "知覺是心之靈固如此, 抑氣之爲邪?" 曰: "不專是氣, 是先有知覺之理. 理未知覺, 氣聚成形, 理與氣合, 便能知覺. 譬如這燭火, 是因得這脂膏, 便有許多光燄."

37 『宋子大全』권101-8a,「答鄭景由〈丁巳二月二十三日(1677)〉」, "嘗仍是思之, 理比則燈火也, 氣比則膏脂也. 這燈火必與這膏脂相合, 然後生光焰, 這理必與這氣相合, 然後生虛靈."

38 『宋子大全』권101-8a,「答鄭景由〈丁巳二月二十三日(1677)〉」, "其或膏脂穢濁則其光焰暗暗不能燭物, 亦如禽獸得氣之偏塞, 是理爲其掩蓋而不得虛靈也."

39 『宋子大全』권101-9a,「答鄭景由〈丁巳二月二十三日(1677)〉」, "來諭這理必與這氣相合然後生虛靈者, 甚誤. 如改曰'理與氣合而其虛靈者, 心也, 其虛靈中所具者, 性也', 如此則庶或近之矣. 今來敎則'理與氣合然後生虛靈', 是以虛靈爲性也. 是何異於釋氏以作用爲性耶?"

40 『農巖集』 권16-15b, 「答李顯益〈庚辰(1700)〉」, "旣得天地之理, 又得天地之氣, 曰旣曰又, 終似有病. 然理與氣合, 則似不必深非, 要之活看可也. 但其以虛靈爲理與氣合而然, 則似全非朱子之意. 朱子則只以虛靈屬氣, 觀大全林德久問答, 可見也."

41 『農巖集』 권32-45a, 「雜識-內篇二」, "朱子答林德久書曰, '知覺, 正是氣之虛靈處.' 大學明德註虛靈二字, 人多分屬理氣, 非朱子本意."

42 『朱子大全』 권61, 「答林德久」, "人賦氣成形之後, 便有知覺, 所有知覺者, 自何而發端? (…) 知覺正是氣之虛靈處, 與形器渣滓正作對也."

43 『農巖集』 권19-27a, 「答道以〈甲申(1704)〉」, "請以朱先生與潘謙之論心性分別書及答林德久知覺之問者, 參互推究, 則知覺之原於智與否及情與知覺之爲同爲異, 自當相說以解而無俟於辨論矣." 김창협은 자신의 지각론을 뒷받침하는 주요한 전거로 「답반겸지答潘謙之」 서를 들곤 했는데, 여기서는 「답임덕구答林德久」 서를 「답반겸지」 서와 함께 중요하게 참고할 문헌으로 제시하고 있다.

44 『農巖集』 권19-21a~b, 「答道以」, "林德久問'人賦氣成形之後, 便有知覺, 所有知覺者, 自何而發端?' 朱子答曰, '知覺, 正是氣之虛靈處.' 夫使知覺而果原於智, 則德久之問而朱子之答之也, 何不曰'知覺是智之所發', 而直以歸之於氣之虛靈耶? 於此審之, 則謂知覺爲原於智, 其是非得失, 決矣."

45 『南塘先生文集』 권7-29a, 「上師門〈辛卯五月(1711.5.)〉」, "旣以知覺爲非智之用, 而又遂以虛靈爲不干於性, 則竊恐未安之甚. 噫, 以知覺爲非智之用, 則是人心有二用, 而四端七情, 凡以氣而發用者, 皆不可以言性之用矣. 以虛靈爲不干於性, 則是人心有二本, 而理氣判爲二物矣."

46 『大學章句』 小註, "玉溪盧氏曰, 明德只是本心. 虛者心之寂, 靈者心之感. 心猶鑑也, 虛猶鑑之空, 明猶鑑之照. 虛則明存於中, 靈則明應於外, 惟虛故具衆理, 惟靈故應萬事."

47 『栗谷全書』 권14-34b, 「記大學小註疑義」, "靈者心之知處, 雖未感物而靈固自若, 不可曰心之感矣."

48 『宋子大全』 권101-9b, 「答鄭景由〈丁巳二月二十三日(1677)〉」, "玉溪盧氏曰虛者心之寂○虛者瑩然虛明之謂, 寂者寂然不動之謂. 虛則通乎動靜, 寂只管靜時氣象. 然則文字雖似相近, 而意味氣象大煞不同, 恐不可牽而合之. 如何?"

49 『宋子大全』 권101-10a, 「答鄭景由〈丁巳二月二十三日(1677)〉」, "心若紛華波動則豈得爲虛乎? 蓋易曰'無思也無爲也, 寂然不動', 程子曰'心有指體而言者, 寂然不動是也'. 於心體言寂字, 不但盧氏而已."

50 『宋子大全』 권101-16a~b, 「答鄭景由〈戊午九月二十二日(1678)〉」, 질문: "虛者心之寂○此段前承批誨矣. 然鄙意亦非以爲於心體不可言寂. 蓋寂感者, 心之體用也, 虛靈者,

心之全體也, 其主意自不同. 而盧氏必欲以虛靈分寂感, 豈非舛乎?" / 대답: "大學本註, 專言虛靈, 故盧氏分虛靈屬之體用. 中庸序以虛靈對知覺, 則程氏以虛靈爲體, 知覺爲用, 言各有所當也."

51 『宋子大全』104-22a~b, 「答金直卿〈丙辰(1676)〉」, 질문: "玉溪盧氏曰, 虛者心之寂, 靈者心之感云云. 蓋虛靈者, 是心之本體也. 未發只自虛靈, 旣發亦只自虛靈. 今以虛靈二字, 分屬寂感, 似涉破碎." / 대답: "據中庸序則虛靈心之體, 知覺心之用. 盧氏以虛靈分屬寂感固未安, 而來諭以虛靈謂之旣發則尤未安矣."

52 『宋子大全』권101-23a, 「答鄭景由〈庚申八月二十五日(1680)〉-別紙」, "朱子明言'虛靈自是心之本體', 而盧氏乃謂靈者心之感, 旣曰感則是已發也是用也. 蓋虛是能受底, 靈是能感底, 而盧氏直以靈爲感, 故栗谷非之."

53 이봉규(1996), 164쪽 참조.

54 『宋子大全』권104-39a~b, 「答李君輔」, "所以感者靈也. 若直以靈爲感, 誠少曲折. 釋疑初本是全用退溪說矣, 其後微覺其未安, 已追改之, 通於玉堂諸賢矣.〈改辭虛靈心之體, 知覺心之用. 虛者所以能受, 靈者所以能應. 能受而應, 故有知覺之理.〉"

55 『宋子大全』권104-39a, 「答李君輔」, "校本從釋疑舊本而曰'虛靈心之體, 知覺心之用. 虛者心之寂, 靈者心之感.'○按淺見感卽心之用也. 旣以靈謂之體, 則似不當更以爲用. 如何?"

56 『宋子大全』권131-3a, 「看書雜錄」, "以知覺屬心, 此朱子一生說, 而一處又以知覺屬智, 此處不可不仔細分辨."

57 『宋子大全』권131-5a, 「看書雜錄」, "以知覺屬心, 此朱子一生訓說也. 其答吳晦叔書, 則乃以知覺爲智之用. 此非前後異說也. 夫知覺有二. 其虛靈運用, 識飢飽寒煖者, 心之用也, 此周程所謂知覺也. 識事之所當然, 悟理之所以然者, 智之用也, 此伊尹所謂知覺也. 二者各有所指, 不可混淪說也. 蓋心氣也, 智性也, 性則理也. 氣與理二者, 不可離, 而亦不可雜也." (이에 관해서는 제5장을 참조하라.)

58 『明齋先生遺稿』권16-26b~27a, 「與李君輔〈丙寅五月(1686)〉-附評君輔與懷川論心經釋疑別紙」, "今謂'虛所以能受, 靈所以能應', 若以照具衆理應萬事而言, 尤似新巧. 又謂'能受而應, 故有知覺之理', 則又似倒說, 恐皆未安."

59 『寒水齋先生文集』권13-30a, 「答李公擧〈七月〉(1709)」, "愚則曰知覺心之用, 虛靈心之體, 所以靈所以知覺者智也. 譬之於鏡, 知覺是照也, 靈是明也, 智者所以明與照之理也."

60 『農巖集』권19-30b~31b, 「答道以〈丁亥(1707)〉」, "虛靈知覺, 自先儒已皆分動靜體用而二之, 竊獨妄意其未然矣. (…) 大抵心之虛靈知覺, 貫動靜而兼體用, 虛靈之體卽知

覺之存於未發者, 虛靈之用即知覺之見於已發者, 非有二也.”

61 『農巖集』 권19-31a~32a, 「答道以〈丁亥(1707)〉」, “靈字之義, 不止於靜一邊, 尤明白
易見者. 今不察此, 而並以爲此心未發之體, 此豈爲識虛靈之妙者哉! 至於知覺, 本亦指
此心全體昭昭靈靈者而爲言, 是雖事物未至思慮未萌, 而方寸之中固常了然不昧. (…) 今
說知覺, 專以此心感物而動者言之, 則又豈足以盡知覺之義哉! (…) 舜瑞(어유봉을 가
리킴)之說, 以爲虛靈無分於動靜, 而知覺只可言於動而不可言於靜, 可謂知其一而不知
其二矣. 至其謂'未發也, 非無知覺之理'者, 雖若近之, 而其所認得差處, 正在於此. 是蓋
以未發時, 不容說有知覺, 故須著'之理'二字, 而却不知此時雖未有所知所覺, 而若其能
知能覺者, 則未始不了然, 何但有其理而已哉? 苟有見乎此, 則虛靈之不專於靜, 知覺之
不專於動, 而不當分屬乎體用者, 可知矣.”

제2장

1 미발과 지각의 관계에 관한 16세기 조선 유학의 담론을 규명한 기존의 성과로는 문
석윤의 연구가 있다(문석윤, 「퇴계의 '미발'론」, 『퇴계학보』 114, 퇴계학연구원, 2003 참
조). 그리고 이 논문에 중요한 반론을 제기한 이승환과 주광호의 연구가 있다. (이승환,
「퇴계 미발설 이청釐淸」, 『퇴계학보』 116, 퇴계학연구원, 2004; 주광호, 「퇴계의 미발설
과 거경의 수양론」, 『철학연구』 40, 고려대 철학연구소, 2010 참조). 이 세 논문은 퇴계
이황의 미발설뿐만 아니라 근래 신유학 일반의 미발설과 관련된 논의가 발전되고 진전
되는 양상을 잘 보여준다는 점에서 우리 학계의 중요한 연구 성과다.

2 송시열의 미발지각설을 다루었던 기존 연구로는 이봉규(1999) 외에도 다음 논문들
이 있다. 안은수, 「우암 심성론의 특징과 의의—미발론을 중심으로」, 『동서철학연구』
48, 한국동서철학회, 2008; 서대원, 「우암 송시열 선생의 이학 연구에 대한 일고찰—연
보 연구의 중요성」, 『동서철학연구』 48, 한국동서철학회, 2008. 그에 비해 이 책의 저본
이 된 필자의 박사학위 논문 이전에 김장생의 미발지각설을 주목한 연구는 사실상 거
의 없었다.

3 이들 사이의 논변에 관한 분석은 다음 논문들을 참조하라. 이승환, 「정문程門의 '미
발'설과 '구중求中' 공부―소계명과 여여숙에 대한 이천의 비판을 중심으로」, 『철학연
구』 38, 고려대학교 철학연구소, 2009; 이현선, 「장재張載와 이정二程의 철학―이정의
장재 비판을 중심으로」, 서울대 박사학위 논문, 2010, 118~147쪽.

4 『二程遺書』 권18-82, “旣思於喜怒哀樂未發之前求之, 又却是思也. 旣思卽是已發.
〈思與喜怒哀樂一般.〉 纔發便謂之和, 不可謂之中也. (…) 若言存養於喜怒哀樂未發之

時, 則可. 若言求中於喜怒哀樂未發之前, 則不可."

5『二程遺書』권18-82, 或問: "喜怒哀樂未發之前求中, 可否?" 曰: "不可. 旣思於喜怒哀樂未發之前求之, 又却是思也. 旣思卽是已發.〈思與喜怒哀樂一般〉纔發便謂之和, 不可謂之中也." 又問: "呂學士言'當求於喜怒哀樂未發之前.'信斯言也, 恐無著摸, 如之何而可?" 曰: "看此言如何地下. 若言存養於喜怒哀樂未發之時, 則可. 若言求中於喜怒哀樂未發之前, 則不可."

6『二程遺書』권18-82, 又問: "學者於喜怒哀樂發時固當勉强裁抑, 於未發之前當如何用功?" 曰: "於喜怒哀樂未發之前, 更怎生求? 只平日涵養便是. 涵養久, 則喜怒哀樂發自中節."

7 이현선(2010), 143쪽.

8『二程遺書』권18-83, 曰: "當中之時, 耳無聞, 目無見否?" 曰: "雖耳無聞, 目無見, 然見聞之理在始得.";『二程遺書』권18-83, 或曰: "當靜坐時, 物之過乎前者, 還見不見?" 曰: "看事如何. 若是大事, 如祭祀, 前旒蔽明, 黈纊充耳, 凡物之過者, 不見不聞也. 若無事時, 目須見, 耳須聞."

9 손영식,『이성과 현실―송대 신유학에서 철학적 쟁점의 연구』, 울산: 울산대학교 출판부, 1999, 제8장(215~311쪽); 이승환,「찰식에서 함양으로―호상학의 이발찰식 수행법에 대한 주자의 비판」,『철학연구』37, 고려대학교 철학연구소, 2009 참조.

10『朱子大全』권32,「答張欽夫」, "方其存也, 思慮未萌而知覺不昧, 是則靜中之動, 復之所以見天地之心也."

11『朱子大全』권63,「答孫敬甫」, "所論才說存養卽是動了, 此恐未然. 人之一心, 本自光明, 不是死物. 所謂存養, 非有安排造作, 只是不動著他, 卽此知覺烱然不昧. 但無喜怒哀樂之偏, 思慮云爲之擾耳, 當此之時, 何嘗不靜? 不可必待冥然都無知覺, 然後謂之靜也."

12『朱子大全』권42,「答胡廣仲」, "心主性情, 理亦曉然. 今不暇別引證據, 但以吾心觀之, 未發而知覺不昧者, 豈非心之主乎性者乎? 已發而品節不差者, 豈非心之主乎情者乎?"

13『朱子大全』권43,「答林擇之」, "殊不知未感物時若無主宰, 則亦不能安其靜, 只此便自昏了天性, 不待交物之引然後差也. 蓋中和二字, 皆道之體用, 以人言之則未發已發之謂, 但不能愼獨, 則雖事物未至, 固已紛綸膠擾, 無復未發之時. 旣無以致夫所謂中, 而其發必乖, 又無以致夫所謂和, 惟其戒謹恐懼, 不敢須臾離, 然後中和可致而大本達道, 乃在我矣."

14 홍성민,「주자 수양론의 구조와 실천적 성격」, 고려대 박사학위 논문, 2008, 124쪽.

15 손영식,『이성과 현실―송대 신유학에서 철학적 쟁점의 연구』, 울산: 울산대학교 출

판부, 1999, 273~274쪽과 김수길, 「주희의 인설 연구」, 서울대 석사학위 논문, 1999, 25쪽.

16 이승환, 「주자 수양론에서 미발의 의미―심리철학적 과정과 도덕심리학적 의미」, 『퇴계학보』 119, 퇴계학연구원, 2006; 이승환, 「주자 수양론에서 '미발 공부'의 목적과 방법 그리고 도덕심리학적 의미」, 『동양철학』 32, 한국동양철학회, 2009; 전병욱, 「주자의 미발설과 거경격물의 수양론」, 『철학연구』 38, 고려대학교 철학연구소, 2009; 주광호, 「퇴계의 미발설과 거경의 수양론」, 『철학연구』 40, 고려대 철학연구소, 2010; 주광호, 「주자와 우암의 미발설 비교 연구」, 『철학연구』 43, 고려대 철학연구소, 2011 참조.

17 『沙溪先生遺稿』 권10-2a, 「語錄-宋時烈錄」, "若無朱子, 則堯舜周孔之道晦矣. 雖二程, 其所釋經傳, 多有可疑處, 又有難從處. 栗谷常曰, '余幸生朱子後, 學問庶幾不差矣.'"

18 『朱子大全附錄』 권17-18b, 「語錄-崔愼錄上」, "雖先儒說, 非朱子之註, 則豈無誤者乎. 故沙溪每以爲非朱子註則不必致工者, 以其多謬誤故也. 諸儒說何足信也?"

19 여기서 참조한 「근사록석의」는 정엽鄭曄이 김장생의 초고를 개정하여 찬술한 14권 4책의 『근사록석의』가 아니라 『사계전서沙溪全書』에 수록된 김장생 본인의 원고다. 김장생은 『근사록』의 난해한 구절에 선유의 학설을 인용하거나 자신의 견해를 붙인 뒤 정엽에게 간정刊正을 요청하였다. 이후 정엽이 김장생의 작업을 보완해 정리하였고, 그가 죽은 뒤 생질인 나만갑羅萬甲이 이를 베껴서 세상에 전해지게 되었다. 그 뒤 송시열이 본문과 주석을 구분하고 내용을 고증하여 1661년에 간행한 것이 현존하는 판본이다(『한국민족문화대백과』 참조). 이 장에서 인용한 『사계전서』 수록본은 현행본 『근사록석의』와 다른 것으로, 그 초고에 해당되는 것으로 여겨진다.

20 『二程遺書』 권18-83, 曰: "當中之時, 耳無聞, 目無見否?" 曰: "雖耳無聞, 目無見, 然見聞之理在始得."

21 『二程遺書』 권18-83, 或曰: "當靜坐時, 物之過乎前者, 還見不見?" 曰: "看事如何. 若是大事, 如祭祀, 前旒蔽明, 黈纊充耳, 凡物之過者, 不見不聞也. 若無事時, 目須見, 耳須聞."

22 이현선, 「정이의 '중'과 '미발'개념 연구―여대림과의 논쟁을 중심으로」, 『철학연구』 82, 철학연구회, 2008(가을), 55~56쪽.

23 이현선(2008), 53~56쪽; 이승환, 「정문程門의 '미발'설과 '구중求中' 공부―소계명과 여여숙에 대한 이천의 비판을 중심으로」, 『철학연구』 38, 고려대학교 철학연구소, 2009, 12~15쪽.

24 이승환(2009), 12~50쪽 참조.

25 『沙溪全書』 권19-15a, 「近思錄釋疑-論存養」, "朱子曰, '未發之時, 但爲未有喜怒之

偏耳, 若其目之有見, 耳之有聞, 則當愈益精明而不可亂. 豈若心不在焉, 遂廢耳目之用哉?' ○ 按此與程說不同, 當從朱子說."

26 『沙溪全書』 권19-15a, 「近思錄釋疑-論存養」, "程子曰, 如祭祀云云, 朱子則以爲前旒蔽明所以不妄見, 黈纊充耳所以不妄聽. 而言當祭祀不聞不見, 禮唱拜伏之際, 非聞非見何能中其節乎? 此乃程門請問記錄者之罪耳."

27 『沙溪全書』 권19-15b, 「近思錄釋疑-論存養」, "呂子約謂未有聞未有見爲未發." 여기서 김장생이 여조겸의 견해로 인용한 부분은 다음 구절에서 발췌한 것이다. (『朱子大全』 권48, 「答呂子約」, "謂未有聞未有見爲未發, 所謂沖漠無朕, 萬象森然已具, 不知衆人果能有此時乎? 學者致知居敬之功積累涵養, 而庶幾有此爾.")

28 『沙溪全書』 권19-15b~16a, 「近思錄釋疑-論存養」, "子思只說喜怒哀樂, 今却轉向見聞上去, 所以說得愈多愈見支離紛冗都無交涉. 此乃程門請問記錄者之罪, 而後人亦不善讀也. 若必以未有見聞爲未發處, 則只是一種神識昏昧底人, 睡未足時被人驚覺, 頃刻之間不識四到時節, 有此氣象. 聖賢之心, 湛然淵靜, 聰明洞徹, 決不如此. 若必如此, 則洪範五事當云'貌曰僵, 言曰啞, 視曰盲, 聽曰聾, 思曰塞'乃爲得其性, 而致知居敬費盡工夫, 却只養得成一枚癡獣罔兩漢." (이 구절의 원출전은 『朱子大全』 권48 「答呂子約」이다.)

29 『二程遺書』 권18-83, "旣其有知覺, 却是動也, 怎生言靜? 人說'復其見天地之心', 皆以謂至靜能見天地之心, 非也. 復之卦下面一畫, 便是動也, 安得謂之靜?"

30 『沙溪全書』 권19-16b, 「近思錄釋疑-論存養」, "朱子曰, '其言'靜時旣有知覺, 豈可言靜?', 而引'復以見天地之心'爲說, 亦不可曉. 蓋當至靜之時, 但有能知覺者, 而未有所知覺也. 故以爲'靜中有物'則可, 而便以'纔思卽是已發'爲比則未可, 以爲'坤卦純陰而不爲無陽'則可, 而便以'復之一陽已動'爲比則未可.' ○ 按此與程子說不同, 當從此說."

31 '고요한 가운데 무언가가 있다靜中有物'는 말도 본래 정이가 처음 제시한 명제이다. 이 말의 출전은 다음과 같은 정이의 언급이다. 『二程遺書』 권18-83, 或曰: "先生於喜怒哀樂未發之前下動字, 下靜字?" 曰: "謂之靜則可, 然靜中須有物始得, 這裏便是難處. 學者莫若且先理會得敬, 能敬則自此知矣."

32 『沙溪全書』 권19-16a, 「近思錄釋疑-論存養」, "朱子曰, 靜中有物者, 只是知覺不昧." (이 구절은 『근사록집해近思錄集解』에 기재되어 있는 것으로 주희가 '정중유물靜中有物'을 주해한 언급 가운데 하나다.)

33 『沙溪全書』 권19-16a, 「近思錄釋疑-論存養」, "或因程子語, 纔有知覺便是動爲問. 曰, '此恐伊川說得太過. 若云知寒覺煖, 便是知覺已動. 今不曾着於事物, 但有知覺在, 何放其爲靜? 不成靜坐便只是瞌睡.'"

34 『沙溪全書』 권19-17a, 「近思錄釋疑-論存養」, "雖是耳無聞, 目無見, 然須是常有箇主

宰執持底在這裏, 始得. 不是一向放倒, 又不是一向空寂了. 下面說復卦, 便是說靜中有動, 不是如瞌睡底靜, 中間常自有箇主宰執持." (원출전은 『朱子語類』 권96-43)

35 이봉규(1999), 257쪽.

36 이들 사이에 미발의 곤·복괘 문제가 토론의 주제로 등장하게 된 과정과 토론 양상은 이봉규의 연구(1999)에 정리되어 있다. 선행 연구를 통해 어느 정도 전모가 밝혀져 있기 때문에 이 책에서는 그 토론 과정을 상세하게 소개하지 않았다. 다만 논지 전개의 필요상 기존 연구에서 다루어진 내용과 부분적인 중복을 면할 수는 없겠다.

37 이봉규(1999), 239~252쪽과 주광호(2011) 참조.

38 『炭翁先生集』 권5-30a~b, 「與宋英甫」, "今行道過金克亨泰叔, 亦說此則以爲朱子他書中說及程子意固然, 而但中庸或問至靜爲坤卦之象, 則與其他說及程子不同. 或問乃朱子末年精鍊之書, 似當以或問爲定云云."

39 『淸風世稿』 권1, 「答權思誠」, "是故朱子以坤當之未發焉, 以復當之已發焉."

40 『炭翁先生集』 권5-30b, 「與宋英甫」, "歸考或問, 則見似以上下語意, 互相牴牾, 未敢領解. 其詳未容筆喩, 何由面討, 豈愚見未逮耶, 實無異同耶. 乞因便示破, 幸甚."

41 『宋子大全』 권39-4b~5a, 「答權思誠-別紙〈己卯七月十三日(1639.7.13.)〉」, "然與程子所謂'旣有知覺, 却是已發', '復卦下面一畫便是動, 安得謂之靜'之說有異. 故朱子又曰, '此恐伊川說得太過.' (…) 朱子之意, 固以未發含已動而言也. 然非謂必待其已動, 而後爲未發也. 雖是已動, 固無害於爲未發也. 此蓋動靜相含, 陰陽互藏之理也. 大抵未有聞見, 而但有能聞見者, 是坤不能無陽之象也. 已有聞見而未有喜怒者, 是陽著窮泉, 而寒威閉野之象也. 旣有聞見而喜怒已形者, 乾道變化, 各正性命之象也. 如此分配, 似有端的."

42 주광호(2011), 10~13쪽, 29~32쪽 참조.

43 『宋子大全』 권39-7a~b, 「答權思誠〈己卯十月四日(1639.10.4)〉」, "盖或問固以至靜之中, 未有知覺, 而但有能知覺者, 配純坤矣. 然未有思慮, 而但有知覺者, 固可以配復, 而同爲未發之境界矣. 何必獨以未有知覺者爲未發也? 蓋人心有動靜之二機, 天道有陰陽之兩端而已. 不問有覺與無覺, 而未涉思慮, 則同謂之靜也. 亦不問陽生與未生, 而未涉春夏, 則同謂之陰也. 兄固以爲陽已生者, 而謂冬爲陽乎? 以是而言或問及前書所引朱子說, 可以相證而未見相妨也."

44 『朱子大全』 권75, 「記論性答稿後」, "答敬父書所謂復艮二卦亦本程子之意, 而釋之(擇之의 오자임)疑思慮未萌者, 是坤卦事, 不應以復當之. 予謂此乃易傳所謂'無間可容髮〈一作息〉處', 夫思慮未萌者固然也, 而曰知覺不昧則復矣."

45 『炭翁先生集』 권5-27a, 「與宋英甫〈己卯十二月(1639.12)〉」, "朱子未發已發之論, 與中庸誠似有前後之不同, 而來說謂之互相發明, 恐似牽彊, 故明泰二兄, 固守復卦非靜之

說, 希仲亦然. 愚意於來說, 契合無曌, 但朱子之論, 微有前後之殊, 故不敢質言, 始置疑難之地耳."

46 『宋子大全』 권111-8b~9b, 「答尹拯〈戊午(1678)〉」, "坤與復, 雖有陽氣未動已動之殊, 而俱在大冬之中. 心雖有未有知覺已有知覺之別, 而皆不涉於喜怒, 故俱在未發之前. 然細分之, 則但有能知覺而未有所知覺, 正如坤卦不爲無陽而猶未至於一陽初動, 故於中庸或問屬之於坤, 至於已有知覺則稍有動底苗脈, 故屬之於復. 然皆未涉於喜怒, 故均謂之未發. 大全或問雖有詳略之異, 而其實則未嘗不同也. 蓋或問, 卽林擇之之說也. 其言曰'思慮未萌者, 卽坤卦事, 不應以復當之.' 先生以爲'思慮未萌者固坤也, 而知覺不昧則復矣. 擇之之意雖過, 而察之亦密矣.' 先生此說在甲辰歲, 蓋以林說爲密, 故中庸或問從其意矣."

47 『宋子大全』 권111-9b, 「答尹拯〈戊午(1678)〉」, "大抵此說, 雜出於大全語類者甚多, 而語類一條最詳, 故錄呈. 見此則可知先生之意矣. 其次則又答呂子約一書痛快分明, 可檢看也. 此一書在中庸或問已成之後矣. 語類實陳安卿庚戌已未二年所問, 亦在或問已成之後." 여기서 송시열은 「답여자약答呂子約」에서 주희가 여조검을 비판한 내용 또한 『중용혹문』 이후에 쓰인 것임을 아울러 언급하고 있다. 주희는 「답여자약」에서 미발을 지각이 없는 상태로 이해한 여조검을 비판하였는데, 그 편지글 역시 『중용혹문』 저술 이후인 1197년에 쓰인 것이다. 이봉규(1999), 262~263쪽, 각주 53 참조.

48 『宋子大全』 권111-9b~10a, 「答尹拯〈戊午(1678)〉」; 『朱子語類』 권96-44, 問: "未發之前, 當戒謹(愼)恐懼, 提撕警覺, 則亦是知覺. 而伊川謂'旣有知覺, 卻是動', 何也?" 曰: "未發之前, 須常怤地醒, 不是瞑然不省. 若瞑然不省, 則道理何在? 成甚麼'大本'?" 曰: "常醒, 便是知覺否?" 曰: "固是知覺." 曰: "知覺便是動否?" 曰: "固是動." 曰: "何以謂之未發?" 曰: "未發之前, 不是瞑然不省, 怎生說做靜得? 然知覺雖是動, 不害其爲未動. 若喜怒哀樂, 則又別也." 曰: "恐此處知覺雖是動, 而喜怒哀樂卻未發否?" 先生首肯曰: "是. 下面說'復見天地之心', 說得好. 復一陽生, 豈不是動?" 曰: "一陽雖動, 然未發生萬物, 便是喜怒哀樂未發否?" 曰: "是."

49 『沙溪全書』 권19-17a~b, 「近思錄釋疑-論存養」.

50 『宋子大全』 권111-8b, 「答尹拯〈戊午(1678)〉」, "僭謂復卦可當未發時, 而坤卦則以睡著時當之似可. 未知如何? 蓋復爲一陽初動, 而萬物未生. 萬物未生者, 卽所謂未有知覺, 所謂思慮未萌也. 一陽初動者, 卽所謂靜中有物, 所謂知覺不昧也. 如此分屬似分曉." 윤증은 이와 동일한 내용의 질의서를 박세채에게도 보낸 바 있다. 『明齋遺稿』 권11-6a~b, 「與朴和叔〈丁巳二月二十一日(1677.2.21.)〉」 참조.

51 『宋子大全』 권111-9b, 「答尹拯〈戊午(1678)〉」, "來論欲以坤卦當睡著時, 此則竊以爲

不然也. 先生嘗曰'寤寐者, 心之動靜也. 有思無思者, 又動中之動靜也. 但寤陽而寐陰, 寤有主而寐無主, 故寂然感通之妙, 必於寤而言之.' 據此則未發已發, 皆當以寤時言之矣."
여기 인용된 주희의 발언은『朱子大全』권57「答陳安卿〈淳〉」에 보인다.

52 주광호(2011), 31쪽 참조.

53『宋子大全』권102-36b,「答沈德升〈丁巳二月(1677.2.)〉」, "静中有物, 謂寂然之中知覺不昧也. 若如釋氏則是枯木死灰而已."

54『朱子大全』권48,「答呂子約」, "若必以未有見聞爲未發處, 則只是一種神識昏昧底人, 睡未足時被人驚覺, 頃刻之間不識四到時節, 有此氣象. 聖賢之心, 湛然淵靜, 聰明洞徹, 決不如此. 若必如此, 則洪範五事當云'貌曰僵, 言曰啞, 視曰盲, 聽曰聾, 思曰塞'乃爲得其性, 而致知居敬費盡工夫, 却只養得成一枚癡獃罔兩漢."

제3장

1 한원진과 이간 사이의 쟁점과 논변을 상세히 분석하고 이를 동시대적인 현실 인식과 연관시켜 정밀하게 해명한 연구로 전인식의 논문을 들 수 있다(전인식,「이간과 한원진의 미발·오상 논변 연구」, 한국정신문화연구원 박사학위 논문, 1998).

2 이봉규(1999), 252~256쪽 참조.

3 이상돈,「주희의 수양론—미발함양공부를 중심으로」, 서울대 박사학위 논문, 2010, 25쪽.

4『栗谷全書』권10-28b~29a,「答成浩原」, "且朱子曰, '心之虛靈知覺, 一而已矣. 或原於性命之正, 或生於形氣之私, 先下一心字在前, 則心是氣也, 或原或生而無非心之發, 則豈非氣發耶? 心中所有之理, 乃性也. 未有心發而性不發之理, 則豈非理乘乎? 或原者, 以其理之所重而言也. 或生者, 以其氣之所重而言也. 非當初有理氣二苗脈也."

5『寒軒先生文集』권2-18a,「上尤菴先生〈丁巳六月(1677.6)〉-別紙」, "未發者專謂之理, 至於發後兼氣而言者, 未詳其義. 敢乞指教."

6『寒軒先生文集』권2-17b~18a,「上尤菴先生〈丁巳六月(1677.6)〉-別紙」, "所謂中也, 理氣純粹而寂然不動之謂也, 所謂和也者, 隨其所感而無過不及之謂也. 是故未發者純粹則所發者和, 未發者雜糅則所發者不和矣. 所存乎內者中正, 然後所應乎外者必皆中節而和, 故不立大本而能行達道者未之有也. 因其已發之情, 可知其未發之性."

7『朱子語類』권62-131, "中是虛字, 理是實字, 故中所以狀性之體段."

8『寒軒先生文集』권2-24b,「上尤菴先生〈丁巳九月(1677.9)〉-別紙」, "所謂大本者, 性之體也. 所謂達道者, 性之用也. 論性之體而舍氣一邊, 則恐其訓之不備也. (…) 本然之理

雖善, 而所稟之氣不可謂皆善矣. 所謂'性且有善惡'云者, 豈非是未發者乎? 今以未發者謂之善而無所雜糅, 則情之惡者, 是從何而發出來耶? 愚迷之惑, 正在於此矣."

9 『寓軒先生文集』권2-33b, 「上尤菴先生〈己未十一月(1679.11)〉」, "夫理無舍氣獨立之時, 故栗谷先生曰'氣之偏則理亦偏, 而所偏非理也, 氣也. 氣之全則理亦全, 而所全非理也, 氣也.' 此實千古不易之定論, 而洞見理氣之妙也."

10 『寓軒先生文集』권2-18a, 「上尤菴先生〈丁巳六月(1677.6)〉-別紙」, "故周子曰'性者, 剛柔善惡中而已矣.' 又曰'惟中也者, 和也, 中節也, 天下之達道也.' 此兼氣質而言, 以發明中和之義也."

11 『宋子大全』권113-11a, 「答朴景初〈丁巳六月十八日(1677.6.18)〉」, "來論謂中也者, 理氣純粹而寂然不動之謂也. 竊謂於中不必下理氣二字. 蓋中者狀性之德. 所謂性者, 雖非舍氣獨立之物, 然聖賢言性者, 每於氣中拈出理一邊而言, 今便以氣並言者, 恐未安."

12 이러한 송시열의 발언은 다음과 같은 정이의 언명에 근거한다. 『河南程氏文集』권9-19, 「與呂大臨論中書」, "'中卽性也.' 此語極未安. 中也者, 所以狀性之體段. 如稱天圓地方, 遂謂方圓而天地可乎? 方圓旣不可謂之天地, 則萬物決非方圓之所出. 如中旣不可謂之性, 則道何從稱出於中? 蓋中之爲義, 自過不及而立名."

13 『宋子大全』권113-11a, 「答朴景初〈丁巳六月十八日(1677.6.18)〉」, "然則朱先生所謂中者狀性之德者, 可謂至精至密也."

14 『宋子大全』권113-12a, 「答朴景初〈丁巳六月十八日(1677.6.18)〉」, "夫性固在於氣中, 然聖賢言性, 皆不雜乎氣而單言其理, 以明其本體而已."

15 『宋子大全』권113-12a, 「答朴景初〈丁巳六月十八日(1677.6.18)〉」, "大抵高明之意, 以性爲理與氣合而成者, 故似若以爲方其性之未感也, 已有善惡二者相對於其間者. 然此實高明所見之誤處."

16 『二程遺書』권6-20, "論性不論氣不備, 論氣不論性不明."

17 『宋子大全』권113-12a, 「答朴景初〈丁巳六月十八日(1677.6.18)〉」, "故程子曰'論性不論氣不備, 論氣不論性不明'. 今高明之見則必欲其言之備, 故雖於只指其本體者, 亦必兼氣而言, 太無分別, 而轉入於不明之境. 語句之間, 病敗疊出, 此不可不知也."

18 『宋子大全』권113-14b, 「答朴景初〈丁巳十月十四日(1677.10.14)〉-別紙」, "所謂'論性之體而舍氣一邊則恐其不備'者, 於鄙意有所未安. 夫性之體, 仁義禮智也. 仁義禮智, 卽是理也, 安得并與氣而爲說乎? 蓋所謂性者, 只於氣質中別出理一邊而言. 若謂之氣中之理則可也, 若以爲一邊是氣一邊是理, 有若相對者然則大不可."

19 『栗谷全書』권10-25b~26a, 「答成浩原」, "理氣元不相離, 似是一物, 而其所以異者, 理無形也, 氣有形也, 理無爲也, 氣有爲也. (…) 理無形而氣有形, 故理通而氣局. 理無爲

而氣有爲, 故氣發而理乘. (…) 氣之偏則理亦偏, 而所偏非理也, 氣也. 氣之全則理亦全, 而所全非理也, 氣也."

20 『栗谷全書』 권10-26a, 「答成浩原」, "乘氣流行, 參差不齊, 而其本然之妙, 無乎不在. (…) 至於淸濁粹駁, 糟粕煨燼, 糞壤汚穢之中, 理無所不在, 各爲其性, 而其本然之妙, 則不害其自若也. 此之謂理之通也."

21 『宋子大全』 권113-11b, 「答朴景初〈丁巳六月十八日(1677.6.18)〉」, "來諭所謂未發者雜糅, 則所發者不和矣, 此說恐大誤. 未發之時, 何嘗有雜糅者乎? 故程子曰未發時何嘗有不善, 且朱子於趙致道天命之性亦甚汚雜之說, 以爲得之. 若於此等處詳味, 則來說之得失, 不難辨矣."

22 『宋子大全』 권113-14b~15a, 「答朴景初〈丁巳十月十四日(1677.10.14)〉-別紙」, "栗谷先生以牛溪先生所謂未發亦有不善之苗脈者, 爲千萬不是者, 眞可謂不易之定論矣."

23 『南塘先生文集』 권9-31b, 「與李公擧〈柬〉別紙〈辛卯六月(1711.6.)〉」, "今又謂'未發之前氣純善, 故理亦四亭八當, 純乎其善而爲大本', 則是又以未發之中, 爲由於氣之純善, 而不免以中爲氣質之性之善者矣."; 『南塘先生文集』 권10-8b, 「答李公擧〈壬辰八月(1712.8.)-別紙〉」, "高明旣曰未發之前, 氣純善而理亦純善."; 『南塘先生文集』 권14-43a, 「答沈信夫〈壬子五月(1732.5.)〉」, "公擧謂心之虛靈, 其氣純善而在氣稟之外, 此因虛靈之同, 而信其氣之亦同也. 或者之謂虛靈有分數而明德亦有分數, 此因氣稟之不同, 而亦疑其虛靈之不同也. 二者固皆失之矣."

24 『宋子大全』 권113-15a, 「答朴景初〈丁巳十月十四日(1677.10.14)〉-別紙」, "性一也, 搭在淸氣中而其發也善則謂之善, 搭在濁氣中而發不能中則謂之惡, 皆以已發而言之者也."

25 『太極圖說』, "惟人也, 得其秀而最靈. 形旣生矣, 神發知矣, 五性感動, 而善惡分, 萬事出矣."

26 『二程遺書』 권2上-11, "天下善惡, 皆天理. 謂之惡者非本惡, 但或過或不及便如此, 如楊墨之類."

27 『宋子大全』 권113-13a~b, 「答朴景初〈丁巳六月十八日(1677.6.18)〉-別紙」, "愚謂凡物必有本根, 此所謂惡不本於誠則從何以出也? 周子曰'五性感動而善惡分', 程子曰'善惡皆天理', 此說者, 皆何謂也? 蓋所謂惡謂之非性之本體, 非天理之自然則可, 謂之不本於性, 不出於天理, 則是天下有無本之物, 而亦有理外之事矣. 夫惡之本於性, 出於天理, 高明未嘗理會, 則請以一事明之. 夫情之愛者, 本出於仁, 而此所謂愛者爲愛親而發則仁之直出者也, 爲愛利而發則是仁之傍出者也. 雖其直出傍出之不同, 而其出於仁則均矣. 然其爲愛親而發者爲行仁之事, 卽所謂火燃泉達者也. 其爲愛利而發者, 爲害仁之賊, 卽所謂蛆生於醋而害醋者莫如蛆者也. 然若以此爲本出於愛而謂性理之當然, 則是所謂認賊

爲子者也."

28 이러한 송시열의 논의는 이이의 다음 발언과 궤를 같이한다. 『栗谷全書』권10-15a, 「答成浩原」, "性本善而氣質之拘, 或流而爲惡, 以惡爲非性之本然則可, 謂之不本於性不可也.";『栗谷全書』권20-57b~58a, 「聖學輯要」 2, 「修己第二上」, "但此所謂性, 專指未發而言. 人雖至惡者, 未發之時, 固無不善, 纔發便有善惡."

29 『宋子大全』권113-14b, 「答朴景初〈丁巳十月十四日(1677.10.14)〉-別紙」, "夫所謂性惡者, 亦是於發時隨其氣之或剛或柔而發之不中, 亦非於未發之前, 與善性相對而立也."

30 『寓軒先生文集』권2-27b, 「上尤菴先生〈丁巳十一月(1677.11)〉-別紙」, "所謂中也, 指聖人之性也, 所謂和也者, 指聖人之情也. 衆人之性, 其體已偏, 故所發者不和而不中節矣. 以此論之, 聖人與衆人, 俱有所未發, 而有中與不中之別, 俱有所發而有和與不和之殊, 其所以有別, 其所以有殊者, 非理之不一也, 氣質之不齊也."

31 『寓軒先生文集』권2-33a, 「上尤菴先生〈己未十一月(1679.11)〉」, "但未發之中, 雖是專言理者, 而所乘之氣, 必其中正, 然後自中於未發之前, 而能和於既發之後, (…) 苟非中正之氣, 何由而得全中和之德乎?"

32 『寓軒先生文集』권2-33a~b, 「上尤菴先生〈己未十一月(1679.11)〉」, "蓋致中和, 是聖人之能事, 而學問之極功也. 聖人氣質淸明, 理無所蔽, 故不待修爲, 而自中自和."

33 『寓軒先生文集』권2-31a~b, 「上尤菴先生〈戊午二月(1678.2)〉」, "衆人之性其體已偏云者, 非謂本然之體也, 指其氣質之體而爲言耳. 周子曰'性者, 剛柔善惡中而已矣', 此言氣質之性. 衆人之性, 不能無剛柔之偏體, 故僭依周子之訓而有所云云."

34 『寓軒先生文集』권2-17b, 「上尤菴先生〈丁巳十一月(1677.11)〉-別紙」, "若曰衆人雖有七情未發之時, 而謂之非中則可, 今曰無未發之時則無乃未安乎?"

35 『宋子大全』권113-16b~17a, 「答朴景初〈丁巳臘月十五日(1677.12.15)〉-別紙」, "夫必寂然不動, 炯然不亂, 然後方可謂之未發, 未發則中矣, 中則體立, 體立則用和矣. 何嘗以中與未發爲二哉? 不然子思何以曰喜怒哀樂之未發謂之中也? 若如來教而衆人有未發之時, 則衆人之心, 亦皆有中矣, 豈可曰有未發而無中也乎?"

36 이러한 그의 언설은 성혼의 학설에 대한 이이의 비판 논리를 그대로 빌려온 것이다. 다음 구절들을 참조하라. 『栗谷全書』권9-38a~39b, 「答成浩原」, "未發之體, 亦有善惡之可言者, 甚誤. 喜怒哀樂之未發, 謂之中, 中也者, 大本也, 安有善惡之可言耶? 衆人之心, (…) 幸於一瞬之間, 或有未發之時, 則即此未發之時, 全體湛然, 與聖人不異矣. (…) 若曰拘於氣質而不能立其大本則可也, 若曰未發之時亦有惡之萌兆則大不可. (…) 未發者, 性之本然也, 太極之妙也, 中也, 大本也. 於此亦有不善之萌, 則是聖人獨有大本而常人無大本也, 孟子性善之說, 爲駕虛之高談, 而人不可以爲堯舜矣. 子思何不曰君子之喜

怒哀樂之未發謂之中, 而乃泛言喜怒哀樂之未發謂之中耶?"

37『宋子大全』권113-16a,「答朴景初〈丁巳臘月十五日(1677.12.15)〉」,"來諭衆人之性, 其體已偏○此論大誤. 蓋衆人體常不立, 則寧有偏不偏之可言哉? 旣謂之體則又何可以爲偏哉? 若謂之偏則不可謂之體矣."

38『宋子大全』권113-16a~b,「答朴景初〈丁巳臘月十五日(1677.12.15)〉」,"蓋詳來敎之意, 以偏字爲偏側不正之義, 此不考程朱所釋偏字之意也. 夫人之心, 當未發也, 寂然而已, 及其應物則或偏於喜, 或偏於怒, 所謂偏者是專主一事之意也. 此則聖人亦如此而已矣."

39『宋子大全』권113-15b,「答朴景初〈丁巳臘月十五日(1677.12.15)〉-別紙」,"來敎中也者聖人之性, 和也者聖人之情. ○賢人亦有中和, 而或有不中和時. 衆人亦或有中和時, 而此則絶少矣."

40『宋子大全』권113-15b~16a,「答朴景初〈丁巳臘月十五日(1677.12.15)〉-別紙」,"故朱先生於此, 雖以爲聖人之能事, 而亦以爲學問之極功則其意可知矣."

41『宋子大全』권113-16a,「答朴景初〈丁巳臘月十五日(1677.12.15)〉-別紙」,"若如來諭則惟聖人獨有中和之德, 而餘人不得與也. 然則其上所謂戒懼謹獨, 凡爲學者設者, 皆爲無用之空言矣."

42『寓軒先生文集』권2-33b,「上尤菴先生〈己未十一月(1679.11)〉」,"雖是衆人, 若能變化其氣質而致中致和, 則與聖人不異, (…) 何嘗謂聖人獨有中和之德, 而衆人終不得與也?"

제4장

1『宋子大全附錄』권16-6a~b,「語錄-朴光一錄」;『遜齋先生文集』권9-2b~3a,「語錄」, 〔1〕光一曰: "牛溪先生曰, '未發亦有不善之可言'者, 牛溪之見, 似是兼理氣而言. 豈以理有惡之萌兆云乎?"先生曰: "此眞未易知處. 牛溪之言, 似以靜時言矣." 曰: "靜時非未發者耶?"先生曰: "靜可謂未發, 而少有間焉. 衆人無未發時矣."光後曰: "然則未發之中, 分聖凡而言歟?"先生曰: "然."光一曰: "家嚴意謂先儒以未發, 混聖凡而言之, 故常以爲疑. 今先生之訓如此, 與家嚴之見無異矣."先生微笑曰: "於此合焉則將無不合矣." / 〔2〕光後曰: "靜與未發, 何以有間?"先生曰: "未發者, 焂然不亂之時也. 靜則動之餘, 故不可謂未發也. 何以明之? 人之寢時, 有何感觸? 而乃其動之餘, 故心猶昏昧, 夢且顚倒. 蓋物無所感, 故謂之靜則可也. 夢猶顚倒, 謂之未發則不可也." / 〔3〕光一曰: "然則衆人始雖有本體之明, 常動而大本不立也."先生顧謂光後曰: "彼言最是矣."

2『宋子大全』권113-18a,「答朴景初〈戊午三月十九日(1678.3.19)〉-別紙」,"中和說, 不待

程朱說話. 只以中庸本文觀之, 則始曰'天命之謂性', '率性之謂道'云云, 次言存養省察之要, 然後乃言未發之說, 則所謂未發者, 分明以君子之用功者而言, 非謂人人皆如此也."

3 『宋子大全』권113-16a, 「答朴景初〈丁巳臘月十五日(1677.12.15)〉-別紙」, "若如來諭則惟聖人獨有中和之德, 而餘人不得與也. 然則其上所謂戒懼謹獨, 凡爲學者設者, 皆爲無用之空言矣."

4 『宋子大全』권113-16b, 「答朴景初〈丁巳臘月十五日(1677.12.15)〉-別紙」, "夫常人之心, 終日汨漂於物欲, 熾其情以鑿其性, 雖其夢寐之間, 亦且顚倒矣. 如此則尙可謂之未發耶?"

5 전병욱, 「주자의 미발설과 거경격물의 수양론」, 『철학연구』 38, 고려대학교 철학연구소, 2009, 107쪽.

6 전병욱, 「주자철학에서 '일용공부'의 의미 변화」, 『철학』 91, 한국철학회, 2007, 66쪽 참조.

7 『朱子語類』권113-26, 曰: "所謂致中者, 非但只是在中而已, 纔有些子偏倚, 便不可. 須是常在那中心十字上立, 方是致中. 譬如射, 雖射中紅心, 然在紅心邊側, 亦未當, 須是正當紅心之中, 乃爲中也." 廣云: "此非常存戒愼恐懼底工夫不可." 曰: "固是. 只是箇戒愼恐懼, 便是工夫."

8 이상돈(2010), 72~73쪽.

9 『中庸或問』권1-9, "惟君子自其不睹不聞之前, 而所以戒謹恐懼者, 愈嚴愈敬, 以至於無一毫之偏倚, 而守之常不失焉, 則爲有以致其中, 而大本之立日以益固矣."

10 『朱子語類』권62-143, 問: "看見工夫先須致中?" 曰: "這箇也大段著脚手不得. 若大段著脚手, 便是已發了. 子思說'戒愼不睹, 恐懼不聞', 已自是多了, 但不得不恁地說, 要人會得. 只是略略地約住在這裏."; 『朱子語類』권12-24, "學者常用提省此心, 使如日之升, 則群邪自息. 他本自光明廣大, 自家只著些子力去提省照管他, 便了. 不要苦著力, 著力則反不是."

11 이상돈(2010), 87쪽; 전병욱(2009), 104~105쪽.

12 전인식(1998), 54~55쪽과 홍성민, 「주자 미발론의 특징—일상의 수양을 위한 마음이론」, 『동양철학』 29, 한국동양철학회, 2008, 175쪽 참조.

13 『宋子大全附錄』권16-6a~b, 「語錄-朴光一錄」; 『遜齋先生文集』권9-2b, 「語錄」, 光一曰: "牛溪先生曰, '未發亦有不善之可言'者, 牛溪之見, 似是兼理氣而言. 豈以理有惡之萌兆云乎?" 先生曰: "此眞未發知處. 牛溪之言, 似以靜時言矣." 曰: "靜時非未發者耶?" 先生曰: "靜可謂未發, 而少有間焉. 衆人無未發時矣."

14 『宋子大全附錄』권16-6b, 「語錄-朴光一錄」; 『遜齋先生文集』권9-2b~3a, 「語錄」,

光後曰: "靜與未發, 何以有間?" 先生曰: "未發者, 焖然不亂之時也. 靜則動之餘, 故不可謂未發也. 何以明之? 人之寢時, 有何感觸? 而乃其動之餘, 故心猶昏昧, 夢且顚倒. 盖物無所感, 故謂之靜則可也. 夢猶顚倒, 謂之未發則不可也."

15 『宋子大全』권113-40b~41a, 「答朴士元〈辛酉四月二十四日(1681.4.24.)〉-別紙」, "能靜之靜, 卽未發之義. 靜者對動而言, 朱子於能靜註謂之心不妄動, 則當其不動之時, 是亦未發也, 是亦狀性之德也. 但加一妄字, 略與泛言之靜有異."

16 홍성민, 「주자 수양론의 구조와 실천적 성격」, 고려대 박사학위 논문, 2008, 118쪽.

17 『朱子語類』권14-154, "知止至能得, 蓋才知所止, 則志有定向; 才定, 則自能靜; 靜, 則自能安; 安, 則自能慮; 慮, 則自能得. 要緊在能字."

18 『宋子大全』권105-17b, 「答沈明仲〈戊午九月(1678.9)〉」, "能靜○朱子曰'緊要在能字'. 此中若無能字則所謂靜者非眞靜, 所謂安者非眞安. 必須眞得其靜眞得其安, 然後始可謂之能靜. 先生之意似出於此."

19 『宋子大全』권113-19b, 「答朴景初〈庚申正月十二日(1680.1.12)〉」, "夫所謂未發者, 必肅然而不亂, 瑩然而不昏, 雖鬼神有莫能窺者, 然後斯可得而名之也."

20 『宋子大全』권113-16b~17a, 「答朴景初〈丁巳臘月十五日(1677.12.15)〉-別紙」, "夫必寂然不動, 炯然不亂, 然後方可謂之未發, 未發則中矣. (…) 何嘗以中與未發爲二哉?"

21 『宋子大全』권113-36b, 「答沈德升〈丁巳二月(1677.2)〉-別紙」, "明道之定性, 謂當動而動, 當靜而靜, 動靜皆得其道者也."; 『宋子大全』권131-2b, 「看書雜錄」, "朱子以前, 性理諸字, 多不得其職. 如程張所論定性二字, 朱子改以定心然後理義明白, 而定性書一篇句句字字皆有實下手處矣, 且性豈是可定之物耶?"

22 『宋子大全附錄』권16-6b, 「語錄-朴光一錄」; 『遜齋先生文集』권9-3a, 「語錄」, 光一曰: "然則衆人始雖有本體之明, 常動而大本不立也." 先生顧謂光後曰: "彼言最是矣."

23 기질 변화에 관한 박상현의 견해는 다음을 참조. 『寓軒先生文集』권2-33b, 「上尤菴先生〈己未十一月(1679.11)〉」, "雖是衆人, 若能變化其氣質而致中致和, 則與聖人不異."

24 『宋子大全附錄』권16-6b, 「語錄-朴光一錄」; 『遜齋先生文集』권9-2b~3a, 「語錄」, "靜則動之餘, 故不可謂未發也. 何以明之? 人之寢時, 有何感觸? 而乃其動之餘, 故心猶昏昧, 夢且顚倒. 盖物無所感, 故謂之靜則可也. 夢猶顚倒, 謂之未發則不可也."

25 『二程遺書』권18-84, 問: "日中所不欲爲之事, 夜多見於夢, 此何故也?" 曰: "只是心不定. 今人所夢見事, 豈特一日之間所有之事, 亦有數十年前之事. 夢見之者, 只爲心中舊有此事, 平日忽有事與此事相感, 或氣相感, 然後發出來. 故雖白日所憎惡者, 亦有時見於夢也. 譬如水爲風激而成浪, 風旣息, 浪猶洶湧未己也. 若存養久底人, 自不如此, 聖賢則無這箇夢. 只有朕兆, 便形於夢也. 人有氣淸無夢者, 亦有氣昏無夢者. 聖人無夢, 氣淸也.

若人困甚時, 更無夢, 只是昏氣蔽隔, 夢不得也. 若孔子夢周公之事, 與常人夢別. 人於夢寐間, 亦可以卜自家所學之淺深, 如夢寐顚倒, 卽是心志不定, 操存不固.")

26 『宋子大全』권113-16b~17a, 「答朴景初〈丁巳臘月十五日(1677.12.15)〉-別紙」, "夫常人之心, 終日汩漂於物欲, 熾其情以鑿其性, 雖其夢寐之間, 亦且顚倒矣. 如此則尙可謂之未發耶? (…) 愚以爲衆人未嘗有靜時, 未嘗有靜時, 故亦未嘗有未發也."

27 『遜齋先生文集』권3-1a~b, 「上尤菴先生〈戊午(1678)〉」, "前日進拜時語及牛溪先生所謂未發亦有不善之說. 先生下敎曰, '這似以靜時言矣.' 侍生對曰, '靜時非未發耶?' 先生曰, '靜固可謂之未發, 而然少有間矣.' 曰, '靜如未發, 何以有間耶?' 先生下敎曰, '未發則烱然不亂之時也. 靜則動之餘, 而有不可謂未發之時者也. 人之寢時, 物無所感, 故謂之靜則可也. 夢寐之間, 猶且顚倒, 故謂之未發則不可也.' 侍生意謂衆人雖無未發之時, 亦或有靜時矣. 伏見抵家親書曰, '凡人之心, 昏昧塔然者, 是物慾動盪之餘, 以此而謂之靜, 謂之未發, 必不可也.' 此與前日下敎之意不同, 敢此仰稟, 伏乞開曉何如."

28 『宋子大全』권113-35a~b, 「與朴士元〈戊午三月十九日(1678.3.19)〉-別紙」, "以有事時爲動, 則當以無事時爲靜, 此則泛言動靜之對待也. 然此無事時, 此心猶昏昧或紛擾, 則觀於外者雖或似靜, 而其實動之餘也. 旣是動之餘則當屬已發, 而不可謂之未發也. 此則極其靜而言之者."

29 『宋子大全』권113-17a~b, 「答朴景初〈丁巳臘月十五日(1677.12.15)〉-別紙」, "人心之汩漂, 固是物欲所爲. 而至於昏昧塔然者, 雖與汩漂之時有異, 然其昏昧塔然者, 亦物欲動盪之餘, 志分氣餒而然, 以此而謂之靜, 謂之未發者, 必不可也."

30 『宋子大全』권113-19a~b, 「答朴景初〈庚申正月十二日(1680.1.12)〉-別紙」, "夫水被風之盪汩, 淤泥混濁, 色渝而性移, 不見其本然之淸. 及其風定之後, 雖得其暫然停止, 而其淤泥之混濁者猶在, 則是乃風蕩之餘也. 夫動止在風, 淸濁在水, 不可以風之止而保其水之不濁也. 水固然, 而心爲甚. 夫心終日煩惱於物欲, 未嘗寧息, 則雖夜氣亦不能淸, 而夢寐亦至顚倒, 烏可以外物之不接, 謂之未發哉?"

31 이현선(2010), 148~156쪽; 이승환(2009), 31~37쪽; 전인식(1998), 84~85쪽 참조.

32 『宋子大全』권113-19b~20a, 「答朴景初〈庚申正月十二日(1680.1.12)〉-別紙」, "未感物時, 若無主宰, 則亦不能安其靜, 只此便自昏了天性, 不待交物之引然後差也. 不能愼獨則雖事物未至, 固已紛綸膠擾, 無復未發之時." (이 구절의 출전은 『朱子大全』권43, 「答林擇之」 스무 번째 편지다.)

33 『宋子大全』권113-20a, 「答朴景初〈庚申正月十二日(1680.1.12)〉-別紙」, "若無工夫則動時固動, 靜時雖欲求靜, 亦不可得而靜, 靜亦動也." (이 구절의 출전은 『朱子語類』권12-143이다.)

34 『朱子大全』권43, 「答林擇之」, "人固有無喜怒哀樂之時, 然謂之未發則不可言無主也."

35 이봉규(1996), 160쪽 참조.

36 인용된 구절이 포함된 대목의 전문은 아래와 같다. 『朱子語類』권12-143, 一之問: "存養多用靜否?"曰: "不必然. 孔子卻都就用處教人做工夫. 今雖說主靜, 然亦非棄事物以求靜. 旣爲人, 自然用事君親, 交朋友, 撫妻子, 御僮僕. 不成捐棄了, 只閉門靜坐, 事物之來, 且曰: '候我存養!' 又不可只茫茫隨他事物中走. 二者須有簡思量倒斷始得." 頃之, 復曰: "動時, 靜便在這裏. 動時也有靜, 順理而應, 則雖動亦靜也. 故曰: '知止, 而後有定; 定, 而後能靜.' 事物之來, 若不順理而應, 則雖塊然不交於物以求靜, 心亦不能得靜. 惟動時能順理, 則無事時能靜; 靜時能存, 則動時得力. 須是動時也做工夫, 靜時也做工夫, 兩莫相靠, 使工夫無間斷, 始得. 若無間斷, 靜時固靜, 動時心亦不動, 動亦靜也. 若無工夫, 則動時固動, 靜時雖欲求靜, 亦不可得而靜, 靜亦動也. 動·靜, 如船之在水, 潮至則動, 潮退則止; 有事則動, 無事則靜.〈此段, 徐居甫錄. 說此次日, 見徐, 云: '事來則動, 事過了靜. 如潮頭高, 船也高; 潮頭下, 船也下.'〉雖然, '動靜無端', 亦無截然爲動爲靜之理. 如人之氣, 吸則靜, 噓則動. 又問答之際, 答則動也, 止則靜矣. 凡事皆然. 且如涵養·致知, 亦何所始? 但學者須自截從一處做去. 程了: '爲學莫先於致知.' 是知在先. 又曰: '未有致知而不在敬者.' 則敬也在先. 從此推去, 只管恁地."

37 『宋子大全』권113-22b, 「答朴景初〈辛酉四月二十四日(1681.4.24)〉」, "朱子於未發之說, 固有前後之異同. 然以中庸註說觀之, 則必有戒愼恐懼工夫然後, 馴致乎至靜而無所偏倚, 然則不可謂凡人皆有未發之時也."

38 『宋子大全』권90-13a~b, 「與李汝九〈壬子正月二十九日(1672.1.29)〉」, "以中庸言之, 戒愼乎所不覩, 恐懼乎所不聞及愼其獨, 皆是涵養事也. 至於存養, 則專指戒愼恐懼, 故其章下註, 以戒愼恐懼, 爲存養矣."

39 『宋子大全』권90-13a, 「與李汝九〈壬子正月二十九日(1672.1.29)〉」, "存養, 只是操持此心, 不爲事物之所撓奪, 使天理常存, 故專屬之靜矣."

제5장

1 『孟子集註』 「萬章章句上」 7, "知謂識其事之所當然. 覺謂悟其理之所以然."

2 『宋子大全』권131-3a~b, 「看書雜錄」, "以知覺屬心, 此朱子一生說, 而一處又以知覺屬智, 此處不可不仔細分辨. 竊謂前所謂知覺, 是泛言心之虛明不昧, 後所謂知覺, 是孟子註所謂'識其事之所當然, 悟其理之所以然'者, 故有屬心屬智之異也.〈詳見大全答

潘謙之.)"

3 『宋子大全』권131-5a, 「看書雜錄」, "以知覺屬心, 此朱子一生訓說也, 其答吳晦叔書, 則乃以知覺爲智之用. 此非前後異說也. 夫知覺有二. 其虛靈運用, 識飢飽寒煖者, 心之用也, 此周程所謂知覺也. 識事之所當然, 悟理之所以然者, 智之用也, 此伊尹所謂知覺也. 二者各有所指, 不可混淪說也. 蓋心氣也, 智性也, 性則理也. 氣與理二者, 不可離, 而亦不可雜也."

4 김창협의 지각론과 이를 둘러싼 당대의 논의를 다룬 주목할 만한 연구 성과로는 다음과 같은 것이 있다. 조남호, 「김창협 학파의 양명학 비판—지와 지각의 문제를 중심으로」, 『철학』 39, 한국철학회, 1993; 김태년, 「낙론계의 지각론 연구」, 고려대 석사학위 논문, 1993; 문석윤, 「조선 후기 호락논쟁의 성립사 연구」, 서울대 박사학위 논문, 1995; 조호현, 「농암 김창협과 숙함 김재해의 사상적 대립 연구—지각론과 미발론을 중심으로」, 서울대 석사학위 논문, 2000; 이천승, 「농암 김창협의 심성론에 관한 연구」, 성균관대 박사학위 논문, 2003.

5 조남호, 「조선후기 유학에서 허령지각과 지의 논변—송시열, 김창협, 한원진을 중심으로」, 『철학사상』 34, 서울대 철학사상연구소, 2009, 9~15쪽.

6 『厚齋先生集』 권21-6b, 「箚記○大學-大學章句」, "退溪先生曰, 鄱陽湖, 鄱水名, 音婆, 省作番耳, 非別有番陽也, 番易, 卽鄱陽也. 易古陽字也. 鄱陽卽豫章縣, 今饒州也." (김간이 인용한 이황의 원래 발언은 『退溪集』 권21-41b~42a 「答李剛而問目」에 보인다.)

7 『大學章句』序 小註, "雲峰胡氏曰, 朱子四書釋仁曰心之德愛之理, 義曰心之制事之宜, 禮曰天理之節文人事之儀則, 皆兼體用. 獨智者未有明釋, 嘗欲竊取朱子之意, 以補之曰, 智則心之神明, 所以妙衆理而宰萬物者也."

8 『大學章句』序 小註, "番易沈氏云, 智者, 涵天理動靜之機, 具人事是非之鑑."

9 『大學或問』, "若夫知則心之神明, 妙衆理而宰萬物者也. 人莫不有, 而或不能使其表裏洞然無所不盡, 則隱微之間, 眞妄錯雜, 雖欲勉强以誠之, 亦不可得而誠矣."

10 『大學章句』 1장, "明德者, 人之所得乎天而虛靈不昧, 以具衆理而應萬事者也."

11 『孟子集註』 「盡心章句上」, "心者, 人之神明, 所以具衆理而應萬事者也."

12 『大學章句』 1장 小註, "雲峰胡氏曰, 孟子盡心章集註, '心者, 人之神明, 具衆理而應萬事', 卽章句所謂'虛靈不昧, 以具衆理而應萬事'. 此章或問又曰, '知者, 心之神明, 所以妙衆理而宰萬物'. 其釋知字與釋明德相應."

13 『大學章句』 1장 小註, "蓋此心本具衆理, 而妙之則在知. 此心能應萬事, 而宰之亦在知. 具者其體之立, 有以妙之則其用行. 應者用之行, 有以宰之則其體立. 明德中自具全體大用."

14 『農巖別集』권4-4a,「諸家章疏-請從祀文廟疏」, "宋儒有爲智者, 心之神明, 妙衆理宰萬物之說者, 又有爲智者, 涵天理動靜之機之說者, 學者多是其說而從之. 昌協以爲智者, 是非之理, 而居五性之一, 知者, 靈覺之妙, 而專一心之用. 是非之理, 固發見於靈覺之用, 要不可混而一之也. 此說之行, 人將認心以爲性, 遂力辨而不措也."

15 『農巖集』권14-1a~b,「答閔彦暉〈丁丑(1697)〉」, "竊謂兩說, 只說得心之知覺, 與智字不相干涉."

16 『農巖集』권14-2a,「答閔彦暉〈丁丑(1697)〉」, "雲峰之訓釋智字, 意在詳備, 愚非不知也. 而敢有疑焉者, 疑其於心性之辨未明耳."

17 『農巖別集』권3-3b~4a,「語錄-魚有鳳錄」, "今胡沈之說, 則專以神明知覺, 直釋智字, 其可乎哉? 智者理也, 而乃曰妙衆理涵天理, 則是以理妙理, 以理涵理, 可謂不成說話矣."

18 『農巖集』권14-2a,「答閔彦暉〈丁丑(1697)〉」, "性者, 心所具之理. 心者, 性所寓之器. 仁義禮智, 所謂性也, 其體至精而不可見. 虛靈知覺, 所謂心也, 其用至妙而不可測. 非性則心無所準則, 非心則性不能運用, 此心性之辨也. 二者不能相離, 而亦不容相雜."

19 『農巖別集』권3-19b,「語錄-吳大濬錄」, "且胡氏之智字,'心之神明, 所以妙衆理而宰萬物者也', 此亦不成說話. 夫所謂'心之神明, 妙衆理宰萬物'者, 乃指致知之知字, 非指禮知之知字. 此是禮知之知字, 則知卽理也, 理卽無爲也, 安有理而妙衆理者乎?"(여기서 '禮知之知字'라고 말한 것은 '仁義禮智' 가운데 智를 지칭한다. 智를 知로 오기한 것으로 봐야 한다.)

20 『農巖別集』권3-4a,「語錄-魚有鳳錄」, "虛靈知覺神妙不測者, 心也. 此心所具之理, 準則之確者, 性也. 故儒者之學, 所以汲汲於窮格者, 必欲知此性也. 知此性然後, 應事處物, 各有成法, 無毫釐差. 若釋氏則不知性之當然, 而徒以此心靈覺爲貴, 屛去事物, 絶斷路頭, 以求其光明. 心者, 本是光明底物事, 用力之久, 安得不光明? 雖然, 是無準則底光明, 故於應接處, 顚倒錯亂, 專不得力, 此儒釋所以不同處. 吾故曰, 知心性之分, 然後可以辨儒釋之異. 古人曰, '聖人本天, 釋氏本心', 正謂此也."

21 『農巖集』권14-2a~b,「答閔彦暉〈丁丑(1697)〉」, "二者不能相離, 而亦不容相雜. 是故語心性者, 卽心而指性則可, 認心以爲性則不可. 儒者之學所當精覈而明辨者, 莫先於此, 於此或差, 則墮於釋氏之見矣."

22 『農巖集』권19-2b,「答道以別紙」, "神字, 易中固多, 以理之用言之, 如張子'一故神', 神字亦似如此. 然'神發知'之神, 分明是言氣. '心之神明', 亦與此神字同. 大全有'心之神明升降之舍'之語, 其意益可見. 若是理則豈有升降之理哉?"

23 『滄溪先生集』권21-6b~7b,「讀書箚錄-大學」, "雲峯所引朱子釋仁義之說至矣, 無

容更議. (…) 至於智字之釋, 雖自謂取朱子之意以補之, 而朱子以此釋'知識'之知則有之矣, 未嘗以此釋性之智, 所謂心之神明, 正是說'心之精爽靈覺'耳, 是氣而非理也, 情而非性也. 以此爲智之釋, 起頭已差矣. 其下所引鄱陽說亦未精. 若曰涵天理, 則涵者是心, 亦不是性矣."

24 『滄溪先生集』권21-7b, 「讀書箚錄-大學」, "大抵此段釋智, 視上文釋禮, 所差尤大矣. 然則禮與智, 旣無朱子之明釋, 而雲峯之差又如此, 終如何釋之耶? 似當曰'禮者, 心之節, 理之著', '智者, 心之別, 理之貞.'"

25 『農巖集』권16-14a~b, 「答李顯益〈庚辰(1700)〉」, (이현익의 질문) "序小註, 雲峰胡氏曰, '智則心之神明'云云, 胡說果有認心爲性之失, 然則智字何以爲訓, 可無病乎? 程勿齋字訓曰, '智者具別之理而爲心之覺', '心之覺'三字, 似與雲峰同病." / (김창협의 대답) "勿齋之訓, 不但覺字與雲峰同病, 具字亦贅. 若曰'別之理心之貞'則似無病矣."

26 『寒水齋先生文集』권11-6a, 「答成達卿」, (성만징의 질문) "大學序註, 雲峯胡氏曰, '智者, 心之神明, 所以妙衆理而宰萬物者也.' 或問論'致知', 有曰'若夫知則心之神明, 妙衆理而宰萬物者也', 胡氏之說蓋出於此也. 然或問之言, 泛及於心之知識, 非爲訓智而發, 則胡氏之以此訓智, 非朱子之本意." / (권상하의 대답) "妙衆理而宰萬物者, 乃指心之神明而言也. 智則是理, 胡氏以此訓智誤矣."

27 『經義記問錄』권1-4a~b, 「大學」, "此於智字義, 未有所明, 而反有認氣爲理, 以理妙理之失矣. 洲老(김창협을 지칭)蓋嘗深辨其非, 而或者擧所以'字爲難, 則洲老不能破其說, 豈偶未察耶? 胡氏雖加所以字, 實承神明而言, 則所謂所以者卽神明也, 神明卽氣也, 何求於認氣爲理之失也? 旣以神明爲智, 而又以爲妙衆理, 則以理妙理, 又如何諱? 得孟子盡心註曰'心者, 人之神明, 所以具衆理而應萬事者也', 此所以字, 亦可作理字看耶?"

28 『厚齋先生集』권21-8b~9a, 「箚記○大學-大學章句」, "按妙者有神妙不測底意. 蓋心具衆理〈原註:卽體之立〉, 而能妙其所具之理〈卽用之行〉者是知. 故曰'具者體之立, 有以妙之則其用行也'. 宰者有主宰裁割底意. 蓋心應萬事〈卽用之行〉, 而能宰其所應之事〈卽體之立〉者是知. 故曰'應者用之行, 有以宰之則其體立也'. 若心具衆理而冥然無所知, 則其何以妙衆理也? 心應萬事而漠然無所裁, 則其何以宰萬物也? 於心言具字應字, 於知言妙字宰字, 其各有所主而言者可知也."

29 『厚齋先生集』권21-2b, 「箚記○大學-章句序」, "按心爲一身之主宰, 智爲一心之神明. 蓋此心之體, 本具衆理, 而其所以妙之則在智, 此心之用, 能應萬事, 而其所以宰之則在智也."

30 『厚齋先生集』권8-8a~b, 「答尹殷曳」, (질문) "智者, 心之神明, 所以妙衆理而宰萬物者也. 蔡氏淸曰, '雲峯說, 分明是明德之意', 此說終似欠當. 何者? 蓋胡氏之說, 只解

智字, 若解明德則必曰'具衆理應萬事'. 此所謂'妙衆理宰萬物', 與'具衆理應萬事'之意, 自有差別. 妙字宰字, 恰當於智, 而於明德全體則實未包該矣. 未知如何?"／(김간의 대답) "虛齋說果未安, 左右駁之恐是."

31 『明齋先生遺稿』권25-20a, 「答鄭萬陽葵陽」, "大學或問, 釋'致知'之知字曰, '知者, 心之神明, 妙衆理而宰萬物者也. 此知字, 乃智之用, 而非智之體, 故雲峯引此而加'所以'二字於其上, 以補智之體. 若'妙宰'二字, 則朱子固已屬之於用矣."; 『明齋先生遺稿』권26-11b, 「答或人」, "於雲峯說, 不曾會疑以爲知者智之用, 大學或問, 旣以妙衆理宰萬物, 謂之知, 則雲峯之添所以字, 而謂之智, 似無害也."

32 조남호, 「김창협 학파의 양명학 비판―지와 지각의 문제를 중심으로」, 『철학』 39, 한국철학회, 1993과 김태년, 「지각―세계를 인식하는 맑고 밝은 마음」, 『조선 유학의 개념들』, 한국사상사연구회 편, 서울: 예문서원, 2002, 311~315쪽 참조.

33 『農巖別集』권3-3b, 「語錄-魚有鳳錄」, "凡言性者, 理而已. 心有分別是非之理者, 卽智也. 是是非非, 乃智之用也. 朱子嘗以覺爲智之事, 後有定說則曰, '覺其爲是非者, 心也. 所以是非之者, 智也.' 夫以覺爲智之用, 猶不可."

34 『農巖集』권13-35a, 「答李同甫」, "來諭亦曰, '因其虛靈, 有此知覺.' 今欲知知覺之所原, 須先尋氣之虛靈原於何理而後可也. 愚請還問左右. 此虛靈之氣, 原於仁耶, 義耶, 禮耶, 智耶? 若於此道破, 則知覺之所原, 愚亦可得以言矣."

35 『農巖集』권14-1b, 「答閔彦暉〈丁丑(1697)〉」, "智乃人心是非之理, 確然而有準則者也. 知覺則此心虛靈之用, 神妙而不可測者也."

36 『農巖集』권11-28b, 「與子益敬明〈丁丑(1697)〉」, "別字雖就是非上說, 然別與是非固有能所之分. 朱子所謂分別是非者, 曷嘗以是非爲智耶?"

37 『農巖集』권13-40a, 「與李東甫〈丙戌(1706)〉」, "蓋理無爲而氣有爲, 故凡性之發, 卽心之知覺者爲之. 性中雖有仁, 而非知覺, 則不能發而爲惻隱. 雖有禮, 而非知覺, 則不能發而爲辭讓. 雖有義, 而非知覺, 則不能發而爲羞惡. 雖有智, 而非知覺, 則不能發而爲是非."

38 『農巖集』권14-3b, 「答閔彦暉〈丁丑(1697)〉」, "見朱夫子答潘謙之書, 有曰'性只是理, 情是流出運用處. 心之知覺, 卽所以具此理而行此情者也. 以知言之, 所以知是非之理, 則智也性也. 所以知是非而是非之者, 情也. 具此理而覺其爲是非者, 心也.' 此說於心性之辨, 極其精微, 銖分粒剖, 更無去處, 殆是晚年定論."(김창협이 인용한 「答潘謙之」序는 『朱子大全』권55의 첫 번째 편지다.)

39 『農巖集』권14-3b, 「答閔彦暉〈丁丑(1697)〉」, "其他異同之說, 無論語類所錄, 雖出於當日手筆者, 亦當以此折之而決其取舍矣."

40 『農巖集』권13-31b～32a,「與李同甫〈丙戌(1706)〉」, "自無疑於會動是知覺之說. 蓋人只爲有一箇覺, 故事至物來, 自會感動. 若其如木石之無知覺, 則雖事物來觸, 而頑然不動, 不動則又安有所謂情哉? 然則動固是情也, 而其所以能動者, 非知覺而何哉? 此恐無可疑者."

41 『農巖集』권19-28b,「答道以」, "知覺乃是人心全體妙用, 昭昭靈靈, 不昏不昧, 通寂感而主性情者也."

42 『農巖集』권19-31b, 答道以, "至於知覺, 本亦指此心全體昭昭靈靈者而爲言. 是雖事物未至, 思慮未萌, 而方寸之中, 固常了然不昧. 凡其耳目之聰明, 身體之容儀, 皆有以主宰管攝, 而不昏不亂者, 皆是物也."

43 『農巖集』권13-35b,「與李同甫〈丙戌(1706)〉」, "蓋以知覺爲智之用, 則不當曰'具此理而行此情.'"

44 『農巖集』권13-31a,「答李同甫」, "此心未發固自有知覺矣. 卽如潘書所云, '心之知覺, 具此理而行此情', 亦自兼體用說. 蓋能具此理者, 知覺之體也, 能行此情者, 知覺之用也."

45 『厚齋先生集』권40-21b～25a,「題金仲和〈昌協〉閔彥暉往復書後」과 『黎湖先生文集』권10,「與金厚齋」참조.

46 『厚齋先生集』권21-2b,「箚記○大學-章句序」, "或者以胡氏此說爲病曰, 智者五性之一, 知者一心之用, 不可渾而一之, 又曰不明於心性之辨, 又曰以理妙理〈金仲和之說如此〉. 其言似矣, 然以愚觀之, 或者之說, 尤爲有病."

47 『厚齋先生集』권21-2b～3a,「箚記○大學-章句序」, "蓋智者五性之一, 而其爲物含藏鑑識, 以其所主者言之, 卽主乎知. 智之主知, 猶仁之主乎愛, 義之主乎宜也. (…) 五性各有所主, 而五性之中, 智則主知. 若以智與知判而二之, 未知智之所主者果何事耶? 孟子曰'是非之心智之端', 朱子曰'知是非之理者智也', 又曰'知覺乃智之事也'. 若以知謂不管於智, 而專爲心之用, 則何以曰智之端, 又何以曰知是非者智也, 而至於智之事云云? 尤爲明白的當, 無少可疑也."

48 『厚齋先生集』권21-3b,「箚記○大學-章句序」, "仁之事非一端, 義之事亦非一端."

49 『厚齋先生集』권21-4b,「箚記○大學-章句序」, "心之爲物, 本兼動靜該體用, 其靜也具此仁義禮智之體, 其動也有此愛宜別知之用. 是就心上渾淪說, 則所謂仁愛義宜禮別智知者, 皆屬於心, 何獨以知屬之心哉? 若就其中分別看, 則是四者各自有體各自有用. 因其用而溯其體, 則分明愛自是仁之用, 宜自是義之用, 別自是禮之用, 知自是智之用. 條理粲然, 脈絡可尋, 何獨於智之知者, 反以爲疑耶?"

50 『厚齋先生集』권21-3b,「箚記○大學-章句序」, "就心上總言之, 則所謂知者, 統屬於心, 就性上分言之, 則所謂智者, 專主乎知. 隨其所主, 自不相礙. 此於名義界分之際, 有

不可以毫釐差者, 何可以其統屬者疑其專主者, 而乃曰不明於心性之辨乎?"

51 『厚齋先生集』권21-5b, 「箚記○大學-章句序」, "此心運用之知, 卽是從智出來之知, 不是智爲一箇地頭, 心爲一箇地頭, 而各自爲知, 則豈智之知外, 別有所謂心之知者哉?"

52 『厚齋先生集』권21-5a~6b, 「箚記○大學-章句序」, "智爲心所載之理, 心爲智所寓之器, 本渾融無間, 相離不得. 但智不能運用而心能運用, 故非心之運用則智不能自發. 是以尋其脈絡而看, 則知本從智上出來, 從其運用處看, 則知便自心而發見. (…) 以瓶水譬之. 瓶卽心也, 瓶中所貯之水卽智也. 瓶之運用處, 水自瀉出者, 卽知也. 今就瓶之運用處觀其瀉出, 則是固自瓶而瀉出矣. 若就其瀉出處明其所從來, 則是自瓶中所貯之水瀉出也. 然則自瓶瀉出之水, 卽瓶中所貯之水, 此元非兩樣水也. 此理甚明, 何可疑也? 今以仲和之說觀之, 是只知水之自瓶瀉出, 而不知自瓶瀉出之水卽自瓶中所貯之水瀉出者也."

53 『厚齋先生集』권21-5a, 「箚記○大學-章句序」, "或曰智之能知固是矣. 但智之知, 與心之知覺, 似有別矣〈趙長卿金仲和之說如此〉"(여기서 김창협金仲和과 함께 거론된 조장경趙長卿이라는 인물은 졸수재 조성기趙聖期(1638~1689)의 동생 조형기趙亨期 (1641~1699)다. 이 시기에 조형기가 김창협과 더불어 지절로부터 유래한 지각과 심으로부터 유래한 지각을 구분하는 관점을 공유하였다는 사실은, 이미 17세기 중후반기부터 그와 같은 관점이 수도권에 거주하던 일군의 학자 사이에 공유되었을 가능성을 시사한다.)

54 『大學章句』1장, "明德者, 人之所得乎天而虛靈不昧, 以具衆理而應萬事者也."

55 『直菴集』권8-1a~b, 「上芝村先生」, "大學明德, 不專言心, 不專言性. 故別立名義曰明德, 而以所得乎天與虛靈不昧與具理應事, 合而釋之, 曾子朱子之意, 亶可見矣. 玄石先生必兼心性以言明德, 而厚齋先生又以心性情合訓明德, 著說奉禀於尤菴先生而見許. 獨金農巖專以心解明德, 而其說多爲後生所從. 若專以心解之而可, 則章句自得天至應事, 抹去爲得之, 其名只當曰心, 何必曰明德?"

56 『農巖集』권14-28b~29a, 「答閔彦暉」, "明德之說, 不曾思量至此, 然章句固云具衆理應萬事, 蓋亦包性情在其中矣. 然詳味'者也'二字, 則謂此是能具衆理'能應萬事底物事耳, 似非直指應萬事地頭言之. 高明所疑, 豈以此乎?"

57 『農巖集』권16-15a~b, 「答李顯益〈庚辰(1700)〉」, (질문)"經一章章句, 虛靈不昧云云. 虛靈不昧, 心也. 具衆理, 性也. 應萬事, 情也. 明德, 必兼心性情乃備, 而或問惟以虛靈洞澈萬理咸備'爲言, 是如何?" / (답변)"明德, 本指心而性情在其中, 細玩章句, 可見. 今云兼心性情, 似不察賓主之分矣. 且或問所謂萬理咸備, 正是具衆理之意. 雖不言情, 於明德之義, 又何欠闕耶?"

58 『厚齋先生集』권21-21a~b, 「箚記○大學-大學章句」, "或者曰, 所謂虛靈不昧具衆

理應萬事, 不是明德也. 只虛靈不昧是明德, 而具衆理應萬事, 是明德之體用也."이 인용문은 김간의『대학차기』로부터 취한 것이다. 그 내용과 정황으로 미루어 이 글에서 '혹자或者'라고 부른 인물은 김창협을 지칭하는 것이 분명하기에 이와 같이 인용한다.

59『農巖集』권20-33a, 「答吳大夏〈辛巳(1701)〉」, "且如明德二字, 章句本以心言而性情自在其中矣. 或有謂主性而言, 又有謂兼心性而言, 則此於文義賓主, 不能無少差."

60『朱子語類』권16-51, 劉圻父說: "'人心之靈, 莫不有知; 而天下之物, 莫不有理.' 恐明明德便是性." 曰: "不是如此. 心與性自有分別. 靈底是心, 實底是性. 靈便是那知覺底. 如向父母則有那孝出來, 向君則有那忠出來, 這便是性. 如知道事親要孝, 事君要忠, 這便是心. 張子曰: '心, 統性情者也.' 此說得最精密." 次日, 圻父復說過. 先生曰: "性便是那理, 心便是盛貯該載·敷施發用底."

61『宋子大全』권104-28a, 「答金仲固〈丙辰(1676)〉」, "明德統三爲一, 以一統二?"

62『宋子大全』권104-28a~b, 「答金仲固〈丙辰(1676)〉」, "於三者, 捨其一則不得爲明德矣, 此乃統三爲一之義也. 然章句於不昧下下一以字, 則是略有賓主之分焉. 是乃並行而不悖者也. 何必以此費力分疏乎? 然必欲細分則虛靈不昧, 指明字, 具衆理應萬事, 指德字. 蓋以此心之明, 得此理之實, 然後可謂之明德也. 故論其賓主, 則心爲主而理爲實. 論其虛實, 則理爲實而心爲虛. 如此則亦不可專以心爲主, 而太分其輕重也."

63 전병욱, 「주자 인설仁說에서 '지각'의 의미─호상학에 대한 비판을 중심으로」,『철학』92, 한국철학회, 2007, 51쪽.

64『宋子大全』권105-15b, 「答沈明仲〈戊午九月(1678.9)〉」, "以虛靈不昧爲明德之全體, 此則未然. 虛靈不昧, 心也. 具衆理, 性也. 應萬事, 情也. 悉擧心性情然後方謂之全體也."

65『宋子大全』권104-9b~10a, 「答金直卿仲固〈丙辰三月二十七日(1676.3.27)〉-別紙」, "蓋心如器, 性如器中之水, 情如水之自器中瀉出者也. 只言虛靈而不言性情, 則是無水之空器也, 只言性情而不言虛靈, 則是水無盛貯之處也. 是三者缺一則終成義理不得, 豈得謂之明德乎?"

66『沙溪先生遺稿』권10-7a, 「語錄-宋時烈錄」, "先生嘗於夜裏呼之曰, '爾知心性情意等字乎?' 對曰: '只於註說, 朦朧看過, 豈得分明識破乎.' 曰, '心如器, 性如器中之水, 情如水之瀉出者. 貯此水而有時瀉出者, 器也. 函此性而發此情者, 心也. 此心性情之別也.'"

67『宋子大全』권104-10a, 「答金直卿仲固〈丙辰三月二十七日(1676.3.27)〉-別紙」, "蓋或者(김창협을 지칭함)之意, 以所謂虛靈不昧者, 爲釋明德之意, 故有此說, 而不知所謂明德者, 是心性情之總名也."

68『厚齋先生集』권21-21a, 「箚記○大學-大學章句」, "或有單提心字而訓明德者. 余曰,

苟如子說者, 朱子於章句, 何不曰'明德者是心之虛靈不昧', 而乃曰'人之所得乎天而虛靈不昧, 以具衆理而應萬事者也'云耶?"

69 『厚齋先生集』 권21-23b, 「箚記○大學－大學章句」, "大抵明德者, 卽心性情之總稱也."

70 『厚齋先生集』 권21-22a~22b, 「箚記○大學－大學章句」, "以章句之文勢脈絡觀之, 其先言'明德者'三字, 將以起下文之辭也. 次言'虛靈不昧以具衆理應萬事'者, 承上明德者'三字, 而特擧明德之體用而言也. 末又結之以'者也'二字, 言如此者便是明德也. 這'者也'二字, 貫上'明德者'三字說下來有力, 其意蓋云虛靈不昧, 以具衆理而應萬事者, 是明德也. 若如或者之說, 則釋者何必爲此拖引不切之剩語, 以添於其下耶."

71 『厚齋先生集』 권21-21a, 「箚記○大學－大學章句」, "按只言虛靈不昧則釋明字意重, 只言具衆理應萬事則釋德字意重, 必須兼說虛靈不昧以具衆理應萬事, 其意方備."

72 『厚齋先生集』 권21-23b~24a, 「箚記○大學－大學章句」, "大抵明德者, 卽心性情之總稱也. 此心未發之前, 其寂然不動而洞澈光明, 此心旣發之後, 其感而遂通而無少差謬者, 其名爲明德. 若只擧心一邊言之則其名謂之心, 不可名之曰明德也."

73 『厚齋先生集』 권21-21b~22a, 「箚記○大學－大學章句」, "蓋天之所以賦於人者謂之命, 人之所以受於天者謂之性, 感於物而動則其隨所感而發見者謂之情. 盛貯此性, 運用此情, 而主於一身者謂之心. 而心是氣之極精爽處, 故本體自然虛靈不昧炯然洞然者謂之明. 心該動靜統性情, 故其未發而性之純善, 旣發而情之中節者謂之德. 指虛靈不昧純善中節者, 合而謂之明德. 今使釋明德者, 只言虛靈不昧而不言具衆理應萬事則不備, 只言具衆理應萬事而不言虛靈不昧則不是. 必須兼說而兩下然後方得, 故曰明德者, 虛靈不昧, 以具衆理而應萬事者也. 其言痛快該備, 跌撲不破. 今只把虛靈不昧爲明德, 而不言具衆理應萬事, 則未免落在一邊也."

74 『厚齋先生集』 권21-23a~b, 「箚記○大學－大學章句」, "謹按周子通書曰, '德愛曰仁, 宜曰義, 理曰禮, 通曰智, 守曰信', 所謂仁義禮智信者, 卽未發之性也, 愛宜理通守者, 卽旣發之情也. 旣說性情體用, 而以德之一字, 冠乎其上統而言之, 蓋德者是兼此五者之體用. 而只是那善底五者體用之外, 別無討德處. 故朱子曰, '德兼性情而言也.' 又按中庸曰'喜怒哀樂之未發謂之中, 發而皆中節謂之和', 朱子曰, '喜怒哀樂情也, 其未發則性也. 無所偏倚故謂之中, 發皆中節, 情之正也, 無所乖戾故謂之和', 此言性情之德. 其下小註曰, '中爲性之德, 和爲情之德'. 今若舍性情二者, 而只以心一邊爲明德云爾, 則是所謂明德之外, 又別有性情體用之德也, 豈不爲錯之甚耶?"

75 『厚齋先生集』 권21-24a, 「箚記○大學－大學章句」, "若只擧心一邊言之則其名謂之心, 不可名之曰明德也."

76 『厚齋先生集』 권21-23b~24a, 「箚記○大學-大學章句」, "大抵明德者, 卽心性情之總稱也. 此心未發之前, 其寂然不動而洞澈光明, 此心旣發之後, 其感而遂通而無少差謬者, 其名爲明德."

나오는 말

1 권오영, 『조선 후기 유림의 사상과 활동』, 서울: 돌베개, 2003, 40~89쪽 참조.

참고문헌

1. 원전류 및 원전 번역서

周敦頤, 『通書解』, 주희 주, 권정안·김상래 역주, 서울: 청계, 2000.

程顥·程頤, 『二程集』, 台北: 漢京文化事業有限公司, 民國72(1983).

朱熹, 『朱熹集』, 成都: 四川教育出版社, 1996.

朱熹, 『朱子語類』, 北京: 中華書局, 1989.

朱熹, 『經書』(四書集註), 서울: 성균관대 대동문화연구원, 1965.

朱熹, 『四書或問』, 서울: 보경문화사, 1990.

朱熹·呂祖謙, 『近思錄』, 서울: 보경문화사, 1972.

朱熹·呂祖謙, 『근사록집해』 I-II, 이광호 역주, 서울: 아카넷, 2004.

程敏政, 『心經附註』, 최중석 역주, 서울: 국학자료원, 1998.

李滉, 『退溪先生文集』(한국문집총간 29-31, 민족문화추진회).

李珥, 『栗谷全書』(한국문집총간 44-45, 민족문화추진회).

金長生, 『沙溪先生遺稿』(한국문집총간 57, 민족문화추진회).

金長生, 『沙溪全書』(운각본, 규장각 도서).

金長生, 『(신편국역)사계김장생문집』(1-9), 민족문화추진회 역, 파주: 한국학술정보,
　　2006.

金長生, 『經書辨疑』(목판본, 1666년 간행, 규장각 도서).

鄭經世, 『愚伏先生文集』(한국문집총간 68, 민족문화추진회).

權諰, 『炭翁先生集』 (한국문집총간 104, 민족문화추진회).

金鍾厚, 『淸風世稿』 (목판본, 1779년 간행, 규장각 도서).

宋時烈, 『宋子大全』 (한국문집총간 108-116, 민족문화추진회).

宋時烈, 『(국역) 송자대전』 (1-15), 서울: 민족문화추진회, 1988.

朴世采, 『南溪先生朴文純公文正集』 (한국문집총간 138-142, 민족문화추진회).

朴尙玄, 『寓軒先生文集』 (한국문집총간 134, 민족문화추진회).

尹拯, 『明齋先生遺稿』 (한국문집총간 135-136, 민족문화추진회).

趙聖期, 『拙修齋集』 (한국문집총간 147, 민족문화추진회).

權尙夏, 『寒水齋先生文集』 (한국문집총간 150-151, 민족문화추진회).

權尙夏, 『(국역) 한수재집』 (1-5), 서울: 민족문화추진회, 1990.

金幹, 『厚齋先生集』 (한국문집총간 155-156, 민족문화추진회).

林泳, 『滄溪先生集』 (한국문집총간 159, 민족문화추진회).

金昌協, 『農巖集』 (한국문집총간 161-162, 민족문화추진회).

金昌協, 『(국역) 농암집』 1-4, 송기채 옮김, 서울: 민족문화추진회, 2001.

金昌協, 『(국역) 농암집』 5, 강민정 옮김, 서울: 민족문화추진회, 2005.

金昌協, 『(역주) 농암잡지』, 오용원 옮김, 서울: 동국대학교출판부, 2005.

李喜朝, 『芝村集』 (한국문집총간 170, 민족문화추진회).

朴光一, 『遜齋先生文集』 (한국문집총간 171, 민족문화추진회).

李柬, 『巍巖遺稿』 (한국문집총간 190, 민족문화추진회).

韓元震, 『南塘集』 (한국문집총간 201-202, 민족문화추진회).

韓元震, 『朱子言論同異攷』, 규장각 도서.

韓元震, 『주자언론동이고』, 곽신환 역, 서울: 소명출판사, 2002.

韓元震, 『經義記聞錄』, 규장각 도서.

尹鳳九, 『屛溪集』 (한국문집총간 203-205, 민족문화추진회).

申暻, 『直菴集』 (한국문집총간 216, 민족문화추진회).

2. 단행본 연구서

곽신환, 『조선조 유학자의 지향과 갈등』, 서울: 철학과현실사, 2005.

권오영, 『조선 후기 유림의 사상과 활동』, 서울: 돌베개, 2003.

금장태, 『조선 후기의 유학사상』, 서울: 서울대학교 출판부, 1998.

──, 『한국유학의 심설』, 서울: 서울대학교 출판부, 2002.

김우형, 『주희 철학의 인식론-지각론의 형성과정과 체계』, 서울: 심산, 2005.

문석윤, 『호락논쟁 형성과 전개』, 고양: 동과서, 2006.

민족과 사상 연구회, 『사단칠정론』, 파주: 서광사, 1992.

배종호, 『한국유학의 과제와 전개 I』, 서울: 범학사, 1979.

──, 『한국유학의 과제와 전개 II』, 서울: 범학사, 1980.

사계·신독재양선생기념사업회, 『사계사상연구』, 서울: 남정문화사, 1991.

손영식, 『이성과 현실─송대 신유학에서 철학적 쟁점의 연구』, 울산: 울산대학교 출판부, 1999.

유명종, 『조선후기 성리학』, 대구: 이문출판사, 1985.

윤사순, 『조선시대 성리학의 연구』, 서울: 고려대학교 민족문화연구소, 1998.

이경구, 『조선후기 안동 김문 연구』, 일지사, 서울: 2007.

이병도, 『한국유학사』, 서울: 아세아문화사, 1987.

이상익, 『기호성리학연구』, 서울: 한울아카데미, 1998.

이상익, 『기호성리학논고』, 서울: 심산, 2005.

장세호, 『사계 김장생의 예학사상』, 서울: 경인문화사, 2006.

정재훈, 『조선시대의 학파와 사상』, 성남: 신구문화사, 2008.

조남호, 『주희: 중국철학의 중심』, 서울: 태학사, 2004.

조성산, 『조선 후기 낙론계 학풍의 형성과 전개』, 서울: 지식산업사, 2007.

지두환, 『조선시대 사상사의 재조명』, 서울: 역사문화, 1998.

최영성, 『한국유학통사』 상·중·하, 서울: 심산, 2006.

한국사상사연구회, 『인성물성론』, 서울: 한길사, 1994.

──, 『조선 유학의 학파들』, 서울: 예문서원, 1996.

──, 『조선 유학의 개념들』, 서울: 예문서원, 2002.

한국철학회, 『한국철학사연구』, 서울: 동명사, 1977.

──, 『한국철학사』, 서울: 동명사, 1987.

한형조, 『조선 유학의 거장들』, 파주: 문학동네, 2008.

황의동, 『기호유학 연구』, 파주: 서광사, 2009.

현상윤 저, 이형성 교주, 『풀어옮긴 조선 유학사』, 서울: 현음사, 2003.

다카하시 도루 저, 이형성 편역, 『조선 유학사』, 서울: 예문서원, 2001.

陳來, 『朱熹哲學硏究』, 北京: 中國社會科學出版社, 1987. (이종란 외 옮김, 『주희의 철학』, 서울: 예문서원, 2002)

陳來, 『宋明理學』, 沈陽 : 遼寧教育出版社, 1995. (안재호 옮김, 『송명성리학』, 서울: 예
　문서원, 2002)

3. 연구 논문

강문식, 「송시열의 『주자대전』 연구와 편찬」, 『한국문화』 43, 서울대학교 규장각 한국학
　연구원, 2008.
고영진, 「송시열의 사회개혁사상」, 『역사문화연구』 18, 역사문화연구소, 2003.
곽신환, 「송우암의 철학사상연구―직을 중심으로」, 성균관대 석사학위 논문, 1978.
――――, 「송시열의 학문과 자주의식」, 『기호학파의 철학사상』, 1995.
――――, 「송시열의 변통론과 개혁사업」, 『유교사상연구』 32, 한국유교학회, 2008.
――――, 「우암의 율곡 이해와 전승―그 지수와 변통」, 『율곡사상연구』 19, 2009.
김경호, 「율곡 이이의 심성론에 관한 연구」, 고려대 박사학위 논문, 2001.
김길환, 「송시열의 직사상과 심학」, 『한국유학사상연구』, 일지사, 1980.
김동환, 「우암 송시열의 저술과 간행에 관한 일고찰」, 『서지학연구』 37, 서지학회, 2007.
김성용, 「송시열 산문의 권위적 성격에 대한 연구」, 『한국한문학연구』 21, 한국한문학회,
　1998.
김문준, 「우암 송시열의 철학사상에 관한 연구―춘추의리를 중심으로」, 성균관대 박사
　학위 논문, 1996.
――――, 「우암 송시열의 경세론과 그 의의」, 『송자학논총』 4, 송자연구소, 1997.
――――, 「우암 송시열의 의리사상과 그 의의」, 『동서철학연구』 19, 한국동서철학회,
　2000.
김미영, 「중국철학에서 ‘공부론’의 분화와 합류―주자학과 상산학의 경계」, 『철학연구』
　30, 고려대학교 철학연구소, 2005.
김익수, 「우암 송시열의 직철학과 교육문화」, 『한국사상과 문화』 42, 한국사상문화학회,
　2008.
김수길, 「주희의 인설 연구」, 서울대 석사학위 논문, 1999.
김철호, 「호굉과 주희의 성선 해석 비교」, 『철학연구』 32, 고려대학교 철학연구소, 2006.
김태년, 「낙론계의 지각론 연구」, 고려대 석사학위 논문, 1993.
――――, 「남당 한원진의 ‘정학’ 형성에 대한 연구」, 고려대 박사학위 논문, 2006.
――――, 「17~18세기 율곡학파의 사단칠정론」, 『동양철학』 28, 한국동양철학회, 2007.

김현, 「조선후기 미발심론의 심학적 전개—종교성의 강화에 의한 조선 성리학의 이론 변화」, 『민족문화연구』 37, 고려대 민족문화연구원, 2003.

김현수, 「송시열의 예학사상 고찰—시의적·의리적 사고를 중심으로」, 『동서철학연구』 48, 한국동서철학회, 2009.

김형찬, 「기질변화, 욕망의 정화를 위한 성리학적 기획—율곡 이이의 심성수양론을 중심으로」, 『철학연구』 38, 고려대학교 철학연구소, 2009.

문석윤, 「조선 호락 논변에서 지각론의 의의」, 『세계와 인간에 대한 동양인의 사유』, 2003.

———, 「퇴계의 '미발'론」, 『퇴계학보』 114, 퇴계학연구원, 2003.

———, 「호락논쟁 형성기 미발논변의 양상과 외암 '미발'론의 특징」, 『한국사상사학』 31, 한국사상사학회, 2008.

박종천, 「우암학파의 『주자어류소분』에 대한 연구」, 『역사와 담론』 53, 호서사학회, 2009.

배상현, 「조선조 기호학파의 예학사상에 관한 연구」, 고려대 박사학위 논문, 1991.

———, 「우암 송시열의 예학고」, 『우암사상연구논총』, 사문학회, 1992.

———, 「송시열의 예학사상과 그 의리화」, 『한국사상과 문화』 42, 한국사상문화학회, 2008.

서대원, 「우암 송시열 선생의 리학 연구에 대한 일고찰—연보 연구의 중요성」, 『동서철학연구』 48, 한국동서철학회, 2008.

손영식, 「주희와 이황의 미발 이론에 대한 논쟁—이승환 선생의 미발 개념 비판」, 『동양철학』 31, 한국동양철학회, 2009.

안영상, 「퇴계학파의 상수설과 호발설의 흐름」, 『퇴계학보』 93, 퇴계학연구원, 1997.

———, 「퇴계학파 내 호발설의 이해에 대한 일고찰—성호·청대·대산의 논쟁 비교를 통하여」, 『퇴계학보』 115, 퇴계학연구원, 2004.

———, 「이현일과 신익황의 퇴계 만년설 관한 논쟁」, 『한국사상사학』 33, 한국사상사학회, 2009.

안은수, 「우암 심성론의 특징과 의의—미발론을 중심으로」, 『동서철학연구』 48, 한국동서철학회, 2008.

오석원, 「우암 송시열의 의리사상」, 『유교사상연구』 33, 한국유교학회, 2008.

오항녕, 「우암 송시열 문집의 편찬과 간행」, 『한국사학보』 33, 고려사학회, 2008.

우경섭, 「김장생의 경학사상」, 『한국학보』 103, 일지사, 2001.

———, 「송시열의 세도정치사상 연구」, 서울대 박사학위 논문, 2005.

———, 「송시열의 화이론과 조선중화주의의 성립」, 『진단학보』 101, 진단학회, 2006.

———, 「송시열의 도통론과 문묘리정 논의」, 『한국문화』 37, 서울대학교 규장각 한국학
연구원, 2006.

———, 「송시열의 허형 인식과 문묘출향론」, 『진단학보』 106, 진단학회, 2008.

———, 「우암 송시열 연구의 현황과 과제」, 『한국사상과 문화』 44, 한국사상문화학회,
2008.

이경구, 「김창흡의 학풍과 호락논쟁」, 서울대 석사학위 논문, 1995.

이기용, 「율곡 이이의 인심도심론 연구」, 연세대 박사학위 논문, 1995.

———, 「우암 송시열의 리기·심성론 연구」, 『한국철학논집』 21, 한국철학사연구회,
2007.

이봉규, 「조선 성리학의 전통에서 본 송시열의 성리학 사상」, 『한국문화』 13, 서울대 규장
각, 1992.

———, 「송시열의 성리학설 연구」, 서울대 박사학위 논문, 1996.

———, 「조선 후기 예송의 철학적 함의」, 『한국학연구』 9, 인하대학교 한국학연구소,
1998.

———, 「성리학에서 미발의 철학적 문제와 17세기 기호학파의 견해」, 『한국사상사학』
13, 한국사상사학회, 1999.

———, 「한국 유학 연구의 과제와 전망—철학사 서술과 관련하여」, 『국학연구』 3, 한국
국학진흥원, 2003.

이상곤, 「남당 한원진의 기질성리학 연구」, 원광대 박사학위 논문, 1990.

이상돈, 「주희 철학에서 기질과 본성의 관계」, 『철학』 95, 한국철학회, 2008.

———, 「주희의 수양론—미발함양공부를 중심으로」, 서울대 박사학위 논문, 2010.

이상익, 「우암 송시열에 있어서 리와 기의 상호주재 문제」, 『한국사상과 문화』 23, 한국
사상문화학회, 2004.

이상호, 「조선성리학 연구 방법론 시고」, 『동양철학연구』 25, 동양철학연구회, 2001.

이선열, 「17세기 율곡학파의 인심도심 논변—이세필, 송시열, 윤증의 '기용사' 논변을 중
심으로」, 『동양철학연구』 57, 동양철학연구회, 2009.

———, 「송시열과 한원진의 미발론 비교 검토」, 『정신문화연구』 제32권 제2호, 한국학
중앙연구원, 2009.

이승환, 「퇴계 미발설 리청」, 『퇴계학보』 116, 퇴계학연구원, 2004.

———, 「주자 수양론에서 미발의 의미—심리철학적 과정과 도덕심리학적 의미」, 『퇴계
학보』 119, 퇴계학연구원, 2006.

──, 「주자 수양론에서 성과 성향─기질변화설의 성품윤리적 의미」, 『동양철학』 28, 한국동양철학회, 2007.

──, 「주자는 왜 미발체인에 실패하였는가─도남학적 수양론의 특징과 전승과정을 중심으로」, 『철학연구』 35, 고려대학교 철학연구소, 2008.

──, 「찰식에서 함양으로─호상학의 이발찰식 수행법에 대한 주자의 비판」, 『철학연구』 37, 고려대학교 철학연구소, 2009.

──, 「정문의 '미발'설과 '구중' 공부─소계명과 여여숙에 대한 이천의 비판을 중심으로」, 『철학연구』 38, 고려대학교 철학연구소, 2009.

이연숙, 「17~18세기 우암학파의 형성-도통계승을 중심으로」, 『역사와 담론』 31, 호서사학회, 2001.

이영호, 「사계 경학의 특징과 그 경학사적 의미─『경서변의』 『대학』의 분석을 중심으로」, 『유교사상연구』 15, 2001.

이종우, 「한국유학사 분류방식으로서 주리·주기에 관한 비판과 대안」, 『철학연구』 64, 철학연구회, 2004.

이천승, 「농암 김창협의 심성론에 관한 연구」, 성균관대 박사학위 논문, 2003.

──, 「농암 김창협의 지각논의와 심의 의미」, 『한국사상사학』 21, 한국사상사학회, 2003.

──, 「농암 김창협의 사상과 낙학으로의 영향」, 『조선시대사학보』 29, 조선시대사학회, 2004.

이향준, 「남당 한원진의 성론 연구」, 전남대 박사학위 논문, 2002.

이현선, 「장재 수양론에 대한 이정의 비판」, 『철학사상』 26, 서울대 철학사상연구소, 2007.

──, 「정이의 '중'과 '미발' 개념 연구─여대림과의 논쟁을 중심으로」, 『철학연구』82, 철학연구회, 2008.

──, 「장재와 이정의 철학─이정의 장재 비판을 중심으로」, 서울대 박사학위 논문, 2010.

임원빈, 「남당 한원진 철학의 리에 관한 연구─리와 지각론을 중심으로」, 연세대 박사학위 논문, 1994.

전병욱, 「주자철학에서 '일용공부'의 의미 변화」, 『철학』 91, 한국철학회, 2007.

──, 「주자 인설에서 '지각'의 의미─호상학에 대한 비판을 중심으로」, 『철학』 92, 한국철학회, 2007.

──, 「주자 인설 체계와 공부론의 전개」, 고려대 박사학위 논문, 2007.

───, 「주자의 미발설과 거경격물의 수양론」, 『철학연구』 38, 고려대학교 철학연구소, 2009.

전인식, 「이간과 한원진의 미발·오상 논변 연구」, 한국정신문화연구원 박사학위 논문, 1998.

정상봉, 「우암의 주자철학에 대한 해석과 그 특색」, 『동양철학』 28, 한국동양철학회, 2007.

정연수, 「'사려'와 '지각'에 관한 남당 한원진의 학설 연구」, 『동양철학』 36, 한국동양철학회, 2011.

정원재, 「지각설에 입각한 이이 철학의 해석」, 서울대 박사학위 논문, 2001.

───, 「이이 철학을 보는 두 가지 시각: 주기론과 이기지묘론」, 『철학사상』 26, 서울대 철학사상연구소, 2007.

정재훈, 「우암 송시열의 정치사상─주희와의 비교를 중심으로」, 『한국사상과 문화』 23, 한국사상문화학회, 2004.

───, 「17세기 우암 송시열의 정치사상」, 『한국사상과 문화』 42, 한국사상문화학회, 2008.

───, 「사계 김장생의 학문과 경세사상」, 『역사문화논총』 3, 신구문화사, 2007.

───, 「17세기 후반 조선사상계의 분화 17세기 후반 노론학자의 사상─송시열·김수항을 중심으로」, 『역사와현실』 13, 한국역사연구회, 1994.

주칠성, 「우암철학의 직사상에 관하여」, 『송자학논총』 1, 송자연구소, 1994.

조남호, 「김창협 학파의 양명학 비판─지와 지각의 문제를 중심으로」, 『철학』 39, 한국철학회, 1993.

───, 「주리주기논쟁─조선에서 주기철학은 가능한가」, 『논쟁으로 보는 한국철학』, 예문서원, 1995.

───, 「조선후기 유학에서 허령지각과 지의 논변─송시열, 김창협, 한원진을 중심으로」, 『철학사상』 34, 서울대학교 철학사상연구소, 2009.

조성산, 「송시열의 성리학 이해와 현실관」, 『한국사학보』 17, 고려사학회, 2004.

───, 「18세기 낙론계 학맥의 변모양상 연구」, 『역사교육』 102, 역사교육연구회, 2007.

조호현, 「농암 김창협과 숙함 김재해의 사상적 대립 연구─지각론과 미발론을 중심으로」, 서울대 석사학위 논문, 2000.

주광호, 「퇴계의 미발설과 거경의 수양론」, 『철학연구』 40, 고려대 철학연구소, 2010.

───, 「주자와 우암의 미발설 비교 연구」, 『철학연구』 43, 고려대 철학연구소, 2011.

정호훈, 「조선후기 '이단' 논쟁과 그 정치사상적 의미─17세기 윤휴의 경서해석과 송시열의 비판」, 『한국사학보』 10, 고려사학회, 2001.

지두환, 「우암 송시열의 사회경제사상」, 『한국학논총』 21, 국민대학교 한국학연구소, 1998.

─────, 「우암 송시열의 정치사상─효종대를 중심으로」, 『한국학논총』 23, 국민대학교 한국학연구소, 2000.

최영진, 「조선조 유학사상사의 분류방식과 그 문제점─'주리' '주기'의 문제를 중심으로」, 『한국사상사학』 8, 한국사상사학회, 1997.

최진덕, 「주자의 중화신설과 경의 공부론」, 『철학연구』 51, 철학연구회, 2000.

한기범, 「우암의 예학과 예사상」, 『송자학논총』 4, 송자연구소, 1997.

─────, 「우암 송시열에 대한 후대인의 추숭과 평가」, 『한국사상과 문화』 42, 한국사상문화학회, 2008.

한자경, 「주희 철학에서 미발시 지각의 의미」, 『철학사상』 21, 서울대 철학사상연구소, 2005.

홍성민, 「주자 미발론의 특징─일상의 수양을 위한 마음 이론」, 『동양철학』 29, 한국동양철학회, 2008.

─────, 「주자 수양론의 구조와 실천적 성격」, 고려대 박사학위 논문, 2008.

─────, 「주자 수양론에서 기질변화설의 의미」, 『동양철학』 30, 한국동양철학회, 2008.

홍정근, 「우암 송시열의 심체에 관한 견해 고찰」, 『동서철학연구』 48, 한국동서철학회, 2008.

황의동, 「사계 김장생 사상의 연원에 대한 검토」, 『철학연구』 95, 대한철학회, 2005.

찾아보기

17세기 조선, 마음의 철학

ⓒ이선열

초판인쇄 2015년 7월 13일
초판발행 2015년 7월 20일

지은이   이선열
펴낸이   강성민
편 집   이은혜 박민수 이두루 곽우정
편집보조   이정미 차소영 백설희
마케팅   정민호 이연실 정현민 지문희 김주원
홍 보   김희숙 김상만 이원주 이천희

펴낸곳   (주)글항아리 | 출판등록 2009년 1월 19일 제406-2009-000002호
주소   413-120 경기도 파주시 회동길 210
전자우편   bookpot@hanmail.net
전화번호   031-955-8891(마케팅) 031-955-8897(편집부)
팩스   031-955-2557

ISBN   978-89-6735-226-4 93100

글항아리는 (주)문학동네의 계열사입니다.

이 도서의 국립중앙도서관 출판예정도서목록(CIP)은 서지정보유통지원시스템
홈페이지(http://seoji.nl.go.kr)와 국가자료공동목록시스템(http://www.nl.go.kr/kolisnet)에서
이용하실 수 있습니다. (CIP제어번호 : CIP2015017002)